高校传统武术教学创新与技术实践研究

主　编　杨　慧　王巾轩　段永斌
副主编　袁　点　杨　灿　张娴娴

吉林科学技术出版社

图书在版编目（CIP）数据

高校传统武术教学创新与技术实践研究 / 杨慧，王巾轩，段永斌主编 . — 长春：吉林科学技术出版社，2023.7

ISBN 978 - 7 - 5744 - 0828 - 9

Ⅰ.①高… Ⅱ.①杨… ②王… ③段… Ⅲ.①武术—教学研究—高等学校 Ⅳ.①G852.02

中国国家版本馆 CIP 数据核字（2023）第 177112 号

高校传统武术教学创新与技术实践研究

主　　编	杨　慧　王巾轩　段永斌	
出 版 人	宛　霞	
责任编辑	鲁　梦	
封面设计	木　子	
制　　版	北京星月纬图文化传播有限责任公司	
幅面尺寸	185mm×260mm	
开　　本	16	
字　　数	623 千字	
印　　张	25	
印　　数	1–1500 册	
版　　次	2023年7月第1版	
印　　次	2024年2月第1次印刷	

出　　版　吉林科学技术出版社
发　　行　吉林科学技术出版社
地　　址　长春市福祉大路5788号
邮　　编　130118
发行部电话/传真　0431-81629529 81629530 81629531
　　　　　　　　　　　81629532 81629533 81629534
储运部电话　0431-86059116
编辑部电话　0431-81629518
印　　刷　三河市嵩川印刷有限公司

书　　号　ISBN 978-7-5744-0828-9
定　　价　150.00元

前　言

武术是我们国家传统民族文化的重要组成部分，是中华民族特有的传统体育形式。传统武术从我国古老的历史中走来，蕴含着丰富的哲学、医学、美学、宗教、运动等多方面的文化，是我们中华民族的宝贵财富。如今"中国功夫"受到了世界各国人民的喜爱和欢迎，吸引了他们竞相学习。这是因为，我国的传统武术的独特魅力，其不仅具有防身、健身的价值，还是一种文化形态，在塑造人们良好的人格、心性，培养高尚的道德情操方面起着重要的意义，是完善人发展的有效方式。

但是，在科学技术水不断发展以及体育市场化强烈冲击的背景下，传统武术文化和精神本应具有的影响力在现代体育的发展中被逐渐弱化，传统武术的传承和发展陷入了困境，这不得不引起我们的深思。当今，中华民族正处在伟大的复兴阶段，人才的培养是当务之急。青年学子是祖国的希望、民族的未来，开展高校武术教育，不仅可以强身健体，还可以培养坚忍不拔的意志品质，塑造内敛凝重的风骨，提高辨识是非的能力，使他们能够承担起振兴中华的历史重任。

普通高校是人们知识积累与创新的重要场所，教师承担着文化传递的义务与责任。近年来，随着教学改革的不断完善，高校体育教育专业武术课程教学取得了较大的成绩和成功的经验。但从目前传统武术研究资料来看，关于高校传统武术教学创新发展研究方面的书籍仍然很少，为此，我们编写了《高校传统武术教学创新与技术实践研究》一书，目的是通过对传统武术教学现状和发展思路的创新性研究，为高校传统武术的教学发展提供一定的理论依据。

本书以高校传统武术教学为基点，在保证武术知识的专业性的基础上，对当前我国高校传统武术教学的基本情况进行了概括和总结，并针对传统武术教学的目标、模式和方法等方面提出了创新性的理论，提炼出传统武术教学的现代价值和意义，为高校传统武术教学的发展提供了崭新的思路、指出了崭新的方向；此外还对武术的主要功法、散打、擒拿、长拳、太极拳、形意拳和武术器械的技术和实践进行了详细的研究，从文化学及实际套路方法的角度进行解说，方便读者进行实际操作和学练。

本书由杨慧、王巾轩、段永斌主编，袁点、杨灿、张娴娴任副主编，具体编写分工如下：

杨慧（北京体育大学）第二章、第五章、第六章第三节、第十章、第十一章、第十二章第四节；

王巾轩（北京体育大学）第四章、第六章第二节、第十二章第二三节；

段永斌（北京体育大学）第一章、第九章；

袁点（武汉体育学院）第七章、第八章第二三节、第十二章第一节；

杨灿（济宁职业技术学院）第三章第一二四节、第八章第一节；

张娴娴（济宁市实验初中）第三章第三节、第六章第一节；

最后由杨慧、王巾轩、段永斌串编、统稿与定稿。

本书在编写过程中，借鉴了许多专家、学者的研究成果和观点，在此表示诚挚的谢意。由于时间和精力有限，书中难免有错误之处，敬请专家和读者谅解并指正。

编　者

2022 年 6 月

目　　录

第一章　高校传统武术教学的基本现状审视

第一节　高校传统武术发展意义与优势分析

一、高校传统武术发展的意义

中国武术是中国优秀的文化遗产，而之所以能在几千年的历史长河中保留下来其主要原因是武术具有较高的教育教化作用以及较高的健身自卫价值。在冷兵器时代，武术作为一种技击术，对于增强人们的技击能力、提高人们在各种环境的适应能力具有重要的作用，在现代社会，随着科技的发展和社会环境的变化，武术的健身、教育价值开始凸显，并占据重要的地位。因此，大学生习练武术，可以对他们的身体、心理及人生价值观等方面起到很重要的影响。

（一）有利于大学生身体素质的提高

大学生大多处于青春期的最后阶段，身体各项指标快速发育，快速接近和达到成人水平，在这一时期加强体育锻炼对于他们的身体健康发育和成长具有重要的作用和意义。武术因其活动内容丰富多样，形式各异，且其运动强度易于控制，受到广大学生的欢迎。高校学生根据自己的兴趣爱好、身体接受能力等方面选择适合自己的内容和形式并长期坚持下去可对他们的身体起到以下几方面的作用。

第一，学生参加武术运动有利于学生运动系统的发展。在武术运动的基本功训练中，通过压腿、踢腿等能够有效地拉伸肌肉和韧带，提高两者的柔韧性。并且训练活动可以提高肌肉力量和耐力。另外武术运动能够通过刺激骨骼两侧的成骨细胞，促进骨骼的生长；加速血液循环，为肌肉和骨骼的充分发育提供充足的营养。

第二，武术运动可以促进心血管系统和内脏系统功能的发育完善。武术运动是一项要求全身各部分都参与活动，通过身体各部分的运动，增加身体各部分的需氧量进而引起血液循环的加速，从而对于心脏和血管功能的加强起到促进作用。另外，武术运动要求利用腹式呼吸，这样可以通过膈肌的运动对内脏系统进行按摩，促进内脏中血液循环，对于内脏的功能完善具有重要作用。长期的参与武术活动可以使人的心肌收缩能力增强、心输出量增加、血管弹性增加等。

第三，武术运动对代谢系统及呼吸系统的发育和完善具有重要的促进作用。武术中的套路运动强度较大，供能方式主要是无氧供能，这就会产生较多的乳酸等物质，并且需要在身体各方面的调节下恢复到原来的状态，在这一过程中身体的代谢系统得到锻炼和改进。另外武术运动对呼吸的要求极为严格，讲究"含胸拔背，气沉丹田"，要求呼吸均匀，对于促进肺部功能的提高具有重要的意义。

第四，武术运动对于神经系统的发育完善具有促进作用。武术练习要求手、眼、身、法、步协调配合，动作灵活、准确、快速有力。因此经常进行武术活动可以明显地提高神经系统对各种刺激的反应和适应能力。并且，在练习武术的过程中，各神经中枢之间的协调关系受到了严格的训练，可以改善大脑皮层各中枢间和皮质下中枢之间的协调关系。

（二）有利于大学生智力水平的提高

智力是指处理抽象概念、处理新情境和进行学习的能力以及适应新环境的能力。武术对学生智力水平的影响主要是通过对学生各种记忆、学习、创新创造等能力的锻炼，以及通过运动促进大脑功能水平的提高，促进学生身心的健康发展，增强学生的学习能力和适应能力，进而提高学生的智力水平。

首先，武术套路中动作结构和动作路线复杂多变，并且要求严格，练习武术套路要求学生不仅能跟着教练员练习，还要识记套路中的一招一式及路线走向等，学生学习能力和记忆能力在这一过程中得到有效的锻炼和发展。其次，通过单个动作和组合动作的教授和练习，引导学生运用学过的动作，按照一定的规则自己编制套路，这又是一种动作的创造性运用，对于学生思维灵活性和创造性的提高具有重要的意义。再次，学生参与武术训练对于学生来说是一种积极地休息方式，可有效地缓解因学习造成的神经紧张和大脑疲劳。可以在休息的同时发展其他兴趣和技能，促进学生更好的学习。另外武术运动是一项以肢体运动为主要形式的项目，通过武术的练习，加速血液循环等改善学生身体的各项指标，可以使学生保持健康的身体及饱满的情绪，保持学生快速的反应能力等进而增强学生的学习能力，促进学生的智力发育。

（三）有利于大学生良好人格的培养

人类文明的进步要求国民素质及人格修养普遍提高。各国教育改革普遍注重学生的人格培养和道德教育。高校武术开展形式主要有武术教学、营造武术文化氛围、武德的宣传、武术社团等。校园武术活动不仅能使学生有健康的身体传承中华民族的传统美德和优秀文化等，而且有利于大学生的人格塑造。

1. 有利于调节和改善大学生的情绪

情绪是人对事物态度的体验，是人的需要满足与否的反应。情绪具有两极对立的性质，如肯定—否定、需要—厌恶、紧张—轻松等。情绪的两极性又表现在积极和消极的对立上。积极性的情绪可以提高人的活动能力，增强人的健康，所以又称为增力情绪，如愉快、满意等，可以激发人们去积极地行动、坚忍不拔地坚持下去。消极情绪可以降低人的活动能力，所以又叫减力情绪，如沮丧、抑郁、沉闷等，可以使人们的行动力量减弱，心灰意冷，做事半途而废，有碍人的健康。因此，保持良好的情绪对人的健康有着极其重要的意义。大学生生活在错综复杂的社会中，经常会产生忧愁、紧张、压抑等消极情绪，而适当的体育锻炼会产生积极的心理效应，起到缓解、释放这些不良情绪的作用。对于大学生来说，天天有一份好心情，不仅对于自身的身体有益处，而且对学习效率的提高有很好的效果。

近几年的研究表明：经常参加武术运动可以使机体产生极大的舒适感，人们在丰富多彩的武术世界中可以感受动作的美感，人们在丰富多彩的武术中可以感受动作的美感、节奏感和韵律，从而获得愉悦的心境，乐观、豁达、开朗的感情。例如太极拳运动可以使学生们的浮躁心情得以平静，从而达到静心养神的功效。

2. 有利于提高大学生的自信心

自信心是一个人对自身力量的认识和评价所形成的稳定的内心体验，是人生成败、幸福与否的关键，也是心理健康的关键。研究表明，自信的个体差异不同程度地影响着竞赛成绩、就业等多个领域内个体的心理和行为。此外，作为一种稳定的人格特质，自信还深刻地影响着心理健康及健全人格的形成与发展。因此，培养学生的自信心不仅是素质教育的要求，也是对学生各种能力培养的需要，而体育教学在培养学生的自信心方面有其他学科难以比拟的特殊作用。

在武术课的教学中，胆怯退缩是单独示范和考试前缺乏自信常见的表现形式，如动作僵硬、精神紧张、甚至忘记动作是单独示范和考试中缺乏自信最集中的表现。在教学中，采用分组练习逐个带队、集中后逐队强化表演的教学方式，将激发学生学习兴趣、营造和谐的学习环境以及抗挫折能力和成功感体验的教学方法融入其中，能有效地提高学生的自信心。

3. 有利于培养大学生的意志品质

意志是人有意识、有目的地调节和支配自己的行动、克服困难、实现预定目标的心理过程，是人类特有的心理过程，是在人的社会实践中形成和发展的。培养学生具有顽强的意志，主要是促进学生形成自责性、果断性、自制性和坚持等优良的意志品质。良好的意志品质在克服困难中表现，并在克服困难中形成。武道是从事武术活动的人在社会活动中所应遵循的道德行为规范和所应有的道德品质，主要表现在仁、义、礼、信、勇等方面。在武术教学中，通过加强对学生武德的教育，培养学生的爱国主义精神以及尊师重道、讲理守信、见义勇为等优良品质。武术运动从古至今都以"夏练三伏，冬练三九"为教条，由此可见，武术是一种日久见真功的运动。在武术的教学中，不仅要培养学生吃苦耐劳的精神，还要培养他们坚忍不拔、勇敢无畏的意志品质。

4. 有利于提高大学生的心理适应

心理适应就是一个个体同客体环境基本达到协调一致而形成一定性状的现象，是人们心理矛盾在认识和感情上获得解决、需要得到满足时的一种心理状态，是个体与环境相适应的表现。千变万化的客体世界充满了矛盾和冲突，一般情况下人能够与所处的生活环境保持和谐统一，处于适应状态，然而这种适应只是相对的、暂时的，因为环境总是在发展变化，心理状态也必须不断地调整才能达到新的适应。严重的心理适应失衡会引起人的心理障碍，影响身体健康及工作和学习。事实证明，大学生与世界相处的心理适应能力还没有一个完整的模式，心理适应能力的低下会给大学生的生活带来极其严重的影响，其原因和没有大量的社会经验有着必然的联系。除此之外，体育运动也可以为大学生提供广阔的发展空间。武术教学、比赛、练习中教师与同学、同学与裁判、同学与同学之间都建立着一种相对应的关系，大学生们在活动的过程中通过自己的思维、语言和教师、同学、裁判有效地处理好关系，从而不断地获得具有社会价值的高度适应能力。

5. 有利于大学生爱国主义精神的培养

拥有着上下五千年悠久历史的中华民族，在经历无数风雨后，一步一个脚印发展成为今天的大国屹立于世界之林，其所依靠的就是中华民族强烈的凝聚力。只要国家处于危难之时，人民需要之际，大批的爱国主义优秀人士都会奋不顾身的予以最大的帮助，无论是经济支持还是人力支持，其至有些为此奉献了自己宝贵的生命。古人云：天下兴亡匹夫有责。国家的利益、人民的利益永远重于一切。对于武术而言，其内涵就是武术精神，通过在高校中开展武术教学，大学生通过对武术的练习，有利于其爱国主义精神的激发与培养。在中国近代史上，有为"东亚病夫"正名的霍元甲，有只身挑战十名日寇的叶问，他们在国家处于水深火热之时，并没有选择独善其身，退居幕后，反而为了保卫民族的尊严和利益去和外敌战斗。这些武术大家的爱国精神和民族情结激励了武术习武者，同时也更加坚定了他们的习武意念。对武术与民族传统体育专业学生进行武术教育是为了让其在做到自我约束的同时，时刻牢记中华民族精神，并在爱国精神动力的推动下，由心而发的产生爱国举动，共同维护社会稳定。

（四）有利于我国优秀传统文化的传承与发扬

通过对武术文化遗产的继承和发展，其主要任务之一就在于汲取武术中的文化精髓，弘扬中华文化的优良传统。我国传统武术中所蕴含的武德就是我国传统武术中的文化精神，通过武术教学的开展，有利于大学生武德精神的培育，从而达到传承与弘扬我国优秀传统文化的目的，实现武术文化传承与发扬的主要途径就是：第一，通过外在形式上展现武术运动中的文化精神，从具体行动中表现习武之人高尚的思想品质。第二，武术运动中的武德规范了武术技术的使用，与此同时也强调爱国精神，在武德的约束下，促使大学生对社会中的美丑善恶进行重新认识并且形成自己的观点，促进其正确三观的形成，从而通过潜移默化的作用调整个人行为的内在品质。第三，在当今市场经济体制背景下，外界的各种诱惑不断冲击着人们的思想认知，同样的武术在不断进行自身机制的改革和转换过程中与社会发展中的某些"主流思想"会产生冲突和分歧，这时习武者要保持习武初心，不可被动摇。第四，中国武术要走向世界，最重要的是要将武术真正的精髓，即武术精神和武术文化在世界范围内得到认可和赞同，因此武术文化迫切需要继承、发展和创新。

二、高校传统武术发展的优势

（一）丰富的传统武术内容可克服教学内容陈旧、单调的局面

我国传统武术历史悠久，经过几千年的发展之后，已经形成了文化内涵丰富、种类繁多、技法鲜明的运动体系，倘若将传统武术的整体与发掘力度加大，相信还会有更多、更优秀的技击项目出现。

由于传统武术具有非常丰富的内容体系，因此，无论是哪一位学生，都可以在其中找到自己喜欢的一种。从而扭转高校传统武术教学内容单调、陈旧的局面。

（二）从事传统武术教育可满足大学生求知的欲望

中华民族有着几千年的文明发展史，而传统武术作为中华民族文化的重要组成部分之一，同样蕴涵着丰富的人文思想与文化背景，因此，传统武术就成了一种独特的民族文化载体。无论是在内容方面，还是在形式方面，都体现了中华民族的民族精神与优秀品质。因此，对于传统武术来讲，进入高校课堂是非常必要的，其对于培养民族精神、继承传统文化方面的意义

非常重大。大学生从事传统武术教育，一方面，能够使自己的行为修养水平提高；另一方面，也能够从中感受到博大精深的中华民族传统文化，从而培养自己的民族自豪感。

（三）传统武术富于健身性和技击性的特点可激发大学生的学习兴趣

健身性与技击性，是传统武术的两种最重要特征，与此同时，这也是人们学习传统武术的一个重要原因。今天，人们的生活节奏越来越快，而人们的压力也变得越来越大，各种文明病随之而来，在这种情况下，人们都希望自己能够有一个健康的身体，基于此，传统武术的健身性广受人们喜爱。除此之外，社会上还有一些不安定因素存在，比如各种犯罪活动，因此，人们需要采取必要的手段与措施，来保护自己的财产与人身安全，基于此，传统武术的技击性受到了人们的广泛关注。

在当代，大学生在面对竞争激烈的社会时，一方面，希望自己拥有一个强健的体魄，来应对竞争、施展抱负，另一方面，也希望自己具有自卫的能力，在服务社会的同时，还能够保护自己。基于此，传统武术的健身性与技击性，引起了大学生的广泛关注，他们都希望通过学习传统武术来满足自己的需求。

（四）传统武术的地域性便于在高校的开展

传统武术在漫长的发展过程中，逐渐结合了各地的民风习俗、自然环境等，从而具有了显著的地域性特征，这种地域性特征决定了不同风格的拳种，在当地具有人才资源丰富、易于发展以及群众基础雄厚等优势。因此，各地高校在传统武术教材与教学内容的设置上，可以就地取材、因地制宜，并从当地的实际情况（如"南拳北腿、东枪西棍"）出发，选择学生们喜爱的拳种进行教学。与此同时，注重由于地域差异而产生的不同拳种、流派在传统武术教学中的运用，并将当地高校传统武术课堂的教学体系加以完善，以及将传统武术教学课的质量提高，进而促进我国传统武术的发展。

第二节　高校传统武术教学发展历史与现状

一、传统武术教育教学发展历程

（一）古代学校武术教育

在对古代学校武术教育进行解释前，我们首先需要搞明白"武"与"武术"的差别。从本质和外延来说，两者存在着较大的差异。比如古代的文治武功，这就将武和文割裂开来讲，"武"就是强调一种军事训练，古代中对武术的理解与现代社会对武术的解释也有较大的差异，在古代教育中将"六艺"作为教学内容，其中射、御所强调的武术内容和形式是为了满足统治阶级的需要，而现代武术，则是人们强身健体、修养身心的一种运动。所以我们不能将射、御用现代的武术来解释。古代武术教育一直受到不公平的对待，从战国时期到清朝末年的两千多年里，我国的社会风气一直是重文轻武，尤其是汉代之后儒家思想的出现更是加剧了这一困境，学校也开始将传授文化知识作为教学目标，当时的体育包括武术在内都被学校教育排斥在外。到了唐朝时期，即使教育从军事政治中分离出来，还是受到了封建社会等级教育制度的影响，只有少数的贵族能够接受教育，当时教育中虽然也涉及了体育教育内容，但收效甚微，根本对整个社会风气的转变毫无作用。

春秋时期随着官学的衰落，掀起了私学的潮流，其中尤以儒家和道家开办的私学最为影响深远。这两家私学都与武术教育存在着紧密的关系，儒家派的创始人——孔子坚持以诗、书、礼、乐教弟子，盖三千焉，身通六艺者七十有二人。儒家的核心思想是"仁"，因此孔子提出了众多的有关"仁"的名言，"杀身以成仁"，"舍生而取义"。但是孔子反对一切以武力作为解决事情的做法。由此，可以看出儒家私学的办学宗旨是将德和力割裂开来的，重点强调学生要知礼仪、重道德修养，这也从侧面反映出儒家学派是重文轻武的。墨家与武术的联系则是通过"行侠仗义"来体现的，墨子对武术的发展源于其将"侠"贯穿教育始终，当时墨家中的武术教育也一直受"侠"的指引，所教授的学生也都具有侠肝义胆、除恶扬善的特点。墨家的这一武术教学思想对于当代学校武术教育仍有借鉴的意义。由此，可以发现墨家开办私学的宗旨是德与力的统一，这也为传统武术的发展起到了一定的理论支撑。尽管墨家思想提倡武术学习，但是由于其在当时受到儒家思想的影响，这种传统武术思想最初的记载也随时代的发展而被世人逐渐遗忘。清朝初期，著名的教育者颜元对传统武术的发展也做出了突出贡献，他主张学校教育应该培养文武兼备、经世致用的人才，应该将德育、智育和体育有机结合，共同发展，该主张严厉抨击了宋明理学家"穷理居敬""静坐冥想"的主张。他的这一主张一经提出，便受到了当时学者的一致认可，并对当时学校教育起到了有利的帮助，但是在当时重文轻武的社会风气下，这种收获是掀不起大浪的，只能以失败告终。另外，有关学校武术教育记载的数量和事例较少的一大部分原因也与中国两千多年来一直处于重文轻武、独尊儒术的社会大环境有关。

根据上述对古代学校武术教育的现状描述，我们总结出古代学校武术教育有以下两个特点：培养的人才大都是为封建统治者服务的；重视伦理教育，强调以"礼仪"来感化人。不管是春秋战国时期的"文武分途"，还是汉代的"罢黜百家，独尊儒术"，当时的社会风气一直处于重文轻武的状态。学校的教育内容不管从"六艺"到"四书五经"，还是由"诗词歌赋"再到"君子劳心、小人劳力"等，都时刻彰显了中国重文轻武的思想。尽管在古代，有时候为了维护国家的利益，保卫边疆，维护人民的安全，不得不加强人们身体素质的培养，但是这种培养的时间毕竟是短暂的，治标不治本。一直到近代社会，中国的大门被迫打开，人们才逐渐认识到重文轻武思想的局限性，面对西方列强的不断侵略，中国不得不摆脱这种根深蒂固的、落后的思想。

另外，当中国没有受到西方列强主义侵略之前，中国封建教育中没有任何与体育教育相关的内容，更不用说有关提高人的身体健康、注重人身体素质和身心发展的官文了。凡此种种，让我们清楚地认识到中国古代体育文化在当时文化发展中的作用也是微乎其微，并不能成为当时文化的主流成分，体育教育在古代只是被当作维护统治阶级和实现军事目的的一种手段。因此，在古代社会，武术根本没有形成具体的形态，更不用说学校教育中进行武术教学了。直到明朝时期武术才有了一套科学的理论体系，形成了一种独立的文化形态，也正是从这一时期开始，武术才被作为体育教育中的一部分在中国得到普及。

（二）近代学校武术教育

近代学校武术教育得到了大的发展，究其原因，深受西方斯巴达教育的影响，斯巴达教育提倡培养一定的军事人才，将"尚武"作为教学的核心目标。以斯巴达教育为开端，促进学校武术教育的发展是一个重要的举措，其不仅有助于培养尚武精神和形成增强体质的军国民教育思想，而且还可以给当时的西方列强致命一击，摆脱中国两千年来重文轻武思想的影响，确立中国体育教育的社会地位，吸引更多的人学习武术。中国关于军国民思想的确立曾经历了几次重大的历史变革，1914年，清廷颁行的《奏定学堂章程》标志着军国民教育思想被官方正式确认。1902～1903年，国民政府教育部颁行的《壬子癸丑学制》规定了以军国民教育思想为基础的体育教学，要求学校设置以兵式体操为主要内容的体操课，成为实施军国民教育的象征。1914年，徐一冰在《整顿全国学校体育上教育部文》中，就曾建议将武术列为高等小学、中学、师范学校的正课。1914年，随着第一次世界大战的爆发，"二十一条"的提出引起了当时社会的轰动，掀起了大规模的爱国运动，受当时整个社会环境的影响，人们对加强军事训练和体育教育的呼声也日益高涨。

从1914年之后，武术教学开始在各大学校普及开来，再加上各种拳种的武术大师也纷纷受邀进行武术教学，这在无形中推动了武术教育的大发展。1915年，北京体育研究社还通过了《拟请提倡中国就武术列为学校必修课》议案，得到了教育部的认可，开始将军国民思想作为各学校的办学宗旨。从此之后，武术被正式列入学校体育课程，按照学校体育课程目标，武术改变了教学方式，将传统、单一的传习法变为团体教练法，另外当时武术教材的内容也做出了调整，将些民间口头传授的武术技术和武术套路通过形象生动的图片展示在学生眼前，这样不仅激发了学生的学习兴趣，而且有利于学生在课下对这些动作进行详细的研究。武术进学校的历史背景是，我国当时正面临着西方列强和国民党双重压力，但正是在这个背景下，在学校中开展武术在内的体育教育，不仅可以提高人民群众上阵杀敌的勇气，还可以给当时处于危难的中国一点希望和动力。尽管这种想法对于改善当时的历史条件起不到推动作用，但是它却掀开了武术进学校教育的光辉篇章，对于传统武术的发展和传承具有重要的推动作用和现实意义。

自从武术被列入学校教育后，武术的传承方式就不再局限于师徒传授，而是通过多样的传授方式，培养了大批的武术人才，而且武术的形式、内容和教学方法也有了一个科学的、系统的、全面的理论体系作为支撑，从此武术的发展开始走向专业化、具体化的发展道路。可以说，这一时期的武术获得了广阔的发展前景，在这里还有必要说一下，马良创编的"中华新武术"，其对武术的发展和传承也起到了一定的推动意义。

任何事物的发展都具有两面性，军国民思想的确为学校武术的教育发展注入了新鲜血液，但是也带来了一些挑战，如由于特定的历史背景和军国民思想的影响，当时学校不仅将尚武作为体育的发展目标，教学内容也局限于用兵操练范围，学生学到的内容也只是"持枪步伍"。在此背景下，体育只注重培养人的尚武精神，没有考虑到人的全面发展，这就需要引起人们的重视，体育的教学内容难道仅局限于这一点上吗？通过大量的实践表明，当时的学校武术教育的确培养了学生的尚武精神，但是学校武术教育价值不应该只注重这一点。如果从教育学上来研究学校武术教育价值，其首要目的就是需要满足人们的身心和谐发展，但是这在当时的历史背景下很难做到。

20 世纪 20 年代，随着新文化运动的兴起，美国的实用主义思想和自然主义体育传到了中国，尤其是第一次世界大战的爆发，使当时一直以德日教育体系为榜样的中国意识到不做出改变，是难以适应社会发展的。美国的实用主义思想对当时军国民思想影响下的学校武术教育内容、教学方式和教学原则都起到了一定的改革作用，并由此对体育以后的发展方向进行了讨论，衍生出了两大流派，分别是"兵操废存"与"新旧体育"。在不断地讨论中，人们清楚地意识到将尚武与体育等同起来的做法是不可取的，而且单单将兵士操练作为体育的教学内容也是不全面的，中国学校武术教育价值要想得以实现，就要重新定义学校武术教育的本质并选择合适的教学内容。尽管当时的人们意识到学校武术教育存在诸多问题，但是面对西方文化的冲击，中国人开始逐渐排斥西方的优秀文化成果，开始从中国武术本身进行审视，寻找全新的发展道路，并提出中国武术教育不仅要借鉴西方文化的精髓，还要从中国传统文化的角度重新确立学校武术教育的发展方向。这一观点一经提出，使人们在转变体育手段的同时，开始意识到武术在中国体育文化中的主导作用。

通过对近代武术教育的发展背景进行阐述，我们发现学校武术教育经历了一波三折的变化，首先是将尚武的精神融入学校体育的教育目标中，其次将斯巴达的军国民教育思想作为学校武术发展的核心目标，最后摒弃前两种错误的教育思想开始重新从中国传统体育文化的角度审视学校教育的发展方向，这一转变为培养人的身心和谐发展奠定了基础。随后，一些武术专业性院校的出现，高校武术选修课的设立等都是"学校武术"发展的重要标志。处于动荡不安的年代，学校体育的发展也是不平衡的，尤其是腹背受敌的困境下，武术的发展境遇更是不太平，但是在解放区各个学校中，武术教育仍然获得了初步的发展。

（三）现代学校武术教育

现代学校武术教育进入了大发展和大繁荣时期。中华人民共和国成立以来，处于新时期的体育文化取得了蓬勃发展，而作为体育文化中的一份子——武术也逐渐成为体育事业发展的重要组成部分，这一时期武术也以全新的面貌走进学校教育中。随着武术在学校教育中的普及，武术的思维也得到了较大的提升，武术课程也经历了正课、选修课和专业课发展的历程，一批批专业的武术教材纷纷问世。为了使全国大、中、小学都普及武术教育，国家教育部还对各个学段的武术教材进行了编写，这为学生学习到武术基础知识提供了有力的保障。随着改革开放的胜利，我国的武术得到了空前发展，各种武术辅导班、武术比赛、训练纷纷被列入体育项目中，同一时期，民间的武术馆也如雨后春笋般，培养了一批批的本科生、研究生和博士生。这些成就足以见证武术教育的发展是何等辉煌。而且，这一时期学校也加强了与西方体育文化的不断交流和融合，促进了武术的快速发展。紧接着，中国中央宣传部、教育部颁发了关于《中小学开展弘扬和培育民族精神教育实施纲要》，提出学校武术教育要不断传承民族精神和优秀民族文化。纵观学校武术教育的发展史，我们可以真实体验到武术发展的光辉历程，首先，武术从民间技艺被列入学校教育；其次，武术的传承方式也由师徒转为教师和学生，最重要的是通过学校，武术的人才培养模式发生了根本性的改变。现代武术正在以全新的面貌走向世界，走向未来。

武术教育的发展史可以总结为：古代时期学校武术教育是为了统治阶级服务的，深受重文轻武思想的影响；近代学校武术教育的目的是为了拯救中华民族于水火之中，表现出一种浓郁的"尚武"精神；而现代的武术教育则是处于全球文化多元化发展背景下，培养社会全面发展、身心和谐的人才为终极目标，这个培养目标与社会发展的时代特色紧密相连。因此，不论处于哪一个年代，学校武术教育都要主动承担起自己的职责，为实现人的全面发展出一份力，从而顺利实现传统武术教育的传承。

二、高校传统武术教学发展现状

（一）高校传统武术教学现状

在21世纪的今天，我国学校体育整体改革全面启动的今天，以观念转变为先导，以"育人"为理念，以"健康第一"为指导思想的教学改革的今天，武术教育在教学中的改革也应适应这种改革的趋势。从师资的培养，教材内容的更新，到与国际体育文化内涵进行全面的改革和更新，使武术这个东方文化的瑰宝为全世界所认同，必须改变武术教育现阶段所面临的困境。

在目前的大学武术教学中确实存在着一些问题，其主要集中在武术课时安排、教学内容、教学方法、教学设施以及师资力量建设等方面。要把武术这项既具有技术性又注重内外兼修的传统项目有效地传授给学生，必须采取适当增加课时、优化教学内容、改善教学方法与教学条件以及加强师资力量建设等措施，只有这样才能取得良好的教学效果。

1. 武术课学时安排较少

在大学，体育课一般安排是每周两学时。根据选修大纲的要求，要学习的内容很多，除去雨天或其他原因耽误的部分学时，真正用于室外教学的时间十分短暂。而武术在这些有限的课时里又仅占有极少的比例，有的学校由于师资的原因，甚至不开设此项目的教学。

2. 教学内容现状

（1）教学内容单一

我国的传统武术种类繁多，据粗略统计，但论拳种而言，不仅成体系的拳种数量就有129种，还有众多体系不完整的功法与套路。虽然如此，现在我国高等院校在传统武术的课程设置方面，所涉及的拳种数量依旧稀少。

目前，传统武术即便在体育院校中所占比例都相对较低，其在综合院校和普通高校中的所占比例可想而知。导致我国高校传统武术教学内容单一的因素主要包括以下两点。

①国家为高校的传统武术教学制订了专门的教学大纲

通常情况下，各普通高校传统武术的教学内容都是棍、太极拳、剑、拳等初级套路，这是以教学大纲为依据，进行教学的结果。在我国传统武术中，技击是其主要内容，而其本质特征就是攻防技击性，这些才是广大学生喜爱武术的主要原因。但是，由于存在武术教学大纲，导致教师只能以教学大纲为依据，来完成教学计划的制定。在教学过程中，一般也只对动作的规格和外形比较注重，传统武术的攻防技击性则被严重忽视，导致教学过程枯燥乏味，逐渐消磨了学生学习的积极性。

基于上述情况，教师应该努力将教学大纲带来的局限性克服掉，并以学生的实际情况为依据，制定出组合动作少、简单实用的攻防动作，使教学内容变得更加丰富，最终达到将学生学习的积极性充分调动起来的目的。

②高校传统武术教师多为高等院校的毕业生

由于高等院校的毕业生是高校传统武术教师的主要来源，并且他们所受的教育内容几乎相同，这也是导致教学内容单一的重要原因之一。在教学内容方面，与传统武术相关的教学很少，导致学生的愿望无法得到满足，从而难以激发学生的学习兴趣。除此之外，还有很多高校的传统武术教学内容依旧停留在以竞技武术套路为主的教学模式上，这对学生的学习兴趣与热情造成了严重的影响，从而导致应付完考试就不再继续学习了，完全没有发挥武术的健身效果。

③我国传统武术内容过于丰富

我国传统武术的内容非常丰富，可是由于高校的教学时间有限，导致教学任务繁重。为了完成教学任务，各大高校教师只能选择在有限的时间内安排所有的教学任务。本来高校学生对传统武术就不是很了解，再加上繁重的学习任务，增加了学生学习的难度，最终导致学生的学习兴趣下降，这些对传统武术的传播极其不利。

（2）重视教学实践，忽略理论课教学

在传统武术教学内容中，传统武术理论是重要的组成部分之一。对于学生理解技术，以及学习视图知识来讲，传统武术理论的教授具有很大的益处。由于大学生具有比较高的理论层次与认知能力，因此，在传统武术理论教学方面，应突出一定的特点使其与学生的实际情况相符合。目前，很多普通高校的传统武术理论教学课的课时数太少，甚至没有，究其原因，是因为多数院校没有对武术理论课设置严格的考核要求。由此说明，高校及教师并不重视理论课的教授，导致我国大学生缺乏传统武术理论知识。

从大学生认知传统武术的途径中，就能够反映出理论的缺乏。大学生中的大多数是通过书籍、影视等途径来认识传统武术的，而通过自学传统武术教材，以及理论讲授来认知传统武术的非常少。与此同时，由于影视、书籍中对传统武术的描述过于夸张，导致没有办法体现出传统武术本身的真正内涵，这在一定程度上对学生理解传统武术造成了影响。

除此之外，大学生的视图能力较差，也是他们很少通过视图自学来认知传统武术的原因之一。因此，各高校应该高度重视传统武术理论内容的教学。

"教师教、学生学"一直以来都是高校传统武术教学的主要形式，而主要的教学内容也是传统武术套路技术教学，对于专门的传统武术理论教学很少涉及。由此，致使学生对体育教学没有一个全面的认识，他们认为与传统武术理论的学习相比，锻炼学生的身体素质，教会学生相关的传统武术技能比较重要。但传统武术中蕴涵这非常丰富的中华传统文化，因此，需要通过传统武术的教学，让学生们学习与继承我国优秀的民族传统文化，并且得到德、智、体的全面发展。

我国传统武术不仅历史悠久，也是中华民族传统文化的重要组成部分，和中华民族的整个思想文化（如政治、宗教哲学等）是相融合的，具有非常相当雄厚的理论基础。因此，理论教学应成为传统武术学习的重要内容。可现状却是高校中有着相当严重的"重术科、轻理论"现象，加之各高校教材不统一，甚至是缺乏，导致理论知识的传授存在欠缺，这对教学质量造成了非常严重的影响。

（3）传统武术教材选用存在问题

教材是发展与传承人类文明的载体，每位高校学生通过学习教材，都能够将自身素质提高，并培育发展潜能。教材是高校教学方法与内容的知识载体，而高校传统武术教材的主要内容就是高校传统武术的教学方法与内容。在教师与学生之间，教材起着教与学的最直接、最基础的媒介作用，教材有着不可或缺的作用。

我国传统武术包含着很多精湛无比与实践的理论知识，并且和中华民族的整个思想文化相互影响、相互作用，因此，在学习传统武术时，必须要注意对其理论的研究。对于人们认知传统武术来讲，丰富的实践也是非常重要的，只有做到理论与实践的充分融合，才能够加强学生辨别是非的能力，提升大学生的自身修养和道德素质。

从教学内容方面分析，其主要教学内容有剑术、三路长拳、初级太极拳、棍术等，这些套路中的各个动作之间缺乏必要的联系性，也就是说，有比较多的单个动作。每个套路均由四个段落所组成，而每个段落则是由十几个动作组成。由于套路编写偏长，对高校学生掌握与学习很不利，对初学者来讲，更会感到异常困难。

我国高校中有非常多版本的传统武术教材，可是，这些版本都有很多的问题存在，具体表现在以下几个方面。

①内容过于陈旧，体系不合理

时代向前发展的同时，国内外的新方法、新理论也在持续更新，但我国大部分高校教材，在内容上都太过陈旧，既没有对国内外新方法、新理论进行介绍，也没有相关的追踪研究。除此之外，教材中的一些裁判、技术、方法等早已经过时，甚至有些还是错误的，而教材本身的结构设置没有包含其应该有的主要内容，致使教材体系的设置不合理。

②教材质量低下

现在，传统武术教学的教材数量有很多，但其中内容多有雷同，导致传统武术"虚假繁荣"现象严重。因此，在这种情况之下，想要出现精品教材是非常困难的。而在各大高校自编教材中同样存在严重的问题，是否有主编或者专著的著作，是高校教师职称晋升与年度考核等的重要指标之一，可是，现实却是很多教师出于水平限制，或者工作繁忙等原因，在无法出专著的情况下，只能选择东拼西凑的方式来编著教材，最终，导致教材质量低下。

③教材内容繁杂，缺乏针对性

传统武术教育有三种课程，分别为专修课课程、普修课课程、辅修课课程，相对来讲，民族传统体育专业的武术课程设置比较复杂，针对性较强，在层次方面，也具有循序渐进，由浅入深的特点。因此，针对不同课程，在教材选择上也应有所不同。不同课程的教材，必须以不同的学生对象作为主体，依据各自的培养任务与目标有所侧重。而现阶段，我国各大高校在传统武术教材的内容涉及方面，依旧存在很大的不足。

（4）传统武术考核存在问题

在传统武术教学中，传统武术考核是相当重要的一环。建立合理的考核制度，并全面合理、客观公正的评定学生的学习成绩，不仅能够使学生学习传统武术的兴趣大幅度提升，还能够促进传统武术在高校中的发展。但现阶段，我国高校传统武术教学的考核，依旧存在很多问题。

①考核内容过于片面

在大多数的高校中，对学生传统武术理论知识的掌握水平，以及学习态度等方面的评价属于被忽视的内容，而以学生演练水平为依据的评定方法，则是评定学生体育成绩的主要方法，但对于身体素质较差而平时却积极参加锻炼的学生来讲，会严重的打击他们的积极性；对于那些有一定基础、平时上课偷懒的学生来讲，则会助长他们的惰性，最终导致无法对学生的学习态度与学习成果进行全面的评定与检查。

②缺乏武术理论考核

在考核形式方面，对传统武术理论的考核相对缺乏。这与传统武术教学内容单一、"重技术、轻理论"有关。

③考试形式落后

在考试形式方面，现在仍然在使用由任课教师对所任教师班级进行自考自评的方式，这是大部分传统武术成绩的评定和考核的主要方式，存在一定的弊端，比如，人情评分、考核和评定的尺度与标准不平衡等。由此可知，现在很多普通高校传统武术公共课的考核方式，受教学方式与教材内容的影响而存在明显的不足，导致学生学习的热情与兴趣难以激发。这对学生自主、积极地掌握与学习传统武术理论技能、知识、技术极其不利。

3. 教学方法与组织形式现状

采用恰当的组织形式，以及教学方法，在传统武术教学中是非常重要的，这与传统武术课程是否能够顺利开展，以及既定的教学目标与任务的实现息息相关。

（1）教学方法现状

为了将共同的教学任务与目标实现，在教学过程中，教师与学生运用的手段与方法的总称，即为教学方法。合理的教学方法，一方面，能够将学生学习的积极性激发出来，另一方面，也对教学组织形式的安排有利，与此同时，还能够为教师与学生营造一个良好的学习环境与氛围。由于传统武术教学具有特殊性，因此，对传统武术教师的教学方法有了更高的要求。只有在教学过程不断地进行实验与探索，才能够找到对自身发展有利的教学方式，进而使传统武术教学在学校的开展得以促进。

通过对高校传统武术中使用的教学方法进行调查，可以得知，传统教学法、合作性教学法、探究式教学法、游戏教学法、自主性教学法等，是现在采用的主要教学方法。

（2）组织形式现状

此处所讲的组织形式主要指的是，教师在课堂中对学生人数的控制。为了使传统武术教学的质量得到保证，各大高校应该积极地采取有效措施，将传统武术教师的培养力度加大，并对传统武术课程的班级人数进行合理安排，将师生比例缩至最小范围，以此将传统武术教师最大的教学效率发挥出来。

4. 教学设施现状

（1）教学训练器材现状

教学训练器材是保障传统武术教学顺利进行，以及实现理想教学效果的重要条件。传统武术教学训练器材可分为以下两种。

①功力器材

主要包括：皮条、哑铃、沙袋、杠铃、壶铃、木桩综合训练器等。

②技术器材

主要包括：棍、刀、剑、枪等。

功力器材的使用，一方面，为传统武术教学的顺利进行提供物质保障，另一方面，对提高学生传统武术的熟练度有帮助。

传统武术教学能否顺利进行，直接受教学器材丰富程度的影响，因此，相当有必要在高校传统武术教学中设置一定比例的器材。近年来，随着各大高校的普遍扩招，学习传统武术的人数也在逐年增加，但是，学生上课的器材却没随之增加，这对传统武术教学的质量造成了不良的影响。因此，高校相关部门应加强传统武术器材的建设，为师生的教学与训练工作奠定良好的物质基础。

（2）教学场馆现状

传统武术教学与训练场馆，为开展传统武术竞赛活动，以及组织传统武术教学提供了重要保障，与此同时，其也是学校的一项重要硬件指标，并且体现了高校的综合实力。因此，对于高校传统武术教学而言，建设传统武术场馆相当重要。

目前，我国一些高校选择在室外场地进行传统武术课的教学，由于在传统武术套路教学当中，有很多诸如翻滚、跳跃等动作，导致在室外水泥地面上开展练习极易受伤。这对学生进行传统武术的学习存在一定的负面影响，一方面，降低了传统武术教学的效果；另一方面，对教学计划的执行造成了严重的影响。由此能够看出，我国各大高校传统武术教学场馆设施的建设并不处于同一水平，倘若想更好地开展传统武术的教学和训练，加大场馆建设力度必不可少。

5. 师资现状

在高校传统武术教学中，教师的作用非常重要的，会对传统武术教学质量的提高产生直接的影响。无论是多么合理的传统武术课程体系设置，如果没有与之相匹配的高素质教师，那么就难以产生理想的教学效果。与此同时，如果高素质、高质量的教师能够充分地发挥自己的主观能动性，便能够创造出优质的课程体系。

由此能够看出，教学成果与学生的发展，直接受教师素质优劣的影响，因此，必须建立一支高素质的教师队伍。只有传统武术教师的素质提高了，才能够有高质量的教学，才能够培养出高质量的人才。就目前而言，在质量与数量方面，我国高校传统武术的师资队伍和传统武术需求之间还存在较大差距。武术教师在普通高校教师中所占的比例非常小，而传统武术教师在武术教师中所占的比例则更小，致使学生只能在无序的状态中学习传统武术。由于传统武术具有比较强的技术性，因此，它的提高与普及都需要具备一定的条件以及科学有效的指导。虽然教师的学历不完全等同于教学质量，但是，在很大程度上，学历可以反映出教师的理论水平，以及发展潜力，通常来说，教师具有越高的学历，其对专业的认识也就越深，而适应教学改革的能力也就越强，这样的话，对传统武术教学的贡献也就越大。社会与教育事业都在不断进步，而高学历化已经成为世界各国加强师资队伍建设的共同趋势。多渠道提高传统武术师资队伍的学历层次，增加硕士与博士学位教师的数量，是今后普通高校传统武术师资队伍建设的一项重点内容。

在我国，高校传统武术教师的师资水平比较低，导致教师在业务素质与业务水平方面出现了诸多问题，这在很大程度与传统武术教师的专业水平，以及教学水平、态度有关。除此之外，高校传统武术教师还有年轻化的趋势，再加上对传统武术的全面学习与了解程度低，这些都对传统武术的认知与教学水平造成了严重影响。

传统武术的教学具有比较大的难度，为了做好传统武术的教学工作，教师必须做到技术动作熟练、讲解清楚、示范准确。与此同时，还要对传统武术技术内容的内在攻防含义有深刻的了解，只有这样，才能够让大学生对传统武术技术动作的使用方法，以及目的有全面而深刻的认识。教师水平的提高，与是否满足学生在课堂中的爱好与兴趣，学习传统武术兴趣的培养息息相关。应从全面学习、掌握传统武术的教法与技能方面，来提高教师的教学水平。

（二）传统武术在高校中的训练现状

近年来，竞技体育发展迅速，竞技武术同样获得了很大的发展。但是，传统武术的发展规模却远落后于竞技武术。目前，据调查统计我国各大体育院校都有属于自己的武术代表队，但在训练体制方面，只注重竞技体育，对传统武术项目的发展却置之不理。

在体育院校的武术比赛当中，传统武术所占的比例相当低。这反映出传统武术在体育院校的训练现状不容乐观，以及重视程度不够。除此之外，传统武术比赛的参赛项目还存在过于集中的问题，比如，多数高校传统武术竞赛都集中在双刀、八极拳、双鞭、通臂拳等上，因而，造成对其他拳种的忽视。

（三）传统武术在高校中的科研现状

体育科研工作，一方面，是圆满完成教学任务的有力保障，另一方面，也是体育学科建设的基础，与此同时，更是提高教师素质的一种有效途径。传统武术教育活动的进行，对任课教师的专业技能，以及相关专业的科研能力都提出了非常高的要求。高校传统武术教师需要以科研带动教学，形成教学与科研之间的良性互动，进而对传统武术教学的进行起到更好的促进作用。

就目前而言，我国高校传统武术教师中的大部分，都具有比较大的学术潜力，但浓厚的学术氛围比较缺乏。高校中的部分传统武术教师并不重视科研工作，这显然不利于传统武术运动的可持续发展。与此同时，由于我国传统武术教师都比较年轻，参加工作的年限也比较少，导致他们在科研意识、理论知识、经验方面比较欠缺。而对于我国传统武术的发展来讲，年轻教师则是未来传统武术科研、教学的主力。想要发展传统武术，就必须要加大科研能力的培养，以及强化科研意识。

我国传统武术的发展已呈现出国际化、大众化、竞技化及市场化的趋势，但传统武术的科研并没有跟上传统武术发展的步伐。传统武术科研有很多种研究方法，这些研究方法都有各自的优势，并且也取得了比较好的效果。但是，由于我国传统武术的体系庞杂而完备，导致传统武术的基础依旧在民间。因此，我国对民间武术的研究会占用过多的精力以及资源，进而使我国传统武术科研的进展有了阻碍因素。

除此之外，现代体育科学研究的主流是综合利用各学科知识、跨学科地进行研究，可对于高校传统武术研究而言，其研究大多还局限于学校方面，跨学科以及综合的研究方法还比较少见。

就目前来看，从事传统武术教学工作的绝大部分教师都只是在大学期间选修过一些传统武术而已，教学内容也只有几个初级套路，因此，他们的传统武术技击水平可想而知，他们在传统武术理论知识方面并没有进行过系统的学习，理论知识也较为缺乏。在这种情况下，这些传统武术教师就只能传授一些简单的动作技术，如果让他们去挖掘中华武术传统推动高校传统武术教学改革、弘扬民族精神等，并不会取得任何实质性的收获。

第三节　影响我国高校武术教学开展的因素

为了全面客观地掌握高校的武术活动开展状况，为高校体育改革提供理论依据，以使我们更清楚地掌握武术在学生中的受欢迎程度，了解大学生学习武术的动机、目的及实践情况，以及现在的实际情况下高校武术教学中存在的问题，对在"素质教育"理念下高校体育教学改革的趋势提出建设性对策，具有十分重要的意义。

一、武术人口的观念意识

高校武术人口主要是指武术专业教师、专修武术的大学生和武术专业运动员等。高校大学生武术活动的开展状况与武术人口的观念意识有很大的关系。高校武术人口的观念意识能够对其他人的休闲健身观念产生很大影响。高校武术人口的观念转变是制约武术在高校范围内广泛开展的重要因素。对此，我们应加大宣传，创造武术运动的品牌项目，树立人们心中的武术专业运动观念。

二、高校大学生自身因素

（一）社会行为

社会行为指个体在特定的社会与文化环境中所表现出来的行为方式。学生在体育学练过程中，其社会行为是否恰当，主要表现为学生能否遵守课堂纪律，能否在体育学习、练习过程中和教师或同学进行恰当的合作等。

（二）动机情感

人的各种活动是由一定的动机引起的。体育学习动机是直接推动学生体育学练的内部动力。动机产生于需要。体育学练动机产生于学习练习的需要。学习动机是社会和个人的学习要求在学生头脑中的反映。它的主要心理成分是学习意向和学习兴趣。学习意向是达到某种学习目的的意图和愿望；学习兴趣是对学习活动或学习内容力求认识的倾向，也是学习动机中最重要和最起作用的成分。

在体育学习中，学生所表现出来的学习动机是复杂的、多样的，主要分为两种类型：间接动机和直接动机。间接动机是以学习的社会意义为动力的。这种动机主要来自学生对学习意义的高度认识等因素。在间接动机中，依据其内容的意识倾向性和意识水平的不同，又可分为良好的间接动机、低级的间接动机和不良的间接动机。

直接动机与学习活动直接联系，它是由学生对所学运动项目的直接兴趣所引起的。它也可以分为两个类型：良好的直接动机和不良的直接动机。不同的学习动机在体育教学中的心理反映和效果是不一样的。动机好，心理反映和效果就好，相反则差。例如，具有良好动机的学生，学习体育的兴趣浓厚，信心十足，课上精神振奋，跃跃欲试，学习态度端正，有良好的意志品质，不怕困难，敢于克服困难；技术掌握较快，成绩稳步上升。而动机差的学生则上课精神不振，信心不足，情绪低落，没有拼劲；上课抱着无所谓态度，迟到、早退；练习马马虎虎，遇到稍有难度的动作就显得紧张，怕伤怕痛，顾虑重重；技术掌握较差，成绩提高不大，稍有提高就会沾沾自喜，骄傲自满，不想再练。由此可见，培养良好的、正确的学习动机，对提高学习效果，调动学生学习积极性是非常重要的。情感是人的需要是否得到满足时所产生的一种内心体验。这种体验乃是事物与人的需要之间的关系的反映。体育是人类社会实践活动的一种重要内容，能给人以各种体验，激发如喜、怒、哀、乐、爱、恶、惧等各种情感，在体育教学中都有充分的表现。如当学生学会了一个新动作，教师教学顺利的时候，师生都会产生一种愉快的心情，反之则会表现为失望和不安。体育学习中的情感是反复多样的，但不同的情感对体育学习的作用又不一样。心理学的有关研究表明，情感对体育学习的作用主要有以下几点。

（1）调节作用：调节作用是指情感对学生的认识过程具有组织或瓦解的效能。

（2）动力作用：动力作用是指情感对学生的学习活动具有增力或减力的效能。

（3）强化作用：强化作用是指情感具有巩固或改变学生行为的效能。

（4）感染作用：感染作用是指个体的情感具有影响他人的情感的效能。

（5）迁移作用：迁移作用是指一个人对他人的情感影响会迁移到与他人有关的对象上去。

动机情感对体育学练有着较大的影响，了解和掌握体育学练系统中学生动机情感的特点，培养学生良好的体育学习练习动机情感，对优化体育学练效果，提高学生学练质量具有积极的意义。

（三）认知

认知因素主要包括学生的一般智力发展、原有知识技能的准备等。认知历来受到研究者的重视，对其的研究已有很多，在此不再详细叙述。

（四）元认知

元认知是学习者对自己认知过程的认识与体验，是对学习过程的计划、激活、监控和评价。它包括学生对学习策略的掌握，以及自律、自控能力等。元认知是近十多年来教育研究最有成就的领域之一，大量研究表明它对认知过程有重要的指导和调节作用，学生的元认知水平和学习成就联系紧密。

（五）运动技能

对于一般身体正常发育的学生，由于先天素质不同，其运动技能往往表现出某些差异。这里说的"素质"可以称为运动素质，指的是来自先天的机体活动素质，其中在很大程度上体现了神经系统活动的特性，如有的学生动作灵敏，有的学生则动作笨拙，即便长期进行学习与训练，也难以达到灵巧的水平。

三、高校、社会宣传因素

高校、社会宣传因素是影响大学生武术运动开展因素的主要因素之一。高校对武术的宣传主要是通过学校的各种宣传手段和宣传工具，如报刊、校园网、校园广播等宣传手段扩大武术影响面。我们可以利用学校报栏将武术的各种技击特点和武术赛事的信息张贴出来，以便大学生能及时观看；将武术的不同派别的发展历史和演练特点、功法练习等内容张贴出来，吸引大学生的注意；还可以将武术名家的拳姿风采张贴出来，满足广大学生对武术名师向往崇拜的心理需求。但这对于发扬本国武术文化的浓郁风采是远远不够的，还应当加大对高校大学生武术活动的观察报道。虽然高校大学生的技术水平和举办条件有限，但我们必须迈出扩大高校武术影响度的第一步，即通过多组织武术比赛的形式来扩大宣传。

四、经济保障因素

经济保障因素是影响大学生武术活动开展的重要因素。武术运动在高校中的开展过程需要很大的经济保障，从武术组织的宣传到具体活动的实际操作都需要大量的资金做后盾。

另外，高校的场地、器材设施等硬件设施的提供也是十分突出的问题，大多数高校都没有专门的武术训练馆，这和其他体育项目的开展状况比较明显滞后，这一问题也反映了武术运动在高校体育活动中不受重视的客观现实。高校在课余武术开展方面也不理想，具体表现在高校的激励机制方面，反映在课余时间对大学生武术活动进行指导的教练员的酬劳方面等。

五、教师能力因素

在影响高校大学生武术活动开展的诸因素中，武术教师的师资状况是很重要的一个因素。高校教师不但应该具备专业的技术示范能力，还应当具备一定的信息加工能力，即将最新武术发展趋势及时传递给广大学生的能力，改进教学方法，更新教学观念，在教学大纲规定的课时内传授尽可能多的专业知识。因此，教师队伍素质的提高是制约高校大学生武术活动开展的重要因素。

六、环境因素

环境因素也是影响大学生武术活动参与积极性的重要因素。大学生在高校中对武术信息的接触十分有限，主要是通过体育课程这一途径来实现。但是，学生在课堂上的学练时间有限，教师在课堂上也是抱着教授规定的套路技术为最终目的，对于基本的练习方法和拳术特点讲解得过少，难以调动大学生学习武术的兴趣。对此，我们应该改变传统教学模式，在完成教学内容的同时尽可能多地向学生们传授我国武术运动的知识，宣传武术活动的意义，使得武术活动的开展能及时地面向广大学生，使更多的大学生认识武术。

七、政策因素

政府职能部门的政策引导对高校武术活动的开展有十分重要的作用。但是现阶段我国个别地市的武术管理中心的主要精力和发展重点只是针对专业队伍竞赛活动的开展举办，很少有针对高校武术竞赛的组织和开展。为了推动我国高校武术活动的发展，政府相关部门应进行积极的政策引导，只有高校武术组织和职能部门的紧密联系，才能促进高校大学生良好习武氛围的形成，使得武术这一文化遗产在我国高校大学生中得到很好的开展。

以此看来，高校武术人口、大学生认识水平、高校宣传力度、经济保障、师资状况等是影响我国高校武术开展的主要因素。其中普通高校大学生对武术缺乏科学清醒的认识；高校武术师资匮乏，不能满足广大学生对武术学习和锻炼的实际需求；高校体育部门缺乏对武术活动的必要重视，场地建设落后，器材购入数量少、质量差；政府职能部门对高校武术发展缺乏必要的组织和支持，这也是目前高校武术教学的现状。

第四节　我国高校武术教育面临的机遇与挑战

一、我国武术教育面临的机遇

（一）全球化给武术教育国际化发展提供了机遇

世界文化的普遍发展是世界上各个民族文化合力的结果。每个民族文化都有自己的独特内涵，其中包含着具有普遍意义的本质因素。正因为每个民族文化彼此不同，所以造就了世界文化的多姿多彩。这些彼此不同的文化才具有互相交流和互相丰富其思想、价值、成就的必要。武术是中华民族的独特文化，蕴含着中华民族文明核心的文化，涵育着中华民族理性成熟表现之质素。当代一些中国人之所以不能在全球化语境中公正地审视各种武技文化所蕴含的普遍价值，原因就在于对中国武术的过分关注。武术文化是一种创造性的存在，通过武术教育传播武术文化是武术文化的生命力所在。全球化既为武术教育走向世界提供了充分的技术等条件，也给武术文化与世界上其他民族文化之间的交流、碰撞与融合提供了机遇。事实证明：一个民族文化如果固步自封，那么只有死路一条；而只有走向世界，才会为世人所共享，才会得到更大的发展，才会更具有民族的生命力。在全球化背景下，各种外来武技文化必然会对我国传统武术文化和价值观造成强烈冲击，甚至引起冲突。实际上，各种不同武技文化在保持各自特色的前提下相互碰撞、交流乃至融合，会创造出一种动态的和平，"没有相互的交流，不可能有文化的多元化"。

（二）全球化给武术教育民族化发展提供了契机

如今，各种外来武技文化必然会对武术文化和价值观造成强烈冲击。现在，韩国的跆拳道借助奥林匹克的东风风靡中国。中国的各大城市健身馆、俱乐部以及学校中都可以看到或寻觅到跆拳道等外来武技活跃的身影或踪迹。在政治家外交家眼里，一切的商品输出都蕴涵着思想、文化的输出，并为其政治利益服务。1942年秋，特纳在美国对外文化工作的政策纲要的备忘录指出："对外文化工作必须根据国家的需要，同政治、经济、外交政策保持一致，配合进行。"1995年7月25日，美国助理国务卿帮办魏德曼说："贸易不只是创造财富的手段，它还是美国思想和理想借以渗透到所有中国人意识中的渠道；从长期来看，它为美国的意识形态产业（诸如电影、激光唱盘、软件、电视）和使国际交流更为便利的产品（诸如传真机和互联网络计算机）开辟市场，这些有可能使中国的人权状况得到改善，从而发挥我们所有直接的和政府间的努力加起来一样大的促进作用。"透过现象看本质。跆拳道这些外来武技文化并不是一种简单的身体活动方式而已，而是一种文化的渗透，一种新的价值观、思维方式的熏陶，是一种文化的侵吞，长期的结果必然是中华民族意识和国家观念的淡漠。密特朗认为，"一个失去自己语言的民族，谁也不会理睬它"。武术和跆拳道等外来武技都是具有民族身份标识的一种民族文化。因此，武术界有识之士开始关注这种文化渗透，并提倡与献策要加强中华民族武术文化教育，消除各种外来武技文化对武术文化的吞噬。

二、我国武术教育面临的挑战

（一）武术教育中武术功能定位的挑战

武术是以技术为载体的一种体现中华民族精神的文化，在其形成过程中吸收了中华民族的传统医学、军事学、美学、气功、哲学等文化的精华，透过武术技术可以折射出武术所蕴涵着的中华民族文化内核。技击是武术的本质属性，这是毫不动摇的一个信念。在冷兵器时代，武术技击功能居于主导地位。在历朝历代的更替时期，统治阶级腐化堕落，人民生活开始恶化，治安极不稳定。在这种人身安全得不到政府保证条件下，社会习武之风盛行，也就是武术教育开始大发展之机。人们想通过学习这种暴力手段，增强自己的护家护体技能。新兴阶级往往把武术作为一种号召人们反对和推翻旧王朝的手段。一旦这些新兴的阶级夺取政权成功，他们深知武术这种暴力手段的潜在威胁，于是便开始禁武。如宋太祖赵匡胤通过"陈桥兵变"而"黄袍加身"。因此，他对手握兵权的将军们的心理是心知肚明，"兵权所在，则随以兴；兵权所去，则随以亡"。"天子宁有种耶？兵强马壮者为之尔"的呐喊，令他不得不考虑自身"宝座"的安危。于是他开始降低对他构成威胁的"武人"地位也就势在必行了。先是"杯酒释兵权"，后是"偃武修文"。这为北宋最终形成"文人主政"的局面打下了基础。但是随着冷兵器时代结束，社会法制日趋完备，武术的技击功能逐渐失去了生存的土壤，武术要继续生存、发展，就不得不重新审视其技击功能，实现价值功能的转轨。当今时代，由于国家的法律日益健全，人们的生存安全可以得到足够保证，不需要个人在像冷兵器时代那样成为"武林高手"。人们更多的是需要面对由于过去追求经济发展，利用高科技手段对自然资源的过度开发而带来的生存环境日益恶化的问题。人们开始把关注自身健康、延长自身的寿命、提高生活质量灌输到日常生活意识之中，身体健康将是当今时代的生活主题。同时面对全球化对民族文化的冲击，作为中华民族优秀文化的武术承担着弘扬民族文化的重任。可见，随着时代变迁，武术功能在不断变化。然而，武术功能定位将直接影响到武术教育的发展定位。当下如何审视、定位武术功能，这是一个重要的时代问题。对这一时代问题的解答将关系到武术教育思想如何转换的问题，也势必将影响到武术教育的未来发展路向。毫无疑问，这是对全球化时代武术教育发展的一个严重的挑战。

（二）全球化对武术教育媒介提出了严峻挑战

随着全球化的推进，外来武技文化如跆拳道、空手道等不断地涌入中国，从而打破了武术垄断中国武技教育市场的局面，给武术教育带来了一定的生存压力。反思武术教育可以看出，尽管武术以博大精深著称，但是教学内容庞杂，给人一种复杂、难学的感觉，使人望而却步，敬而远之；有一定的教学程序，但是随意性太大；在考核上虽然有段位制，但是实践中却是有名无实，"有制度不依"，没有落实到实处。所以，今天的武术教育陷入了尴尬的境地，谁都说武术好，但就是学的人不多。

反观外来武技，它们的教学内容都具有简单、易学、易记等特点；在考核标准上，使学习者可以产生类似中国的"跳一跳，摘桃子"式的不断进步的成就感——考级升段位制；教学程序上，它们有系列的严格要求，给人一种规范化的感觉；在教学服装上，从教师到学生都是有一套漂亮的、令人神往的服装，给人一种肃然起敬之感。随着全球化的推进，信息化科学技术必将为各国所共享，最多只是时间的早与晚的问题。

因此，从历史角度看，科学技术对武术教育的渗透已是不可避免。这如同科学技术必然对人类社会生活的所有方面发生影响一样，科学技术对武术教育的渗透极大地改变了武术教育传播的形态。现代科学技术的发展使大范围和远距离的武术教育传播成为可能，可以使武术文化传播至世界的各个角落。媒介化的文化将打破武术教育的传统非媒介文化的封闭，使更多的人经由媒介来接受武术教育成为可能。武术教育不应该再沿袭过去那种"太极十年不出门"的传统教法，积极吸收外来武技的先进教学办学经验和管理理念，改革武术教育内容，创新武术教学方法，把武术和外来武技有机地整合，作为有中国特色的武术教育体系的组成部分，增强武术文化内在的张力，提高武术教育的国际竞争力，而不再抱着"祖宗之法不可变"的旧习心态，那样会使武术教育之路越走越窄。

可以说，武术教育媒介必须转变是一个不容置疑的武术教育时代信念。但是，当下一个横在我们面前不容回避的、影响武术教育传播进程的问题是到底该如何转变武术教育媒介。这一问题当下成为我们发展武术教育不得不给予解答的时代问题，也是我们不得不逾越的一道"坎"。这对于武术教育而言，无疑是一个巨大的挑战。

（三）对武术教育者提出了挑战

全球化时代，科学技术革新，电脑和互联网技术普及，人际关系也不同于农耕社会，这些都给武术教育者提出了挑战。这种挑战主要有三个方面：一是全球化对武术教育者的素质提出了较高的要求。科学素质、创新能力、学术水平和科学精神，成为一个武术教师的基本要求。而我们的武术教师仍然停留在过去旧的教学模式上。二是对教师的地位和任务有了新的要求。教育的信息化和科学化对教学提出了高标准。电脑等一些高科技技术应用于教学领域，教师要学会认知和运用这些高科技的东西。三是全球化对师生之间的关系也造成了一定的冲击。师生之间不再是过去那种"师徒如父子"的关系，而更多的情况下是朋友关系、知识教育的引导者的关系。

三、我国武术教育发展的趋势

全球化是把双刃剑，既给武术教育带来了挑战，也给武术教育带来了机遇。中国有句古话："祸兮福所倚，福兮祸所伏"。一个独立的民族文化与另一不同类型的文化相遇，其前途有三种可能。

（1）孤芳自赏，拒绝交流，其结果是自我封闭，必将陷入衰亡。

（2）接受同化，放弃自己原有的、专以模仿外邦文化为事，其结果是丧失民族的独立性，将沦为强国的附庸。

（3）主动吸收外来文化的成果，使民族文化更加壮大。

汤一介先生认为："一种有生命力的文化在受到外来文化的挑战时，不仅不会拒绝外来文化，而是欢迎它，以便使自身文化更快更健康地发展。"因此，当今的中国武术教育只有面对现实，顺应时代的发展潮流与趋势，坚持武术教育的国际化和民族化"两条腿"走路，才能站在武术教育民族化的基础上传承民族优秀武术文化，同时迈出教育国际化步伐，使武术文化借助全球化的东风在全球得到弘扬。这样在全球化的背景下，外国人可以通过武术体验中华民族的文化，了解中华民族；国人可以通过武术文化解读中华民族的过去，阐释中华民族的现在，规划中华民族的未来，使中华民族傲立于世界民族之林。

（一）武术教育国际化发展

"武术源于中国，属于世界"。在经济全球化、教育国际化的今天，要清醒地认识到武术教育国际化是全球化时代的必然产物和趋势，是社会发展的产物，是历史潮流的大势所趋。我们应该主动地去迎接它，适应它，而不是消极地抵制它。任何真正的科学文化，不仅要具有民族性，而且要具有时代性。如果只有民族性，不具时代性，以一种抱残守缺、固步自封的心态，不去以开放的心态在国际上和其他文化交流、互相借鉴、互相补充，那么不管其有多么辉煌的历史，其前途也必将是黯淡的，武术教育也不例外。如果把武术教育发展比喻为一条河流，那么"流水不腐，户枢不蠹"的道理同样适应于武术教育。尤其在体育化的武术发展遇到了尴尬的境遇，为了进军奥运的目标，这一目标毫无怀疑是没有错的，但是在进军的途中却是盲目地模仿西方体育的竞技模式，失去了武术的特色，把体操的难度拿来评判武术水平的高低，乃至于把武术竞技场搞成"牛头马面，非驴非马"的场面，让内行的人无法解读，让外行的人觉得滑稽。结果是奥运会进不了，有点"东施效颦"之嫌，"邯郸学步"之果。因此，我们在发展武术教育的时候，要以竞技武术经验为鉴，树立国际化观念，扩大武术教育对外教育的市场与资源，吸收外国留学生，在全球范围内培养武术人才，使武术教育拥有更大的阵地。因此，全球化背景下武术教育国际化发展首先要做好以下几点工作。

1. 树立武术教育国际化的教育观念

"思路决定出路"。武术教育国际化就是要充分利用国际教育资源的同时，向外国开放中国武术教育资源。因此，要敢于树立把中国武术教育推向全球的观念，做到深入了解世界上不同国家的文化状况和人民的接受心理，做到"知己知彼"，有针对性地派出我国武术专家、学者等人才去国外推广武术教育。同时，在一些具有民族传统体育学专业的高校成批次地扩大招收外国留学生，对其进行本科、硕士研究生和博士研究生等不同学历的武术专业人才培养，使这些外国留学生将来成为武术教育国际化发展的主力军。

2. 建构武术教育国际化的远景目标

武术是中华民族的优秀文化。要从繁荣中华民族文化的目的出发，把武术教育当作中国武术全球化进程的助推器，使武术最终成为全世界人民的宝贵财富，成为与奥林匹克分庭抗礼的体育运动，成为中华民族伟大复兴的文化坐标。现在苏州大学韩国大真学院就对韩国的学生开设中国武术课程，请武术教师给他们上课，对他们进行中国武术文化的熏陶。美国著名政治家杜勒斯的话也许能给我们留下无穷的、回味的思索："如果我们教会苏联的年轻人唱我们的歌曲并随之舞蹈，那么我们迟早将教会他们按照我们所需要他们采取的方法思考问题。"

3. 围绕武术教育国际化的远景目标，建设武术教育的课程体系，编写武术教材

在教材选编中，围绕建设与历史传统相承接、与世界文明相贯通的先进国际武术教育核心，注重武术的品位，突出教材的含金量，强调武术本体，立足在改革开放和现代化建设的实践，着眼于世界文化教育的前沿，发扬武术文化的优秀传统，汲取世界各民族武技文化的有益营养，发掘武术内涵，博采众长。在武术教育内容和形式上积极创新，增强中国特色的武术教育吸引力和感召力，繁荣武术教育国际化事业。

4. 加强武术教育国际化的交流

日本前首相竹下登认为："国际社会的多样性文化是为各国人民所享有的具有普遍价值的共同财富，通过文化相互交流培养起来的对异质文化的宽容心有助于开放的国际社会、国际合作与国际和平的构筑，并且多样性的文化之间的相互交流还能给国际社会的发展带来新的活力。"另外，"文化的相互交流和碰撞能够丰富文化的内涵"。武术教育国际化交流，第一，加强武术教师之间的交流。因为武术教师是武术文化的载体之一，可以采取"走出去，请进来"的方法。"走出去"，就是有计划地采取讲学、合作研究等形式向国外派遣武术教师；"请进来"，就是请外国有成就的武术专家、教师来中国讲学，进行学术交流。第二，中国高校可以和外国大学合作办武术专业，使武术进入外国高等教育的殿堂，定期或不定期地请这些外国的武术专业学生来中国观摩、学习，提高他们对武术的认知度，打开外国高校武术教育市场，这也是武术国际化交流的重要形式。第三，加强武术国际学术交流，通过学术交流平台，互相取长补短。中国在这方面已经做出了努力，如 2002 年的第六届上海国际武术博览会、2003 年上海举办的"武术国际传播研讨会"、2004 年郑州的首届国际武术节论文报告会等学术交流会议。总之，武术教育不能固步自封，只有以开放的心态面对世界，在广泛的跨文化交流中加强武术文化教育的民族性建设，培元固本，才能抵御外来文化的侵袭。

5. 积极利用外资，开展武术国际合作办学

随着中国现代化进程的加快，中国在利用外资合作办学上已经取得了可喜的成果。一些城市的独资和合资办学开始出现，诸如苏州新加坡国际外语学校、苏州大学的韩国大真学院等，这些都给武术教育国际合作办学提供了借鉴。因此，中国武术教育可以扩建武术国际教育集团，与外资合作进行武术教育办学。一方面可以利用华侨的力量，在中国政府的支持下，走出国门办学；另一方面可以引进资金，在国内办学，开创出一条有中国特色的武术教育之路。如山东中华武校和韩国签约办学，成功地引进外资 100 万等。这些都给开展武术国际合作办学提供了借鉴。

（二）武术教育民族化发展

武术教育的国际化和民族化是武术教育的一体两翼，缺一不可。武术教育民族化是武术教育国际化的根基，离开了这个根基，国际化就会成为无本之木，无源之水。"如同水往低处流的物理现象一样，文化的交流和撞击也有这种由高向低的特点"。要清醒地认识到，如今武术之所以在世界上迅速发展，就是由于武术现阶段在文化的交流中处于高处。因此，要想武术在世界文化交流或撞击中保持自己的高位，向世人展示中华民族五千年悠久历史的灿烂的武术文化，激发民族奋发向上的豪情，增强中华民族凝聚力，促进我社会主义建设的发展，提高我国在世界的威望，就必须重视武术教育的民族化发展。

贝塔朗菲的系统论告诉人们，有机体之所以能够有组织地处于活跃状态，具有生命力，是由于系统与环境之间不断进行物质与能量交换，这种与环境交换的系统是开放的系统。世界武技文化尽管形式多样，但是它们都是人们认识世界和改造世界实践活动的智慧结晶，本质上是相通的，因而在内容上可以相互借鉴、交流和融合。反思中国武术教育的发展历程，可以看到，自近代以来，中国武术教育实际上就处于国际化和民族化的选择过程之中。马良的"新武术"可谓是中国武术吸收西方体育的典范，从形式到教育的方法上无不留下西式体育的痕迹。精武体育会和中央国术馆的成立与发展，进一步推动了中国武术教育民族化的步伐。我们走武术教育民族化道路的时候，要以一种开放的心态对待世界上其他的武技文化，积极地吸收其优良的办学模式、教学经验等，使武术教育既具有民族性，又具有时代性和科学性，在世界武技文化中找到自己应有的位置。凡是教育发展比较好的时期，都是能比较好地处理两者之间的关系；凡是教育发展不好的时期，则是不能很好地处理两者的关系。

1. 保持武术教育民族性

随着经济全球化的发展，世界各国工业化、现代化过程的加速，必然会造成一种世界通行的工业文化和大众文化，使西方的价值观念在某种程度上得到世界各国人民的认可，从而打破过去以精英文化为主导的文化格局。大众文化将以潮水般的势头冲击着精英文化，在全球流行。西方大众文化的冲击并不可怕，可怕的是形式与内容完全地模仿西方大众文化。同样是卡拉OK、跳舞机，我们只要唱的是中华民族的民族歌曲，跳的是中华民族的舞蹈，借着西方大众文化的"东风"，传扬着我们民族的东西，又何乐而不为呢？武术教育民族化的过程中，要扬弃武术文化自身的价值观的同时，学习和吸收外来武技文化的某些价值观，借以弥补自身的不足，提升对武术文化的鉴赏和品味。要加强以武术的中华民族性为主体的文化选择，学习和吸收外来武技文化的优秀成果，树立全球化背景下中国武术教育的科学化、大众化的根本教育理念。

2. 促进武术教学理念与方法的创新

在农耕社会，师徒传承是中国武术教育传播的基本方式，言传身教是中国武术教育的基本手段。今天的时代已经不同于昨天，我们应该在继承与发展中国武术教育的优良传统基础上，改变武术教育陈旧的观念，同时对外来武技教育理念与方法持"批判地吸收"的态度，厘清其精华与糟粕，创造出崭新的、融合中外武技教育的先进理念与方法为一体的、具有说服力、感召力和渗透力的中华民族武术教育方式、方法、手段和机制。

3. 加强具有强化武术教育文化功能的课程建设

武术具有悠久的历史，它不但具有中华民族文化的优秀成分，也具有民族文化的糟粕成分。我们既不应该全盘地肯定武术文化，也不应该全盘地否定武术文化，而应该辩证地看待武术文化，既要看到其内涵的优秀部分，也要洞悉其糟粕的部分。因此，组织一批专家、学者对武术文化进行"去粗取精，去伪存真"式的一番扬弃，扬其符合时代要求和国家发展形势的部分，弃其与时代背离，不符合国情的部分。在现有的国家课程、地方课程、学校课程三级课程管理模式下，编写适合武术民族文化教育的蓝本，规范与强化传统文化教育。

总之，武术教育国际化和民族化牵涉"拿来"与"送去"双向过程。"拿来"时，"我们要运用脑髓，放出眼光，自己拿来"，把世界上其他各个国家和民族的优秀教育资源按照武术教育现代化的目标有节制、有目的地拿来，为武术教育民族化服务；"送去"时，要注意建立武术教育的安全机制，要从民族文化的高度上来认识和保护武术文化的重要性。民族文化是民族存在和发展的全部价值与合理性、合法性之所在。一旦这种文化遭遇到威胁和侵略，则必然给国家和民族带来深刻的文化危机。武术是中华民族文化的组成部分，武术文化需要建立安全机制。武术教育国际化发展，其目的是发扬中华民族文化，而非向别国"磕头贺喜"。武术文化教育的安全机制并不是要武术固步自封，而是建立在平等的文化视野和开阔的文化胸襟基础上的一种与外来文化互动的创新机制。历史经验告诉我们，任何民族的文化遗产，在为世界人民所承认与分享后，才会获得巨大的发展。不能以拒绝外来文化的侵袭为借口，以民族化替代国际化；同样不能以国际化为理由，取消武术的民族特色而一味地追求模仿外国的武技文化教育模式，失去自身的魅力，最后本末倒置。这两者以任何一种取代另一种，都不利于武术教育发展，只有两者结合，相辅相成，对立中求统一，才能发挥武术教育的传承民族文化、增强民族凝聚力的功能。"一个民族的素质，取决于这个民族精英的素质；一个民族有没有凝聚力，也取决于这个民族精英有没有凝聚力。"青少年是未来的民族精英，而学校是培育精英人才的摇篮。"亡而存之，废而举之，愚而智之，弱而强之，条理万端，皆归本于学校。"因此，全球化时代，中国武术文化教育应从青少年开始教育，弘扬青少年的尚武精神，塑造其健全的人格，以增强中华民族的认同感。

第二章 高校传统武术教学的创新理论

第一节 高校传统武术教学的道德传承和作用

一、"德"在高校体育教育中的意义分析

增强学生体质，培养学生良好的身心素质，是高校体育教学的根本目标和出发点。在学校体育教学中，学生通过参与身体锻炼以及互相配合来获得知识与技能，这就在客观上为教师培养学生的道德品质提供了条件。但大部分体育教师往往只注重课堂组织教法的运用和学生技能的提高，忽视了体育教学中的德育教育，甚至认为德育是文化课的任务。叶圣陶先生曾说过："什么是教育，简单地说就是要养成良好的习惯，对于德育而言，就是要养成良好的行为习惯。"在体育教学的过程中，教师向学生传递知识、答疑解惑，提高其身体的力量、速度、耐力、柔韧、灵敏等素质。当今社会，由于亚健康人群的增多，身体健康日益成为人们关注的焦点，体育健身锻炼逐渐成为人们生活中不可或缺的一部分。德育，主要是指对学生思想素质和道德层面的教育。德育的最终目的是要帮助学生树立正确的道德价值观，对是非荣辱形成正确的评价标准，最后内化为自身的内在品格，保持并发扬于有形的生活之中。因此，现代高校体育教学也成了德育教育的重要载体和桥梁。纵观体育教学，"德"在其中主要具有以下五点意义：

（一）培养学生的坚强意志

与竞技类体育教学不同，高校体育教学对学生的技战术没有那么高的标准和严格要求。现代体育教学需要培养学生的优良品质和良好的意志力来共同达成当今社会所提出的全新的体育教学目标。基于此，体育教师应以体育教学大纲为基本着眼点，适时创新教学内容，对每一个学生进行个性化的特殊处理。

（二）培养学生的竞争意识

现代社会是一个高效率、快节奏的社会，因此，人们若想在社会中脱颖而出，必须时刻保持最佳的竞争状态。竞争意识，简而言之，就是对外界活动持有积极应对的心理反应。作为体育运动项目突出特点的竞争因子在体育竞赛中表现得淋漓尽致。体育竞赛和活动，可以激发学生身上的竞争因子，调动学生的竞争细胞，激发学生的最大潜能。从此种层面上来说，体育教学的德育功能主要体现在激活学生的内在竞争意识，培养学生勇于拼搏的竞争意识，在竞争中树立良好的道德行为规范。

（三）培养学生的团队合作意识

虽然当今社会充满竞争，但是仍然掩盖不了合作是主旋律的事实。合作意识是个体对共同行动及其行为规则所赋予的情感与认知。合作意识也体现在体育运动项目之中，如篮球、足球、接力、拔河等集体类运动项目的开展，单靠一己之力根本无法完成。只有通过队员之间的紧密配合，个人的价值才能在集体中得到最大的体现，最终实现自我价值，取得比赛的胜利。学生与学生之间的关系密切，交流频繁，能够在无形之中营造出相互帮助、相互关心、团结合作的融洽氛围。这一切也必将为他们在日后融入社会奠定坚实的人生基础。

（四）培养学生的自我约束能力

自我约束能力，简而言之，就是自己能够控制自己的所作所为的能力。教学管理，相对于常规学科来说，较为困难，这就需要有一定的行为规范来保证体育教学活动的顺利开展。像"三大球"、"三小球"、田径和各种集体类体育运动竞赛项目，必须遵循该项目特定的规则。所以，长此以往，学生就可自然而然地形成良好的组织纪律观，提高自我约束能力。

（五）调节学生的身心健康

随着社会经济的不断向前发展，人们的生活压力、工作压力越来越大，各种"富贵病"接踵而至。研究发现，体育运动可以帮助人们释放压力，满足一定的心理需求。我们不仅要让学生们在科学合理的运动负荷下，实现身体素质的全面提升，还要让学生在日常的体育教学训练之余，得到精神上的放松。体育教学的真正价值在于学生在体育课堂上收获的不仅仅是健康的身体，还包含愉悦的心情。

二、中外"寓德于体"教育思想的分析

（一）国外不同时期的"寓德于体"思想研究

1. 古埃及和古希腊时期

在古埃及，人们很注重子女的教育问题，古埃及人在关心子女身体是否健康之余，还很关注对子女智力和德育的培养。当子女成长为儿童少年时，古埃及的父母们会适时开展一些适合他们年龄特征、个性特征的游戏；当子女成长为青年时，古埃及的父母们会让他们尝试一些激烈的球类游戏和剧烈的户外运动，充分满足孩子们的身心需求。体育运动的开展不仅有利于人们"体"的发展，也有利于人们"德""智""美"的综合发展。古希腊人眼中的美德不单单指心灵美，它更关乎人们的道德和心理。所以，他们倡导"智慧的人"与"行动的人"相统一的教育理想。苏格拉底曾说过："体育和音乐教育一样，应该让他们从小就开始接受，而且体育训练应该十分小心且要终其一生。

此外，其他一些古希腊思想家也都分别从各个维度详尽地论述了体育与道德之间的关系，但万变不离其宗，其主要论点依然是体育有不可比拟的道德教育价值。在体育之于品格的价值研究上，古埃及人和古希腊人是明智的，他们很早就看到体育游戏和体育比赛的深层隐性价值。

古埃及人和古希腊人主张，人的全面发展。"寓德于体"的教育思想在古埃及人和古希腊人身上体现得淋漓尽致，值得我们学习与反思。

2. 文艺复兴和启蒙运动时期

文艺复兴后期法国人文主义思想家蒙田指出："教育绝不是着重于一个人心灵的培养；我们的教育也不是注重到一个人身体的锻炼，教育的对象是整个的人；我们决不能将之一分为二"。因此，那一时期体育教育的本质是想让学生在体育锻炼的过程之中提高身体素质、道德素质和心智素质。由此，"身心既美且善"成了该时期希腊人体育教育的主旋律。英国著名的教育家约翰·洛克认为，体育是一切教育的基础。在他的观念里，培养出健康的人才是教育的最核心任务，而体育是能够实现这一任务的首要之选。他在这一套教育理论的基础之上，又研究出了一套适应该时期社会发展的"绅士评比准则"。他认为，一个真正的绅士不应该只拥有强健的体魄，还应该拥有良好的教养和优雅的风度。"人生幸福有一个简短而充分的描述：健康的心智寓于健康的身体。凡身体和心智都健全的人就不必再有什么别的奢望了；身体或心智如果有一方面不健全，那么即便得到了别的东西也是枉然。"自此，"健全的精神寓于健康的身体"成为人们推崇的主流教育思想。

卢梭的"身心统一论"是他的基本理念。他认为："教育的最大秘诀是使身体锻炼和思想锻炼互相调剂"，卢梭注重感觉经验，他倡导积极参与体育运动和比赛。此外，他还倡导广泛修建体育设施，推广体育竞技项目和游戏环节。他主张在该时期通过体育锻炼来塑造儿童的自我意识和理智情感。

综上所述，众多教育家和思想家都主张人的身心要和谐发展。他们认为，身体和心灵是紧密关联的，让孩子们在游戏、竞技比赛活动之中，养成不畏艰苦、自立坚强、团结合作、勇于竞争、挑战自我等优良道德品格，贯彻落实"寓德于体"的教育思想。

3. 近现代时期

近代时期的德国，体育被视为保持身体健康的一种手段。当时德国的体育课程是以养生为主的，主要从卫生角度出发，研究一些与之相关的饮食、锻炼、着装、日光、空气等问题。由此可知，体育教学的三大任务早在18世纪后期就已经基本明确了。有着"幼儿教育之父"美誉的德国学前教育家、教育理论家弗里德里希·威廉·奥古斯特·福禄贝尔，主张抓住儿童早教这一黄金时期，优先开展体育锻炼，形成科学的道德品格。开发深层的大脑智慧。由此可知，他对游戏活动之于心灵意义是肯定和认同的。一系列的体育游戏活动必然会对其道德品质和智力产生一定的影响。

19世纪20年代末，英国体育思想家托马斯·阿诺德很重视体育运动以及体育游戏对教育的作用，他主张在学校教育中广泛开展竞技游戏，培养学生顽强、果断、正直的思想品格，提高整体教学效果。小说《汤姆·布朗的学校生活》，主要描绘了英国拉格比公学的生活，小说所折射出来的对竞技和体能的关注远比现实生活中多得多。赫伯特·斯宾塞紧随其后出版了《教育论》一书，书中的主要观点为，注重游戏的自然性。他主张体育教育过程中要记得遵循客观规律，要用科学的思想统领体育锻炼的全过程。他重视体育锻炼过程中人是否释放了最大的自主能动性。此外，他口中所说的自主能动性还包含有一定的独立性，他所希望的自主能动性是在独立性的基础之上产生和发展的。爱默生提出了他的人类自我完善和自立哲学的思想理念，这种思想在健身运动和竞技之中都有着重要的指导意义。健康才是人这一辈子最大的财富，他认为，离开游戏活动，单独谈一些空理论的教育是不完整的。清教哲学认为竞技运动在一定程度上会对道德品格的形成有影响。苏联现代著名教育实践家、理论家瓦西里·亚力山德罗维奇·苏霍姆林斯基认为，体育在人个性的全面发展进程中发挥着不可替代的作用。因此，在对学生进行体育教育的同时，必然也会对其进行一定程度的道德教育、智力教育、审美教育和劳动教育。例如，儿童时期的体育教育就应该以发展儿童的身体机能和促进健康为主；少年时期，体育教育的侧重点应当有所转变，除了提高身体素质外，还应拓展精神世界，发展智力潜能。在有了一定量的体育锻炼基础之后，身形的变化，增添了人们的青春活力与自信，心态和性格也因此变得柔和。

这一时期"寓德于体"教育思想突出表现为人们对体育教育中德育教育的重视程度。他们主张依靠纯天然的游戏和竞技来强壮人们的筋骨与体魄，激发情感，培养道德品格，最终塑造人的性格、磨炼人的心智。

（二）国内不同时期的"寓德于体"思想研究

1. 先秦时期

"造棋教子"源于《路史·后记》记载：故事大意为：尧的儿子丹朱，嫉妒心强，骄傲蛮横、凶狠残暴，品德恶劣，兄弟之间争吵不休，矛盾重重。尧得知后命人制作了围棋教育丹朱，希望在"棋道"的教育下，人也能改邪归正。春秋时期伟大的思想家、教育家、哲学家老子有云："不失其所者，久也。死而不亡者，寿也。"人若想肉体活得长久就不能离开生命的根基，但若想获得真正意义上的长寿还是要保持精神上的人格。但是究其实质，养生需要保养的不仅仅是单纯的肉体，还应包括精神人格。这就告诉我们应该把形体和精神都抓起来，并且"两手都要抓，两手都要硬"。"静而与阴同德，动而与阳同波"，这句话的意思是与阴同德，就像大地一样，厚德载物；与阳同波，就像九天之上，自强不息。

孔子是儒家学派的代表人物，也是伟大的教育家、思想家。他在传承西周官学中"六艺"的基础之上，发展了独特的"礼、乐、射、御、书、数"等教学内容。孔子的道德标准是"礼"，政治思想是"仁"，对于体育思想而言，他倡导遵"礼"。孔子尚文，但文必须"之以礼"；孔子尚勇，他认为："仁得不忧，知者不惑，勇者不惧。"但是，他又警告世人"勇而无礼则乱"。故孔子有云："有文事者必有武备，有武事者必有文备。"对于"礼"而言，孔子讲求将其应用于实践，空谈"礼"绝不是他的本意。凡是道德礼仪低下者，均不允许参与其中。因为他认为行射的最终目并不是谁输谁赢，而是在于品鉴人的道德。由此可知，孔子注重身心合一的教育方式，倡导体育强身健骨之余，更加看重体育之于人的道德的影响。

墨子是墨家学说的代表人物，他主张"厚乎德行，辩乎言谈，博乎道术"。他认为，"德"为"力行"提出了标准，指明了方向。他也主张通过"行射""习御"这一体育途径来强健人的筋骨、内化人的品格。这一时期"寓德于体"教育思想可以归纳为：肯定了体育对身心健康的价值，但是，这两方面相比较而言，更突出体育的健心价值，尤其是其德育价值。

2. 唐宋、明清时期

在唐代，以木射为代表的体育活动盛行：用木为候，以球代箭，用球击射木候。参加比赛的人员纷纷在木柱的对面用木球往木柱方向抛撒，击中有朱笔写字的木柱即获得胜利，反之，则视为失败。我们可以看出古人对哪些道德信仰持肯定态度，对哪些道德信仰持否定态度，进而帮助参加体育运动的人们形成正确的道德评判准绳。儒家"仁爱"思想在古代体育运动中也得到了很好的体现。

明末清初杰出的教育家、思想家颜元，倡导施行文武双全、全面发展、综合素质高的学生教育。他对体育的德育功能有如下理解："人之心不可令闲，闲则逸，逸则放"。因此，他招收学生时就明确提出"礼、乐、射、御、书、数、兵"都将作为学习的重点课程，而其中"射""御""兵"是基础中的基础。颜元倡导身心一致，主张德育、智育、体育同时发展，认为这样才能培养出社会发展所需的栋梁。这一时期"寓德于体"教育思想主要可以概括为：儒家思想中，体育运动蕴含着忠诚仁义、谦虚宽厚、包容礼让等"仁爱"思想。

3. 近现代时期

近代著名教育家蔡元培肯定了体育的首要地位，他说"完全人格，首在体育"。空谈道德的体育，会让人嗤之以鼻；空谈体育的道德，会让人的心灵无处安放。毛泽东在《体育之研究》一文中写道："愚拙之见，天地盖唯有动而已。""人者，动物也，则动尚矣；人者，有理性之动物也，则动必有道。""欲图体育之效，非动其主观，促其自觉不可。"此番言论很好地论述了德、智、体三者之间错综复杂的关系。

中国奥运先驱张伯苓认为，体育学科在学校教育中是一门基础学科，除了强健体魄外，还能培养公民的道德意识。他曾说过："运动之所争也，胜负而已，苟一战而负，人格上固尤在已，若人格有所损伤，则虽胜又岂值得若许代价哉？"清华大学前校长梅贻琦认为体育是实现高尚人格的最佳途径。因此，他总结道：竞赛是为了练习团队的合作守法的习惯，而体育旨在促进团队道德的养成。著名体育家马约翰认为，体育除了具有强身健体和道德塑造的价值之外，还具有磨炼性格的价值。他曾说："体育最重要的效能是塑造人格，弥补教育不足之处，要学生学会负责任，学会帮助关心别人。"这一时期"寓德于体"教育思想可以大致归纳为：肯定体育的基础地位，提出"德体并进"思想。体育的团结协作、竞争突破精神可以向爱国强国精神靠拢，为祖国的建设提供综合性人才。

第二节 传统武术教学创新与人的思维特征

一、教学创新与人的实践

（一）实践是创新的源泉和动力

创新是一种精神，是当今时代的鲜明特征。创新理论无疑需要主体的创新意识和创新能力，但重要的还是以不断变化发展的实践为基础。现实世界体现为主观世界与客观世界的二重化，而实践则是主观世界和客观世界分化与统一的基础。在现实的实践活动中，实践的人通常是实践活动的主导者，是能动的作用者。受动性揭示的是人对自然对象的依赖性，人类的一切活动，包括创造性活动都要受制于对象世界的支配和制约。人是实践的主体，所以能够把外部的现实事物以及连同人自身都变成认识和改造的客体，主客体之间在实践活动中所以能够实现"双向的对象化"，这在很大程度上要归功于人的能动性。主观世界并不是离开客观世界而独立自存的实体，也不是一个超然于客观世界而绝对孤立自存的世界。当然，主观世界具有的特征正是这种"由己性"，使人们在心意之内随意组合。建构客体，从而使主观世界既可能表现，肯定客观世界，又可能偏离，超越客观世界。主观世界是对客观世界的反映，它在观念的形式中反映着客观世界的内容，在概念中凝结着对客观世界本质的理解。

辩证唯物主义认为，人的认识是实践和创造的统一。首先，创造是以实践为基础的。主体对客体的反映是以信息为媒介的。人们要认识事物，即要通过认识工具的参与以及感觉器官的作用，把客体复杂的实物形态信息，转化为能被人的感官接收的具有客体特征的信息。其次，人的认识不仅具有实践性，而且具有能动的创造性。也就是说，认识是一个反映、选择和建构的过程，所谓建构，是指主体在思维中对客体信息的重构过程。主体不仅要对来自客体的信息进行选择、加工和变换，还要按照正确反映客体的要求在大脑中把这些信息重新组合成为观念的体系。可见，建构或重组是认识过程中主体能动性和创造性的突出表现。一方面，人们可以通过实际以及认识活动把客观世界转换为主观世界；另一方面，又可以把主观世界，尤其是其中的理想存在通过实践转换为现实的存在，成为客观世界的一部分。所以我们说，实践不仅呼唤着创新，也为创新提供了广阔、丰富和深厚的源泉。只有深深扎根于实践的理论才具有生机和活力。我们要进行马克思主义的理论创新，就必须不断地深入实践、深入群众，要立足于国内外形势的变化，把群众的智慧集中起来，形成新的思想和新的理论观点。

（二）实践基础上的理论创新是社会发展和变革的先导

实践活动是主体和客体之间能动而现实的双向对象化过程。因此，实践活动是实践主体和实践客体双向的相互转化且相互创造的双重化过程，是客体主体化和主体客体化的能动而现实的有机统一。马克思说："一切动物的一切有计划的行动，都不能在自然界上打下它们意志的印记，这一点只有人才能做到。""这便是人同动物的最后的本质区别，而造成这一区别的还是劳动。"与动物相反，人能够通过自己的实践创造活动让周围环境来适应自己，并在自然界的基础上创造出一个适宜于人类自己生存、享受和发展的对象化的世界——"人的世界"。

受动性体现的是客体对象的制约性，而能动性所体现的则是人在对象性的实践活动中所具有的自主性和超越性。恩格斯指出："人的思维的最本质和最切近的基础，正是人所引起的自然界的变化，而不仅仅是自然界本身；人在怎样的程度上学会改变自然界，人的智力就在怎样的程度发展起来。"人类社会的发展，是人们实践活动的产物。这个揭示和把握规律的过程，就是不断深化对客观规律的认识、不断进行理论创新的过程。理论创新是人们对自然、社会和人类自身发展规律更深刻、更完整的认识，它为人们提供科学的世界观和方法论，引导人们冲破传统观念的束缚，拓展新视野，开拓新思路，形成新认识。列宁也指出："没有革命的理论，就不会有革命的运动。"因此，实践基础上的理论创新是社会发展和变革的先导。

一个民族要兴旺发达，要屹立于世界民族之林，不能没有创新的理论思维。我们要想顺应时代的发展潮流，跟上时代前进的步伐，就需要大力推动理论创新和其他方面的创新，深入研究并回答现实生活中提出的重大理论和实际问题，努力拿出更多深刻的、有分量、有说服力的思想成果，更好地为党和政府的决策服务。

（三）实践没有止境，创新也没有止境

实践——认识——再实践——再认识，循环往复，以至无穷的过程，也是一个不断创新的过程。作为对客观事物及其过程的观念反映，理论也应该是发展的、变化的。任何一种理论如果不发展、不前进，不能随着时代、实践和科学的发展而不断创新，就会丧失生命力，就会成为历史的痕迹，被历史所淘汰。理论与实践的关系决定了理论必须永不停止地创新，科学的理论是对它所反映的特定领域普遍的、本质的内在联系的抽象和概括，因而能覆盖、解释相应领域里的各种现象，并成为参与这一领域实践活动的指南。"太阳每天都是新的"，现实的实践永无休止地在发展，而理论常常滞后于实践，这就决定了理论在本质上应该不断地发展和创新。

在实践活动中，始终存在着遵循规范和不断创新的矛盾，能否科学合理地解决这一矛盾直接关系到实践活动的成败。一般而言，人类的实践活动总是遵循一定规范的。对旧规范的突破、新规范的建构就是人类活动的创造性表现。规范具有一定的局限性。规范即使是正确的，它也受到两个维度的制约：一是时间维度，规范是静态的，而不是趋前的；二是空间维度，规范具有排斥性，它不能容纳非规范、非常规的事物。规范的局限性说明了创新的必要性。规范无疑对现实和未来的实践活动具有重要的指导作用。因此，如果一味地用既有规范去认识或评价变化发展了的事物，去分析有多种差异的其他事物，那么，创新必须保持与时俱进的精神状态。

二、教学创新与人的思维特征

思维是一种高级、复杂的认知活动，是人脑对客观现实进行的间接和概括的反映。

（一）人的思维与心理过程的关系

1. 思维与认知过程

思维是以注意、感知、记忆为基础的。感知获得的事物映象，只有被保存在记忆中，思维才能对保存的事物映象进行分析综合、比较分类、抽象概括，才能反映事物的本质和内在联系。注意、感知、记忆为思维活动的产生奠定了基础，思维包含着注意、感知、记忆的成分和内容。想象和思维同样属于认识过程的高级阶段，二者的区别在于认识活动中各种所用的材料不同，思维用的是抽象材料，想象用的是形象材料，思维的结果是对事物本质属性、内在联系的抽象表达，想象的结果是对事物的本质属性的内在联系的形象表达。有的心理学家把想象视为形象思维。有的认为"想象是思维活动的一种特殊形式"。

2. 人的思维与情绪

思维是情绪产生的基础之一，美国心理学家阿诺德的研究表明：对刺激的评估是情绪产生的直接原因；沙赫特的实验表明，情绪的产生是刺激、生理、认知因素三者整合作用的结果。他们都认为认知、评估等思维活动对情绪的产生具有重要的作用。情绪一旦产生，对思维会产生反作用。而不适当的情绪对人的思维活动效率具有消极作用。一般说，快乐、兴趣、喜悦之类的正面情绪有助于促进认知操作活动，而恐惧、愤怒、悲哀之类的负面情绪，则会抑制和干扰认知操作活动。"情感对认知操作活动的积极与消极作用，还反映在情绪的强度上。一个人当情绪唤醒水平较低时有机体得不到足够的情绪激励能量，智能操作效果不高，随着情绪唤醒水

平的上升，其效果也相应提高，但唤醒水平上升到一定高度时，再继续上升，情绪激励的能量过大，使人处于过度兴奋状态，反而影响效率。"这就是反应情绪强度与认知操作活动效率之间关系的"耶克斯——道森"定律。

3. 人的思维与意志

意志与认识关系密切，意志依赖于认识，并以认识为前提，尤其以思维为前提，任何目的的确定都要经过对主观需要，主观客观条件进行思维，进行可行性分析思考。思维活动中有意志的参与，是一种艰辛的脑力劳动，须要有坚强的意志做后盾，才能使思维活动确立方向，获得支持，克服困难，使认识活动获得进展。"众里寻地千百度，蓦然回首，那人却在灯火阑珊处"，正是意志支持下克服思维中的困难使思维获得突破进展的生动描述。思维与意志虽属不同性质的心理活动，但两者关系密切，思维中有意志的参与，思维中渗透着意志。

（二）人的思维与个性的心理关系

1. 思维与个性心理特征

思维活动是思维能力形成的条件和基础，不进行思维活动，思维力无从产生和发展。思维力是个体能力结构的核心和代表，所以说思维是能力形成的重要前提之一。若无注意力，无法锁定对象；若无记忆力，信息、映象无法储存积累。思维力强，思维活动进行顺利，效率高，个体思维活动中蕴含着个人能力，反映着个体已有的能力状况。个体的这些基本神经过程特征，对思维活动也会造成影响。多血质气质类型的个体遇到需要思考的问题时，会从不同的角度来思考，能很快找到解决办法，显示出思维的灵活性、敏捷性、广阔性。胆汁质类型的个体遇到需要思考的问题时，往往直情径行，只顾一点，不计其余，常认准一条道，坚持到底不回头，表现着思维的独立性、坚韧性、深刻性。个体的思维活动反映着个体气质类型的特点。

性格是个性的核心，是一个人本质属性的稳定和独特的结合，每一个体的思维活动有自己的稳定特点、习惯。有的人综合地看问题，易看到事物的整体，有些人分析与综合兼顾，二者平衡；有的人善于抽象思维，有的人善于形象思维。个体性格的理智特点一经形成，就会左右个体的思维方向和思维方式。所以说，思维反映着性格，对性格的形成也有一定的影响。从上述分析中可以看出，思维与个体心理特征联系密切，思维蕴含着能力、气质和性格的类型和特点。

2. 人的思维与个性倾向

任何个性倾向的产生都需要有思维的理性分析，即使是个体生理需要，也需有思维的分析、评估、判断，然后才能最终确立该需要的程度如何，并设法满足该需要。对于尚未立业，尚有重要任务未果的青年来说，也许会把结婚需要暂时放在一边，或隐匿压抑起来，所以某些需要会不会被意识到，被确认，会不会在需要体系中占据一定位置，需有思维地参与认识评判才能确定。

高中生报考某高校专业学习的动机，需以深思熟虑，以对客观条件的分析、综合、比较、推断等思维活动为前提，未经思维分析，动机便难以确立。个性倾向一旦形成，对个体的思维活动便会产生动力作用，定向作用。个性倾向是思维的动力源泉之一，从思维活动的状况，可反映出个性倾向的特点。

3. 人的思维与意识的关系

意识是人脑对于客观世界的反映，意识是客观世界的摄影、摹写、基本，是客观世界的主观映象。意识是借助于语言实现的对客观现实的反映，通常人们把人脑对客观现实的反映统称为意识。从心理学的动态维度分，可以把心理现象划分为心理过程和个性心理；从意识性维度上分，可以把人的心理现象分成意识、无意识、社会意识、个体意识、客观意识、自我意识、元意识等。"思维是意识的高级形态。"思维涵盖着意识的全部内容。谢切诺夫指出："对于所谓外界影响不要做简单化的理解，制约心理现象的不仅有现实的外界影响，还有人所感受过的过去的外界影响的总和。"思维不仅反映着个体所处的客观现实，受客观的制约，还受着全部意识的影响制约，反映着个体意识的全部特点。

思维与意识过程的其他环节关系密切，思维与情感过程、思维与意志过程关系密切。思维与个性心理特征、个性心理倾向等关系密切，思维活动与其他心理活动过程共同在动态活动中构建出相对静态的个性心理结构。在个体的思维活动中便反映和包含着个性心理结构的成分、特点和功能。思维作为高级意识形态，是人脑对客观现实的间接的概括的反映。概括起来看，个体的思维反映着个性心理现象的全部信息；反映着个体社会存在的种种特点；反映着个体意识的所有特点。思维活动不是孤立的，是受其他各种心理活动制约影响的。

第三节　传统武术教学与学生创造力的培养

一、人的创造和创造力开发

创造是人类区别与动物的基本特征和标志之一。随着现代科学技术与经济的快速发展，人类对科技人才创造力的培养与开发提出了更高的要求。1999年6月1日颁布的《中共中央、国务院关于深化教育改革全面推进素质教育的决定》中提出：当今世界，科学技术突飞猛进，知识经济已初见端倪，国力竞争日趋激烈。国力的强弱越来越取决于劳动者的素质，取决于各类人才的质量和数量，这对中国培养造就21世纪的一代新人提出了迫切的要求。在该决定中，除对学校教育明确提出了要培养学生"科学的世界观和人生观""坚忍不拔的意志，艰苦奋斗的精神""获取新知识的能力""分析和解决问题的能力""语言文字表达能力""团结协作和社会活动的能力""竞争意识、合作精神"等核心技能与要求之外，还把创新精神和实践能力的培养放到了非常重要的位置。

（一）创造是智力因素和非智力因素的结晶

智力是人们在认识客观事物的过程中所形成的认知方面的稳定心理特点和综合，它与创造力的关系，研究结果并不完全一致。有的学者发现创造力高者智力未必高，或智力高者创造力未必高；有的学者发现智力低创造力未必低；还有的学者发现创造力与智力的相关性随着测量性质的变化而变化。智力高的人虽然可能比智力低的人更有创造性，但高的智力并不是创造力的充分必要条件。很多智力水平高的人也没有不同寻常的创造力，但却并不能保证总是如此。

非智力因素则有广义和狭义之分。从广义的角度说，凡是智力因素以外的心理因素，甚至道德品质都是非智力因素；从狭义的因素看，常常只把动机、兴趣、情感、意志、性格五个心理因素包含在非智力因素之内。创造力高的人常常具有特定的个性特征，如独立性强、自信、常常被复杂性所吸引、富有责任感、感情丰富、有决心、勤奋、富于想象、依赖性小、幽默、爱自行学习、愿意尝试困难工作、好冒险、有强烈的好奇心、能自我观察、兴趣广泛、爱好沉思、不盲从，等等。显然，取得卓越成就要求的不仅是较高的智力，更重要的是非智力因素。

个体的智力因素和非智力因素的发展，总是紧密联系、互相制约的。智力因素可以促进非智力因素的发展，例如，观察力发展中敏捷性的提高，思维力发展中探索性培养，想象力发展中独特性等。反之，非智力因素也可以促进智力活动过程，它可以强化创造意识，激发创造热情，从而为智力活动的顺利进行提供动力，为智力因素的发展创造条件。因此可以说，创造是智力因素和非智力因素的结晶。

（二）创造是显意识和潜意识的交融

精神分析学派认为，人所意识到的只是人的整个精神活动中位于心理表层的一个很小的部分，即显意识，而人的大部分精神活动则存在于心理的深层，往往意识不到，属于潜意识范畴。潜意识是自身意识不到并不能加以控制的意识，它包括各种各样的先天本能和后天长期积累起来的储存在头脑中的知识经验。

现代心理学研究表明，创造是显意识和潜意识高度统一的产物。因此，整个创造活动都是由意识控制的。可以说，在创造活动进行而无明确结果时，在创造的冥思苦想尚未获得某种启示而豁然顿悟之前，确实存在着一种"潜意识"状态。可见，创造是显意识与潜意识交融的过程。潜意识是人类重要的意识库，人的绝大部分消息，就以这种形式藏匿于潜意识的汪洋大海里。潜意识能阻碍来自客观的大多数刺激，而让少数经过选择的刺激信息进入到潜意识的思维过程中。由于潜意识不像显意识那样遵循着正常的逻辑轨道，它不受人的知识经验、习惯定式的影响，可以不断地、无规则地流动、跳跃、弥漫、渗透，自由地、广泛地进行联系。在创造史上由于梦幻状态中的潜意识活动而产生创造性灵感的事例是很多的。在梦中，储存在大脑中的各种信息，不受自觉意识的制约，自由地组合成各种形象，其中也许绝大多数是荒唐的，但有极少数也可能是打破了常规逻辑程序、具独创性的新的形象和消息组合，给人以有益的创造性启示。

（三）创造是形象思维与逻辑思维的互补

人们对客观世界的认知是从感知开始的。关于客观事物整体形象的知觉就保留在人脑的记忆中形成了关于事物形象的表象。由个别事物的表象上升为一般表象，形成概念。在感性认识基础上，借助于抽象概括，将对具体事物的感性的表象上升为意象，将记忆中形象的表象作为思维材料，以联想和想象的形式对其进行再现、分析和组合，创造出新想象的思维过程与方法，就是所谓的形象思维。联想作为一种形象思维方法，也是创造活动所不可缺少的。在科学发现和技术发明活动中，人们的创造性思维有时表现为这样一种序列，即联想、类比、再造或创造性想象，最终建立起来某种认识模型或发明新产品、新技术。

尽管直觉思维、想象思维都是人们从事创造发明的思维形式和方法，但是他们本身也离不开逻辑思维的辅助和准备。没有逻辑思维能力的人是难以获得创造成果的，完全脱离逻辑思维，仅凭"灵感"或形象思维而获得科学发现或创造发明的情况更为罕见。心理学研究表明，就思维的过程来说，逻辑思维和形象思维不能分开。在思维过程中，往往是用词语来支配知觉和表象，同时又用知觉和表象来检验词语。

（四）创造是求异思维和求同思维的统一

创造力研究中广为使用的求异思维和求同思维是美国心理学家吉尔福特在"智力结构的三维模式"中明确提出并予以界定的思维方式。求同思维是指从已知信息中产生逻辑结论，从现成资料中寻求正确答案的一种有方向、有范围、有条理的思维方式。求异思维具有三个重要特征：流畅性、灵活性、独创性。求同思维在创造过程中也是不可缺少的，实际上，求异思维和求同思维之间有着极为密切的关联。所以说，创造力是求异思维和求同思维高度统一的产物。

（五）创造是知觉思维和分析思维的有机结合

知觉思维是人脑基于有限的数据和事实，调动一切已有知识经验，对客观事物的本质及其规律性联系做出迅速的识别、敏锐的洞察、直接的理解和整体判断的思维过程。而分析思维则是指遵循严密的逻辑思维规则，通过逐步推理得到符合逻辑的正确答案或结论的思维方式，它进行的模式是阶梯式的，步骤明确，包含着一系列严密连续的归纳或演绎过程。知觉思维有两种形式，即直觉判断和顿悟（灵感）：知觉判断是一种自觉的思维形式，也可以说是逻辑判断的一种超常形式。顿悟（灵感）则表现为自觉思维过程的中断，是在主体苦苦思考某个问题而理不出头绪，一时间不知所措，将问题暂放一边时却突然开窍，使问题获得解决的超常思维形式。

大量的思维表明，在创造活动中，直觉思维在确定研究方向、选择有前途的研究课题、识别有希望的线索、预见事物的发展过程和研究工作的可能结果，寻找解决问题的有效途径。它与分析思维相比，具有以下显著的特征：一是逻辑性；二是直接性；三是自动性，直觉思维是一个自然而然的过程，无需主体有意识地做出努力；四是快速性；五是个体性，直觉思维的主题对思维过程各种运算、心理活动没有清晰的认识，无法向他人说明，带有很大的个体性；六是坚信感；七是或然性，由直觉思维得出的结论可能正确，也可能错误，具有或然性，需要逻辑或实践加以检验。

创造常常是在直觉思维和分析思维的密切配合、协同活动下进行的。直觉思维是在积累知识经验的基础上形成和进行的，丰富的知识经验有助于人们触类旁通，形成深邃的直觉。直觉思维的运用，与人们对各种实践方法的运用已十分娴熟时，遇到问题几乎无需再意识的选择，就能随机应变。一方面直觉思维实际上是分析思维的高度压缩、简化、自动化和内化。另一方面，直觉思维和分析思维各有所长，也各有所短。创造就是直觉思维和分析思维有机结合、协同活动的结果。

（六）创造是左脑和右脑两半球的沟通

人脑左右两半球在功能上是高度分化的，左半球主要是处理言语，进行抽象逻辑思维、集中思维、分析思维的中枢；其操作是串行的、继时的信息处理，是收敛性的因果式的思考方式。而右半球则主要是处理表象，进行具体形象思维、求异思维、直觉思维的中枢；具有非连续性、弥漫性、整体性等功能；其操作是并行的、空间的信息处理，是发散性的非因果式的思考方式。

这就使得两个半球是息息相关、高度统一协调，构成了一个统一的控制系统。斯佩里的研究表明，胼胝体"缺失"，会阻碍人脑左半球中专门化的非言语和空间定位的正常能力，同时左半球的言语和意志活动能力也会受到极大的影响。大量的研究表明，两半球在功能上不仅有分工，而且还有一定的互补能力，它们在一些具体功能上虽然存在主次之分，但都是相对而言的，而不是一种"全和无"的关系。因此，左右脑就好比是个不同类型的信息加工、控制系统，两半球间存在着密切的相辅相成、协调统一的关系，正是由于有胼胝体沟通左右两半球的这一联结功能，才会有大脑两半球的协同合作，才会形成既具有抽象的性质，又具有形象特征的"顿悟"或"灵感"，才能保证人类创造得以成功。

（七）创造是元认知监控的过程

元认知是由美国心理学家弗拉维尔于 1976 年首次提出的一个概念。具体地说，它包括元认知知识、元认知体验和元认知监控三个方面。其实质是个体对其认知活动的自我意识与自我调控。通过自我意识的监控，人们可以控制调节自己的思维和行动。在这里，主体不时地进行自我反馈是非常重要的，它使主体及时发现认知活动进行过程中存在的问题，并做出相应调节，从而减少了认知活动的盲目性。

如前所述，创造是智力和非智力因素、显意识与潜意识、想象思维和逻辑思维、求异思维和求同思维、直觉思维和分析思维的综合效应。可见，创造活动过程的顺利进行，离不开元认知的调控。创造的产生通常是由于采纳和使用了某些思维方式直接导致，而采纳和使用这些思维方式显然是超载主体元认知监控的结果。总之，创造就是产生新颖、独特、有价值的产品的过程，它是一种复杂的心理整合过程。

二、高校学生创造力的培养及开发

许多学者相信，创造力是可以通过训练加以提高的。帕金斯认为，有关创造力的理论支持，创造性思维可以培养假设。创造力与许多变量有关，在个体创造里的发展过程中，这些因素都扮演着一定的角色，因此，可以围绕这些因素来培养和开发学生的创造力。

（一）帮助学生树立目标和意图，强化内在动机

有证据表明，在有目标的条件下，即使不指导学生如何做，他们的行为有时也会比无目标时更具有创造性。许多学者也认为，动机创造过程中扮演着非常重要的角色，有创造力的科学家与艺术家对待自己的工作常常充满激情。一个强烈希望自己有所发明创造的人，往往更可能获得发明创造的成果。虽然动机对创造力具有重要影响，但是动机有内在动机和外在动机之分，这两种类型的动机对创造力的影响是不同的。内在动机一般是出于对任务本身的兴趣，较之外在动机，内在动机对创造力发挥具有更大的影响。

（二）帮助学生掌握核心技能和专业知识，加强有利于创造的思维方式训练

近年来出现的有关创造力的一些新的、综合的理论则倾向于认为，创造力是许多因素，如个体特征以及社会、文化和环境等相互作用的结果。例如帕金斯认为，创造力是由内在动机、

专业知识和能力，以及与创造有关的能力构成综合体。个体从某个专业领域中获得信息并通过加工、个体特征和动机对它进行改造和扩展，再由控制和影响一个专业领域的人所组成的场，对新思想进行评价和选择。

在教育过程中强调基本技能的培养有助于促进学生创造力的发展。在这些计划中，培养学生的"核心技能"成为一个占主导地位的重要内容。1989 年，英国当时的教育与科学大臣贝尔在一次讲话中曾提出：年轻人如果要在未来把握更大的机会，就必须掌握一定的知识与技能，他们需要接受基础更为广阔的训练，需要向雇主展示灵活性，需要具备独立思考和行动的能力。沟通基本的计算能力、人际关系（小组工作与领导才能）、熟悉技术、熟悉社会制度和熟悉变化的工作与社会条件单位等核心技能。在某个领域作出创造工作的人，几乎都是该专业领域知识渊博的人，一个人如果不了解某个学科的知识，是不可能期望对该学科作出具有深远影响的创造的。专业知识在创造过程中则具有两面性：一方面，个体要把一个专业领域推向前进，就需要对这个领域有充分的了解；另一方面，对一个领域的了解，也可能导致封闭和墨守成规。一个人如果既能整体地又能部分地思考问题，对成为创造性思想者或许是有帮助的。

（三）激发与奖励学生的好奇心与探索精神

好奇心是一种持久的、根深蒂固的个性特质，对一个人的生活方式有重要影响。当新奇刺激出现时，会引起人们注意，进而接近、了解事物，尝试解决"这是什么""为什么"等问题。能够促发和唤起创造的好奇心，不愿意把什么事物都当成既定事实而不加批判地接受，而是强烈要求得到解释。许多研究认为，从不同的角度尤其是从新奇的、不同寻常的角度思考问题的能力，以及改变自己思考角度的意愿与能力，是创造性思维非常重要的一个方面。或许有些人对周围世界的好奇心天生就比别人强，但是，所有儿童都有好奇心，他们到成年阶段能不能把这种好奇心保持下来，在很大程度上取决于早期生活是鼓励还是抑制这种好奇心。在课堂学习情景中激发学生好奇心的一种方法是让质疑成为日常课堂交流的一部分。教师的角色不仅仅是向学生传授事实知识，而是要帮助学生理解他们的任务是培养应用知识的能力，帮助学生学会如何形成一个好的问题及如何回答问题。

学生在本质上是一个质疑者，他们应用这一技能适应变化的复杂世界，学生是否能够继续提问，在很大程度上取决于教师对他们问题的响应。教师的响应方式可以分成若干种不同的水平，它们对学生智能发展的功能是不同的，响应水平越高，越有助于学生智能的发展。

第四节　高校传统武术教学的科学化路径研究

一、传统武术教学创新的双向心理过程

有关创新活动的研究，比较有代表性的是英国心理学家华莱士所提出的创造过程四阶段论和美国心理学家艾曼贝尔所提出的创造过程五阶段论。艾曼贝尔从信息论的角度出发，认为创造活动过程由提出问题和任务、准备、产生反应、验证阶段、结果五个阶段组成，并且可以循环运转。其实，创新是内化创造与外化创新的统一。

（一）信息的双向心理加工过程

心理是人脑对客观世界的主观反映，从信息论的角度看，这种反映是通过信息加工完成的。参与加工的信息主要有三种形式：其一，是反映客观事物存在的原始信息；其二，是借助媒体信息化了的信息；其三，是信息的自然形式输入人脑后转换成的，可以由人脑存储和加工的信息的心理形式。信息的心理形式主要表现为表象系统和符号系统，这两种系统都可以为认知加工提供参照和结构原型。表象系统在意识加工和无意识加工以及非逻辑加工中都发挥着重要的作用，而符号系统则主要在意识加工和逻辑加工中作用更为突出。

（二）信息的内化过程和外化过程

从信息流的运动方向分析，创新心理过程不是一个单向过程，而是有内化过程和外化过程所组成的双向交互过程的统一。这种参与有两种形式，其一为协助式外化，其二为验证式外化。验证式外化在于检验内化的正确性，如将内化的信息说出来或做出来看看对不对。这种参与包括补充式内化和验证式内化。补充式内化往往是在外化过程受阻时借助内化激活、提取头脑中的有关信息或补充有关信息。这种参与到外化过程中的内化，就是一种补充式的内化。验证式内化在于检验产品的科学性。

（三）内化创新与外化创新

创新活动不仅发生在信息的外化过程，信息的内化过程也能产生创新。

1. 内化创新与外化创新

内化创新是指主体在获取外界信息并将其由信息的自然形式转化为信息的心理形式的过程中，不仅完成了外界信息与头脑中认知结构的结合，而且引起了认知结构一定程度的组合。这种伴随着信息的内化过程而进行的创新活动，称为内化创新，内化创新也叫创新性认知或创新性学习。内化创新有两种类型，一种是有预定的创新目的，为完成一定的创新任务而不断地搜集信息加以内化，并在内化的过程中能够积极地进行创新性信息加工，力争有新的发现或产生新的见解。人总是先在头脑中创新，然后才能将脑中所创之新外化成一定的物质形式或精神形式。没有内化创新就不会有创造。不从内化创新抓起，创新活动往往带有偶然性并缺少后劲。

2. 外化创新

外化创新是指主体根据一定目的或由于某种诱因的引发，通过认知加工进行一定程度的知识结构的重新组合而产生新形象或新认识，并将这种新新形象或新认识从信息的心理形式外化成信息的自然形式的过程。信息的心理形式在外化的过程中主要凭借四种媒体形式：一是有声语言；二是符号语言，如文字、图形、数码等；三是形体语言，如动作、表情、体态等；四是电脑语言。再如有声语言要结合动作、表情、体态，而形体语言有时也要借助有声语言或符号语言才能交流。

3. 内化创新与外化创新的相互作用

人的创新能力特别是创新力都不是凭空产生的，而是经过无数次内化创新与外化创新的相互作用。内化创新是外化创新的基本条件，这种基础作用表现在四个方面：第一，内化创新为外化创新提供信息储备；第二，内化创新为外化创新提供结构重组的活性；第三，由于内化创新过程中的认知加工提高了认知能力，使认知结构被改造得更为合理，因而，外化创新过程中的认知加工能力也得到增强；第四，内化创新是意识加工与无意识加工的结合、逻辑加工与非逻辑加工的结合。创造性的学习就需要学生要通过探索，自己去发现结论，获得前所未有、甚至是与众不同的新认识，往往要调动主体所储备的一切信息，使意识领域和无意识领域里的知识结构、认知结构都活跃起来。这种广泛的、区域性甚至是整体性的信息加工，必须实现一定程度的意识加工与无意识加工、逻辑加工与非逻辑加工的结合。

其次，外化创新为内化创新提供验证和发展方向。外化创新的内容影响着内化创新对信息的选择，因而影响着内化创新的发展方向。明确创新的双向心理过程，对于创造活动和创造教育具有重要意义。先有头脑中输入信息的创新，才会有创新信息物化或媒体化的创造产品。因此，只有不断地进行创新性学习，才可能有所发现、有所发明、有所创造。脱离开外化创新的学习，也只能把大脑作为知识的仓库。我们有理由认为，提高全民族的创新能力，最根本的措施是如何把学生的学习转变成内化创新与外化创新相统一的过程。

二、高校传统武术教学创新理念

在 21 世纪的学校体育中，创新是教学改革最强烈的呼唤，也是时代的最强音。学校体育不仅有培养和发展人的创新意识、创新精神、创新能力的任务，学校体育的发展也要靠改革和创新来实现。创新方法真正落实到教学实践当中，一个很重要的问题，是对过去的教学模式、教学内容、教学方法进行积极的反思，提高教师对教学过程的反思意识。

（一）构成高校体育教学创新的基本条件

教学创新从本质上看，应是教师的一种能力，是一种在传统教学方案基础之上的提升，是在对传统教学过程不断质疑的过程中，教师对教学过程的一种逆向思维和发散思维。因此，高校要实现体育教学创新的目标，必须明确创新的指导思想，创新应具备以下基本条件。

1. 提高体育教师的教学研究能力是实现教学创新的根本出路

体育教师要积极投身于教学实践与改革当中，改变自己的职业形象，改变体育教师的职业形象，这要靠体育教师自己的努力，积极增强科研意识，积极参与学校的教学改革，不断进行反思，设计和运用切合实际的教学方法，才能使教学处于一种创新状态。从自然观察的角度来看，任何外来研究者都会改变课堂的自然状态，如想要达到观察的目的，又不改变原有的气氛与状态，做到原汁原味，就只能依靠教师。体育教师从教学实践出发，拥有更多的研究、创新机会，充分利用实践机会，大胆改革，创新先进的教学模式和教学方法，才能获得本身的生命力和尊严。

对于教学创新来讲，意味着体育教师要确信自己有能力构建新的知识结构，积极改进自己的教学实践。因为学校体育教学改革和创新的关键在于教师，改革和创新的任务最终要落实到教师身上。改变体育教师的职业形象，必须下大力气提高体育教师的教学研究能力。以改革创新为契机，促进教师大量涉猎和收集教育教学的信息，提高理论素养，增强情报意识，使教师较快地接受先进的教育思想、理论和观念，进一步拓宽知识面。教学创新是教师的一种积极的教学实践活动，是教师对教学改革的一种强烈愿望，是自觉自愿的行动。

2. 提高体育教师的教学效能感是实现教学创新的动力源泉

教师的教学效能感是影响教师素质提高的一个重要因素。也就是说，一个满足于现状、教学效能感不强的教师，很难在教学中有创新。从现阶段高校体育教学面临的困境来看，如何满足当前学生对体育的需要如何实现教和学的完美统一，除了受学校教学模式、目标、课程、教法和教学环境、教学条件等诸多因素的影响外，还会受到教师主观因素的影响，教师的教学效能感便是其中之一。

教师的教学效能感是教师教育信念的重要组成部分，自我效能教师的教学效能感更多地表现在教师的师德和人格方面。高校要推动教学改革和创新的不断深入，加强教师师德的培养，将是未来教师竞争的焦点。

3. 拓宽教师继续教育的渠道、提高教师的教学能力是创新教学的基础

高校体育教师继续教育的必要性和必然性已经成为共识，在加强对教师继续教育的措施上，要采用灵活多样的方法，应重视对教师所学课程的正确引导，立足本职工作。把教学实践与所学课程结合起来，引导工作和学习相促进。重视学科理论、理论素质的培养，重视教师教学艺术和技术的训练。改变教师继续教育的观念，更重要的是在选用教材方面，能够编制一套包括参考资料性的阅读教材，适合自学的通俗理论教材，适合答疑性的高层次结构导论式教材在内的继续教育的专门教材。只有这样，才能把教师的学习和工作有机地结合起来，促进教师教学能力的提高。

教学创新需要教师专门的教学能力，教学能力是教师最基本的能力，是教师能力的综合表现，能力是知识内化的结果，知识是能力的基础。拓宽教师继续教育的渠道对于进一步提高教师教学能力和教学质量，积极进行教学创新打下了坚实的基础。

（二）反思性教学对高校体育教学创新的启示

反思性教学是近些年西方一些发达国家兴起的新的教学实践。它是 20 世纪初反思性文化的出现强化了教学主体的反思意识，给教育工作者以极大的启示。随着心理学和伦理学以及教育理论等的进步，人们认识到把增强教师的职业道德感或责任感作为反思性教学的基础，教师对教学的"合理性"追求，成为教学主体反思自身行为的动力。反思是教师自觉的行动，教师在长期的教学实践中，借助反思不断探究和研究解决教学问题。

1. 立足教学实际，创造性地解决教学问题

创新是对传统、常识、常规与秩序的修正、超越和发展。

其实，教师和学生都是创新教学实践活动的主体，唤醒学生的主体意识，弘扬学生的主体精神，就必须在教学实践活动中，为学生创设一个宽松、民主、和谐的教学氛围，确立学生在教学实践活动中的探索精神。教师针对问题设计教学方案并加以研究，通过解决问题，进一步提高教学质量，提高教师自觉的反思行动。立足教学实际，实施创新教学，培养学生的创新精神和创新能力，既要重视学生创新智力品质的培养，又要抓学生创新非智力品质的培养，在教学的各个方面都要重视学生的创新。

2. 立足"两个学会"，加速教学过程的整体优化

由于反思性教学以"两个学会"为目的。体育教师在教会学生掌握运动技术的过程中，不断树立学生的终身锻炼思想，使其学会自我锻炼的方法，而教师则要在不断改革发展教学内容的前提下，知晓适应时代教学的意义。教师学会教学，本身就是一种不断学习和创新的过程，学会教学是为了更好地满足学生学习的需要，是教师对教学内容的进一步理解。

3. 增强教师的职业道德感

教师的职业道德感不仅是反思性教学的重要基础，也是教师教学创新的基础。教学创新要求教师要有更高的职业道德感，才能对教学中出现的问题进行思考，进而转动脑筋想办法来解决问题。教师首先要关注和研究同行在同一问题上的研究成果，在教学实践中加以推广和改进，只要是有利于本地区学生的实际情况，有利于学生的发展，能够提高课堂教学效果，就是一种创新。在一定程度上讲，提高教师的职业道德感，比提高教师的技术、技能更为重要。

体育教学是一种积极的、主动的师生共同活动的过程，体育教学的过程也蕴涵着创新教育的过程，改变教师的教育观、教学观、质量观、学生观，必须重视教师全面素质的发展。提高教师的自我效能感和教学效能感，使教师真正从"运动技术型"向"技术理论型、学者型"转变。

（三）构建科学化的传统武术教学体系

1. 健全学科体系，丰富文化内涵

学校具有自身的功能与优势，其主要表现为汲取各民族传统文化精华、促进民族团结、培育人才与传承文明等方面。随着现代社会休闲时代的来临，传播并倡导区域性传统武术活动，使之成为不同区域和人群的健身方式，将对人们的健康产生非常大的促进作用。在现代社会经济条件下，学校有义务为所在地经济、社会和文化的发展服务，各相关职能部门要根据当地的实际情况，有针对性地制定各种政策，采取各种相应的措施，建立和健全民族传统武术在各个学校的发展机制，不仅要保证其在学校体育发展中的应有地位，还要调动各学校开展民族传统武术教学与训练的积极性，以为尽早形成有利于我国民族传统武术发展的良好的学校体育文化氛围创造有利条件。

民族传统武术学科体系的建立与完善主要在两个方面得到体现。一方面，现代科技的迅速发展使得许多先进的科学技术逐渐在体育教学中得到广泛应用。民族传统武术教学对现代科学技术的引进和吸收为逐步建立起一个完善的民族传统武术学科体系，为民族传统武术在新时期的发展奠定了坚实的基础。另一方面，现代民族传统武术的教学是一门综合性的教学，涉及的内容也较为广泛，主要表现在文化学、民俗学、民族学、体育学等方面，这就需要不同领域的学者进行合作研究，要求民族传统武术教学工作者坚持用严谨科学的态度和方法对民族传统武术进行甄别、选择和分析。因此，建立健全的民族传统武术教学体系对于民族传统武术教学工作者更好地组织和实施教学有着非常重要的意义。

现阶段，从民族传统武术的文化内涵中进行全面深刻地分析、探寻民族传统武术的本质特征，用现代的理论对民族传统武术中一些古老的命题进行诠释，赋予其新的内涵、新的意义，再结合现代体育的组织形式，对民族传统武术进行整合，体现民族传统武术的民族性和世界性具有重要的意义，能促进我国民族传统武术的真正复兴和发展。

2. 强调终身体育，推进课程改革

对学生进行体育教育的目的并不是单一的，而是综合的，即不仅要强身健体，还要对学生"终身体育"意识的养成起到积极的促进作用。"终身体育"思想的形成，能够促使人们形成良好的体育健身习惯，对身心发展，以及和谐人际关系的形成起到积极的促进作用，对于社会的发展产生有利的影响。因此，对高校民族传统武术教育来说，需要始终贯彻"终身体育"思想，从而为高校传统体育课程改革起到一定的推动作用。

由于民族传统武术项目教学纳入我国各级各类学校的体育教学的时间还不是很长，因此，我国民族体育教学课程建设的完善程度还相对较低。从我国高校体育教学的现状来说，年限较短是我国各大高校的体育课都存在的一个重要问题，这就要求高校采取相应的措施来对此进行改善。比如，在适当延长大学本科体育课年限的基础上，对高年级的学生采用必选课的形式进行教学，并以学分制的办法进行管理。另外，发展一些体育健身俱乐部有利于增加学生进行民族传统武术学练的时间。对于学生扎实地掌握锻炼方法以及确保民族传统武术在高校开展的效果也是有帮助的。推进现阶段我国传统体育教学课程改革是非常重要且必要的，其重要意义主要体现在激发学生的学习兴趣，促进民族传统武术的发展、加强不同学校的民族传统武术教学特色等各个方面。

3. 加强教材建设，不断丰富内容

作为进行教育的基础，教材是非常重要的。目前，我国中小学、各大高校实施的都是由国家教委、体育总局组织专家编写的全国统一的民族传统武术教材。加强民族传统武术教材的建设，创编优秀民族传统武术系列教材，对于我国民族传统武术文化的传承和发展是非常有利的。因此，这就提出了以下几个方面的要求：首先，民族传统武术教学教材编写的科学化和系统化程度应该进一步提高，在编写内容上要力求创新，创编具有丰富攻防内涵的精简套路，完善和充实武德教育、传统文化教育以及健身机理等理论内容；其次，广泛吸收具有浓郁地方特色的民族传统武术，将民族特点充分体现出来；最后，要对我国民族传统武术的国际化发展给予足够的重视，可将具有代表性的项目编写成双语教材，供各国的留学生和华侨生学习，从而积极促进东西方的文化交流，使我国民族传统武术在世界体育文化中的地位得到有效提升。

4. 重视人才培养，增进文化传承

对于文化传承来说，最基本的保障就是人才。当前，我国的民族传统武术教育存在着人才紧缺的现象，这在很大程度上制约着我国民族体育事业的发展。因此，这就要求各地区的体委、民委、教委和文化部门应密切配合，一方面应有计划地培养一大批民族传统武术干部、体育骨干和体育教师；另一方面应用多渠道、多形式的方法培养多种层次的民族传统武术人才，逐步扩大高等体育院校招收民族学生的名额或开设民族传统武术班来积极培养民族传统武术后备人才。

加速民族传统武术师资建设，增强民族传统武术的师资力量是促进民族传统武术在学校体育中普及与提高的必要措施。从当前的情况来看，我国学校体育中民族传统武术的人才匮乏，师资力量薄弱。具体而言，可以通过以下三个方面来加强民族传统武术师资力量的培养。

（1）建立民族传统武术的分支学科

20世纪80年代中期，我国就已经进行了民族传统武术学科的课程开发实验。但发展至今，开发民族传统武术的分支学科还处于探索和总结经验阶段。随着社会的不断发展与学校体育教学改革的日益深化，体育教师自身追求和谐完美发展需求的日益高涨，在学校建立民族传统武术学科，增强民族传统武术师资力量则成为民族传统武术教学进一步发展的必由之路。具体就是培养具有主辅修专业经历的民族传统武术教师、鼓励体育教师能够将其知识和经验熟练地运用到实践中来。

（2）提高教师的理论知识和实践水平

在学校民族传统武术教学中，体育教师在传授民族传统武术文化中起到主导作用，体育教师指导。鼓励并评价学生对民族传统武术知识、民族传统武术技术的学习和掌握情况。体育教师的职责不仅是把我国优秀的民族传统武术文化传授给学生，还要让学生意识到关注身心健康、增强体质是一种社会责任的观念，并指导学生通过学习民族传统武术达到科学健身的效果。因而，发展学校民族传统武术师资力量需要提高现有教师的民族传统武术理论知识和实践水平。具体可通过各种培训班、学习班、研讨会等形式来提高民族传统武术教师的专业技术和理论水平，为我国民族传统武术的继承与推广工作创造有利条件。

（3）学校适当聘请民间艺人教学

目前，许多民族的传统武术文化面临失传，甚至消亡。学校作为培育人才的主要阵地，应该积极探索民族传统武术文化的师资培养方式，从而提炼出民族传统武术文化教育资源的传承模式。学校可以利用民族传统武术文化课、特色活动和课外活动等聘请民间艺人给学生进行授课，也可以对民族传统武术教师进行授课，还可以把现有的民族传统武术方面的一些专家培育与扶持成我国学校民族传统武术教学的一批新的体育教师，使之能够成为今后学校中的民族传统武术教学的师资骨干与精英。

5．增加民族传统武术教学经费投入

当前，半途而废、中期流产的现象在我国民族传统体育课程开发过程中普遍存在，主要原因有课程开发实验得不到支持、实验条件得不到满足。经费不足、研究人员与实验学校不能协调等。有些学校领导听到一些负面评价就对课程开发失去信心，便开始减少经费投入、撤销科研人员，甚至停止开发课程。由此可见，资金短缺在很大程度上限制了民族传统武术在学校中的发展，因此，需要加大民族传统武术课程建设的资金投入。增加民族传统体自教学经费投入要做到以下几点：

第一，要保证重点民族传统武术项目的资金投入力度，重点发展比较成熟的民族传统武术项目，从而能够从整体上带动民族传统武术项目的发展。

第二，要兼顾一般民族传统武术项目的资金投入，并使其也能得到开发和发展。

第三，要注意改善民族传统武术的场地和设施状况，在未来体育场馆的建设中考虑增加民族传统武术场馆，从而在一定程度上满足民族传统武术教学的需求。

第三章　高校传统武术教学目标的创新研究

武术是中华民族优秀的文化遗产中一颗璀璨的明珠，也是当前高校学生喜闻乐见的项目。但是在当前武术教学实施中，武术教学是作为体育教学的一部分出现的，也决定了当前武术教学目标是从属于当前体育教学目标的，但是由于武术教学的特殊性，它是以技击为本质的运动项目，其内容主要以技击技术为主。这就出现了当前武术教学具体目标和内容的设计与当前学生需要和武术本质相互矛盾的问题。因此，我们需对当前武术教学具体目标进行重新设计，使之能够与当前学校体育目标和学生发展需要协调一致，从而更好地促进学校武术教学的发展。

第一节　学校武术教学目标的演变历程

一、武术教学目标概述

（一）武术教学目标的内涵

课程目标是课程本身要实现的具体目标和意义。它规定了某一教育阶段的学生通过课程学习以后，在发展品德、智力、体力、体质等方面期望实现的程度，它是确定课程内容、教学内容和课程方法的基础。课程目标直接受教育目的、培养目标的制约和影响。课程目标具有整体性、阶段性、层次性、递进性和时间性等特征。

体育目标是指从整个国家的角度出发而制定的通过体育活动达到的预期效果，它一般包括：传授体育知识技能，提高运动技术水平，掌握体育健身方法；体验运动乐趣，养成健身习惯，提高体育能力；加强体育美的教育，体育中文化娱乐的教育，提高欣赏美和鉴赏美的能力；进行思想道德教育，培养人社会化的个性等。

武术教学目标，是教师在武术教学过程中，在完成某一阶段的教学任务时，希望学生达到的要求和产生的变化。在武术这一学科领域内，实现学校体育教育目的的具体目标之一，就是教育者通过武术这一教育手段，实现受教育者在认知、情感、行动和身体诸多方面的进步和教育。武术教学目标越明确、越具体，在教学实践中就越容易操作，越便于对武术教学进行评估和改进。由于高校所赋予的教学目标不同，在教学过程中施加的影响不同，所产生的教学效果也不同，甚至有质的差别。因此，高校武术教学目标的构建，直接关系到武术课程的实效性，成为应对高校体育改革形势、改革体育院校体育教育专业学科教学内容的重要课题之一，对改革体育院校体育教育专业武术教学内容具有重要的指导价值。基于此，本章试图从构建高校武术教学目标的指导思想、价值取向与内容构思等方面出发，阐述我国高校武术教学目标的内容和分类体系。

（二）武术教学目标的分类

1. 武术的情感教学目标

体育的教学过程不仅包含体育技能的形成，也包含着锻炼心态、情感的变化，学习中所富含的情感变换体现了学生在学习过程中如何在内心与教学的内容发生共鸣，发现教学内容被学生内心所接受的过程，发现教学情感的目标有利于从学生的内心深处培养出对该体育运动的兴趣爱好，从自身出发去接受并联系体育项目对学生主动掌握体育的技术动作有无可比拟的作用，此外，情感的接受还是学生们将锻炼终身延续化的基础，所以分析教学的情感目标对全面发现教学目的，提高教学质量有不可或缺的作用。布鲁姆的教学情感目标体系将教学分为了接受—反应—价值化—组织—价值与价值体系的性格化五个方面。下面本文将从这几个方面对武术课教学的情感目标进行分析（表 3-1）。

表 3-1 武术课教学的布鲁姆情感目标分析表

分类	分类说明	武术课的体现	初步实现方法
接受（注意）	教师指引和维持学生在教学项目上的注意，学生主动注意特定的现象或刺激，学生从知道该现象或刺激的存在到有目的地去关注该现象。	教师引导学生了解武术，知道武术，让学生产生对武术的好感，提高学生对武术的敏感度和关注度。	教材教授武术基础知识，观看武术相关视频资料，讲授武术涉及的传统医学健身等方面内容。
反应	学生主动参与所注意的项目，他们在注意某种现象的同时选择一些方式对它作出反应（如阅读相关材料），并且体现出反应的效果（如了解相关知识的快乐），这与教师常说的"兴趣"相似，是一种对特定活动的选择与满足。	学生主动查阅武术类的资料，询问教师关于武术的问题，观看武术类的视频、动画，关注武术人物，甚至开始模仿一些武术动作。	提供学生感兴趣的武术知识，示范一些简单有吸引力且学生熟知的武术动作，让学生开始联系并感受武术动作的魅力等。
价值化	指学生对特殊的对象、现象或行为赋予价值标准并接受践行。赞同、欣赏项目所富含的深层价值要求，甚至将其当作自己的价值标准。价值化也即对教学内容产生"态度"和"欣赏"的感情。	开始感受到武术精神，武德与修养、人生等精神方面的关系，开始以积极向上的武术精神要求自己，改变自己的精神状态。	传授相关的武术类内容；不断地加强动作训练与反馈；在动作规范化的过程中明白一些武术的意义，对学生的技术动作进行针对性地指导，将动作的内涵真正传达给学生；鼓励学生不断进行武术的训练，在武术动作中领悟、感受武术精神；进行武术的对抗练习，丰富学生对武术的理解等等。
组织	将特定的价值观念与自己已有的价值体系相融合，调整其中的矛盾，形成新的价值标准，甚至新的人生哲学。其重点是不同价值观的整合。	在锻炼中深度理解武术的意义，将武术的要求融入于自己的价值体系当中，使武术的精神开始引导价值的判断。	
价值与价值体系性格化	长期以学习的价值观念要求自己形成生活习惯，学生的行为将是可以通过该价值体系判断的。并且每个学生都将有自己特殊的适应模式。	选修课的内容有限，价值与价值体系的性格化需要长时间的过程，所以在选修课中体现得不明显，更多的是在终身锻炼中的体现。	课程中鼓励学生们将武术当作终身体育锻炼的项目。

由武术课的情感教学目标分析可以看出，武术教学实际是一个学生对武术项目情感深化的过程，如何使用恰当的教育方法对这一情感过程进行强化和推进是武术课教育所要研究的核心问题之一，由上面我们对武术课教学的情感要求所需求的方法分析也可以发现，对武术内容的展示、套路的熟悉以及对战的效果将决定学生在武术课上的情感体验，所以如何更好地进行武术内容的展示，如何传递更受学生欢迎的武术内容，以及如何在教学中更好地完成套路的熟悉和对战效果的提高，将是武术课教学研究的重点。

2. 武术的动作技能教学目标

前面我们对武术课从情感目标体系的方面进行了分析，获得了学生对武术课情感深化的一个基本认识，但武术教育归根结底还是一个动作技能形成的过程，所有的教育效果实现基本都建立在对动作技能的重复锻炼之中，那么对武术进行动作技能教学目标的分析就是十分必要的了。不同于认知教学体系和情感目标体系，动作技能的教学目标体系形成较晚，布鲁姆的基本体系并不像前两部分那样具有代表性和说服力，所以本文选用辛普森等在20世纪70年代改进后的动作技能目标体系对武术课进行分析，期望得到更加符合武术运动特点的目标体系。这一教学体系在布鲁姆的分类下进一步将动作目标体系分为七级（表3-2）。

表3-2 武术课的辛普森动作技能教学目标分析表

分类	分类说明	武术课的体现	初步实现途径
知觉	用感官手段（视、听、模仿等）获取相应信息以指导动作。	了解武术动作的基本规律，观看直观的武术影像，形成对武术动作的直观认识。	视频、口述、示范相关资料。
定向（准备）	对稳定的活动进行生理、心理、情绪的准备，以良好的状态开展活动。	锻炼身体素质，发展对武术项目的热爱，提高对武术项目的兴趣，准备开始系统武术锻炼。	讲解、示范、观察、演练。
有指导的反应	开始模仿和尝试复杂的动作技能，教师给予相对的指导或规定标准动作对学生进行动作的规范。	开始简单系统的武术动作学习，集中练习简单武术动作的联系，指导教师针对个体进行动作修正。	体能锻炼、动作示范、动作分解、充分训练、及时反馈、动作修正。
机械动作	学生基本掌握简单动作的特点，可以比较连贯地完成动作，但动作模式并不复杂。	基本熟悉武术动作，开始武术简单套路的训练，掌握套路中较为简单的动作。	
复杂的外显反应	掌握包含复杂动作的内容，动作迅速、连贯、精确，动作完成自然轻松。	掌握系统的动作，可以流畅地进行演练，在套路演练的过程中感受动作的节奏、协调性等。	
适应	学生能在特定环境下使用技术动作，不仅了解技术动作的特点，而且可以在复杂影响下完成技术动作。	在对练和竞技中使用武术的技巧，在对抗中正确地运用技术动作。	反复套路训练、反复对练、及时反馈。
创新	指根据现实中具体的情况创造新的动作模式，建立对动作高度熟悉后的针对性提升。	武术课教学体现不明显。	

由上面的分析可以看出，武术课的技术动作目标体系是按照技术动作形成的特点由简单到复杂来完成的，在技术动作目标的完成过程中针对性的训练和反馈是其中的重点，它决定了动作由反应到机械动作再到复杂动作以及此后的灵活运用的形成过程。而在前面的情感分析中我们同样看到了标准和有针对性的示范以及及时的反馈对武术情感目标完成的重要性。

（三）当前学校武术教学目标的现状

1. 当前学校体育教学的目标及内容体现

当前全面提升学生身体素质，增进健康，增强体质，是体育教学的首要目标。体现在内容上就是教育部、国家体育总局根据新的形势联合颁发的《国家学生体质健康标准》，要求全国各级各类学校全面实施，把健康素质作为评价学生全面健康发展的重要指标。

2. 当前学校武术教学目标及内容体现

我国学校武术教学是作为体育教学的一部分出现的，因此体现在武术教学内容上就出现了与学生需求相互冲突的局面。我国学校武术教材在设计上主要体现在：小学上主要以基本功和初级长拳为基础；初中则以健身拳、对练等为主要内容；高中则主要以少年拳、形神拳和器械为基础。而这些教学内容主要是为提升学生身体素质，增进学生健康这一目标服务的。

武术的价值在于使习武者的身体变得更加的强大，实现防身自卫的价值，而且这一价值的实现是建立在健康的基础上的，因此武术训练的目标是和当前学校体育教学目标一致的。

对于高校学生来说，他们的身体始终仍然处于发育和壮大之中，健康的身体对于他们来说是本身就具有的，所以学生本身的需求是追求更为强大的力量，让自身变得更为强大，所以当前高校学生喜欢武术，希望通过武术学习可以获得更加强大的力量，但是过多的武术套路教学就出现了与当前高校学生好动，争强好胜的心理不相符的现象，这一点尤其在男生中体现明显，这是由于当前的武术教学目标是从属于体育教学目标的，是以增进健康为目标的，所以这一目标是不能满足当前学生的目标需要。

二、中华人民共和国成立后我国武术教学目标的发展历程

（一）中华人民共和国成立至改革开放前

中华人民共和国成立后相当长的一段时间内，我国高校的武术课程并没有独立的武术教学目标，武术教学目标的内容，集中体现在高校武术课程的教学内容上，武术教学目标的发展，集中体现在高校武术课程的教学内容的更新上。1961 年出版的体育学院本科教材《武术》讲义中，明确了高校武术教学目标的基本内容。在以后历次的新教材编写过程中，虽然教材内容变化较大，但高校武术教学目标的基本内容、方向性与价值取向，均无较大变化。在该讲义里，包括了武术的基本内涵、武术的教学与训练、武术的基本功与基本动作等内容，这些内容不仅反映了当时的教学目标的局限性，即仅以武术技术的学习与训练作为最基本的教学目标，也反映了当时人们对武术内涵的狭义理解，对武术功能的广阔外延，还缺乏足够的认识。

（二）改革开放后至 20 世纪 80 年代

改革开放以后，1978 年出版了体育系的武术通用教材《武术》，该教材极大地丰富了高校武

术教材的内容，新增加了武术的起源和发展、武术套路的创编与图解知识、武术技术分析、武术裁判法等内容，并新增了这些年收集整理的一些传统武术套路。把武术套路的创编与技术分析作为武术教学目标的内容之一，反映了随着时代发展对武术进行科学研究的客观要求；新增裁判法的内容，反映了当时的基层武术竞赛活动的广泛开展。把武术竞赛的组织与裁判作为新的武术教学目标，不仅有利于武术的广泛普及与蓬勃发展，也符合改革开放后经济逐步复苏，人民精神生活极大提高的客观要求。

（三）20 世纪 80 年代至今

20 世纪 80 年代后期至今，是我国武术教材出版的高峰期，各级院校，各地区使用的武术教材并不统一。各种版本的武术教材有的延续了以往教材的内容与课程目标。有的在课程目标内容的侧重程度上有所不同，有的教材则发展了武术课程的内容，在不经意间也发展了武术教学目标的内容。这一时期新增的武术教学目标的内容主要有以下几个方面。

（1）武术散手。

（2）保健气功。

（3）实用攻防动作。

（4）武术自学自练等内容。

这时的武术教学目标的内容逐步丰富。注重了对学生综合能力的培养，同时极大的体现时代发展的要求。

三、对我国高校武术教学目标发展的新认识

进入 21 世纪，随着中小学体育教学的改革，高等院校的武术教学改革也势在必行，21 世纪的武术教学目标也应顺应时代发展的要求，在维持基本目标不变的基础上，对武术教学目标的深度与广度上进行适当的调整。根据中华人民共和国成立后各时期的体育课程标准中的课程目标，我们可以得到以下一些新认识。

（1）随着体育课程的发展，高校武术教学目标也随之发生相应的变化。

（2）有关武术教学目标的文字表述，常体现为"教学目的"和"教学要求"两方面，教学目的是武术课程的总目标，而"教学要求"则相当于具体目标，常按照单个动作、套路、器械、场地等方面进行表述。

（3）武术教学目标外延的扩大性。武术教学目标并不仅仅局限于发展身体机能和掌握武术动作的范畴，中华武术是我国五千年文明史的积淀，武术的许多练功方法和对"精神气力功"的理解。包括有传统儒家、道家、佛家等多种哲学思想的融合和升华。传统的武德理念亦有与当代德育教育接轨之处。因此武术教学目标的制定也应包含有武术与传统文化的结合点，借武术教育弘扬我国博大精深的中华文明。

（4）随着时代的发展，武术教学目标也应适时地体现出时代特色。广大高校学生明显的对传统武术套路、对练和一些传统的练功方法表现出冷漠、厌倦的情绪。而对新涌现出来的散打、搏击操、武术操等表现出极大的兴趣。应对时代的发展，适时的调整武术课程的具体目标，不仅有助于调动学生学习的积极性，还有助于体育教育目标的最终实现。

（5）目前由于市场化的需求，武术的目标也产生了新的制定和改革，例如，为了防身自卫、为了适应参赛、对职业化比赛型队员进行培养以及对武术道德行为进行规范等。

（6）从武术的发展来看，可以归纳出武术课程的基本目标，无论何时何地制定何种武术教学目标，这些基本目标都是不可缺少的要素之一，其主要包括：健身目标、教育目标、认知目标、情感目标等。

四、对我国高校武术教学目标的要求

根据体育目标的基本要素可以得出，当前武术教学的目标主要包括以下三个内容：首先是武术运动技能的目标要求，体现在武术的具体目标则是提升学生武术技击能力，并让武术技击能力的训练伴随终身的目标。其次是武术知识的掌握，体现在武术教学的具体目标是让学生熟练地掌握武术的基础知识以及与武术相互交融的生存和生活等知识的目标。最后是武术道德的教育，体现在武术教学的目标是让学生具备良好的道德修养和与人交流的礼仪等目标。

（一）以传播身心健康为基本目标

在人的一生当中，会追求很多的美好事物，例如，金钱、地位、名誉、婚姻、健康等。然而，其中健康是最重要的，如果没有了健康这个依托，对其他事物的追求就会变得毫无意义。青少年学生健康的身体和健康的心理是学习的首要基础。青少年时期是人生的黄金阶段，他们正处在身体和心理的重要发育时期，可塑性比较大，容易养成良好的健康习惯，是健康教育的最佳时期。1995年初，世界卫生组织曾在《健康新地平线》文件中强调指出，在一定的环境下，人们具有对他们的健康产生长期影响的潜能。处于生命准备期的儿童少年，他们在生命初期所形成的卫生习惯和生活方式，很可能会对他们一生中其他发展阶段的行为方式产生深远的影响。因此，做好这一时期的健康教育就为青少年的终生幸福打下了坚实的基础。这关系到未来的国民素质、国家社会乃至中华民族的伟大复兴。武术运动本身是具有健身、技击、观赏、教育等多种功能的体育运动，它的本质特性和功效既有利于尊重学生的身心发展特点和教育规律，也有利于他们的主体性、实践性等综合能力的开发，还可以使他们健康活泼，积极向上达到身心的全面发展。因此，把发展和提高青少年学生的身心健康作为武术教学的基本目标不仅发挥了武术本身的价值功效，也是时代发展的必然要求。在武术教学的过程中把提高和改善学生的生理、心理健康作为基本目标就能做到有的放矢，对和谐校园的构建也能起到事半功倍的效果。

（二）以提高学生技击能力为基本目标

纵观当前高校武术教学内容的设计，由于目标定位的不准确造成了武术教学内容在设计上以套路为主要的教学内容，虽然这样可以有效的保证武术教学的安全性，但是也丧失了学生对于武术课堂的兴趣，造成了学生喜欢武术，却不喜欢武术课的情况。

技击是武术教学的本质，也是学生学习武术的主要动机。一个不能提高习武者技击能力的武术课程是失败的武术课程，一个不能有效刺激学生学习动机的武术课程是无法成功实施的。因此，武术教学首先确定的教学目标应当是：提高学生技击能力，增强学生身体素质，保证学生的健康发展，成为一个有着"精、气、神"的习武者。

通过在武术教学中向学生教授基本武术动作运动方法和技术可以使学生学会、掌握一种锻炼身体的基本方法和技术，使学生终身从事武术健身运动成为可能，为国家构建和谐社会的总目标打下坚实基础。众所周知，中国武术在华夏大地上绵延了数千年，历史悠久并根植于民间。在中国文化的长期熏陶和哺育下，具有鲜明的民族文化特色，世代相传，经久不衰，它具有多彩的形式、丰富的内容、深邃的文化意蕴。学生通过掌握各种各样的运动技能，利用它作为手段，可以获得很多益处。比如可以锻炼身体，增进健康，延年益寿；可以耳聪目明，头脑灵活，增加知识；还可以丰富生活，陶冶情操；更可以广交朋友，联络感情，增强顽强拼搏、不断进取的精神。总之，让学生学得一些基本的武术动作技术和练习方法可以让学生掌握一种参加终身体育锻炼的手段，使学生终身从事武术健身运动成为可能，为他们以后的持续发展打下基础，为我国建设和谐社会主义宏伟目标的实现提供有力的支持。

（三）以传承中华民族精神为基本目标

武术自它产生以来，就被纳入中国伦理之道。在它萌芽形成和发展的历程中，深受儒家伦理思想的影响，在长期的历史发展中又受到中国传统文化的滋养，蕴涵丰富的内涵和深邃的哲理，从而形成了武术文化。武术文化正是在传统道德观和民族精神的滋润和培育下带有了鲜明的仁学色彩和我们这个仁义之国、礼仪之邦的民族特征。在学校中开设武术项目，教师在传授武术基本技术的同时，给学生讲解其文化内涵，使学生在健身娱乐的同时接受优秀文化的熏陶，艺无德而不立，未曾学艺先学礼，未曾习武先修德，这种尊师、谦和、忍让的态度有利于培养学生高尚的道德情操。冬练三九，夏练三伏，可以培养学生不怕吃苦，勇敢顽强的精神作风。另外，通过无数武林中人行侠仗义、除暴安良、保家卫国的故事以激发学生的爱国情操，振奋民族精神。总之，通过提升学生的人文精神，使其由一个生物的人、自然的人成为社会的人、有用的人。不仅为学习基本知识和技术奠定了基础，而且使其拥有了健全的人格。和谐观念始终贯穿于武术文化的思维模式与实践规范之中，武术的独特价值取向是和谐，全面实现武术技击、养生、修性等多方面功能的方法是和谐，衡量武术诸多功能的总体价值尺度是和谐，其所追求的终极目标仍是和谐，和谐成了武术特殊的美，是武术文化的根基。武术文化追求和谐，注重处理人与人，人与自然的关系，其中最根本的是一种接受和尊重的态度，这样才能达到人的和睦相处。相反，现在有很多学生或以自我为中心，以改造他人为目的，缺乏一种宽容的美德和平和的心境，或性格软弱，失去自我。武术文化是刚柔相济的，既能宽厚待人，又能积极进取，表现出追求"人际和谐"的价值取向。通过领悟武术文化以感悟"忠恕之道"，一方面做到"己欲立而立人，己欲达而达人"，学会关心人，帮助人，成就人，认真为社会和他人做贡献；另一方面做到"己所不欲，勿施于人"，学会宽容人，体谅人，尊重人，不损害他人和社会的利益。使学生与学生之间、学生与教师之间、学生与管理人员之间形成一种良性互动的和谐关系，处处体现出一派和谐的景象，这也是我国历代思想家所追求的目标，是我国建设和谐社会所要达到的目标。把传承中华民族精神作为武术教学的基本目标，不仅是对以往只注重技术教学思想的补充，更适用于学校教育的德育工作，为培养学生健全的人格提供了宝贵的教育资源，同时也丰富了以德治校，建设和谐校园的手段。

（四）以普及武术文化知识为基本目标

中国武术经过千年的发展演化，已经成为与传统美学、传统兵法、传统医学、传统哲学等学科相互交融为一体的文化，是中国传统文化精华的重要代表。

武术教学是学校教育的一部分，因此，高校武术的教学不仅是武术本质的教学，也是武术文化的教学，这是中国武术之所以称之为中国武术的文化特征，也是中国人之所以成之为中国人的文化烙印。因此，武术知识的教学目标具体体现在学生对传统武术文化知识的学习和掌握，成为一个有着丰富知识和具备不断学习知识能力的"武术学者"。

（五）以渗透快乐思想作为武术教学的基本目标

在武术教学中传播快乐的思想可以发展人际交流的自由感。体育课的一个重要特征就是培养学生的人际交往能力和适应能力，而武术教学内容的过程就是这个特征的集中体现。教师应充分利用这一点为学生创造尽可能多的交往机会，以培养学生的协作意识和竞争意识。通过传播这些快乐思想可以促进学生结交朋友、团结同学、增进友谊，发展合作精神，学会怎样与人和睦相处，舒畅心情，放眼世界，排除烦恼，解除孤独。同时，让学生感受到自己在这个社会环境中的地位和作用。知道如何帮助别人和求助他人，聆听他人的意见，表达自己的观点，将来如何在工作岗位上懂得与同事、领导建立起一种和谐友善的人际关系；以负责的态度去行事并在社会中找到适合自己的位置。这对和谐校园的构建无疑起到很大的支撑作用。在武术教学中以教师为主导，学生为主体并注重情感教学为主线贯穿教学全过程。重视学生个性的和谐发展，提倡兴趣和动机的培养，注重合理运用相对评价，让更多学生轻松体验运动的乐趣和收获的成功感，在愉快的心情下完成教学任务，这样不仅能调动学生的学习积极性，还能在欢乐融洽的气氛中形成和谐的师生关系、生生关系。另外，通过长期学习武术文化和实践武术运动可以逐步体会中华武术文化之内涵，进而获得一种积极的情感体验，使学生更加喜欢坚持练习武术。这也是武术最终通往终身体育的有利因素。

第二节 武术教学目标的价值取向与内容构想

一、武术教学目标的价值取向

（一）个人价值取向

个人价值取向是将个人作为价值主体。从具体个人的需要出发来考虑新武术教学目标的价值取舍。个体是社会的基石。个人价值的实现是教育的终极目标之一，成功的武术教学目标应该是使个体通过武术学习这一媒介。获取个体成长所需的各种知识与能力，最终实现个人价值。武术教学目标的制定应充分考虑个体在道德、智慧、情感意志和体能等方面的发展。以培养全面发展的具备独立人格的个体为目标之一，学生在武术教学中获取的个人价值是多方面的，主要包括三个方面，即改善大学生身体素质和气质神态、增进大学生心理健康和文化修养以及培养学生的竞争意识和协作精神。

（二）社会价值取向

社会价值取向是将社会作为价值主体，从整个社会的需要出发来考虑武术教学目标的价值取舍，社会价值是指人的活动对于他人和社会的作用和意义，个人价值的培养，是教学的目标之一，而个人价值的实现又必须依托社会，个体只有在人际交往中、在社会大背景中才有实现个人价值的可能。武术教学目标的制定，应充分考虑到所培养的个体对社会的有用性，充分发挥个体作为社会基石的主体地位，积极投身社会建设大潮，塑造全面健康的社会价值观。可以说武术教学目标最终的社会价值取向是培养对国家、对社会有贡献的人。

（三）个人价值取向和社会价值取向的统一

武术教学目标的确定，在个人价值取向和社会价值取向上是相容的，在课程目标中二者兼顾是完全可行的。武术教学目标中关于实现社会价值的内容，亦有利于形成发展个人价值，而个人价值的形成与提出，又是实现武术教学目标社会价值内容的前提与条件。在以往的课程目标制定中的个人价值取向与社会价值取向上，存在着是重个人价值还是轻社会价值，重社会价值而轻个人价值。或者二者并重的讨论。有人认为，武术教学目标的价值取向，如果以社会价值为重则显得空泛，而以个人价值为重又显得片面，认为二者很难并重。实际上，一个成功的武术教学目标，正是在个人价值取向与社会价值取向上的融合、争论的存在。亦说明在制定武术教学目标时，应注重价值取向的全面性，把形成个人价值和发展社会价值作为构建新武术教学目标的努力方向，最终实现个人价值取向和社会价值取向的和谐统一。

二、高校新武术教学目标内容的构想

在新的一轮高校体育课程目标改革中，对武术目标的改革，是改革体育院校体育教育专业武术教学内容的前提条件之一。本小节对于新武术教学目标的构建提出了以下几点：

（1）能主动进行探究性学习，掌握武术技术、理论知识。

（2）培养以传统武德为核心的优良意志品质。

（3）发展协调、灵敏等与武术相关的身体素质。

（4）具备搜集和处理武术技术动作、身体感觉等信息的能力。

（5）具备简单武术套路编排与创新能力，能独立阅读武术套路图谱。

（6）具备对武术技术欣赏和评价的能力，理解武术动作的攻防含义。

（7）具备武术裁判员各项素质。

（8）具备组织武术竞赛的能力。

（9）具备一定的武术教学、组织能力。

（10）培养学生终生武术的思想观。

第三节　高校武术人才培养的创新研究

一、"体教结合"人才培养模式的研究

（一）概念和特征

1. 概念

对于"体教结合"的界定，可以从不同的层面上进行理解和剖析：

（1）"体"即体育部门，"教"即教育部门

尽管这一人才模式一经提出好评不断，但是当前我国的体育部门以及教育部门还一直存在独立发展的局面。它们分属不同的部门，由不同的上级机构管辖。体育部门人才培养模式更具有专业性，不仅有专业的体育教练，有严格的训练时间安排，而且也有专业的团队对学生的身体素质发展进行管理，但是不重视运动员文化知识水平的提高。而教育部门，虽然具有丰富的文化教育资源，但是具有体育才华的人才培养却局限在体育队，存在较大的业余性，不利于体育人才的发展，学生有时候还会因为不科学的训练而失去对体育的兴趣。因此，加强"体教结合"能够有效解决两者存在的弊端，通过两个部门的合作，运用科学的方法培养运动员成为全面发展的人才，是非常有效的。综上所述，体育部门和教育部门的结合，对于培养专业的体育人才至关重要，而且这也是当代社会发展的必然趋势。

（2）"体"即体育运动，"教"即各级学校

目前，我国各级各类学校都比较重视学生文化知识能力的提高，忽视了对学生身体素质的培养，致使那些体育特长生不能充分发挥自己的水平。"体教结合"的人才培养模式，可以有效解决这一问题。现代体育运动产生于学校，因此加强对学校体育人才的培养也是实现中国体育事业发展的关键。

从全世界的体育教育现状来看，大部分的竞技人才都是从各类学校中培养出来的，但是这种脱离对学生文化知识培养的模式是片面的、单一的，将阻碍体育事业的发展。奥林匹克运动就是这一真实例子，尽管其在体育竞赛中获得了辉煌的成功，但是却不利于体育事业的可持续发展。因此，加强体育部门与学校部门之间的联系尤为重要，其不仅能够加强对学生文化知识的培养，还能促进体育人才更好、更快的发展。随着当代体育总局对竞技体育人才的要求越来越严格，高校一定要及时加强对竞技人才的培养进度，本着以人为本、科学发展的理念建立适合社会主义初级阶段市场发展的经济体育后备人才培养模式。

（3）"体"即体育训练，"教"即文化教育

面对体育训练中只注重对学生竞技技术的提高，忽视学生文化水平提高的问题，我国进行了重新审视。当前，高校体育运动队的培养目标为适应竞技比赛的高水平运动员，这正好与中国实行单轨制的体育竞技人才培养模式不谋而合。中华人民共和国成立初期，为了顺应世界体育发展潮流，不断加强了对体育竞技人才的培养力度，而且取得了辉煌的成绩，但是由于当时中国的经济发展水平落后于其他世界各国，只能选择单轨制的人才培养模式。

在初期阶段，这种人才培养模式的确发挥了突出作用，不仅提高了体育人才的竞技水平，而且这一阶段的体育竞技人才的数量上也呈递增趋势。随着中国社会主义市场经济制度的确立，这种片面的、单一的人才培养模式逐渐开始暴露出自己的缺陷，不仅面临着体育竞技人才缺乏、体育人才整体素质不高以及招生单位经费短缺等问题，而且部分院校在体育训练中，为了达到体育竞技人才的培养目标，盲目、过度地加大学生的训练时间和次数，引起了体育竞技人才的强烈不满。因此，对上述问题，我国亟需探索出一个适合社会主义发展的人才培养模式，在此背景下，"体教结合"人才培养模式孕育而生，其不仅注重对竞技人才运动水平的提高，而且还强调了对运动员文化知识能力的培养，只有两者有效结合，才能培养出适合社会发展的、多方位的、高质量的体育竞技人才。而且，这种强调运动技能提高，又强调文化知识水平提高的人才模式，可以使运动员即使在退役后，也能找到一个适合自身条件的工作。同时，强调对运动员文化知识能力的培养还有助于其在提高智商的基础上，情商得到充分发挥，尤其是在竞技比赛中遇到困难时，能够有效地控制自己的情绪，从而冷静地解决问题，避免不必要的争端。"体教结合"人才培养模式大大改善了传统的人才培养目标，从只注重竞技人才"头脑简单、四肢发达"转变为"竞技水平高，文化知识水平高"，其为社会主义市场经济发展所需提供了全面发展的武术竞技后备人才。

2. 特征

中国高校竞技体育人才的"体教结合"培养模式是根据中国的社会发展现状探索出来的，因此其相应地与西方国家的体育竞技人才培养模式具有明显的差异，下面具体阐述一下我国"体教结合"人才培养模式的具体特点。

（1）国家政策的导向性

"体教结合"人才培养模式并不是一蹴而就的，其需要与社会发展现状相联系，因此"体教结合"经历了三个历程的发展，分别是：微观层面——中观层面——宏观层面，在不断地探索发展中，体育和教育部门下发的一系列文件为其发展指明了方向。

其中，国家体育总局、教育部下发的《体育传统项目学校管理办法》，体育总局、教育部联合印发了《全国体育传统项目学校先进集体评选办法》等，都为"体教结合"人才培养提供了行动指南，促使当时全国普通中小学都加大了对竞技武术后备人才的培养力度，各级学校也开始主动承担起武术竞技人才输送的重担。在体育和教育部门颁发的一系列文件下，体育项目学校在培养武术后备竞技人才以及输送优秀的武术竞技人才方面取得了突出成就，无形中增加了学校对人才培养的重视程度。

（2）实践地区的分散性

众所周知，"体教结合"人才培养模式对竞技体育事业发展具有重要的意义，但是目前这种人才培养模式还没有在全国范围内实施，只是在部分城市中有所普及，而且大部分都是学校的个体行为，因此具有明显的分散性。尽管部分高校已经付诸了行动，但是全国范围内还有很多高校存在独自办校、独自发展的现象，这就难免会形成体育部门和教育部门各自为政的现象，而且有的武术运动员在竞技比赛中常以体育代表队和学校代表队的问题而争论不休，这些问题都是需要我们认真审视和思考的。如果这些问题得不到及时的解决，就会影响后面一系列矛盾的出现，比如体育和教育部门结合的混乱、分散以及缺乏组织性和规范性等问题，这些都不利于中国竞技体育事业的繁荣发展。

（二）优缺点

"体教结合"的人才培养模式尽管是在依据社会发展现状以及符合经济社会转型的基础上提出来的，有着自身独特的特色，但是其理论和实践，仍存在着亟待解决的问题，具体分析如下。

1. 高校竞技体育人才培养"体教结合"模式的优势

"体教结合"的人才培养模式有利于培养全面发展的、高素质的后备竞技人才；有利于实现竞技体育人才的可持续发展；有利于促进中国竞技体育事业的繁荣发展。更重要的是"体教结合"人才培养模式将提高运动员的竞技水平和文化知识水平放在了同等地位，这对实现青少年运动员全面发展具有重要的意义。体育部门对于青少年运动员身体素质的提高、科学的训练方法和训练时间以及体能的恢复与增强具有重要的作用，其不仅有专业的体育竞技教练员，而且还有专业的后勤团队，既能使运动员获得专业的竞技知识，又能确保运动员身体健康。而教育部门在提高运动员的智商和情商方面具有重要作用。将体育和教育部门结合在一起，共同为培养体育竞技人才而努力，是一个不错的选择，首先，有利于解决"学训矛盾"问题，使高校部分体育特长生得到全面的发展；其次，运动员有了高水平的文化知识，即使在退役后也不用为工作难找而发愁。"体教结合"的人才培养模式为促进竞技体育事业发展做出了重要贡献，加强了体育部和教育部之间的沟通合作。

2. 高校竞技体育人才培养体教结合模式的缺点

第一，许多高校培养高水平的竞技体育人才只是为了提高学校竞技的运动成绩，忽视了对运动员知识与技能全面发展的培养。第二，当前高校在具体实施"体教结合"人才模式中，面临着制度不健全、资源整合不完善、部门之间缺乏合作以及执行者与管理者角色不清的问题。这些都会影响体育部和教育部之间的关系，最终以配合性差的理由宣告终止。第三，在具体实践中，教练员以为强调对竞技技能的提高，却很少加强对运动员文化知识能力的培养，严重存在体教分离的现象，长此以往，体教之间的矛盾就会不断增加，导致运动员到最后文化知识水平还是一如既往的差。如果要求运动员技能水平得到提高，又要文化知识水平高就必然要耗费大量的资金，这对中国的普通家庭来说是很有压力的，这就需要国家给予一定的优惠政策。第四，运动员在经过几天、几周，甚至几个月的训练后，会消耗大量的精力和体力，很容易身心疲惫，没有多余的时间进行文化知识的学习，那么就加大了全面竞技人才发展的困境。

（三）"体教结合"培养模式出现的问题和发展对策

1. 体教结合培养模式出现的问题

（1）两个系统并未真正合作，各自为政的问题较为突出

"体教结合"的人才培养模式是为了解决"举国体制"下体育竞技人才培养目标的弊端而产生的，纵观当前现实情况，不容乐观。由于人们观念上的错误以及部分学校急功近利，只注重对运动员比赛成绩的提高，忽视了对那些具有体育潜质人才的培养，而且体育部门让运动员进校学习也只是为了提高他们的竞技水平，学校部门招收运动员更倾向于那些退役的，从而提升学校的知名度。这些问题都显示了体育部门和教育部门根本没有真正达到合作，还一直停留在喊口号的阶段。同时，虽然全国范围内部分高校已经做出了尝试，但是收效甚微，总体上两个

部门还处于各自为政、独立发展的层面上。

（2）"体教结合"的硬件软件设施配置问题亟待解决

这里所说的硬件和软件就是指场地设施、器械准备、师资队伍以及营养供给等。在具体实践中，体育部门与学校部门处于相互独立阶段，在教育系统中，学生的人生观、价值观和道德观都能得到较高的提升，但是体育训练场地也存在着一些问题，甚至有的学校根本没有体育场，这就容易导致那些有体育才华的学生只能在有限的体育场地中发挥自己的优势，而且没有专业的教练员为其提供指导和帮助，长此以往，学生就会失去对体育竞技学习的兴趣，逐渐使学校体育人才的数量减少。在体育系统中，体育运动员使用的体育场地是一流的，教练是专业的，而且营养供给也是充足的，但是对于学校系统而言其缺乏文化学习氛围。因此，当前的"体教结合"人才模式还处于文件政策上，两个部门在具体实践中还未真正达到合作。

（3）政策和竞争体制需要进一步完善

提升竞技体育人才的运动技能，促使竞技人才在不断地体育赛事中取得优异的成绩是体育竞技人才培养的首要目标。这种目标具有单一性和片面性，容易导致部分体育院校在培养过程中急功近利，忽视运动员整体素质的提高。对于处于成长的运动员来说，频繁参与比赛，对于他们竞技水平的提高和身体机能的恢复都是极其不利的。而那些成年的运动员平时参与的比赛及都是在学校范围内进行的，让他们与专业运动员进行比赛，不仅不利于他们充分发挥自己的优势，而且还容易制约他们竞技水平的提高。

2. 体教结合培养模式的可持续发展对策

（1）增强合作意识，促进资源合理利用

要想真正实现体育部门与教育部门的真正合作，关键是双方要从观念上引起重视，自觉地加强与对方的合作。具体来讲，教育系统可以在保证学生完成文化知识任务的基础上，增加学生体育训练的时间，也可以通过组织丰富的体育活动，激发他们的兴趣，还可以通过设立一些奖励政策，鼓励学生在学好文化知识的同时，接受专业的体育训练，从而促进学生的全面发展。

（2）完善政策法规，推动"体教结合"

"体教结合"单靠体育部门和教育部门自觉合作是不够的，国家还要颁发一系列的政策为其实现指明方向。合理的"体教结合"政策的执行，不仅可以加强双方部门工作人员的积极性，而且对培养体育竞技人才可持续发展具有重要意义。有结果显示，一些地区通过制定"体教结合"的政策，对高校积极付诸实践提供了重要保证，加快了全国范围内高校实施的进度。

（3）提高人员素养，解决"学训"矛盾

"体教结合"的主体是教练员和学生，只有双方从自身意识到自己扮演的角色，才能使"体教结合"人才培养模式发挥实际功效。首先，作为教练员，除了要对运动员提出专业的指导和帮助外，还要注重学生的成绩，从多角度关注学生的成长；其次，作为学生要想在日益竞争的社会中立足，不仅要掌握精深的文化知识，还有一个强健的体魄，尤其是要合理安排自己学习和训练的时间，能够在身体承受的范围内，正确处理好"学"与"练"的矛盾，从而成为社会发展需要的全面发展的人才。

二、"三级训练体制"模式的研究

(一)"三级训练体制"的概念及特征

1."三级训练体制"的概念

所谓的"三级训练体制"就是指学校对小学、中学、大学中那些有体育潜质的学生，利用课余时间，将其组成运动队，进行有目的、有计划、有系统的、科学的武术训练，从而使其不仅得到竞技水平的提高，而且成为全面发展的人。另外，小学、中学和大学阶段也是武术运动员训练的关键阶段。

小学阶段是武术运动员学习的基础阶段，主要任务是挑选优秀武术运动员，这一阶段主要是通过对学生讲授一些武术基础理论，激发学生兴趣，从而为进入中学阶段奠定良好的基础。中学阶段是武术运动员学习的关键时期，这一时期的主要任务是进行科学训练，是学生成为高水平运动员的重要阶段。通过科学的训练，将这些高素质、高质量的武术运动员送进大学。大学阶段是武术运动员成才阶段，这一时期要为其提供最前沿的武术专业知识，这对于学生能否成为更高水平的武术运动员至关重要，学生在掌握了专业的知识基础上根据具体实践，从而成为国家级的武术运动员。

"三级训练体制"的人才培养模式要历经三个阶段，分别是小学基础阶段—中学关键阶段—大学成才阶段，最终以高效体育竞技人才培养模式的形式为显现出来，由此可见，高校统领着三个阶段的各项工作。中小学根据教学任务将高水平的武术运动员输送到大学，最后利用高校一流的场馆设施、教育与科研等优势资源将输送进来的人才加以培养，最终形成"三级训练体制"的人才培养模式。这种训练模式通过建立三位一体训练小组，将小学、中学和三级的人才培养目标串联一起，共同承担国家培养高水平运动员的职责，通过以高校为统领，加快促进中小学竞技体育的发展，这相比"体教结合"的人才培养模式来说，其更有利于培养出全面的复合型竞技武术人才。

2."三级训练体制"模式的特征

首先，"三级训练体制"有效地将学生的科学训练与理论学习结合在了一起，弥补了"举国体制"下"三级训练体制"暴露出来的弊端。其次，"三级训练体制"有自己的组织管理机构，既承担着学校内部的工作事宜，又承担着学校外部的工作事宜，与体育部门既有联系又有区分，两者处于平行的关系。再次，"三级训练体制"的人才培养模式机构中都配有专业的教练人员和工作人员，在专业人群的带领下，逐渐形成了培养高水平、高质量、专业的体育竞技的人才培养目标。最后，"三级训练体制"还可以根据小学、中学、大学的不同教学任务，制定出分阶段的科学性的训练方法和训练时间，更加具有针对性、专业性和全面性。

"三级训练体制"还建设了一套完善的训练网组织系统，这个系统能够准确显示各个阶段管理与训练的关系，每一层的组织管理工作都要受到上一级领导的监督，这个系统有效保障了中小学、大学之间的紧密衔接，防止断层现象的产生。在学校里，武术运动员与普通学生一样除了在规定的时间内学习专业的文化知识外，还可以在课余时间进行竞技训练，促进武术运动员整体素质的提高。而且"三级训练体制"组织管理模式内的各项工作都是独立开展的，同时兼顾了中小学与高校的衔接，形成了纵向梯队输送模式，这在很大程度上解决了高校竞技体育人才短缺的问题。中华人民共和国成立初期，虽然在"举国体制"下我国的体育竞技事业得到了发展，但是随着社会的不断发展变化，对竞技体育人才也提出了更高的要求，因此，为了巩固中国体育事业在世界上的地位，"三级训练体制"在此背景下孕育而生。总而言之，"三级训练体制"通过小学、中学和大学三个阶之间的环环相扣，为促进中国体育事业的发展做出了突出贡献，更为中国体育竞技武术人才的可持续发展提供了方向。

（二）"三级训练体制"模式的优缺点

1. 高校竞技体育人才培养"三级训练体制"模式的优点

（1）"三级训练体制"模式为培养学生武术运动员的综合素质教育提供保障

"三级训练体制"的人才培养模式不仅顺应了时代发展的变化，而且其结合了社会、家庭和学校三方的力量，以学校为龙头，为中国体育竞技事业培养了一批又一批的高水平以及高素质的专业武术运动员。另外，"三级训练体制"确保了小学、中学和大学之间的有效衔接，将武术运动员与普通学生放在同等地位，为提高学生整体素质的发展发挥了重要作用。

（2）"三级训练体制"模式为培养武术高竞技体育水平人才提供保障

"三级训练体制"人才培养模式不仅加强了各个阶段体育设施和高科技软件的使用，而且还加强了中小学和大学三个阶段的联系和作用，对培养出符合社会发展的高素质武术竞技人才奠定了良好的基础。在这种人才培养模式中，学生的文化知识能力不仅能够得到提高，而且自身的竞技水平也将得到不断提升。

2. 高校竞技武术人才培养"三级训练体制"模式的缺点

（1）"三级训练体制"培养模式缺乏政府相关政策的支持

尽管在社会的不断发展和世界体育竞技人才要求不断更新的背景下，我国体育竞技人才培养模式做出了很多尝试，但成效还是不太令人满意。"三级训练体制"人才培养模式虽然也获得了初步的成效，但是由于这个人才模式未能真正发展成熟并形成体系，仍需要不断地进行自我完善和自我提高。再加上在具体实行该模式的过程中，政府并未提供具体的政策扶持，这就在很大程度上限制了"三级训练体制"的发展，并阻碍了其在全国范围内的推广。

（2）"三级训练体制"培养模式经费难以保障

要想"三级训练体制"实现可持续发展，必然要有充足的经费作支撑，这一点需要引起人们的重视。"举国体制"下的"三级训练体制"单一注重武术知识理论学习的弊端日益凸显，为了有效解决这一弊端，多元化发展的"三级训练体制"得以发展。但是在具体的实施过程中，各级学校都面临着场地设施不完善、器械不健全等问题，不能满足运动员的需要。同时，还经常要面对经费筹集困难的问题，这些都严重阻碍了"三级训练体制"的发展。

（3）师资力量不足，阻碍"三级训练体制"培养模式在全国范围内的推广

由于每个地区的社会经济发展水平存在着较大的差距，因此各地区的师资力量也严重存在着不平衡的现象。在发达地区中，学校的师资力量相当充足，这必然能够推动"三级训练体制"人才培养模式的开展。而那些经济欠发达的地区，学校的师资力量较为薄弱，相应地，人才培养模式进行起来就相当的困难。同时，有的学校承诺的对外聘体育教师给予课时补助的政策，

经常没有落到实处，这必然导致"三级训练体制"开展难度的增加。

（三）"三级训练体制"培养模式可持续发展对策

1. 依托地方高校的科研与培训实力，促进"三级训练体制"培养模式的科学发展

"三级训练体制"的人才培养模式是以高校为龙头，从而实现体育竞技武术后备人才发展目标的。由于高校在这一过程中发挥着重要的作用，因此，高校可以从以下两点做出努力：

第一，高校是由多学科组成的综合系统，其整体教学水平相比中小学来说更高，更容易获得体育竞技方面最前沿的知识，这就需要高校要充分利用此平台，探索出更多符合竞技武术人才发展的训练方法。

第二，经济发达地区，高校也可以向主管部门申办本地区发展优势项目高水平运动队，然后招收具有该项目发展优秀的武术竞技人才，并将其组成高校武术专业队，通过有目的地、有计划地、有系统地加以武术理论和武术技能的训练，从而使武术运动员成为综合发展的体育竞技人才，为社会的发展做出贡献。

2. 积极借鉴成功经验

目前，随着"三级训练体制"人才培养模式的不断普及，各级试点学校也在不断探索中取得了辉煌的成就，同时还涌现了众多能在国内外各类重大赛制中崭露头角的优秀高水平运动员。不仅促进了更多的高校参与其中，而且受到了学生和家长的一致好评。"三级训练体制"不仅有利于培养高素质、高质量的武术竞技人才，而且还加强了小学、中学与大学之间的联系。各试点学校立足时代发展，结合自身特色基础上获得成功的事例给后面高校实行"三级训练体制"人才模式带来了重大启示，本着时代发展与自身特色的理念，注重培养学生运动员综合素质提高是当前促进中国竞技体育事业发展的重要依据。

3. 加大对高校"三级训练体制"培养体系的投入力度

为了更好实现武术竞技人才培养目标的可持续发展，"三级训练体制"人才培养模式必须要顺应时代发展，在全国范围内普及开来，这不仅关系着中国体育事业的发展，而且还关系着中国武术在世界体育运动中的地位。因此，各大高校一定要从观念上引起重视，不能只注重运动员短期内成绩的提高，要从长远利益进行考虑。同时，高校还应将运动队的经费纳入学校经费管理中，不断加大运动队经费的投资力度，从而有效推进小学、中学和大学三级体育竞技人才培养目标的实现。

三、"教学、训练、科研"模式的研究

（一）概念与特征

1. "教学、训练、科研"模式概念

高校在多年的探索和实践中，终于又提出了一种新的高校武术竞技人才的培养模式——"教学、训练、科研"。这三者相互联系、相互制约，缺一不可，属于辩证统一的关系。其中，教学是工作进行的前提，主要向学生传授理论知识；训练是教学的延伸，要求学生将学习的理论知识付诸实践；科研是教学和实践的综合，是促进教学与训练不断与国际接轨的重要保证，

科研还能为教学和训练提供新的建议和发展方向。国内各级高校都在三级人才培养模式上进行了大胆尝试，最具代表性的要数南体模式了，这种人才培养模式就是采用三位一体改革观，将学校教育、专业化的运动训练和体育科学研究这三项职能以及围绕这三项职能所形成的相对独立的三种组织体系。这种人才培养模式改革了传统三者自称体系的局面，形成了三位一体的培养模式。

2. "教学、训练、科研"模式的特征

第一，高校实施"教学、训练、科研"三结合模式，教学目标明确，以培养全面发展的人为本，根本任务是全面提高学生及运动员的综合素质。第二，三结合人才培养模式，机构清晰，每一个阶段都有明确的任务规定，以培养竞技武术人才多样化发展；第三，相比前三种人才培养模式，三结合人才培养模式对武术竞技人才的全面发展更具有重要意义，首先武术竞技人才不仅可以像普通学生一样具有高学历，而且还可以在武术竞赛中为国争光，符合了新时代对武术学生提出的要求。第四，三结合人才培养模式资源利用率更高，不仅形成了三位一体的人才培养模式，而且实现了资源的共享。

综上所述，"教学、训练、科研"三结合人才培养模式提高了武术竞技人才的文化知识水平，有效地解决了武术竞技人才毕业后面临的就业难的问题。三结合培养模式有效促进了教学、训练、科研三者之间的联系，不仅满足了武术竞技人才对文化知识的需求，而且达到了武术竞技体育的目标要求。理论联系实际，更有助于高校武术竞技体育人才的可持续发展。最后这种人才培养模式规模小、成本低、资源共享，对推动武术竞技体育发展具有关键作用。

（二）优缺点

上述介绍了三结合人才培养模式的特点，在具体实践中这种人才培养模式难免会存在一些长处和缺点，下面我们将进行具体分析。

1. 体育院校"教学、训练、科研"三结合模式优点

（1）有利于培养全面发展的高素质人才

进入 21 世纪以来，为了满足世界体育竞技人才的发展要求，我国培养出高水平竞技体育人才面临着巨大挑战，如何顺应时代的发展潮流，结合自身特点，探索出行为有效的人才培养模式是当前亟待解决的问题。在此背景下，"教学、训练、科研"三结合人才模式孕育而生，截至目前，其成为高校人才模式的首选。三结合模式，在教学上采用了集中与分散相结合的形式加强学生对理论知识的学习；在训练上，强调学生将学习的理论知识付诸实践，既提高了学生文化知识水平，又达到了武术竞技水平提高的要求，另外高校还会不定期地对体育教师、教练员以及运动员进行专业素质培训，促使他们综合素质的提高。另外，体育院校还加强了资源的利用率，与其他院校共同举办培训班，鼓励广大的体育教师定期进行学术研究，相互交流，提高了教师的科研能力。这种人才培养模式不仅加强了"教学、训练和科研"三者的联系，而且促进了武术竞技人才全面素质的整体提高。随着科学技术在体育学校中的普及应用，广大体育教师还要不断提高使用科学技术授课的专业能力，从而提高教学效率，完成教学任务。

（2）有利于推进体育院校建设及自身改革发展

高校武术竞技体育发展的好坏直接影响着未来的生存和发展，在多年的探索和实践中，我国终于提出了一个行之有效的人才培养模式——"教学、训练、科研"，这个人才培养模式为武术竞技人才的可持续发展奠定了坚实的基础。首先，体育院校通过专业的教学、科学的训练为国家输送高水平的竞技武术人才，提高本校的知名度，获得上级相关领导的重视，其就会不断地加大投资力度，促进学校的发展。其次，三结合人才培养模式实现了资源共享，为学校的发展提供了支持和保障。

2. 体育院校"教学、训练、科研"三结合模式缺点

（1）人才培养规格单一，学科专业优势不明显

一直以来，我国体育院校的学科体系都是由体育教育专业和运动训练专业组成，但是随着改革开放的胜利，这种单一的、片面的体育学科专业已经不能满足世界对体育竞技人才的需要以及现代体育竞技发展了，高校必须要及时拓宽专业渠道，提高自身实力，从而促进体育竞技的发展。尽管经过几十年的探索和研究，丰富了体育专业学科，但是由于体育院校生源差和师资力量薄弱等问题的存在，导致学科特色体现不出来，再加上受到普通高校高水平运动队的影响，体育院校的发生更是难上加难。

（2）生源质量相对较差，就业渠道仍显不畅

充足的生源对于高校竞技体育的发展具有重要作用，当前由于受传统观念和办学环境的影响，中国家庭都希望自己的孩子长大后能够有一份稳定的工作和不错的收入，因此他们都非常重视学生文化知识的培养，并纷纷将学生送到综合类院校。由此带来了体育院校生源差等问题，虽然我国的武术竞技体育人才培养目标已经进行了改革和发展，但是仍存在武术院校重视竞技人才运动成绩的提高，忽视学生文化水平提高的现象，导致武术竞技人才在毕业后由于文化知识能力差，很难找到一份稳定的工作，长此以往，体育院校的生源质量就会越来越差，不利于体育院校未来的生存和发展。

（三）体育院校"教学、训练、科研"模式发展对策

1. 加强"教学、训练与科研"的内在结合，优化资源配置，实现资源共享

改变传统的"教学、训练、科研"三者各自为政、自成体系的弊端，实现资源共享，从而为全面发展的高素质武术人才服务。尤其是在科研经费、训练设施以及教学等方面上更需要进行统一的管理，只有这样才能更好地为体育院校培养高素质的武术人才服务。同时，高校还要不断地加强与其他院校的合作和交流，发现自己的不足，及时加以改正，在借鉴其他高校优秀成果的基础上，不断提高自己的认知水平，实现资源的共享，从而推动高校武术竞技体育的发展。

2. 创新管理体制，为优秀运动队服务

首先，体育院校"教学、训练、科研"三结合人才培养模式要转变单一的、固定的教学思想为多样化的教学思想。面对世界上众多的竞技体育项目，高校要立足本身，组建教学训练相关机构，从而适应时代的发展要求。在教学上，不仅要加强对运动员文化知识的培养，还要注重学生武术运动技能的提高，从而确保武术竞技人才在毕业后有一份稳定的工作。在学生训练中，要遵循学生自身的发展规律，利用科学的训练方法，创新管理体制，从而为学生的衣、食、住、行提供全面的服务，使其成为高水平的武术竞技人才。

3. 争取各级领导的支持是学校可持续发展的重要保证

高校要想在未来中获得生存和更好的发展，离不开各级领导的支持。只要有了各级领导的支持，无论是资金问题还是政策方面，都将利于体育院校的发展，对体育院校培养出高水平的

竞技人才也有一定的推动作用。比如，一旦获得国家体育总局的认可和支持，体育院校就会有更大的发展前景。首先，他们会对学校的指导思想、办学目标、经费保障及学校建设等方面进行指导和鞭策，为学校未来的发展提出有效的建议。其次，有了上级领导的支持，体育院校的教师、运动员和教练的工作积极性会更高，自主地、积极地参与到高校工作中，从而推动高校武术竞技的发展。

四、武术人才体系的建设

（一）当前武术人才培养存在的问题

1. 目标定位不合理

人才培养目标定位不合理不仅关系着人才质量的提高，还会影响社会的经济和政治的发展。其中，人才分为不同层次和种类，各行各业对人才的需要也是不同的，也就是说什么样的职位就需要什么样的人才，不同的人才必须要达到不同层次的标准。在20世纪60年代，传统体育的招生渠道和招生数量都有了较大改观，尤其是研究生的人数呈逐年增长的趋势，这一时期的人才培养模式基本满足了社会对高质量、高水平发展人才的需求。因此，这一时期体育研究生的培养目标定位为"高级人才"，而本科体育生的培养目标定位为"后备人才"，这两种人才培养目标存在着明显的差异。但事实上，在具体的实践中，高校研究生人才培养目标并没有与本科人才培养目标区别开来，还是统一地定位为"培养面向现代化、面向世界、面向未来，德、智、体、美全面发展的人才"。

2. 培养特色不鲜明

人才培养目标千篇一律，毫无创新不仅不利于人才的多样化发展，而且不利于体现高校的办学特色和专业优势。但是确立高校人才培养目标的关键因素还需要站在社会发展的角度，因为各级各类人才最终都是要回归社会，为社会做贡献的。因此，要想设立一个特色鲜明的人才培养目标模式，首先需要顺应社会发展的背景；其次，结合自身的特点。只有这样，才能制定出符合本校发展的人才目标，才能培养出高水平的人才，也才能使其更好地服务社会，为社会做贡献。但是当前高校人才培养目标还是从思想、质量和职业的角度定位的，仍没有跳出教育部的教育大圈，难免存在大同小异的问题，这足以说明高校并没有从自身正视自己的问题，设立一个适合学校特色的人才培养目标。从当前高校制定的人才培养目标可以看出，没有一个给人耳目一新的感觉，大都存在千篇一律的问题。制定出符合本校特色的人才培养目标，不仅有利于广泛吸纳社会高素质人才，还有助于提升本校的声誉，促进本校体育教育的发展。因此，能否制定出适合本校的、特色鲜明的人才培养目标是当前高校亟待解决的重要问题。

3. 培养目标体系不健全

通过不断的探索和发展，许多学者一直认为人才培养目标的确定不仅需要考虑社会发展背景，依据教育部的指导思想和结合本校的自身特色，还需要结合市场特征来确定。尽管最初，我国的人才培养目标定位在人文精神角度，也取得了初步的发展，但是随着一系列弊端的出现，我国当前的体育人才目标必须要从两个角度入手，即宏观的教育部目标指导和社会生活多样化发展。在此要求下，中国体育人才培养目标的发展模式将是多元化、多角度的。

按照多角度的中国体育人才培养目标的构想，其应该从三个方面入手，首先教育对象的学习层，主要包括学生特长的发展目标、学生学习的适应目标、学生教育基础的考察与研究目标；其次应该是教育中的要素，它包括五个方面的内容，分别是知识学习的目标、学生智能的应用目标、教学价值目标、学生情智能目标及行为目标；最后是体育教育的内容层面，它包括教学内容的专业目标、选修课程的教育目标、基础课程的学习目标等。只有制定多角度、多元化的人才培养目标，我国的传统体育教育在未来社会发展中才能取得长足的发展。

4. 生源总体较为缺乏

（1）业余体校生源少

在市场经济的影响下，在人才培养方面，业余体校并未能获得良好的效益，这就造成了优秀运动员在成才率方面比较低，而且在毕业之后学生面临着就业难的问题。因此，如果不是武术天赋特别好，或文化成绩特别差，大部分家长都反对孩子在体校学习与训练，所以，体校就难以招收到武术基础好的人才，人才流失现象严重，这对体校的招生造成了直接影响。另外，计划生育政策在我国实施之后，很多家庭都只有一个孩子，对于孩子的成长和成才，家长都是非常重视的，不敢冒险将孩子送到体校，担心未来就业无法得到保障。

（2）武校生源相对较好

武校作为一个民办类型的组织，它是造成我国业余体校武术生源缺乏的另外一个间接性的影响因素。武校具有民办性质，它在开展武术教学的同时，也传授相应的文化知识，并实施全日制的文化课教育。教学中的软硬件设施与正规中学的办学条件不断接近，学生在中考或高考中和普通中学的学生享受的待遇是同等的，而且武校中也有很多学生通过高考进入了高校。武校的门槛比较低，同公办的正规学校相比，其入学条件都是比较低的，并且体校中学生面临的高淘汰率、学历层次低等压力也是武校中的学生所不需要面对的，因此，与业余体校相比而言，武校的生源比较好。

此外，我国的武校中，基本上都实施寄宿制，这对于常年需要在外工作的家长来说，将孩子送到体校，一方面能够使孩子的生活问题得到有效保障，解决了孩子的教育问题，同时，还能让孩子学习武术，强身健体，因此很多家长愿意将孩子送到具有良好教学条件以及完善管理制度的武校。从这一方面来看，武校在招生时也比业余体校有一定的优势。

5. 学训矛盾突出

在武术人才培养中普遍存在着学习和训练相互矛盾的问题。造成这一矛盾存在的原因有很多，主要有以下几种：

（1）领导不重视运动员的文化学习

在武术人才培养主要的目标是获得更好的比赛成绩。再加上各相关部门对业余体校实行行政监督，因此，学校领导为了更快地创造成绩，就在日常教学中以武术训练为主。直接忽视了文化学习，将时间更多地分配给了训练，文化学习的时间很少或者几乎没有安排。

很多业余体校都处在落后的状态，也因为教学条件的限制而难以取得良好的学习效果，这就导致体校运动员文化知识较为缺乏。

（2）学生难以兼顾学习与训练

在业余体校，一些学生由于具有良好的运动天赋与基础能力，久而久之，学生将自己的时间都安排在了武术训练上，不愿意学习文化知识，这就使学训矛盾进一步加剧。

6. 教练员整体水平偏低，缺乏科学训练

（1）教练员文化水平有限，影响训练的科学性

从整体上来说，在科研、理论以及训练方面，我国武术教练员的水平都是普遍偏低的。大部分武术教练员身处一线，担负着重要的训练任务，他们大都来自武术专业队，在运动员时期并没有接受过系统的理论知识学习，在退役之后，为了获得证书、获得学历，就通过一些政策渠道来达到目的，事实上并没有对理论知识进行真正的学习和掌握，其所具有的科研水平和文化水平同其学习并不相符。这部分教练员运动技术水平较高，一定程度上能够促进运动员训练水平的提高，但因为教练员缺乏综合知识，所以对现代化的科学训练（科学选材、制订训练计划、训练高科技化、训练信息化、体能训练、心理训练、疲劳恢复等）很难掌握与实施，在对运动员进行训练的过程中，基本上还是按照经验与习惯来训练，这样就导致了训练效果难以提高。

（2）教练员的岗位培训与继续教育难以保证

我国大多数业余武术教练员缺乏岗位培训，这也是导致其整体水平低的主要因素之一。在训练和培养武术后备人才的过程中，教练员是否接受过正规的岗位培养，是否接受过继续教育等都会直接影响训练的科学性以及培养有效性的提高。现代科学技术不断发展，知识与信息的更新速度越来越快，如果教练员不注重继续学习与重新培训，就难以掌握先进的训练方法，从而影响训练的科学性。然而，在培训方面，武术教练员现阶段所面临的主要问题是：一方面，一些教练员逐渐认识到接受岗位培训的必要性和重要性，要继续学习，但缺少相应的机会，相关体育部门并没有给这些教练员提供相应的学习和培训的机会；另一方面，很多教练员由于待遇比较低、工作又不稳定，并且具有较大的流动性，所以对于继续学习并没有进行考虑。

另外，在培养武术后备人才的过程中，我国高校大都面临着培养资金不足、科研、医务人才缺乏、管理系统不完善等问题，正是这些问题的普遍存在造成了武术人才训练的科学性无法得到充分的保障。

7. 竞赛少且存在弊端

在我国武术人才培养过程中，竞赛问题也是一个突出的制约因素。这主要表现在两个方面：一是武术竞赛少，二是比赛存在弊端。

（1）武术竞赛少

现阶段，我国各地组织的青少年武术赛事较少，就拿安徽省来说，省级武术赛事只有青少年武术锦标赛和省运会中的武术比赛（四年一次），市武术比赛和县武术比赛就更少了，只有一些地区根据本地的实际条件举办了一些武术赛事，大部分地区都没有举办任何形式与规模的武术比赛。学校之间的武术赛事，不管是对抗赛还是邀请赛都很少。

（2）武术竞赛中的弊端

除了数量上比较少之外，我国武术赛事在赛事举办的过程汇总上也存在一些比较明显的弊端。青少年武术赛事的举办，过于对金牌意识进行强调。造成了青少年武术赛事无法成为选拔人才的良好平台，反而成为有关单位获得利益的机会。在市场经济下，成绩会影响各种利益，体校也是如此。武术队的比赛成绩会直接影响学校培养武术人才的经费，影响武术教练的奖金福利，因此，各校十分重视比赛成绩，重视对金牌的争夺。在金牌意识的严重影响下，一些地方领导和一些体校的武术教练员为了更好地引进优秀运动员不惜花费众多的资金，这对比赛的

公平性产生了一定的影响。此外，拉雇佣军、冒名顶替、以大打小、服用违禁药物等现象也层出不穷。这样的赛事不仅不利于对优秀武术人才的选拔，还会对青少年武术运动员的身心健康造成不良的影响。

虽然相关体育部门已经对以上问题给予了更多的重视，并积极制定和颁发了一些相关的政策和条例，但没有得到良好的实施与贯彻。武术比赛依然会出现以上这些问题，并且变得越来越严重。

（二）新时期高校武术人才体系建设的培养目标

我国的传统体育教育人才培养目标应当从人文精神角度出发，建立在中国优秀思想文化基础之上的，这些优秀的思想文化影响着中国传统体育教育事业的方方面面。其中，我国的人文价值与人文素质主要包括四个方面的内容，分别是掌握人文精神、理解人文意蕴、通晓人文方法、遵循人文精神。下面将进行简要的分析。

1. 掌握人文精神

作为人文素质的核心内容——人文精神，是人类的文明和文化真谛。因此，如果一个人缺乏文化素质，将在社会上寸步难行，同时一个缺乏文化素质的人还会给社会带来潜在的危险，严重影响其他人的思想深度和思想广度，因此加强大学生人文素质培养是极其重要的，而作为文化素质的核心——人文精神，大学生更需要牢牢掌握。

2. 理解人文意蕴

我国的体育教学课程人才目标是站在人文精神的角度设立的，因此前提必然是要正确理解人文意蕴。正确地理解了人文意蕴，才能准确把握体育教育未来的发展方向，才能将文化思想贯穿于体育教学的方方面面。

3. 通晓人文方法

除了上述掌握人文精神内涵、理解人文意蕴外，还要通晓人文精神方法。只有掌握了人文精神方法，才能在教学过程中运用自如，获得理想的教育效果，也才能顺利实现教学目标。

4. 遵循人文精神

最重要的一点就是要遵循人文精神，仅仅掌握和理解人文精神是远远不够的，还要在教学的过程中，时刻遵循人文精神。这一过程也是对人文精神的进一步深化和加工。

（三）人才培养路径

1. 武术运动员后备人才培养方式

（1）学校教育普及性培养

传统武术教育人才培养的途径大都是通过学校来实现的，在学校里通过有计划、有目的地对学生进行武术专业知识和武术技能的传授，从而提高学生的武术训练水平。通过学校加强对武术运动员后备人才培养具有两方面的积极作用。

①增强体质

通过加强武术运动员后备人才武术技能方面的训练，不仅可以使他们获得基本的力量、柔韧性和技巧性训练，还有益于他们的身心发展。从里到外，身体机能都会得到进一步的提升。比如：通过抱摔爆发力的训练，他们的腰部与下肢力量会得到较为全面的提升。

②技术技能普及

在知识传授过程中，教师可以将技术技能普及作为培养兴趣的基础，从而学生在不断的学习过程中，自己主动地去探究更深层面的知识，这不仅有利于激发他们的好奇心和兴趣，而且还有利于为他们的未来生活做准备。比如，对于那些善于运用技术技能的学生，可以在无形中锻炼他们对技术技能的研究能力，而对于体能好和技能好的学生，可以在无形中培养他们竞技性武术能力的提高。在普及中，大都以中小学生为主，因为他们骨骼的可塑性强，技术技能能够得到有效的发展。而针对年龄大的高中生和大学生则需要以兴趣培养和健身方式为主。

（2）天赋型人才专业性培养

针对武术后备人才的培养需要坚持以专业性培养模式为主，从而培养出专业的竞技人才和教练人才。其中可以从以下两个方面入手：

①教育学校的专业性培养

这种人才培养的受教育主体为对武术感兴趣的小组或者武术专业队的组织，在专业教练的指导下，成为武术专业后备人才。这里的专业教练是具有武术专业特长的体育教师或者外聘专业武术教练等，他们利用自己的闲暇时间和体育课时间，对受教育者进行专门的训练。这种人才培养模式相比国家专业队培养模式，前者只是起到人才储备和初级培养的作用。

②专业体校的专业性培养

这种培养模式的受教育者多为具有武术天赋的少年儿童，他们在得到家长的同意后，可以进入专业体校或者专业队接受专业的培养。但这种培养模式多为竞技性武术人才为主，在不断地培训和发展中，他们通过各种性质与级别的武术比赛，为自己挣得更多的表演机会。尽管它们成为世界冠军和国家冠军的几率非常低，但是这种培养模式却能够为专业人才乃至各类冠军专业性的发展奠定良好的基础。

2. 武术运动员后备人才培养类型

（1）专业竞技人才

这种培养模式是指让武术运动后备人才成为专业竞技人才，从而使他们走向引导自己或者他人学习和训练武术的道路，这种人才培养模式有两种培养路径：

①综合性体校培养

可以通过初级的体育技术学校培养，也可以通过高等体育专业学校培养，在培养过程中，除了要传授丰富的武术理论知识外，还要不断提高他们武术竞技水平，鼓励他们多参加各种比赛，从他人身上吸取丰富的经验，从而取其精华，去其糟粕，为我所用，最终实现实战技术技能和级别的升级。比如实际专业队到升级专业队的升级等。

②专业武术队培养

专业武术队有市级、省级和国家队三种形式，每一个阶段的人才培养模式都有所不同，但是下级专业队有时既具有上级队培养人才的功能，也有独立的人才培养功能。这种人才培养模式能够为后备人才的培养、技术技能的创新提供有价值的理论依据。这种人才培养模式也是当前最为常用的主要模式。

（2）专业教育人才

①专业武术教师

专业武术教师的主要任务就是加强对习武者知识与技能的传授，因此专业武术教师需要满足两个条件，首先，必须要有精深的武术理论知识；其次，要有丰富的武术竞赛经验，只有这两方面同时满足，才能做好武术后备人才的培养工作。同时，专业武术教师可以是体育专业的人才，也可以是具有一定突出表现的竞技专业人才。对武术专业教师考核也只需要从两方面着手，首先是学生的理论知识掌握程度，其次是学生的武术技术动作是否符合教学要求，而对于他们是否能够发现和培养出专业的人才则不做过高的要求。

②专业武术教练

专业武术教练，他们的主要任务就是以培养专业的竞技人才为主，因此他们必须首先要具有丰富的竞赛经验，取得过优秀的成绩。只有这样，他们才能承担起通过技术技能和专业知识培训，顺利开展对竞技人才培养的工作。同时专业武术教练也是选拔和培养竞技人才的重要成员，相比专业武术教师而言，前者更加注重专业体校和专业队人才的培养。

3. 武术运动员后备人才培养原则

依据体育科学与运动生理学的相关原理可知，并不是每一个习武者都能成为专业的武术人才，在具体实践中，除了要关注他们的外部条件外，还要注重对他们内部心理活动的培养，从而使其成为合格的、高水平的专业武术人才。因此这就需要教师在武术运动员后备人才培养与选拔中遵循以下三个原则。

（1）因材施教

在习武中，每一个武术后备人才都存在着智力、认知、情感、动作的差异，这就需要教师要尊重他们的差异，选择适合每一个学生的武术类型，从而使他们在正确的引导下获得理想的成绩，这样还有利于增强他们学习的积极性。

（2）发现特长

教育者除了要善于发现武术后备人才的武术特长外，还要挖掘他们的其他长处，比如速度、耐力和灵敏性等，这些特长对于武术训练也是非常关键的，只要教师加以科学的开发和运用，必能使其成为德才兼备的优秀人才。

（3）培养兴趣

武术运动作为一种既单调、乏味，又充满考验性的运动项目，如果习武者没有足够的勇气挑战自我，承受身体和精神煎熬的毅力的话，是很难在武术项目学习上获得成就的。因此，要想使武术后备人才自觉主动地加入训练中，教师要做的首要任务就是培养他们的兴趣，众所周知，兴趣是最好的老师，只要有了兴趣，才会不断地取得进步。

（4）市场性开发原则

在开发传统武术人才资源方面。要对市场开发的原则予以遵循，这主要从以下两个方面来进行分析：

第一，在培养武术人才方面，要将市场机制的作用充分发挥出来，以对社会各界产生强大的吸引力，促使社会各界力量能够积极参与到人才培养之中。目前，基于市场经济条件，在武术人才开发方面，国家对于投入与产出的效益非常重视。以往，我国在人才培养上，只对社会效益和政治效益比较重视，而且以政府培养为主，培养主体较为单一，现在转向关注综合效益，而且培养主体也不只局限于政府，社会力量积极参与，出现了多元化的培养主体。这样既能够减轻人才培养过程中政府的负担，还能够使各界力量从人才培养中获得一定的收益，以达到"双赢"的目的。

第二，在计划经济时期，我国主要采用计划手段来配置武术人才资源，这种配置方式存在明显的弊端，对武术人才能力的培养和积极性的发挥是不利的。就目前来说，在当前社会主义市场经济条件下，我国资源配置主要是以市场配置作为主体，对市场机制对资源进行合理配置的优势进行发挥，以使武术人才资源的优化配置得以最大限度的实现得到有效保证，充分发挥竞技武术人才的价值。

综上可知，在对传统武术人才资源进行开发的过程中，我国要高度重视对市场进行开发，在资源配置方面充分发挥出市场的积极作用，提高武术人才资源开发的效率。

(5) 整体性开发原则

在武术人才资源开发方面，其涉及很多不同的层面，如政策性开发、地域性开发、使用性开发、群体开发、培养性开发、个体开发等。对于武术人才资源只有从不同形式、不同层面进行全方位的开发，才能实现良好的整体开发效果。武术人才资源的整体开发效益能够全面体现局部武术人才资源开发的效果，而为了促进整体开发效益的实现，就必须不断完善每一个局部的开发，从而优化组合各个局部，达到整体的优化。就系统论来说，对传统武术人才资源进行开发是一个比较大的系统，它包含很多子系统，也就是对每个局部资源的开发，为了顺利实现整个系统的最优化，就必须促使每一个子系统相互支持、相互协调、相互配合。所以，我们要坚持整体性的原则来对传统武术人才资源进行开发，从而促进整体开发效益的提高与优化。

(6) 开放性开发原则

在发展我国体育运动的过程中，国际化趋势也变得越来越明显，武术运动发展同样如此。全球一体化使国际化成为武术运动发展的必然趋势。作为一项民族传统体育运动，我国的武术运动一直以来在世界武术中都居于领先地位。为了促使武术运动实现世界化发展，提高武术在世界上的地位，这就需要充分利用武术人才资源方面所具有的优势，不断加强国外武术教练员、运动员等相关人才资源的开发力度，高度重视那些武术开展相对较弱的地区和国家武术人才资源的开发，以更好地保证各个国家武术人才资源得到不断丰富，人才水平得到不断提高。同时，我国还要对国外优秀武术运动员进行积极的引入，使其在我国武术竞赛中发挥优势，提高武术比赛的观赏性和竞争性，扩大我国武术比赛的影响力，加强中外武术运动员相互之间的交流。

(7) 学习与训练相结合

在开发武术运动员这一部分人才资源方面，要遵循学习同训练相结合的原则。这一原则要求对武术运动员的文化素质和专业技能进行全面开发，促使他们的综合素质水平得到提高。21世纪的今天，我们处于知识经济时代，新时代要求人们要具备全面的素质，武术运动员要想与新时代的要求相适应，就必须提高自身的综合素质，否则就会被淘汰。在对武术运动员进行培养方面，我国存在着比较明显的学训矛盾，运动员常常很难对学习和训练的时间做出合理的安排，无法进行合理分配。有一些运动员一心追求好的比赛成绩，因此，大多数时间都在进行训练，基本上并没有对文化知识进行学习，失去了文化课学习的最佳机会，这对其以后的就业发展产生了比较严重的影响，而且有的学校只重视运动员的比赛成绩，对其文化知识的学习漠不关心，没有以"以人为本"的理念来进行办学。这是对武术运动员未来发展不负责任的表现。只有使学习和训练的矛盾得到科学解决，坚持学习与训练相统一，才能促使武术运动员得到全面的发展，才能健康、可持续地对武术人才资源进行有效的开发。

（8）培养与使用相结合

在对传统武术人才资源进行开发方面，武术人才的培养与使用是需要予以重视的两个重要方面，而且培养与使用是紧密联系、相互促进的。武术人才的培养为人才的使用提供了可能，对武术人才进行合理、充分的使用是人才培养的主要目的。就目前来说，在武术人才开发方面，我国存在着一个比较明显的问题就是人才的培养与使用存在脱节的现象。这主要从以下几个方面表现出来：

①一些运动队在培养优秀武术运动员后，由于队中存在着比较激烈的竞争，所以，优秀运动员缺乏更多的参赛机会，这就使得他们很难在比赛中实现自己的价值。

②在退役之后，优秀武术运动员同样面临着事业的困境，所以不得不选择转行。

③退役运动员在没有接受系统培训的情况下，直接到学校任教，其在任职过程也缺乏完善的教学培训。

以上这些问题，集中地将我国武术人才资源的培养与使用之间所存在的脱节现象反映出来，这必然会对武术人才资源开发的最终效果产生制约和影响。因此，在对武术人才资源进行开发的过程中，要将人才的培养同人才的使用这两个重要的环节很好地结合起来，对武术人才资源加强整体开发，实现武术人才资源开发的最佳效益。

第四节　构建新型武术教学目标的指导思想

一、武德教育与德育教育相结合

在中华民族几千年的发展中，中华武术在齐家治国、修身养性等武德方面深受中华民族传统文化的哺育，同时也受到传统文化的制约。制定武术教学目标时应充分利用武术作为传承民族文化与优良品德的桥梁作用。以武术教学为纽带，培养学生优良的中华民族的传统美德。传统武德在诸多面对当前教育有辅助作用，诸如谦让、隐忍、保护弱者、嫉恶如仇、尊师、勤奋、吃苦耐劳等优良品质，均是作为一个现代人不可或缺的品质。通过武术教学这一媒介，把武德教育与德育教育相结合。在武术教学目标中加强"情感"和"价值观"这一重要的因素。培养学生高尚的道德情操和健康的人生观、价值观。养成积极的人生态度，是武术教学目标的重要内容之一。同时，进行武德教育，要符合武术教育的特点。在武术技术教学中充分利用言传身教这一优势，用实际行动熏陶感染，把情感融入教学过程之中。

二、人才培养的前瞻性要求

现代社会对人的素质提出了更高的要求。在武术教学中，对武术知识的掌握和对武术知识的运用能力有了新的理解。武术学习早已改变了过去师傅传授徒弟的私塾性质的学习方式。武术教学走向课堂教学，使得武术学习不再是个人行为，这对学生运用武术知识的能力和创新能力有了越来越高的要求。一名高校学生所应具备的武术能力不再局限于过去所理解的相对狭隘的能打会练，而有了新的含义。为应对这种新变化，武术教学目标亦应适当调整以适应现代社会对人的要求。新武术教学目标的设计，应具备适度的前瞻性，把现时的教育与未来社会发展对人的要求联系起来，培养既符合当代社会需要的武术人才，又能适应未来社会发展的创新型武术人才。针对人的全面发展的要求，武术教学目标可增加如下内容：

（1）初步具备搜集和处理武术技术动作、身体感觉等信息的能力。

（2）具备简单武术套路编排与创新能力。

（3）具备对武术技术欣赏和评价的能力。

三、武术教学目标应具备多维结构体系

武术教学目标应是具备多领域、多侧面、多层次的、培养学生全面发展的多维立体结构。促进学生发展的全面性，决定了武术教学目标的多维性。课程的各分目标从不同的方向构筑了武术教学目标的多维立体结构，这种多维性主要体现在以下几个方面：

（1）包括德、育、智、体、美等教育领域的内容。

（2）包括体能、技能、知识和情感、意志、行为等侧面的内容。

（3）包括学生各发展阶段和不同发展水平的内容。

（4）包括过程性目标内容（课时目标、单元目标等）和结果性目标内容（年度目标、总目标）。

四、武术教学目标应该涵盖各主要发展领域和侧面

教育目的要求促进学生全面发展。学生的全面发展不仅体现在生理方面，而且体现在心理方面；不仅要有知识的增长，而且要有情感意志、行为能力等各方面的发展。武术教学目标的制定，不仅要包括知识、情感、意志的目标，还要包括发展体能、技术与提高行为能力的目标。同时，武术教学目标要体现德育、智育、体育、美育等各方面的教育目的，从德、智、体、美不同领域出发。构建多层次、多侧面的武术教学目标体系。而该目标体系应包含体能、技能、知识等多方面的目标内容。总之，武术教学目标应该涵盖各主要发展领域和侧面的教育目标，这既是学生发展的要求，又是教育目的的体现。

五、武术教学目标应该符合学生个性发展规律

武术教学目标应该符合学生个性发展的阶段性特点，而表现出目标的阶段性。随着学生各发展阶段的不同，武术教学目标也应随之发生相应的变化。同时，学生的发展又存在个体差异，在各个方面、阶段有不同的发展水平，不同学生亦有不同的发展优势和可能性。武术教学目标只有适应不同个体的发展需要，才能真正做到使每个个体都尽可能地得到发展。总之，武术教学目标应该能够反映学生不同发展水平的特点，符合学生个性发展规律，而这正是武术教学目标多维化的体现。

六、武术教学目标应具备极强的可操作

目标的可操作性是实现武术教学目标的基本方式和手段。从武术课程的性质和特点出发，突出武术教学目标的实践性和可操作性，明确提高武术技能的主要途径是运动实践，在运动实践中实现武术教学目标。同时，在武术教学目标中，对"学习过程""学习方法的选择"等操作

方法的适当表述，可以使教师进一步明确武术课程具体目标的内涵。

七、在武术教学目标中强调学生的主体地位

武术教学目标中不仅需要以落实所谓的"技术动作"为前提，还需要以单纯的接受性学习来设计课程目标。由于学生是学习的主体，是实践的主体，所以武术教学目标应试图改变学生被动学习的倾向，把对学生价值观的引导、提高文化和审美品位、健身等联系起来进行综合考虑，以形成自信心作为养成良好学习习惯的先决条件，强调学生能主动进行探究性学习，强调具有独立思考武术技术动作的能力等都是实现学生主体地位的有效途径。

第四章 高校传统武术课程模式的创新研究

第一节 高校武术课程设置的基本现状

一、高校武术课程设置的主要问题

(一)武术课程结构不完整

在课程项目的安排上,必修课程基本上都是以套路项目为主,这就造成了很多学生在必修阶段并未全面地了解到武术的相关知识。另外由于套路需要重复性练习,因此很容易使学生产生枯燥、乏味的心理感受,因而对武术课程也不能产生兴趣,更不用说产生继续学习武术的动力和欲望了。而专修课大多是以必修课程为基础上继续深化武术教学的,其目的在于进一步提高学生的武术要求和专业技能,其项目与必修课程是一样的。从这一层面来说,必修课程的设置会对专修课的开设及效果产生直接影响。而且部分高校的武术选修课项目有限,缺少一些传统项目和全民健身系列项目。这种状况不仅会严重阻碍学生对武术知识的全面了解和认识,也会影响学生"一专多能"的发展,更加会对学生个性的发展和专业能力的提高造成不利影响。

(二)武术课程内容设置不够完善

很多高校将武术课程内容都分为理论部分和技术部分,但也有少数高校增设了技能部分。在实际教学中,武术理论课教学重视不足。而且部分高校的武术课程的实际上课学时数与国家的规定要求相差很大,这也限制了系统的武术理论知识传授,使得高校学生不能深入、全面、科学的认识和理解武术及武术传统文化的内涵,在这种情况下武术教育思想的实施就会难上加难,综合这些因素,高校学生要想通过武术课程教学养成符合时代要求的现代武术教育观较为困难。

高校武术课程的技术部分内容设置陈旧、单调,不能激发出学生对武术的热爱和兴趣。比如部分高校在进行武术必修课技术教学的内容设置时,常常选择散手及一、二、三路长拳,还有 24 式简化太极拳这些需要通过大量实践练习,会花费大量时间、大量精力去记忆的,较为复杂的技术动作,而武术专修课则以国家规定的竞赛套路为主。对高校学生来说,想要掌握这些套路就需要不断地重复练习,而长时间的重复练习,难免给人以枯燥、烦闷之感,因而很容易对武术教学产生厌恶心理。再加上大学生的武术基础大都不高,而高校的武术课时时间非常有限,要想在有限的学时里完整、熟练地掌握这些技术动作,确实具有很大的难度。这都会直接造成学生厌倦武术套路课,打击他们的学习兴趣。

（三）武术课程目标不明确

高校武术课程的设置目标不应该是以培养专业武术为最高目标，而应将主要目的放在贯彻全民健身，培养身心健康的大学生上，应将其看作是一种重要的辅助性培养课程。但在一些高校的武术课程设置目标里没有注重武德和尚武精神的教育，只是机械地将武术套路演练成动作死板、僵硬的套路动作。

（四）武术课程反馈不全面

在一些高校武术课程课后活动中，反馈与评价是不全面、不科学的。经常出现只有教师对学生的评价，却很少出现教师对自己的评价、学生对教师的评价、学生对自身所学知识的评价等。具体表现在很多高校在评价武术课程的教学任务、确定评价目标、评价对象和评价内容等方面大致都能够做到，但却在收集评价信息和将这些信息反馈给评价对象这方面做得较为欠缺。还有一些高校在武术课程开发的实验中，在邀请领导、专家、家长来现场观摩并做评价等方面都做得都不错，场面也大，但听课结束后，这些领导、专家、家长只是急急忙忙的在事先准备好的表格上打个勾就完事了，很多都没有对自己所听或者观摩的这堂课程作认真的分析，或写下自己的评价和意见。同样学生对武术课程的评价也是在事先准备的表格上做一个记号，在评语栏中很多学生都只写了同意和不同意、喜欢与不喜欢等导向性评语。并没有为专家、教师、家长、同行、学生的面对面交流、讨论、互动提供平台，这也在很大程度上造成学生对武术课程的认识明显不足，学习的热情较为低落，教师的积极性也不高。

二、武术课程设置对策研究

（一）构建高校武术课程优化框架体系

武术专业课课程优化框架体系应包括必修课和选修课。必修课囊括公共必修课、专业基础课和专业课；选修课囊括限制选修方向和任意选修课限选方向。必修课是选修课进行的基础，也是学生掌握武术基本框架和基本内容的基础，更是学生进一步地去学习、探索武术的前提，在这种情况下，学生只有在必修课对武术及武术文化产生兴趣，才能更积极、更主动地投入到必修课的学习中来，因此必修课中的武术教师不仅要努力帮助学生全面、科学的认识和了解武术知识，促进其掌握基本的武术技能，还要注意保持学生对武术的兴趣和爱好，只有这样，学生才能更积极、主动、自觉地投身到武术选修课中进行学习和钻研。限制选修课是专为重点培养体育教育专业武术专项技术、技能而开设的，其学时相对比重很大。它是以必修课为基础对学生的武术技能进行提高的课程教学，是培养学生武术专项技术和技能的课程。而任意选修课的目的则在于弥补必修课程的"通而不专"和限制选修课程的"专而单一"的问题，它是一种拓展学生武术技能的课程，是为了帮助学生掌握一些在必修课程中自己比较感兴趣，但却没有或无法在限制选修课程中选择的武术内容。综上所述，进行高校武术课程框架体系的优化过程中，应注意加强武术课程教学的基础内容，拓展教学内容，鼓励学生的个性发展，以培养学生具有更好的创作力和社会适应力。就优化必修课而言，高校应努力增加课程中的综合知识选修课，使必修课中也能做到"必"中有"选"，拓宽学生的视野，增强学生对武术的学习兴趣；就优化选修课而言，高校也应在实行课程教学多样化的同时，强调课程的专业性做到"选"中有"必"。换句话说，就是要以武术课程结构的整体优化来构建学生的武术知识系统。

（二）科学整合武术课程内容

科学整合高校武术课程内容，要求充实内容，多维度、全方位的开发资源。为了满足学生的武术学习需求，高校武术课程内容应该考虑武术的技击性与健身性、科学性与可接受性、地域性与世界性、传授知识与培养能力的结合。

（三）完善武术课程课后的反馈和评价

在高校武术课程设置中，评价与反馈是不可或缺的环节，这是因为，课程评价主要是经过系统地采集课程设计、课程组织实施的相关信息，按照一定的标准和方法去判断课程价值。进行课程评价能够对课程设计和组织实施的科学程度进行确切的诊断，并确定课程目标所达到的程度。所以完善高校武术课程课后的反馈与评价也是改善我国高校武术课程设置不足的一个重要措施。

（四）加强离校武术课程师资的培养

在发展高校武术课程的进程中，需要不断地加强武术课程师资力的培养，这也是高校武术在高校教育中取得平稳较快发展的当务之急。具体而言，可通过以下三方面加强高校武术课程师资的培养：首先，大力发展高等体育院校武术专业的发展，为武术课程培养专业师资；其次，聘请优秀武术大师进入大学教学，定期地给学生们进行相关项目的授课，也可以对有这方面特长的教师进行授课；最后，为现有武术课程教师创造更多的条件和机会，使其能够参加各种不同级别的武术培训工作和进修，通过不断学习来提高教师的专业技能。

第二节　高校武术课程内容的优化设置

随着 2004 年《新课程方案》和 2005 年《新指导纲要》的颁布与实施，学校武术在课程设置、培养目标、教学评价等方面都发生了很大变化，武术教学改革在广大武术教育工作者的努力下取得了一定的成效。但从整体上看，武术教学内容的设置一方面尚未符合社会、学生的需要，另一方面尚未形成保持武术自身性质和内在规律的课程体系。学生如何在科学合理的教学内容指导下，既不背离武术的本质特征，又能掌握一定的强身、防身方法与手段，继承和弘扬中华武术，是摆在每一个武术教学工作者面前的一个亟待解决的研究课题。

一、武术课程教学内容现状

武术作为学校体育的重要内容，近五十年来其课程教学内容主要以基本动作、五步拳、少年拳、简化 24 式太极拳为主，从而形成了"基本功—规范化套路"的武术教学模式。为了解决学校武术教学滞后的问题，2005 年 3 月，国家体育总局武术研究院组成了关于武术改革和发展的课题组，并借鉴国外教育改革成功的经验，拟订了新的《新课程方案》和《新指导纲要》，其最突出的变革及创新点在于增大了学校课程设置的自由度，拓展了课程的形式和内容。在教学内容上，对传统的教学内容体系框架进行了适度的拓展与延伸，提高了教师"教"与学生"学"的自主性；在教学目标上突出学生武术能力培养，注重武术文化的传承；在课程评价方式上，不再以学生成绩考核为目的，而是更强调学习的过程和学习效果的评价。这一显著变化充分体现了"以人为本"的现代体育教学思想，赋予了教师、学生更大的自主权，对于各地各级学校根据自身的地域优势，展示不同风格、特点的武术内容起到了良好的推动作用，使学校武术在内容与形式上呈现出百花齐放的局面。但截至目前，同其他项目课程相比，武术在体育课程体系中仍明显处于从属地位，没有受到应有的重视，教学内容主要存在内容多且形式单一；重套路，轻散打等实用技术；注重套路形式演练，忽视学生自学自练与教学能力的提高等综合问题，学生在武术知识、技术与能力等方面的实际水平并未完全达到《指导纲要》要求的课程目标。

二、优化武术课程教学内容的设想

武术作为一项历史悠久的体育项目，具有特有的本质属性以及运动形式和教学训练体系，我们必须深刻认识到武术的特质，把学校教育改革和社会时代的要求有机结合起来确立学校武术的发展方向，这些原则在应用上应是彼此独立，且相互联系共同发挥作用的。

（一）武术教学内容设置优化原则

1. 教育性原则

教育以道德的养成为最高目的。武术讲究"形神兼备，内外兼修"，其中"内"指品性的修炼，"外"指技艺的修炼。中国传统武术历经千年的发展，已经形成一套较为成熟的教育系统，从现代教育的理念来看，武术教育实质上就是一种长期的、贯穿人的终身的知行教育，其教育观、健康观、道德观、生态观等，对中国社会人才的培养有着积极的意义。

2. 科学性原则

教学内容的科学性原则就是指所选的教学内容，在难易程度、教材比重和定性定量要求上应符合武术课程自身的特点及学生身心特点，有利于学生的个性发展，同时还要考虑不同地域之间的文化差异和学校自身的现实条件，从而科学合理地选择相关的教学内容，制定可以实施的教学计划。武术运动内容丰富，分类方式繁多，这就要求我们在选择武术教学内容时依据学生、社会和体育学科内在的性质和逻辑结构，尽可能地对那些能够代表各类武术运动形式的内容进行优选组合，防止教学内容过于繁杂造成学生压力大且学时紧张的不利局面，从而以点带面，满足学生对中华武术的求知欲，提高武术教学的效果。

3. 健身性原则

当前学校武术教育改革呈现出与"全民建设计划"和"终身体育"接轨的趋势，提倡尚武崇德、修身养性，依然是学校武术改革的主要方向。武术讲究动作形体规范，又讲求精、气、神传意，中国人民千百年的习武实践和近年进行的科学研究都说明武术注重内外兼修，习练武术对外可以强筋骨、壮体魄，对内能理脏腑、通经脉，具有强身健体、养生怡情的功效。学校武术教学内容的构建，应符合时代的要求及基础教育改革的需要，选择以强身健体而不伤身，适合发展学生身体健康和增强学生体质的技术内容为主。

4. 理论与实践相结合原则

武术具有丰富的文化特色、人文特色和民族特色。在学校武术教学中实施传统武术文化教育，是继承和发扬民族传统文化的行之有效的途径。如果学校武术教学过程仅局限在武术技术和意识的教育上，从习练拳脚、健身防身的小武术观来从事武术教学，势必导致武术成为无本之木、无源之水。学校武术唯有建立"理论、实践并重"的教学格局，才能有利于厚重教学内涵，增进学练乐趣，同时对传承我国民族传统文化，培养学生优秀的思想道德素质产生积极的推动作用。

5. 与市场需求相结合原则

武术作为最具独特民族风格的传统体育运动形式，具有广阔的市场前景。武术教学内容的设置也要跟随着市场需求的变化而不断丰富和完善。目前，"全民健身""终身体育"理念的盛行，推动人们不断从传统武术中寻找强身健体的途径，进而促使武术培训市场异常火爆。这就要求高校武术教学设计一些符合大众健身要求的、通用的、普及性的内容。

与此同时，鉴于我国武术市场开发面临的问题，开设相关的课程。例如：针对武术市场缺乏合格的管理队伍、缺乏有经验和技能的销售团队、服务体系不完善、国内从事相关经营的企业较少等的现状，高校武术教学要设置一些相关的武术产业管理、武术有关企业经营管理等课程；针对武术市场商业化赛事开发、武术表演、影视市场、武术旅游市场及高素质安保人才培训市场等人才缺乏的现状，开设有关的武术商业化赛事开发、武术影视策划、武术旅游产品开发等课程。

6. 实效性原则

"武术"中的"武"就是格斗的意思，而"术"就是格斗方法。攻防应用是武术的本质，也是武术的生命力所在。由最早的狩猎、军事演变到现在的健身、艺术化，武术技击属性的表现形式不是一成不变，而是随着时代的变化而变化的。当前的时代需要的是和谐、是健康、是文化，所以武术表现形式的重点发展方向应该是和谐的观念、健身的方法及文化的研究。对于学校来说，武术是教育的一种形式，可以通过武术来培育学生健康的身体、高尚的情操、文明的言行。学校武术的教学内容也必须符合这一目标，在体育与健康课程教材内容一体化的框架里，删减一些结构单一、过于老式的套路，增加攻防格斗和健身方面的内容以构建新的技术课内容。

（二）学校武术教学内容的优化

1. 教学内容注重和突出学生能力的培养

从阶段学习向终身体育能力发展是构成学生素质的重要方面。一直以来，对学生终身体育能力的培养一直是学校教育的薄弱环节。教学必须改进与完善现行教材中对学生"终身体育"有益的教学内容，并发展、创新、引进新的教材，这样才能推动体育教学改革的不断深入。《新武术类课程教学指导纲要》已经把对学生能力的培养纳入到具体的教学内容中，并对具体内容做了详细的要求，主要包括：学生解析攻防含义和准确完成动作示范的能力；学生观察分析动作与纠正错误的能力；学生识图自学与自身习练武术的能力；学生对武术比赛的欣赏能力及具备武术表演的能力；学生组织教学及自我创编武术动作组合的能力。教师在武术教学内容中，应加强武术知识和健身方法的传授，加强学法的指导，提高学生自学、自练的能力，充分发挥学生的创造性，使学生形成自己的优势项目并养成终身学习的态度和习惯。此外，在武术教学过程中，不仅要使学生掌握武术的技术形态知识，还要从更深层次上认知和体验武术的传统特色及人文素质，培养学生厚德载物、自强不息的武术精神，凸显武术教育对于培养 21 世纪人才的多功能价值与作用，从而顺应从阶段学习向终身学习过渡的教育模式。

2. 教学内容应从武术多元化价值功能来构建科学、合理的课程内容体系

武术运动具有健身、教育、娱乐、技击、竞技、养生等多重功能，确立武术运动"多元一体"的价值观有利于将武术教学内容提高到养生文化和"技击"功能的高度进行教学。学校武术教学内容应合理调整原有武术术科教学内容结构，突出武术学科的本质特征，充分体现武术运动本身具有的多方面的价值与功能。选编教学内容要重视武术文化的教育性和健身性，充分体现武术运动的攻防技击性特点，既要与武术的发展相适应，也要考虑学生的接受能力，符合学生个性发展的需要，既要根据实际情况发挥地方教学内容的优势和特色，又要吸收融合世界其他技击类内容，既要加强知识与技术的传授，又要强调实践性教学环节来突出学生自学自练能力的培养，从而使学校武术正确、快速地发展。

武术按照价值功能的主导因素，可分为三大发展方向：

（1）攻防技击武术

主要内容是原传统武术的主体、长兵、短兵、军警武术、竞技散打，侧重于拳打、脚踢、摔打、擒拿等格斗技击方法，其主要价值功能是防身抗暴、制止侵害、攻防技能的竞技比赛。

（2）健身养生武术

主要内容是太极拳、木兰拳等，侧重于通过动静结合、内外结合、炼养结合、形神结合的方法来调通经络、流畅气血，从而达到提高机体健康水平的功效。其主要价值功能是健身强体、延年益寿。

（3）艺术展现武术

主要内容是各拳种的现代竞技套路及传统武术中艺术演练性的套路及其他，侧重于动作的规格化、套路演练的难、美、新及艺术性再创造。其主要价值功能是展现具有攻防含义的动作刚健有力的艺术美和惊险动人的难度美、演练技能的竞技，而非技击。学生应该在主攻一个方向的前提下至少通晓其他两方面的有代表性的内容，使学生对武术乃至民族传统体育的内容拥有一定的认知，从较为完整的整体概念的角度出发来设计教学内容，努力将我们的学生培养成"通才"。

3. 教学内容应在淡化套路、突出方法、强调应用的基础上，进一步科学化、结构化、实效化

目前，忽视拳种、偏重套路、轻视文化、弱视应用，是学校武术教学内容和方法普遍存在的问题。这就需要武术教育工作者重新对武术套路进行优化整合，把没有功效、脱离武术本体的劣质套路予以抛弃，将科学合理的内容纳入武术课程。新的武术课程内容体系的设想，最大特点是淡化武术套路，突出武术锻炼方法，强调武术实际应用的特性，全面提高学生的武术素养，以适应培养目标及基础教育教学改革的需要。首先，在教学过程中，教师应建立起以学生为中心的"招法→套路→招法"的武术教学模式，适当简化"枯燥、繁杂、难学、没用"的套路，创建出动作简单、短小精悍、易于记忆、打练结合、适用性强的动作组合和套路，向"淡化套路、突出方法、强调应用"等方向进行改革。其次，传统武术中有许多擒拿手法、太极推手、八极拳的对接等招法内容，教师可以从中汲取、挖掘出宝贵的资源，挑选精练出一些实用性攻防技术动作来充实教学内容。在课后的放松整理部分还可以采用一些桩功、八段锦、各种导引术等动作简单、易学易练的内容作为放松心情、调节情绪之用，这样既可以在无形中加深学生对武术运动内容的认识和理解，也可使教学内容进一步科学化、结构化、实效化。

4. 教学内容应加强武术文化教学的比重，突出武术的教育功能

中华武术作为一个整体意义上的文化形态，植根于中国传统文化之沃土，蕴涵中国传统哲理之奥妙，摄养生之精髓，集技击之大成，融传统医学之理，显武术运动之美，由此形成内涵广博、层次纷杂的理论知识结构。如果仅仅把武术当作一项体育项目来认识，那必将使对武术片面的理解最终走向误区，而应当把对武术的认识上升到文化的高度来充分揭示它所具有的文化魅力和文化价值。武术文化具体包括武术行为的哲学意识、行为美感、意念体系、服饰器械、武艺门派等内容，武术运动本身特有的文化内涵和体用兼备的运动特色，是其他体育项目所不可替代的。武术的教育功能不同于其他教育，它是身体教育和文化教育的有机统一。武术在技术传授的过程中，强调道德修养、讲究整体合一，习练者在学习武术技术的过程中不仅可以领悟到中国传统文化中的整体性等特点，更可以起到良好的文化教育作用。然而在传统的武术教学中，"重技术、轻理论"导致了学生认知上的偏差，以及对武术存在的形态和作用认识的狭义化。介于中国武术文化所蕴含的思想深度和广度，教师在武术教学中应适当增加武术文化教学内容的比重，如习武要求讲礼守信、尊师重道、勇敢仗义、坚韧笃实，这些传统美德不仅能提高学生的自身修养和文化品味，还能强化他们的道德品质和行为规范。传统武术文化的教学训练过程，是学生形成思想道德作风、处世哲学的过程，更是学生改造人生观、道德观的过程。这种技道双修、以修心为先导的思想观念对学生具有重要的人生指导价值，在学生中重视加强武术文化教育，大力弘扬武术文化内在的价值和功能，将有助于深化素质教育，全面提高学生的综合素养。武术是民族体育的瑰宝，是民族文化的体现，更是民族精神的象征。深刻的文化内涵、独特的健身功效、鲜明的民族精神奠定了武术课程在学校体育乃至教育中的重要地位。尽管武术教育课程改革总是随着一定社会发展而处于一种动态的发展变化过程，但学校应培养什么样的武术人才、用什么内容培养、怎样培养以及建立什么样的武术教育理念，仍是需要我们针对新时期社会发展的特点进行深入研究和探讨的焦点，我们必须以现代体育教学指导思想为指导，依据现代教育理论和武术教学的特点、规律以及《体育与健康课程标准》的要求，在武术教学内容优化上进行理论研究，合理科学地设置教学内容，为最大限度培养出高质量体育人才奠定科学的理论基础。

第三节　高校武术课程教学模式的设置

教学模式是教学理论与教学实践的中间环节。从深化教育改革的角度看，教学模式的研究是实质性的，是重点也是难点，它体现了理论与实践的有机结合。目前，中小学体育教学模式研究已经取得相应成果，大学则相对滞后。传统的大学体育偏重于竞技方面，无论是从教学内容和运动项目的选择，还是对教学教法等方面的要求，多偏重于对人体生物潜能的挖掘，不利于青年的全面健康成长，同时它又秉承了传统教育的要求，偏重于对知识的传授、动作规范的追求，束缚了青年个性的形成限制了思维的发展，因此对教学模式的研究亟待加强。

武术是中华民族的瑰宝，是传统文化的精华，也是大学生体育教学的重要组成部分，展开武术的教学与训练，最大限度地提高大学生对本民族传统文化的了解，增强民族自豪感，提高学生综合素质，培养高校学生"终身体育、健康体育"意识，是对高校武术教师提出的新要求。因此，建立与高等院校相适应的教学模式具有普遍而现实的意义。

一、高校典型武术教学模式探析

（一）示范教学模式

示范法是武术教学中学生最易接受的方法，它可以帮助学生了解所有动作的形象、结构、要领和方法。正确优美的示范不仅能提高学生的学习兴趣，还能激发学生学习的自觉性和积极性。基本模式是：教师示范动作、学生互相观摩练习、巩固定型完成教学目标。它的基本程序是：激发学习动机——复习旧课——讲授新课——巩固运用——检查。这是我国教学实践中长期以来所普遍采用、广为人知的一种教学模式，主要运用于系统知识、技能的传授和学习。通过教学使学生懂得武术的基本知识，掌握防身自卫、强身健体的本领，领会武术运动的博大精深，同时渗透武德教育，增强民族自豪感。教师利用导思、导学、导练的方法，运用套路教师讲解的攻防技术举一反三的能力，通过教师讲解，学生互相观摩、练习、体会，完成教学任务，达到学有所用。这种模式的特点是能使学习者比较迅速有效地在单位时间内掌握较多的信息，比较突出地体现了教学作为一种简约的认识过程的特性，它在教学实践中得以长期盛行不衰。

1. 完整示范

完整示范的动作结构一般比较简单，协调性要求较低，方向线路较少；或虽然动作比较复杂，但学生的运动技能储备较多，运动学习能力强时采用。教师在传授武术动作时，应运用完整的动作示范使学生对所学的内容有初步的了解，以便建立完整的运动表象和动作概念。因此，教师的完整示范必须正确、协调、优美，以便激发学生的学习积极性。当学生掌握基本动作，弄清动作方向、路线之后，就应在动作质量上下工夫，力求招式工整、准确，脉络清晰。因为基本功架和动作是组成套路运动的基本要素。只有一丝不苟地做到动作规范化，才能很好地、灵活地运用到各种武术套路中，从而提高运动技术水平。

2. 分解示范

分解示范主要运用于动作比较复杂、协调性要求高、方向线路变化较多的技术动作。分解示范法便于学生弄清动作的方向、路线和上下肢的配合，更快、更好地掌握动作。如教"歇步抢砸拳"动作时，学生的上下肢动作完成不好，可分为"撤步盖掌"和"歇步冲拳"来做上肢和下肢专门的分解示范法练习，这样能使学生明确动作结构并掌握动作技术，从而有效地缩短了掌握动作的学习时间，达到事半功倍的效果。完整示范和分解示范在教学中应有机地结合起来运用才可以达到改进教学效果的目的，因为完整示范只可以使整套、整段或某个动作的轮廓展现给学生，而分解示范法可以使整套动作中的一段示范给学生，也可使某一段动作的一部分或一个动作的部分示范给学生。因此，两者的运用均必须以学生掌握动作的情况和接受理解能力为前提。当学生基本掌握了各种动作且功架也相当规范时，便可从动作的完整性、动作的节奏感以及动作的神态、劲力等方面提出要求，此段的示范就要用完整示范，以动作的"节"来进行演练。

（二）情境教学模式

情境教学模式根据人的认识是有意识心理活动和无意识心理活动的统一、理智活动和情感活动统一的观念，强调个性发展不仅要重视理智活动，而且要通过情感的陶冶充分调动无意识心理活动的潜能，使学生在思想高度集中、精神完全放松的情况下进行学习。情境教学在武术教学中的成功运用，有利于激发和提高学生学习的兴趣，有利于技术动作的掌握和形成，使教学效果显著。情境教学注重对学生实战能力的培养，学以致用；不仅能够强身健体，而且也提高了练习者的防身自卫能力。情境教学的教学方法新颖、科学、简便、实用，可在其他同类教学中推广应用。

1. 武术教学中背景音乐的选择

传统的教学模式是以技术传授为主，重视教师的主导地位，忽视学生的积极性和主动性，极大地影响了教学效果。而将音乐用于武术教学过程中，既可以激发学生学习的动机，培养学习兴趣，又能提高教学效果，活跃课堂气氛，使学生的身心都能得到良好的发展。

古希腊哲人柏拉图在其《理想国》一书中特别强调"音乐与体育的和谐发展"，认为在通过体育强身健体的同时，要用音乐来陶冶心灵。音乐与体育从古时起就结下了不解之缘。早期人类的娱乐休闲活动多表现为"歌、乐、舞"三位一体。两千多年前的孔子在他确定的六种教育课程中，既有"体"的内容，也有"乐"的内容，并且把"乐"列为第二位。之所以如此，一方面是两者在律动和节奏上具有相通之处，当它们以适当的方式配合作用时，必然会引起联动和共鸣，使效果倍增；另一方面，音乐的本质是表达人们的深刻思想感情，它可以不借助任何媒介或比喻，直接使人为之感动。

中华武术套路具有鲜明的民族文化特色、多彩的形式、丰富的内容、深邃的文化底蕴，具有健身、防身、修性、竞技、娱乐等多方面的社会功能。在武术套路中增加音乐是其技术演练完整性的提升，音乐元素与套路整体技术节奏的配合使套路演练的表现力能达到音韵和神韵的完美结合。音乐与套路的结合，预示着武术的发展道路正在不断地拓宽，不断地寻找新的发展方向。

（1）音乐在武术套路中的配制原则

①根据不同类型拳种的特点选用不同的音乐风格形式

中华武术源远流长，内容丰富多彩，形式多样，从练习的外在形式和发力的方法上可以分为内家和外家。如太极拳轻柔舒缓，少林拳威猛刚勇，这些不同的特点要求运用不同风格、不同形式的音乐来配制。在太极拳演练中配以悠扬的、具有民族特色的古典音乐，使学习者在特设的音乐伴奏下进行练习，随着舒缓柔和的音乐节奏，将轻灵、沉稳、连贯、圆活的动作与音乐有机地结合起来，更好地表现出太极拳行云流水、延绵不断的技术特点，使音乐与武术的动作和风格融为一体。在南拳的演练中，就要配合节奏感强、能激发精神、有强烈震撼力的音乐，才能突出南拳的武术套路特点。在武术套路演练中选配音乐，本质上是一种结构的提升。音乐的配置使套路演练过程显得更加丰满、更具有观赏价值。

②在音乐与武术套路的配置过程中，也出现了一些需要解决的问题

由于大多数武术表演者都没有受过音乐的专业训练，对音乐的节奏和内涵都不甚了解，所以在配合音乐的过程中会有跟不上节奏、节拍以及部分音乐风格和动作风格完全不相符合的情

况出现，这就会给观赏者带来画蛇添足的负面效果，有时不仅不能给人带来美感，反而使人觉得音乐是多余的，整体效果也会大大下降。反之，对于配乐者来说，也存在对武术了解甚少的现象，往往不能了解武术真正的内涵，有时会出现音乐与武术不相吻合、"牛头不对马嘴"的现象。因此，这就要求配乐者要对武术文化有一定的了解，对配乐的套路内涵有很好的了解；而武术表演者也应该提高自身的音乐素养，在表演之前应当多对配乐进行分析、了解和磨合，使音乐与武术表演天人合一，更好地发挥中国传统武术的内在与外在之美，也使音乐得以发挥更重要的作用。中国传统武术正逐步走向世界，进入体育竞技项目。为了能在传统武术教学中更好地突出其内在的阴柔之美与外在的刚强之美，应当更好地选取适合的音乐，使之发挥其内在的极致，给人以更新的感觉。随着武术在世界广泛传播，许多国家的爱好者通过武术的练习了解了中国文化，探求着东方的文明。音乐和武术是没有过节的，为了使外国的武术爱好者能够更好地了解中国的传统武术，把流行于世界的音乐运用到有深厚内涵的中国传统武术中，这是个让更多人了解中国的好方法。把中华传统武术连同音乐推向世界，扩大其在海外的影响，这对显示中华民族特有的智慧和力量，发展国际文化交流，增进各国人民之间的友谊，都具有深远的意义。

（2）音乐在武术教学中的具体运用

①准备部分

在武术教学的准备阶段加入熟悉的、节奏明显而轻快的乐曲，如《月光》这类音乐，能提高大脑皮层的兴奋性，学生的呼吸、心率等也能更快地投入运动，对人体起到"预热"的作用，以提高初始运动的水平，帮助学生以饱满的精神和适宜的身体状态去参加一节课的学习活动。

②基本部分

此阶段练习时间较长，练习密度较大，学生所学动作较多、较复杂或难度较大，易引起学生疲劳，导致积极性下降。为了更好地调控练习密度、生理与心理负荷，以达到适宜的程度，可配上气势宏伟、节奏感强、力度较大、节拍明显的乐曲，如《中国功夫》《男儿当自强》等。这类音乐能使学生获得强烈刺激，激发人体的力量，挖掘人体潜力。

③结束部分

此阶段主要使身体由剧烈运动状态转移到相对静止状态，所以运动量不会太大，可以选择一些旋律优美、节奏缓慢、轻松自然的音乐，如《梁祝》，使学生达到精神、身体都放松的目的。

2. 武术教学中学生运动兴趣的培养

现代大学生早已从各种途径了解了武术，并且绝大多数学生都对武术有崇拜，还不时模仿在媒体上看到的动作。然而，在武术套路的教学中，大多采用的教学方法和手段只是学生模仿教师的动作进行套路动作练习，这种单一枯燥的教学方法所呈现出的教学现状影响了学生对武术套路内容的学习与接受。要解决这个问题，我们必须从武术自身的特点着手，寻找适合武术自身特点的教学方法去进行教学，从而提高学生对武术套路的学习兴趣。

（1）武术的技击性与运动兴趣的关系

学生在武术套路学习中是否能进入积极活动的状态，在很大程度上取决于学生对武术运动的需要以及因此而产生的满意感和学习兴趣。现代大学生喜欢武术，其中一个原因就是武术技击性，只有点燃学生对武术技击性需要的欲望，教学才能达到事半功倍的效果。体育教师在武术教学过程中要给予学生一定的空间，让学生两个人一组，鼓励他们动手对练并思考它的技击作用在何处，使其在已知的基础上提出新的问题。然后，教师根据演练情况，对学生的演练结果进行总结，并指出最佳的攻防技巧。这好比是交给学生一把钥匙，让他们自己去打开武术技击性运用的大门，使学生在独立探求武术知识的过程中产生更强的好奇心和求知欲。例如，学生在学了弓步冲拳之后练习隔挡冲拳时，体育教师不必急于讲它们的区别，而是让学生自己去体验二者之间的技击差别，并要求学生说出技击差异所在，最后由教师作归纳，看他们是否真正掌握并会正确运用两者的攻防技巧。

（2）武术的内外合一、形神兼备与运动兴趣的关系

学生对用有所学、学有其用的知识学得最为带劲。而武术套路具备内外合一、形神兼备的民族风格，它既讲究形体规范，又求精神传意。此外，武术套路在技术上往往要求把内在精、气、神与外部形体动作紧密结合，完整一气，做到"心动形随""形断意连""势断气连"。以"手眼身法步，精神气力功"八法的变化来锻炼身心。武术的这一特点正是现代大学生所要追求个性气质、形体的塑造和强身健体的最好办法。很显然，武术套路对青少年的气质和精神的塑造极大地吸引了青少年大学生的学习兴趣。因此，体育教师在武术套路教学中，应通过武术手眼身法步、精神气力功的传授和健康知识的讲解，加强学生对武术套路的好奇心和求知欲，使学生清楚地了解武术套路对每个人气质、形体塑造和健康生活的重要性。如果体育教师每天上课时仅组织学生进行一些身体动作的重复练习，则易使学生生厌；而每天教给学生一些有关塑造气质和形体的新知识，则能引起他们的好奇心和求知欲。适当开展一些武术套路表演性比赛，以学生为中心，让学生在轻松和活泼的教学气氛下勇敢展示自己的精神风采，而后教师进行演练评比，给予学生充分的肯定与赞赏。在这种轻松和谐的教学气氛下，学生更容易接受和消化所学的武术套路动作，勇于表现自己的各种运动技能，展示自己的风采。这样有助于学生消除内心的恐惧和焦虑情绪，并在已有知识和技能的基础上进行探究和创新学习。

（3）武术的"形""意"美与运动兴趣的关系

武术套路的形体动作通过动态与静态的变化，有节奏地交替进行，使之在一定的空间与时间范围内充分得以展示，进而表现出套路的节律感和美感，并产生武术所特有的典型艺术形象，使其整套动作如龙戏水、如燕穿云，具有独特的艺术魅力。武术套路的"意"美是以其独特的攻防技击的"意"来体现武术所特有的美。它所提供的美的艺术享受不仅仅是演练者自己，而且这种境界在每个观赏者头脑中同样会给人一种联想的艺术效果。在武术套路教学中，体育教师要把武术的这种"形""意"美向学生展示出来。提高武术套路的教学效果，就必须要借助于现代化的教学手段。比如，配上有节奏的旋律和音乐，学生们就会随着强节奏感和优美旋律的音乐声完成套路演练。如同一曲优美的乐章，其音调的高低轻重、长短急缓、抑扬顿挫的精妙组合，便能充分表达出令人赏心悦目的韵律美。而这种"韵律"中既能充分表现武术攻防技击中矛盾的激烈性和协调性，尤其是那些大动中忽静、大静中突动的节律变化，更能给人以变化清晰、层次分明的美感。在这种意境下演练，不但提高了学生学习武术的兴趣，而且有助于学生提高武术动作的质量。

发挥信息多媒体的优势，运用多媒体教学工具和手段来呈现高水平运动员表演的武术套路。一般来说，学生对于直观、形象、感染力强的武术动作的兴趣比较浓，且乐于接受。多媒体教学作为一种立体教学方法，武术画面的变换、声音效果的叠加、高水平的技术动作，不仅能够

让学生体会到气势磅礴、势如破竹、行云流水、平湖秋月这些艺术效果，而且让他们从演练者身上感受到不同的意境，还让学生在边看边听的过程中充分调动视听器官，启发其积极开展思维，大大地加强了武术知识和技能的直观性，其效果远远超出了单纯由体育教师讲解与示范的教学，从而有利于弥补大学生学习持久力弱等特点，有助于学生运动兴趣的激发与培养。

（4）学生的学习心理与运动兴趣的培养

①武术教法手段的多样化

求知犹如进食，无味则如同嚼蜡，味美则食欲大增。新颖有趣的教学内容，丰富多样、生动活泼的教学方法和多变的形式均可以不断地引起学生进行探究活动，从而激发其更高水平的求知欲。在武术课堂教学中，体育教师要注意武术技能的传授和情绪的感染性，应时刻以"健康第一"为教学指导思想，结合武术的运动特点，以幽默风趣的语言、完美标准的动作示范、穿插有影响的武术历史进行武术教学，使学生跃跃欲试，以积极快乐的情感去学习新的武术知识和技能，帮助学生变被动学习为主动学习和参与学习。从生理学的角度来看，长时间的单一重复某一武术动作容易引起超限抑制，单调、枯燥的练习容易使学生感到厌倦和乏味。因此，在武术教学中应注重通过学生动作示范、影片观摩、适当的竞赛等多样化的教法手段和两人对练、集体表演等练习形式提高学生的学习兴趣。怎样使学生喜欢武术套路，喜欢参与武术运动，是体育教师在教学中必须掌握的艺术。要想使学生情绪高昂、兴趣盎然地投入到武术套路的学习中，体育教师应设法让学生多参与学校组织的形式多样的各种武术表演与比赛，提供给学生运动实践的机会，为学生掌握复杂运动知识和技能提供充分的感性认识，从而使学生对武术套路的学习产生兴趣。同时，体育教师应编排一些与武术相关的游戏应用到武术课堂教学中，让学生在轻松愉快的活动中掌握复杂生疏的武术知识与技能。

②生动、活泼、和谐的武术课堂气氛

孔子说："知之者不如好之者，好之者不如乐之者。"孔子这里所指的"乐"就强调教师要注意创造轻松愉快的课堂教学氛围，让学生变"苦学"为"乐学"。教师要使学生以学为乐，必须寓教于乐，在教学中创造乐学情境。要创造生动、活泼、和谐的课堂教学气氛，生动的语言不可缺少，还要注意运用体态语言。严谨、简洁、精炼、抑扬顿挫的语言容易拨动学生的心弦，促进学生思维的活跃，想象的丰富，对培养学生的运动兴趣，提高课堂的实效都有着积极的作用。

有激励作用、生动活泼、富于想象并热衷于自己学科的教师，其教学工作较为成功，学生的行为更富于建设性。武术教师要适当创设一些武术情境，唤起学生的好奇心，造成学生的期待心理，而后及时导入新的内容。教师可以在讲课之前向学生提出一些有关武术方面的问题，让学生带着问题进行武术学习，主动去探索问题的解决办法。在这样的教学过程中，学生始终在观察、思考和想要解决问题。教师热爱学生，应包括教师要了解学生，因材施教；要尊重学生、爱护学生的自尊心；要信任学生，想方设法增强学生的自信心；要关心学生，严格要求学生。例如，当学生在武术学习上取得进步、获得成功的时候，教师应该对他们的成绩给予正确的评价，及时表扬、鼓励，这样学生就能产生愉快的体验。因此，武术教师应关注学生的武术学习，对其点滴进步都表示赏识，使学生在武术学习中获得愉快的体验。对于学生在武术学习上的失败，应帮助他们分析原因，勉励他们不断努力，增强自信。当然，适当的批评也是必要的，但要注意场合，主要是使他们认识到自己的缺点，不要挫伤他们的积极性。总的来说，教学卓有成效、对学生体贴关怀的教师总会赢得学生的尊敬，而教师也往往会从这些积极的反应中获得自身的价值，增强做好工作的信心。

③创设武术问题情境

朱熹曾说过："读书无疑者需教有疑，有疑者却要无疑，到这里方是长进。"学起于思，思源于疑。"疑"是探求知识的起点，教师要培养学生分析问题和解决问题的能力，就要根据学生的学习内容巧设疑问，以疑促思，以疑激趣。武术教师在课堂上有意识地创设"问题情境"，则是引导学生积极思维的好办法。课堂教学的过程实质上就是教师依据教学大纲，有计划、有步骤地启发引导学生提出问题、分析问题、解决问题的持续循环的过程。在这一过程中，如果学生始终处于教师精心设置的"问题情境"之中，就会情绪激奋、跃跃欲试，产生解决问题的冲动，求知欲倍增。武术教师应呈现给学生的是与他们已有的武术知识和技能相矛盾的信息，并提出一些启发性的问题，以引起学生的好奇心和求知欲，使运动兴趣始终处于激发的状态。同时，举反例引起学生的认知失调，如做一些错误动作，让学生分辨正确动作与错误动作之间的区别。问题要小而具体、新而有趣，要有适当的难度，要富有启发性。运动兴趣高低与学生掌握运动知识与技能的程度有关，只有那些学生想掌握而又还未掌握的运动知识与技能才能激起学生的兴趣。因此，武术课堂教学内容应由易到难、由浅入深、由简到繁，循序渐进地安排。武术教师不仅要精心创设"问题情境"，更要善于帮助学生解决所面临的问题，使学生得到成功的情绪体验，使之"好学""乐学"，产生进一步的心理需要。

3. 学生进入演练状态的情感引导

情感是人对客观现实与人的需要之间的关系体验，而进入武术套路演练状态的情感是武术运动员专项所需的主观情感体验。

武术运动员的演练情感，来自对套路中技术实质（即技击方法）的理解，来自对该套路的技术动作在艺术效果上的体验（即对精神、节奏、身法、劲力等的体验）。不同的运动员由于对套路演练的技术实质和精、气、神、力的理解、掌握的程度不一，完成的质量和效果也截然不同。只有运动员在平时套路演练过程中有很深刻的情感体验时，才能表现出本套路的风格特点，在完成动作的效果上体现厚实的武术专项造诣。

（1）借助于艺术的修养和欣赏的经验，培养运动员进入演练状态的积极情感

武术套路的演练中经常伴随着各种积极或消极的情感，运动员对所演练套路积极情感的产生经常与直观的形象相联系，生活实践中艺术的修养和欣赏的经验常常是套路演练积极情感激发的重要方法。武术虽然不同于舞台艺术，但舞台演员的内心情感在外部表现的各种特点，却能促进在意识控制下把肌肉运动感觉为主的心理因素与情感联系起来。因此，在套路演练状态的训练中借助于音乐、舞蹈、书法、绘画和电影，戏剧中的某些熟悉场面人物的情感来启发和诱导运动员的积极情感很有必要。就拿声乐的开始而言，抒情的曲调多以优雅细腻的弦声起始，而有战斗气息的革命歌曲和交响合奏大都以雄壮的音响揭幕，特点不一，使用的乐器不一，但效果却是很好的。在武术套路的起势组合中，要求每人根据自己不同的特点，像声乐那样确定自己的风格，明确自己内在情感在动作上表现的关键手段，并且尽情发挥，长此以往，经常这样细致地对比引导琢磨，运动员对自己所完成的套路就好像是唱得很熟的歌曲一样，快慢高低、抑扬顿挫，能感情丰富地自如运用，使中枢神经对运动器官的控制、联系自动化。动作在情感的支配下，配合上技巧动作的完整性，就会有很大的感染力，这种借助于艺术修养和欣赏的经验进行想象的培养过程，与直接死搬硬套地把武术动作舞台化完全是两码事。借鉴其内在情感

的特点，也有意识地锻炼了运动员的动作习惯，对表现本套路的风格特点能产生良好的影响。

（2）借助于武术动作的艺术形象培养美感

美感是人对事物美的体验，它是根据美的需要、个人掌握美的标准、对客观事物以及其在艺术效果上的反映进行评价时所产生的情感体验，这种情感体验能直接影响到所从事练习的效果。

①自然美

自然美是武术美的核心，是现实生活中自然物的美。武术的自然美即技击美，技击是武术的核心，武术以踢、打、摔、拿为其基本技击法则，由此而衍生出千变万化的技击方法，可谓武术的精髓。武术来源于生活，取源于生活，追求人与自然的和谐统一，"天人合一"的思想根深蒂固。在原始的生产中，人们为了生存，便以模仿飞禽走兽捕食的动作作为打斗之法，这样原始的象形武术在自然的状态下被创造出来。后来人们从这些动作中发现了一些优美的动作，在闲暇之余进行表演和交流，后来通过增加幅度、丰富技巧、严谨规格、连接贯穿等，增加了人们的练习兴趣和观赏兴趣，这样不仅提高了武术的健身价值，也提高了其美学价值。

②形式美

形式美是武术运动美的外在表现形式，是美的事物外在形式所具有的相对独立的审美特征，是事物内在的本质特征所体现的外在形态。在武术套路中表现为形体美、造型美、结构美、器械、服饰美。

③意境美

所谓意境，就是主观和客观在审美过程中的统一。从客观对象来说，是形与神的统一；在审美主题方面来说，则是情与理的统一。高水平、高质量的武术表演能创造出一种出神入化的景象，使演练者和欣赏者忘情。意境美在套路中通常表现为气韵美和精神美。

（3）结合武术固有的技击特点培养真实感

武术套路中的各种动作虽千变万化，然而都是来自各种原始的进攻和防守的招式，如全国武术比赛中的"青龙剑""十三剑""昆仑剑"等剑套，它们的动作都是环绕着它们的中心内容"击"而进行处理的。因此，只有了解动作攻防的真实含义，使运动员对该套路重要的技击方法的真实性有深刻体会，才能使演练情感深刻化。

在训练中首先要使运动员明确运用手、足、肩、肘、胯、膝所构成的各类技术方法的特点（诸如切、搂、打、腾、封；踢、弹、扫、挂；倚、碰、挤、靠；勾挂、闪转、腾挪等），并把这些技击方法的特点与揣摩套路时对手、眼、身、法、步、精、神、气、力、功的要求结合起来，使运动员既身临其境，如同对敌一般，但又高于原始的蛮打，在形象上表现勇猛顽强，在神情上体现气势逼人，在动作方法上完整无瑕，富于形象性和真实性。例如，仆步下势是个下俯闪躲转入进攻的动作，从攻防特点要求，俯要低，胸要几乎擦地，起要快，像燕子抄水一般地迅猛。讲清了技击的用意和缘由，练时就能明理生情，生情而动体，动作自然而然地带有情感的逼真性，在心理上产生增力的勇敢自信的积极情感。

根据运动员训练的水平和真实感培养的需要，可以合理地解剖动作击打攻防的招式，让运动员试试这些动作在击打中对精神、力量、速度等各方面的要求，甚至可以让运动员用这些动作进行规定范围的假设性实战，体验并直接了解动作在格斗中的真实情感。一旦运动员在实践中看到了效果，确有切身体会时，情绪状态就会发生改变，克服困难的信心也会加强，枯燥感减少，对动作的理解也随之加深。

利用技击格斗的气势来启发真实感也是促进演练状态情感的有效手段。例如长拳是以快攻猛进见长的拳套，实践中用"动如脱兔，瞥如飞鸿"来指导格斗时所采取的方式；用"不招不架只是一下，犯了招架就是几十下"来指示连续进攻的优势作用；用"稳如泰山，静若处子"来比喻应势变化，保持镇静时的内在情绪；用"力如千斤压顶，劲似利箭穿革"来比喻力量、速度的要求；用"虚实分明、刚柔相济"来说明战略上的运用等。这些都说明，武术中每一动作都要在技击方法的要求下赋予一定的外形和内在情感的素养，从我国古代鸿门宴的项庄舞剑，到唐代杜甫对公孙大娘剑器舞的歌颂，对武术技击方法中蕴涵的高度艺术性和内在气质，都给予了充分的肯定和评价，为我们现时的演练状态真实感的培养找到了启发的依据。

（4）借助于形象的语言和口令提示培养节奏感

武术的节奏是指快慢起伏的限度而言的。各类套路的节奏都基于武术特点的需要，各动和各节之间是互为因果、互相转化、互相衬托而又互相矛盾的。处理的好坏，对演练的效果和技术的发挥都有直接的影响。

人有意识地控制自己在演练套路中各类动作的速度，使之具有合理的韵律和节奏，总是两种信号系统相互作用的条件下进行的，而第二信号系统（语言系统）是我们行为的最高调节者，它能起到第一信号系统也能起到的作用。运动技能形成的意识性又是使思维活动处于积极状态的主要因素，因此在武术训练中用语言描绘和形象化比喻不仅能丰富演练状态的心理体验，而且对动作的节奏感都是直接的刺激。譬如：十二型中的"动如涛、静如岳、起如猿、落如鹊、立为鸡、站如松、转如轮、折如弓、轻如叶、重如铁、缓如鹰、快如风"就是对演练套路的动、静、起、落、站、立、转、折、快、缓、轻、重最形象的描绘，在培养节奏感时运用最为普遍。在单动拳法的练习中，也可以运用口诀、谚语进行节奏感的引导，如"拳似流星，眼是电"，"出手如放箭，打上如火烧"等。

对多年训练的运动员，每次练习前，教练员要运动员采用闭目养神思考，来回走动比划，思要形于色、色要达于体的方法进行演练前的节奏感培养，这种方法一般多配以教练员对固有套路的停、顿、过渡的形象化比拟或进行引导和提示，

使外部视听觉刺激与自身的语言调节联系起来，运动员比较容易从心理上首先进入演练状态。

（三）俱乐部式教学模式

随着教育改革和素质教育的不断深入，武术教学的形式与方法也不再是唯一的，为适应学生心理、生理发展的需要，真正将学生转变成课堂的主体，提高学生的武术能力，学校可采用俱乐部式武术教学模式来进行教学。俱乐部式武术教学模式是指，在武术课的基本部分由学生自由选择项目、自由编组、自主学习与锻炼，教师要回答学生的问题，这些问题是学生在武术练习过程中不能解决或解决的不够圆满的问题。

1. 俱乐部式武术教学的作用

（1）体现学生能力培养要求

传统的教学模式是在教师的指导下进行的，教什么、学什么，都得围绕教师的教学目标进行，因此，不能适应学生身体健康和个性差异参与各种不同的武术项目的要求，因而抑制了学

生的学习兴趣，导致学生厌学情绪产生，学生不愿上、不想上、怕上武术课。而俱乐部式武术教学模式适合学生的生理、心理发育的特点，从而激发了学生的兴趣，使学生真正成了课堂的主体，学生在武术训练过程中，积极参与，进行锻炼和学习，获得知识。俱乐部式武术教学不仅让学生感到快乐，更重要的是让学生感到了成功的体验，学生在"成功—失败—成功"过程中感受到"满足—克服—新的需求"后，真正地领悟和体验到了武术锻炼给自己带来的喜悦，俱乐部式武术教学具有精神感召力，学生的武术锻炼的兴趣得到了巩固和发展，武术锻炼兴趣的巩固和发展又为学生终身武术锻炼起到积极的促进作用。在俱乐部式武术教学过程中，教师根据学生的认知水平、运动能力制定出各堂课的教学目标。这样，学生围绕这个目标就可以采用多种形式的学练方法，尝试解决课堂的主要问题。在这一过程中，学生能够自然地形成良好的思维习惯，提高分析问题、解决问题的能力，学会正确处理人与人之间的相互关系，提高对社会和环境的适应能力。

（2）体现师生互动

武术教师在运用俱乐部式教学模式展开教学时，既要回答事先预定设计的问题，还要参与到学生中，与学生共同锻炼和探讨在课堂教学过程中未曾预料到的问题。俱乐部式教学真正体现了师生互动，俱乐部式教学促使教师对自己已有知识经验得以加工、巩固、提高，又促使对不断出现的新问题进行学习、探索，不但丰富了教学经验，而且拓宽了知识面，提高了教学业务能力。俱乐部式教学模式，能充分表现武术教师的专业能力，发挥特长，更好地把握教材结构和特点，有利于武术教师对专业知识结构的探索。教师的参与，使得学生与教师的感情更加融洽，学习的兴趣得以巩固和发展，俱乐部式教学充分调动了武术教师的教学主导性并发挥了学生学习的主体性。在俱乐部式武术教学中，教学模式或教学方法的更新，都与激发和发展学生的兴趣密切相关，处处以学生的发展为中心，给予学生自我表现和发展的机会，从而使学生自觉、积极地进行武术锻炼，使他们真正成为课堂的主人。因此，俱乐部式武术教学能够真正实现师生互动，培养学生的创新思维和能力。

（3）培养和发展学生良好的个性心理

俱乐部式武术教学模式承认学生存在的差异，区别对待每一个学生，让每一个学生在最适合自己的学习环境中获得最好的发展，使人人都有"成就感"。俱乐部式武术教学模式有利于学生进行自我评价，学生可根据教师的要求及时把学练过程中的问题加以总结，反馈教学信息，教师及时修正教学目标，形成良性循环，即教师制定—教学目标—学生学练—学生自我评价学练效果—信息反馈—教师修订新的目标。该模式尊重学生、相信学生，让学生体会成功，增强自信心，教师对学生的每一个"闪光点"要予以及时肯定，这对学生而言既是压力、又是动力，学生就会在学练过程中努力克服遇到的困难，更加认真地去完成每一个练习，变"要学生学"为"学生自己要学"。俱乐部式教学模式促使学生不断地进行思考，培养学生发现问题、解决问题的能力和创新思维，同时还培养了学生的团队精神，提高了他们的合作能力，增强了集体的凝聚力。在武术教学活动中，学生是主体，通过人与人的交往，使学生在学习技术、技能，进行各种身体活动、游戏竞赛过程中，很容易把兴趣、性格、气质等个性心理特征表现出来，俱乐部式教学正是培养和发展良好的个性心理的有效途径。

2. 俱乐部式武术教学的运行机制

要使武术课具有吸引力，关键是教学模式和内容的不断更新，使之满足当代人学生的实际需要，俱乐部式武术课教材从与学生的未来职业和生活方式相结合的延伸价值以及可操作性出发，着重选择学生喜欢的、有利于今后自我锻炼、对增强体质实用性大的项目，以满足学生的要求。高校的俱乐部是一种学生组织团体，俱乐部式武术教学能够突破传统的单一认知的武术课程目标，把情意目标提高到与认知目标、能力目标同等重要的地位。在武术学习的基础上可以开发学生的创造意识和创新能力，改变学生的学习态度、价值观和生活方式，充分发展学生的个性。倡导主动参与、乐于探究和勤于思考的精神，培养学生分析动作、解决问题和深层次理解武术的综合能力。俱乐部式武术课与传统武术课模式相比是一种行之有效的协调机制，可以充分发挥教师和学生的聪明才智。在教学计划的制订、教学过程的控制、考核评定的标准等方面可以通过结合学生的实际情况来进行，最大限度照顾到每个成员。

3. 俱乐部式武术课的教学手段与方法

俱乐部式武术课根据在教材结构上重视理论和实践结合教学，突出对学生武术科学知识的传授和武术意识的培养，在教材内容的安排上，做到系统性和阶段性相结合，以满足不同层次学生的需要。俱乐部式武术课的武术教学手段比传统的教学模式要丰富许多，可以灵活运用各种先进科技手段和教学组织教法，并能够充分重视武术教学过程中的科学系统性和创新性，使得教学过程更加完善，收到良好的教学效果。在俱乐部里，没有严格的教师和学生分别，重点内容注重互相交流。整个教学过程不仅注重知识、技术的传授，同时重视综合能力和创新思维能力的培养，激发学生积极参与学习，充分发挥学生学习的主观性，不仅能调剂课堂气氛，创造良好的学习氛围，还能扩大学生的信息量，加速其掌握武术知识技能的速度。

4. 俱乐部式武术教学的发展思路

（1）树立"健康第一"的指导思想

《中共中央国务院关于深化教育改革全面推进素质教育的决议》指出：健康体魄是青少年为祖国和人民服务的前提，是中华民族旺盛生命力的体现。学校教育要树立健康第一的指导思想，切实加强体育工作，使学生掌握基本运动技能，养成坚持锻炼的好习惯。因此，课外武术俱乐部要面向全体学生，着重培养学生对体育的感性认识，使学生身心能够健康协调发展。

（2）争取领导重视，推动武术俱乐部的发展

广泛宣传学校武术俱乐部的优势和重要性，让学校领导及体育部门领导了解武术是中华民族的传统体育项目，高校武术运动的普及和推广，可以弘扬民族文化，增强学生体质和推动精神文明建设发挥积极的作用。创办武术俱乐部，是应试教育向素质教育转变的一条有效途径，是以往单纯培养"知识型"人才，向培养"创造型""综合型"人才方向发展的有效方法。同时俱乐部的管理人员要经常向学校领导汇报俱乐部的发展情况，本校武术俱乐部的运作情况，让领导了解学校武术俱乐部的发展形势，为校领导决策提供依据，以获取校领导对俱乐部工作的重视和支持。

（3）加强场地设施建设

要解决体育场地设施问题，首先作为体育工作者应向有关部门积极呼吁，清理被挤占的场馆，修理和改建、扩建体育场地设施问题。随着高校扩招的暂缓，经济条件的改善，政府主管部门应尽快解决好学校的体育场地和设施问题。其次是加强对现有场地和设施的管理，提高它们的使用效率，加强管理和调配工作。积极挖掘潜力满足武术俱乐部的使用需要。同时还可以搞校际间和社会与学校间的相互交流和协作的共同体，实行资源共享，互惠互利，提高体育场

地和设施的使用效率。

（4）拓宽经费筹集渠道

要多种渠道筹集体育活动经费，一方面要广开财源，尽快改变课外武术俱乐部主要靠会员交费的现象，要求高校在学校经费逐年好转的情况下，把体育的投资放在适当的位置上，增加对体育的投入。体育部门的领导在使用经费时，要把俱乐部的活动看成教学的正常开支，而不能像原来那样体育经费先保教学，再抓训练，然后才考虑俱乐部的经费。另一方面武术俱乐部应尽可能地加强自己的造血功能，实行有限的切实可行的有偿服务，做好面向社会开拓市场的工作，获得部分资金，以弥补体育经费的不足。再一个就是要向学生宣传《体育法》《全民健身计划纲要》的文件精神，引导学生进行健康的自我投资。总之，应采用学校拨、同学交、赞助给，多种渠道筹集资金的方式。

（5）开展各种形式的武术竞赛

课外武术俱乐部可以经常组织一些校内或者校际之间的比赛，比赛的组织、协调、编排等工作可以让学生参与进来，这样既激发了学生参与体育运动的积极性，又锻炼了他们的组织管理能力。课外武术俱乐部在组织体育竞赛时，应该贯彻小型多样、基层为主、勤俭节约的原则。针对不同学生，运用创新思维，开展一些趣味性的项目，争取让更多的学生参与到其中。

（6）做好俱乐部成员的体质监测工作

学生参加课外武术俱乐部是为了增强体质，为掌握锻炼对学生体质的影响，需做好俱乐部成员的体质监测工作。对此，我们可以建立体质档案制度，在学生加入俱乐部时对他们的体质进行测验，在随后的训练过程中，实时监测，把这些测验的结果记入体质档案，并做好档案保存工作，以方便我们以后对学生的体质进行纵向比较。通过建立体质档案，我们可以积累工作经验，改进训练方法，真正做到有的放矢。

（四）翻转课堂教学模式

近几年，翻转课堂已成为国内外教育专家及学者们研究的热点。这种模式让学生在课前通过观看教学视频或课件等方式的学习资源，通过课堂师生互动讨论解决问题，课后反馈总结评价的过程。翻转课堂是一种全新的"混合式学习方式"。实践证明，将翻转课堂模式应用在武术教学对于激发学生的学习兴趣，提高考试成绩和提升教师工作满意度方面都有促进作用。

随着我国高校体育教学改革的不断深入，旧有的体育教学模式已不适应未来社会发展对人才的需求，体育教学模式也在不断得到创新和研究。体育教学作为一门实践性很强的课程，与其他学科相比具有特殊的专业特点。翻转课堂教学模式的出现，正好为体育教学模式的构建提供了一个新思路。随着教育信息化的发展，教学理念的更新，教学手段与教学方法也越来越多样。例如，近年越来越受教育工作者和学习者青睐的翻转课堂教学模式。在翻转课堂中，教师根据学生在线学习的情况，因人而异的对学生实施个性化教学。基于翻转课堂的教学资源更不受教师、学生和学习时空的限制，能极大实现对有限教学资源的高效利用，使学生可以在线感受名家名师的授课，从而提高课程教学效率和质量。因此，翻转课堂教学模式越来越受到广大教育工作者普遍关注和日益重视。

1. 翻转课堂教学模式的理论依据及目标原则

教学模式是在教学思想和教学理论指导以及一定的教学理念的引导下建立起来的各类教学

活动的基本结构或框架，通常包括理论依据、教学目标和原则、教学与学习程序、实现条件与教学资源、教学效果评价等要素。在理论依据方面，以翻转课堂"先学后教"思想为基础，重视教学活动中学生的主体性和学生对教学的参与。依据高校体育教学的特点和斯金纳操作性条件反射理论，通过视频学习一边吸收理解联系，不懂再视频回顾，从实践强化到学习掌握的过程，这样反复的循环过程塑造有效行为目标。

在教学目标和原则方面，高校体育教学的主要目标是巩固和提高大学生在中小学体育教育阶段构建的体育锻炼思想、习惯和能力，从而更好地引导和教育学生主动、积极、科学地锻炼身体，掌握现代体育科学中的基本知识与技能。

教学与学习程序方面，以优质视频资源和交互学习社区为基础的基于 MOOC 翻转课堂体育教学模式的基本教学程序可以设计为：预习教学内容——有针对性地观看教学视频讲解、示范——激发学习动机、发现学习问题——课堂讲授新课，接受教师、同伴评价，通过拓展、资源完善、扩展知识与技能结构、反复练习和实践加深理解和加强训练效果。

实现条件与教学资源方面，近年来高速发展的 MOOC 平台和互联网的普及为翻转课堂体育教学模式提供了良好的实施条件，因此需要教师根据课程与教学内容自己进行设计与制作，其基本内容可以包括教学内容和动作演示讲解视频、理解性的练习、实践性的课余训练活动、实践训练的摄像记录视频以及专题性的研讨问题等。

教学效果与评价方面，基于 MOOC 的翻转课堂体育教学模式的实施对激发学生学习体育的兴趣，培养学生自主学习、发现、分析、解决和问题的等综合能力和技能的提高，以及适应社会发展的自主学习能力和相互合作能力的培养具有积极作用。教师要及时掌握反馈信息并根据所获情况进行适当引导，鼓励并充分调动学生的学习积极性，因材施教的针对不同学生进行讲解和教学。对学生的评价，也应该注意体育教学不同于其他文化课程，不能简单地以考试成绩作为其学习好坏的衡量标准，"健康第一"作为学校体育教育的指导思想，必须要把"健康"标准贯彻到体育考试环节。指导学生加强体育教育认识，养成体育锻炼习惯，构建与体育教育目标相适应的人性化测试。

2. 翻转课堂的内涵与发展

翻转课堂出现在 2007 年前后，主要是将课堂中的一些知识，简单制作成教学视频发布到网络上，让学生在家里看视频，目的是为了解决部分学生因缺课跟不上教学进度的问题。可以说这样的上课形式颠覆了传统的教学模式，能够充分调动学生的主观能动性。这种全新的教学模式首先由美国科罗拉多州的化学教师乔纳森·伯尔曼和亚伦·萨姆斯最先在课堂教学中使用。但翻转课堂的兴起与发展则源于"可汗学院"的出现。在翻转课堂教学模式的逐步普及的过程中，各国的教育工作者也根据本国的实情对其内涵和实施过程进行了拓展、延伸与发展。这也是翻转课堂开创者乔纳森·伯尔曼和亚伦·萨姆斯最为关注的，他们认为这有利于激发学生潜在的求知欲望，发展学生深层次认知能力，实现教师与学生之间、学生与学生之间的实时交流与互动。

3. 在大学体育教学中实施翻转课堂教学模式的意义

学校体育工作的中心是体育教学，而体育教学又包括体育理论知识教学和体育实践教学两部分。体育实践既是大学体育教育的重要组成部分，是激发学生热爱体育的直接方法，也是体育理论检验的基本手段，更是体育教育目标实现的关键要素。对传统体育理论课教学理念的误解和大学课堂时数的限制以及大学体育教师在课堂教学上表现手法的缺失，种种原因造就了目前大学体育理论课堂教学的尴尬地位。一方面，这样的教学过程方法单调，内容也相对陈旧而缺乏新意。另一方面，不能因材施教，对于悟性较高者又熟悉的讲解、示范，他们会感到乏味而失去兴趣，这必然会导致部分学生掉队，部分学生却出现"吃不饱"，难以激发学生学习兴趣的现象。

首先，翻转课堂突破了传统课堂时空和固定教师的限制，解决了一些学生由于某些原因不能接受课堂教育，或者不能及时领悟课堂教学内容的问题；其次，翻转课堂构造的学习社区加强了教师、学生、教学内容和教学、学习资源之间的相互作用、相互联系；最后，在翻转课堂中，教学过程基本上能够实现教学中倡导的因材施教与分层次教学，学生能充分发挥其在学习过程中的主观能动性和得到具有针对性的指导，有效地提升课堂互动的数量与质量。正因为翻转课堂的这些优势与特征，基于翻转课堂的体育教学模式能够较好地解决由于教学时间限制、教学资源有限的问题，并解决课堂教学中掉队和"吃不饱"学生两方面的问题，也为树立"终身体育"思想的贯彻提供了保障。

4. 翻转课堂教学模式的构建

体育教学翻转模式的构件与一般翻转课堂模式相似，包括课前学习资源的制作准备，学生自主学习、课中知识内化、课后总结评价几个阶段。

（1）课前学习资源准备阶段

教学目标是教学活动的实施方向和预期达成的结果，是一切教学活动的出发点和最终归宿。在课前，教师根据教学大纲、计划明确教学目标和任务。在教学过程中不断修正新的教学目标，使课前、课中、课后形成一个完整的、协调的、相互联系的整体三维目标。通过信息技术将技术动作的概念、要领、方法及技术原理等制成 PPT 演示文稿。综合利用演示文稿和视频等手段将教学内容形象地表现出来，按照教学步骤和程序制成学习资源上传网络平台。同时，要注意翻转课堂教学内容的体系要完整，组织结构要合理，要根据学生的认知水平和要求，选择恰当的教学素材，并根据教学内容的结构特点进行合理地加工和处理。

对于示范动作难度比较大或难以直按进行分解示范的动作，可以通过二维或三维动画技术并辅以用力方向、用力大小、运动轨迹等图示及文字说明将其生动具体的展示出来。比如：对于在实际教学过程中无法做出静止的示范动作，也无法直观地展示的情况下，可以通过视频的加工处理，配以"箭头"表示力的方向及文字说明，从而使教学视频更直观、更清晰。依据教学单元的计划安排，由浅入深、由易到难合理组织每个教学环节，让学习者在不浪费大量时间的前提下，学习并掌握理论知识。翻转课堂教学模式需要学生具有自主学习、发现问题和解决问题的能力，需要学生积极主动地参与到课前新知识的学习中来，对技术动作概念、要领、方法及技术原理等理论知识进行学习，并通过对知识的理解，借助想象法对技术动作有一个大概的理解和认识。学习过程中，要主动发挥发现问题和解决问题的能力，及时发现疑难问题，通过查阅网络资料解决一些力所能及的问题。对于课前学生对学习新技术动作的渴望和热情，不可避免的会出现有些学生积极主动的在课下进行练习。为避免缺乏体育教师的检查和指导，出现错误动作形成错误动作动力定型，要求学生在自行练习中要适当，以小组和结伴的形式进行，在充分观看了解教学视频示范动作的前提下，检查指导，锻炼和培养发现问题和纠错的能力。对于一些较难掌握的技术动作，通过"虚拟系统"不断的练习，不仅能够帮助学生提高对技术动作的理解和认识，也能够保证学生在场地器材难以满足的情况下进行练习。

（2）课中知识内化阶段

课中应是学生提出问题、教师答疑解惑，并通过具体的身体练习形成运动技能，使知识内化的阶段。通过课堂学生间的讨论和教师交流互动，解决遗留的疑难问题。课堂上，教师放置好数码摄像机，对教学过程进行全程摄像。按照问题提出的类型或按兴趣、伙伴朋友关系、基础和水平、性格等进行分组讨论和交流。针对探究活动，要创造性地设计好、组织好课堂探究和课堂讨论，引导学生在对话交流和合作中发展自我。对难以解决的问题，鉴于学生通过课前学习对学习内容有了一定掌握和理解，能够形成正确的思维，教师要辅以提示帮助，以便使学生更容易解决。待解决完学生课前所遇到的疑难问题后，按学生运动技术水平进行分组，实施分层教学，区别对待。同时，引导学生们积极展开思考，探寻错误动作产生的原因，让学生纠错的同时，理解错误动作产生的原因。另外，对运动技术掌握较好的同学，可以指导其尝试进行讲解示范，使学生在练习中，不但会做，而且会教，打破传统体育教学中只追求运动技能形成的单一模式。练习结束后，教师带领大家讨论在练习过程中遇到的问题和练习心得，总结课堂练习中存在的主要问题，为下次课的实践练习提供参考。

（3）课后反馈评估阶段

课堂结束后，教师将数码录像制成视频文件，然后上传到网络平台，提供给学生观看。针对课中练习时出现的错误动作、学生参与练习的态度、练习的效果等问题，进行总结评价，及时与学生进行沟通交流。同时，学生在课后还需学会写学习体会，根据课堂上对所学知识的理解和探讨进行总结，将自己在课堂上的讨论和练习过程中动作技术的掌握进行反思与评价。通过网络平台、QQ群或微信等创造协作学习的环境和空间，形成一个有效的师生教学活动的"闭环通路"。

5. 高校体育教学翻转课堂模式的应用及实践

基于高校体育教学翻转课堂模式的构建，可将高校体育教学翻转课堂模式应用于运动项目技术动作的教学中。

实践证明，翻转课堂教学模式培养了学生自主学习、探究学习和合作学习的能力，有力推动了体育教师专业水平的提高。翻转课堂教学模式拓展了学生的学习空间和时间，加强了师生间、学生间的交流和互动。翻转课堂模式使学生的学习时间、空间更加自由，随时随地都能够进行学习。翻转课堂为师生提供了交流互动的平台，有效解决了学生同教师的交流和互动问题，网络平台的交流互动不需要直接面对教师，不仅能够降低学生的紧张害羞感，还能够增强学生的自信心。因此，翻转课堂模式为师生间构建了一个协作融合的学习空间和环境。学生可以自由的控制学习知识的广度和深度，从而加强对理论知识的理解和掌握。

翻转课堂教学模式能够有效提高学生的理论知识水平及实践能力，强化理论知识和技能的融合与内化。用合作式、探究式等学习方法，可进一步加强学生对理论知识的学习和掌握程度。

高校体育教学翻转课堂模式的构建突破了传统体育教学模式中存在的问题。网络平台的构建，也拉近了师生间的关系，让师生在任何时段都能够得到有效的沟通和交流，以"环路"的方式始终贯穿于课前、课中、课后整个过程，形成协作融合的学习环境。翻转课堂虽被誉为"影响课堂教学的重大技术变革"，但翻转课堂模式中学习资源的制作、网络平台的交流互动、学生实践练习的"虚拟系统"等，每一个环节的构建都得需要教师业务能力的提升和学生的学习适应能力等软硬件条件作保证，只有多重并重，方可实现其在高校体育教学中的真正融入。

二、高校武术教学模式的创新分析

（一）高校武术教学模式创新的依据

1. 突出武术教学特点

武术教学除具有体育教育的一般特点外，还具备它本身的特点，即以拳术套路为基础贯穿始终，重视直观，以演示、领做为主，强化技击攻防特点，突出劲力，强调内外兼修，突出不同拳种的风格。

2. 突出以学生为主体的教学指导思想

利用大学生对体育技能有了一定的基础和认识的这一特点，强调在教师的指导下进行自学、互学、讨论、评价，为学生创造一个广阔的思维空间，重视对学生个性能力的培养，围绕"终身体育、健康体育"的主题，教会学生学习和锻炼的方法。

3. 根据武术教学的阶段目标

根据武术教学目标和运动技能形成的生理规律，武术学习过程可分为 5 个阶段：

（1）初期概念期阶段：弄清套路动作的方向路线，粗略掌握套路动作。

（2）基本成型阶段：掌握动作姿势、步行准确使正常的动作逐步成型巩固。

（3）连贯定型期阶段：将以掌握的动作连贯起来，做到动作连贯、协调、完美。

（4）内外求整期阶段：根据拳术动作特点和套路演练风格，体会形神兼备内外合一的演练技巧。

（5）巩固定型阶段：巩固及掌握的动作，形成正确的动作定型。

（二）高科技与多媒体技术在高校武术教学创新中的运用

在武术教学过程中，教师需要发扬积极探索与创新的精神，积极探索新颖的教学手段和方法，营造快乐轻松的教学气氛，让学生发挥出主动性和创造性，强调集体共性与学生个性的发展，充分调动起学生对武术学习的兴趣与热情，得到更好的教学效果。高校武术教学模式的丰富和多元化是进一步提高高校武术教学生命力的必由之路。

1. 运用现代高科技和多媒体技术进行武术教学的作用

现代高科技对教学的推动作用是毋庸置疑的。随着现代科学技术的发展，越来越多的教师在教学中运用了高科技方法，多媒体技术教学则是典型代表。但在武术教学中，许多教师仍采用传统的示范、讲解、学生模仿与练习和纠正错误的教学方法。在简单的动作教学中，教师采用示范讲解的方法可以较轻松地完成教学任务。而在较复杂的武术动作的教学中就显得十分笨拙，教师既要进行详细的动作讲解，还要反复进行正面背面及侧面各个角度的示范，教师示范强度非常大，增加教师教学的任务和难度，还可能使学生遇难而退，大大降低学生学习的积极性。将多媒体技术运用到武术的教学中，不仅能加深学生对武术动作的理解，通过录像资料和图片资料制作成的武术多媒体教学课件中准确的动作示范，配合音乐、文字与声音讲解，还可以实现双边教学，降低教师重复示范的任务，提高学生的学习兴趣以及教学质量。

（1）多媒体技术教学能够激发武术学习的兴趣

传统的讲解、示范的武术教学方法较为单调，很容易会给教师和学生都带来身体疲惫，思维混乱的感觉，也难以激发起学生学习武术的兴趣。利用多媒体系统进行的武术教学，可以将图像、文字、音乐、动画等信息生动、形象、具体、直观地展现在学生面前，使学生耳目一新。伴随着生动明快的音乐，练习者在轻松的环境中轻松"起舞"，动作舒展大方，学生能够非常直观地感受到武术动作的运动特点，理解武术运动的丰富内涵，给沉闷的学习氛围注入了新的生机。同时由于多媒体所特有的互动性，学生可以从不同的角度、速度，以不同的方位来仔细观察示范动作，在大脑中形成的印象更加清晰、具体，使学生对动作的表象认识反复、持久，从根本上改变学生对武术学习的畏惧，激发学生的学习兴趣。

（2）多媒体武术教学能够有效提高教学质量

传统的武术教学方法倾向于单纯的讲解和示范，容易让学生产生厌倦心理，学生被动学习、学习兴趣不高，使教学质量受到严重影响。采用计算机多媒体课件进行武术课的辅助教学，通过直观生动的演示，将文、声、图、像融为一体，运用多种现代化教学手段将相关信息全方位展示给学生，从而增强学生对抽象事物过程的理解与感受，促进学生短时间高效率获取知识和信息，再结合讲解示范与动作练习，提高课堂的教学效率。如把动作的技术环节通过多媒体的手段结合配音的讲解表现出来，这样就能够帮助学生看清楚每一个动作的技术变化，从而更快、更全面地建立起动作表象，突出对重点和难点动作的掌握，提高教学效果，缩短教学过程，极大地减轻教师在教学中重复示范与讲解的任务，有利于教师根据学生的不同特点进行教学与辅导。同时学生也可以根据自己技术动作的掌握情况，灵活选择不同的内容和进度进行学习。可以看出，多媒体武术教学具有动作演示规范、解说精炼易懂、气氛轻松的特点，学生对学习的内容、方法、步骤有深刻的印象，便于教师针对重点与难点进行教学与辅导。解决了教师和学生在以往的教学和学习过程中没有统一的动作标准这一难题，使学生的动作得到进一步规范。由于武术课件中语言精炼、示范准确，使学生大脑中形成的印象更加深刻，学生从课件中可以获得丰富的感性认识，进而上升到理性认识，然后主动实践，通过实践使理性认识升华后去检验实践。通过这样的反复实践学习，极大地提高了动作质量与练习效果，从而使教学质量得到大大提高。

（3）运用多媒体进行武术教学应注意的问题

传统的教学方法并不是一无是处的，在很多情况下，教师能够运用讲解示范就可以让学生简单易懂地学习动作，收到比较好的教学效果，这时如果还用多媒体演示动作就显得画蛇添足。多媒体教学不是万能的，多媒体教学技术只是一种先进的辅助教学手段。一名优秀的武术教师，既要学习和掌握多媒体技术，还要能将其灵活运用到教学当中。教学过程中仍需要教师积极思考，指导学生如何观察动作路线、解决重难点问题。教师要随时掌握学生的学习情况，灵活运用多媒体这一现代化教学手段，努力探索多媒体教学和传统教学模式的最佳结合方式。

2. 运用现代高科技技术进行武术教学创新的模式举例

（1）武术微课教学研究

①微课的概念阐述

微课的概念最早出现在美国。在国内，微课的概念由胡铁生于 2010 年提出。由于微课还处于高速发展期，人们对其的认识还在逐步深入，因此，学术界对微课的定义并不统一。在众多定义中，胡铁生 2013 年给出的定义最为具体详细——微课（微课程），它是以微型教学视频为主要载体，针对某个学科知识点（如重点、难点、疑点、考点等）或教学环节（如学习活动、主题、实验、任务等）而设计开发的一种情景化、支持多种学习方式的新型在线网络视频课程。胡铁生认为微课由微视频、微教案、微课件、微练习、微反思、微点评、微反馈共同构成。其中微视频是微课的载体，是最核心的结构要素，一般时长在十分钟左右。

微课具有教学时间短、内容精、资源小便于传播、制作简单、可重复使用等诸多特征。在本部分中，武术微课特指以武术为主要教授内容的微课。

②武术微课的教学应用模式

微课有三种教学应用模式，分别是翻转课堂应用模式、课内差异化教学模式、课外辅导答疑模式，分别应用于课前、课中、课后。武术微课可运用此三种模式，但由于武术技术教学有其特殊性，所以在实际运用中，与一般的文化科目教学稍有不同。在此，我们根据武术微课教学是否有视频之外的教师指导，分为指导自学模式与完全自学模式。

指导自学模式是习练者以武术微课学习武术，同时可接受由微课之外的教师指导。习练者以武术微课学习，可以发生在教师指导之前，也可在教师指导之后。武术微课教学与教师指导何者为主，按实际情况决定。如以武术微课为主，则指导教师主要起规划、监督、纠错的作用，即帮助习练者制定学习计划、监督计划的执行、纠正习练者的错误。完全自学模式即习练者根据武术微课习练武术，不能获得他人的指导。习练者内容的选择、计划的制定实施、学习效果的检测，都由自己决定，这不仅要求习练者拥有很强的学习能力与自我管理能力，也要求武术微课能提供更多的相关知识与指导意见。

（2）基于现代网络下的武术教学模式

传统的武术课教学模式已经不能适应现代校园网络的发展，基于现代校园网络下的教学模式具体有以下几种。

①讲授型武术教学模式

与传统武术教学模式相比，采用网络直播室教学、远程视频授课等现代高科技方式通过互联网，进行远程直播课程和学生网上互动，这种方式首先是手段上的根本改变。所要讲授的内容包括：文本、图片、声音、动画等，可以通过学校的校园网提供，再加上现场教师可以随时指导学生的练习，这样可以真正地做到以学生为中心的情景教学。讲授型模式由于学生的原因，可以采用两种形式来实现。第一种，由于采用的是网络教学，学生可以同时但根本不用在同一个地点接受教师的教学。而且学生可以和教师进行实时交互，近似于现代的传统的授课模式，这一切都是在由数字组成的虚拟教室里进行。在教学过程中，教师可以随时利用多媒体来演示动作的全过程或者将其分解，这比教师自己或者让他人来做更加准确、更加形象、更加完美，例如，在讲述武术的"24 式太极拳"的过程中，可以从服务器上下载一段不同时期，不同代表人物的拳路动作影像。清楚的了解学习内容的步骤方式及目标，为学生提供灵活直观、准确的动作影像。第二种，例如，"网校"的类型。是教师将教学要求、教学内容以及教学评测的教学软件，存放在服务器上，学生通过浏览这些页面来达到学习的目的。这类比于"函授教学"，但根本有别于函授教学的地方是教师通过电子邮件和 BBS（电子公告版）来联系和回答学生提出的问题，学生则可以使用以上工具来向老师请教。当然以学生为主体之后，主体的随意性变大了，没有严格的考核方式是难以约束主体的学习行为的，而且也必须要求学生有学习的自觉性和自主性。

②个别辅导武术教学模式

这种模式给学生提供了集成化的学习环境，是讲授型教学模式的进一步深入。

将网络多媒体学习系统、辅助学习工具、实践工具等，提供给学生，使其完全有条件完成自主学习的过程。在这一学习的过程当中要求有教师的引导。对于教师而言要学会所有的知识是不现实的，也是不可能的，所以教师在教授知识的时候，要教会学生如何通过在网络上收集、分析和处理信息的能力，来解决在学习当中遇到的问题。例如，在讲授五步拳的课程的弓步出拳、马步架打、虚步挑掌等动作时，教师可以给学生提供有关制作人体运动模型方面的软件，让学生自己来观察分析动作完成过程中各个肌肉的用力。教师在此过程中扮演的是一个合作者和指导者的角色，只有这样学生的独立性才可以得以体现。

③讨论武术教学模式

学校网络的开通是学校信息化建设的必由之路，这就为学生提供了开放的、生动活泼的、丰富的、具有交互功能的学习资源。学生可以从不同的渠道获取知识，尤其是在教师的引导下从校园网所提供的丰富的资源库中自得取用。正是因为知识的来源不同，造成了学生的思想观念和知识接受程度的不同，所以分外的活跃，必然地会利用讨论来交流思想和知识。而且讨论者不必集中于某一固定的场所，只需连接进入校园网络便可参与到讨论之中。

对此，我们要注意，该过程和线下课程讲授一样，需要教师的监控。由各个方面和领域的专家、教授来建立相应的讨论组。学生可以依据自己的专业和爱好加入其中和专家、教授讨论问题、交流经验。这就把讨论组变成了另外一个课堂。这种模式使教师和学生的身份变得模糊，关系变得更加紧密，有利于激发学生的想象力和创造力，但是这种组织形式比较分散，不利于对某种知识的系统地掌握，可以作为其他教学模式的辅助模式。

④研究性武术教学模式

教师通过校园网络来向学生发布一些适合对象来解决的问题，使学生处于学习的主导地位，必要时教师给予一定的启发和提示。武术是中华民族的瑰宝，在教学过程当中应该培养学生的研究能力，来适应今后的发展。与个别辅导模式相比，这是对教师提出了更高的要求，需要教师对于所提出的问题因人而异、有的放矢。这样才可以激发学生的学习兴趣和创造性。

⑤协作式武术教学模式

学生之间在学习的过程中，由于其所处的地位不同可以形成不同的关系。正因为这些关系的存在，决定了学生在不同的时候扮演不同的角色。在学习的过程中，学生之间既有合作关系又有竞争关系。处理好这种关系有利于学生健康情感的培养和形成，有利于提高学生的认知能力。教师可以要求多个学生共同去完成某一个学习任务，在这个过程当中，一定能够发挥各自的特点，从而相互帮助共同完成任务。当然教师也可以要求其通过校园网络进行竞争性的学习，看看谁能够首先完成教育目的或者依靠自己的力量来解决某一问题。譬如在设计一套科学合理的武术的健身计划。教师就可以将学生分组，限定时间让他们来完成。教师在这其中充当的角色是参与者和协作者。

这种教学模式应该和其他的教学模式相辅相成，交替使用，既要培养学生的合作解决问题的能力，也要培养独立解决问题的能力。对于学生而言，需要全面的发展，不论哪方面的能力都不能偏颇。

（三）多功能一体化的模式在高校武术教学创新中的运用

多功能一体化武术教学是在基于完成学校武术教学任务、实现教学目的基础上，从武术课堂教学内部出发，按照武术课的不同类型、不同组织形式，以生为本，把具有兴趣相同、运动水平相当的学生进行重新分组，调动学生的主体意识，充分发挥教师的主导作用，大力倡导探究式、开放式教学方式，拓展武术课堂的空间和时间维度，实现武术教学的健身强体、防身自卫、传承国脉、立德树人功能。

通过对学校武术教学调研发现：受历史惯性影响，目前学校武术教学是根据现有的武术教师队伍状况、学校武术教学设施、学生兴趣、学校武术教学史等课程资源，以及学生选择武术专项的具体情况，按年级和上课时间不同，分班进行课堂教学。而从培养人才的整体教育观出发，打破原有自然年级，选择兴趣相同、运动水平相当的学生，重新编班进行课堂教学，采用不同武术教学组织形式、不同武术项目分类，建构"武术第一课堂教学和第二课堂提高"模式和方法是实施多功能一体化武术教学改革的基础。

1. 多功能一体化武术教学的内涵厘定

依据学校教育的总体要求，结合武术课程的内部逻辑，考虑到武术课程内容的庞大性和广泛性，为了使武术教学真正成为传承国脉的主要内容和基本方式，面向学生开设武术技击格斗、太极、徒手拳术、器械、防身术等多种类型的课堂教学；组织形式上可以打破原有年级、班级、系别，根据学生的现有武术技术水平、身体素质、掌握新授知识能力和兴趣爱好，进行统一评估和重新编班上课，满足不同水平、不同兴趣、不同层次学生的需要，构建一种功能齐全、一体化管控的新型教学方式——多功能一体化武术教学。总之，多功能一体化武术教学就是为了完成学校武术课程中的技击格斗、太极、徒手拳术、器械、防身术等多种教学目标任务，按照特定的课堂组织形式，以生为本，充分发挥教师的主导作用，调动学生的主体意识，统筹兼顾，课内课外一体化传承国脉，实现多项功能的武术教学。

2. 多功能一体化武术教学的实施依据

为贯彻落实党的十八届三中全会关于完善中华优秀传统文化教育精神，教育部于 2014 年 3 月 26 日制定并发布了《完善中华优秀传统文化教育指导纲要》；2017 年 1 月 25 日，中共中央办公厅、国务院办公厅印发《关于实施中华优秀传统文化传承发展工程的意见》；2018 年，习近平总书记在全国教育大会上提出"努力构建德智体美劳全面培养的教育体系"；2020 年，"全面复兴传统文化"定为中共中央国务院的重大国策之一，并在教育系统大力推进中华优秀传统文化教育。学校是传承文化的主场域，而文化是以一定载体为依托的。武术是逐步形成的中华民族优秀传统实体文化，是民族化的生活方式，是中华民族智慧结晶和文化凝聚体现，是中华文明的有形载体，因此，在我国学校进行武术教育是实现上述国家方针政策目标任务的重要路径之一。

为全面提高学生的健康水平，推动健康学校建设，学校作为贯彻落实《国家中长期教育改革和发展规划纲要（2010～2020 年）》和《中共中央国务院关于印发"健康中国 2030"规划纲要》等健康教育工作要求的主要机构，教学工作得到高度重视。加强学校健康教育力度，建构教学活动与学科教学、课外实践与课堂教育相结合的健康教育一体化被提到学校教育工作的主要日程上来，并出台了一系列方针政策：培育学生熟练掌握一项运动技术和具备一项运动技能，把培养学生的终身体育意识作为学校教育的基本目标和重要考评内容；大力开展学生健康生活方式行动，开展健康体重、健康骨骼等专项行动；建立技能核心信息和健康知识发布制度；广泛开展"武术进校园活动"，确保学生校内每天体育活动时间不少于 1 小时，积极开展课余体育活动，提高学生身体素质和健康素养。目前，"健康第一""增强体质""传承国脉"被确立为新时代学校武术工作的指导思想。

针对当前部分学生健康意识淡漠，作息不规律、睡眠不足、锻炼不够、促进和维护自身健康能力不足等不健康生活方式，教育部于 2017 年 6 月 14 日颁布了《普通高等学校健康教育指导纲要》，提出"多途径加强健康教育教学能力建设，加大学校健康教育力度，将健康教育纳入国民教育体系，把健康教育作为所有教育阶段素质教育的重要内容"。武术教育对提升青少年身心健康有积极作用，因此，在《普通高等学校健康教育指导纲要》规制下，武术教学作为新时代高校健康教育的具体实践路径得以重用。

3. 开展多功能一体化武术教学的模式与方法

教学系统是由学生、教师以及环境等动态因素构成。在教学系统中，教师和学生是人的要素，起控制和制约作用，教学媒体和物理环境是物的要素，是相对静止实现师生互动交流的载体。为了实现某种教学目的，具有一定教学功能的整体，是教学系统的子系统。建构科学合理的武术教学系统是完成武术教学任务、保证武术教育目实现的必经之路。

开展多功能一体化武术教学是一个系统工程，依赖一定的教学系统，要保证这一系统工程的顺利、畅通运转，其架构要综合考虑。对此，我们可用层级架构示意来进行表示。就学校层面，在最上一层级是决策层，即武术部主任；第二层级是管理层，即武术教学秘书；第三层级是落地层，即具体的武术教学方面。在具体的武术教学改革和实施中，我们可以将多功能一体化武术教学以三种组织类型进行开展：

（1）武术选项课：线上线下有机结合

2016 年，共青团中央、教育部在《高校共青团改革实施方案》中提出了高校共青团"第二课堂成绩单"制度，这一制度是契合学生需求、顺应国家教育改革潮流、促进教育深化改革的必然选择，强化了第二课堂的目标导向和过程属性。为迎合国家教育发展要求，"第二课堂成绩单"网络管理平台如雨后春笋，在全国各级各类学校范围内遍地开花。

为了进一步巩固和提高武术第一课堂学习成果，依据武术教材及教学大纲要求，在第一课堂的基础上，扩展武术教学时间和教学组织形式的学习方式，提供学生适合武术第一课堂学习成果巩固并能应用实践的学习环境与条件，进一步巩固和加强武术第一课堂相关的教学活动内容，是实施持续性学习的重要探索和保证，也是学校武术教学改革的重要组成部分。第二课堂武术选项课学习是开展多功能一体化武术教学的一种常用形式，是指在学校统一管理与武术教师的指导下，学生志愿参加的有组织、有计划开展的第二课堂武术选项课课外实践教育活动。第二课堂武术选项课是武术第一课堂的延伸和有效补充，是在武术教师能够精确使用相关课程平台和教学工具情况下，由学校提供网络教学平台，学校教务部门联合超星、学堂在线、智慧树、中国大学慕课等课程服务公司，通过超星教学工具、学堂教学工具、智慧树教学工具、中国大学慕课等平台，充分利用丰富教学资源，组建武术线上线下结合的授课交流学习平台，进行第二课堂武术选项课教学。

第二课堂武术选项课学习是与武术课堂教学密切相关的课外武术活动，是武术教学整体的两个方面，二者结合做到两种课堂活动既分工又协作，是促进学生深化武术学习的重要手段和路径。学生通过积极参与武术第二课堂技击格斗技术的实践应用，能够直观理解和深刻领会武术技击格斗技术的创编原理和应用时机，调动学生学习武术的积极性和创造性，提高学生的武术技击实践能力和应用能力。

传统武术课堂教学是以教师的"教"为主，教师主要采用讲解、领作的方式方法进行武术教学，教学过程过于重视体育化肢体技术教学，缺乏学生主体体验的唤醒，评价量化使学生缺乏主体感知，学生始终处于从属地位，没有发挥学生的主动积极性，缺乏对学生个体"精、气、神"层面的人文精神培育，学生学习动机激发不够、兴趣培养不足，造成武术教学枯燥无味、费时低效。开设武术第二课堂学习，在第二课堂武术学习过程中，教师更新教学理念、转变教学方法，充分利用现代网络教学平台和教师的自身教学优势，采用线上、线下有机结合的授课方式，使第二课堂武术学习生动具体，创造技击格斗实践应用的学习环境与条件，形成"以学生为中心"的技击技术实际运用模式，培养他们自主创新、独立思考的能力。通过唤醒学生的主体体验，促进学生主体感知发展，调动学生的参与性，给学生提供足够的技击实践机会，让学生有足够的机会在"真实的情境"下进行技击格斗实践，继而达到巩固第一课堂所学武术知识和提高武术实际应用能力的目的。

总之，武术第二课堂学习是通过学校提供合适的网络教学平台，通过线上、线下有机结合教学，为学生提供更多更好的技击应用环境，有利于丰富校园文化生活，推动武术教学，活跃校园武术学习的氛围，有利于培养新时代学生的自主学习能力和自我创新能力，培养学生的综合文化素养，提升学生积极向上的心理素质。

（2）武术俱乐部锻炼：健身、防身相辅相成

武术俱乐部锻炼是开展多功能一体化武术教学的另一种形式，是在学校武术协会的引领下，从武术健身、防身目的出发，以俱乐部为第二课堂组织学习形式，通过特定的武术项目复习巩固习练，达到健身强体、防身自卫的目的，是第一课堂武术教学的延续。要实现提高学生的身体素质，提高他们的运用武术技术进行健身强体、防身自卫的能力，提高武术教学质量，必须通过武术"第一课堂教学和第二课堂提高"才能实现。第一武术课堂教学的教学时数少，学生主要掌握武术基本技术和要领，而运用武术技术进行健身强体、防身自卫，需要在第二课堂武术课外俱乐部内进行消化、巩固、运用、提高。第二武术课堂俱乐部可以采用每周固定时间，进行3～4次由武术选项教师辅导的活动。在提高学生的身体素质，促进学生运用武术技术进行健身强体、防身自卫，提高学生参与活动的积极性上，第二武术课堂武术单项俱乐部学习将起到重要作用。第二课堂武术课外俱乐部活动，是由各武术单项俱乐部主任管理组织，在保证完成武术课堂教学任务的基础上，通过组织第二课堂武术俱乐部联赛，提高学生的健身强体、防身自卫能力。

（3）武术运动队训练：运动成绩提高

武术运动队训练是开展多功能一体化武术教学的另一种形式，是对少数有志于继续提高武术专项能力和挖掘自身武术运动潜质的学生，采用小班、以实践为主的武术教学授课形式，是竞技体育的重要组成部分。即学校指定有一定武术训练水平的教师作为教练，依据武术训练目标，以特定的形式，有组织、有计划地对具有一定武术运动能力、运动成绩和竞技水平的学生进行武术课外授课，是实现学生个体的发展，提高武术技术水平、专项成绩、社会参与能力社

会组织和管理能力的主要方式。学生可通过分层俱乐部锻炼和武术专项班学习，再进入到有武术专项教师专门指导的学生武术运动队竞技授课训练中，这部分学生一方面能够继续提高武术专项竞技水平，另一方面，如果成绩突出，照样可以代表学校参加各种武术比赛。

4. 多功能一体化武术教学的主要特征

（1）多功能一体化武术教学随教学体制改革而变化

体制是指一定的制度、规则，一定的组织方式、组织结构，是指有关组织形式的制度，是管理机构和管理规范的结合体或统一体。武术教学体制是武术教学机构与武术教学规范的结合体、统一体，它由武术教学的机构体系与武术教学的规范体系所组成。武术教学改革是随着社会的发展，旧的教学方式和学习方法不适应时代发展的需要，不得不进行变革或者进行调整改变，即改变武术教学过程中只注重武术套路技术、肢体动作的传授倾向，注重武术文化和武术技击格斗等武术本质性技能的传授，促进学生主体感知发展和主体体验的唤醒，调动学生的参与性，引发学生学习武术的兴趣，形成积极主动的学习态度，使获得武术文化、武术技术知识与技击格斗技能的过程，成为学会学习和形成正确价值观的过程。深化武术教学改革引发了武术教学体制的改革，为了优化管理结构、合理利用武术教师资源，武术教学部门对管理机构应适当进行调整。重新设立岗位，取消传统的年级教研室，譬如可以设立体委办公室主任、学科办公室主任、教学秘书等层级。学校最上一层级是主管武术校级领导；第二层级是武术教学部主任；第三层级是包括武术学科建设、武术科学研究、武术办公室等；武术办公室包括：武术宣传报道、武术竞赛、武术器材、武术场地、武术代表队管理、武术工会、行政事务等。实行主任负责制，以自愿报名和推荐的形式选拔青年骨干教师担任主任，负责各武术项目的教学、教学法研究、科研、课外健身、训练、课余比赛、裁判培训以及武术专业教师的业务提高等方面的工作安排。新体制的运行实行分类逐级负责制管理方式，科学、合理的管理模式，始终以武术教学为核心，为武术教学改革的实施提供有力的保障。

（2）多功能一体化武术教学鼓励自主参与，强调自然、舒适的学习环境

效能是指办事的工作能力和效率，是系统期望达到一组具体任务要求的程度，是指效力、效率、功效、作用等，是为达到系统目标的程度。武术教学效能是指教师教授武术工作的能力和效率，学生和武术教师的全身心投入是武术教学效能发挥的关键因素。多功能一体化武术教学形式多样，学生可根据自己的兴趣爱好和平时的基础来挑出适合自己的"武术拼盘"，这种新型综合式武术教学能够给学生创造出更多自由选择的机会，创造出舒适、自然的武术学习环境使学生更加自愿主动参与，调动学生和老师全身心投入到武术技术教学和技击格斗能力提高上来，使他们以一种完全自主、自愿的行为参与武术教学过程中，提高学生学习武术的兴趣，提高武术教育效能，形成良性循环，使自然和社会条件一般的学生都有机会实现自己习练武术的目标，成就"武侠梦"。

（四）高校武术教学模式创新建议

第一，在现代体育教学中培养学生综合能力，提升学生的终身体育意识和健康意识，掌握学习和锻炼的方法，有利于未来工作，终身受益。作为现代普通高校体育教师和管理者，在教学过程中对这方面应该有所加强和创新。

第二，强化新型的师生关系和人际交往是搞好武术教学的重要因素，由于创新后的武术教

学模式是在教师的指导下进行自学的因材施教，有利于师生之间，特别是学生之间的交往，而这种交往便于创造良好的教学环境和新型的人际关系。

第三，因材施教，使学生受益匪浅。通过因材施教使学生的武术学习兴趣有所提高，一些针对的项目学习使学生与所学专业相结合，能够收到运动处方的功效，且终身受益。

第四，"创新武术教学模式"在教学实践中有较好效果，但也有一定的局限性。建议教师在采用时应与自己的教学经验相结合，根据实际情况采用。

第四节　高校武术课程设置的评价方法

高效、合理的课程评价体系有利于学生的学习和学校课程教学任务的顺利完成。当代大学生的体育教学是在素质教育的基础上培养学生的"终身体育"理念为指导思想，"以健康第一"为核心理念的科学体育教育。以往只注重终结性评价和过度依赖于教师教学为主导的武术课程评价，并不利于提高学生对武术的学习兴趣。武术评价体系的构建能够在理论上促进武术课程教学改革，丰富教学评价手段和拓宽评价范围，让多数学生习得武术动作的同时培养他们较为全面的体育思想素质和完善的人格思想体系。

一、武术课程的评价特点

（一）武术教学形成性评价的复杂性

形成性课程评价又称为"过程性评价"。是相对于终结性评价而提出的。在 20 世纪 60 年代，学习评价都是由终结性评价主导学生的学习结果。随着教育技术和教育理念的不断向前发展，受人文学科教育的影响，教育过程逐渐受到人们的重视。教育评价不再局限于原来的终结性评价，一锤定音的时代已成为过去。而对于教育过程和教育过程中人与人之间的交流逐渐成为人们关注的对象。

（二）武术课程评价标准的倾向性

武术作为体育运动项目，它具有了体育教学评价过程中的特点。但是，没有哪项体育项目能够像中国的武术，具有如此广泛、深厚的文化底蕴。武术既是中国的也是世界的，这是扩大了的武术文化归属。武术内容的广泛性，包括哲学、传统医学、美学、象形学、民俗学、体育学、营养学、人类学等学科。而其众多学科孕育其中，并不是简单的相叠加，而是历经千百年的相互融合。

（三）武术课程评价的主观性

武术教学是武术动作和武术文化知识共同组成的专业教学内容。除去教学过程所要求的，对学生情感意志、性格特征、思维方式等心理学方面的教学，前面二者的评价标准所凸显的是主观性。这是武术教学过程中不可回避的问题。武术在传承过程中，其动作没有统一的标准，仅仅是为了表现技击、美观的特性进行编排学习。而这也是将武术传承局限于小范围内的重要因素。武术的竞技化，为武术的发展提供了另一条有效路径。借鉴西方体操动作的评分标准，对武术进行评定。

二、武术课程设置评价要素分析

（一）评价内容

评价内容主要分为技术性评价、理论知识评价、学生情感态度评价。技术性评价较为成熟，这也是课程评价的主要形式。理论知识的评价是评价内容的重要组成部分。对于理论知识的评价主张是"灵活"。因人而异，结合学习态度进行评价。通过对河南省高校公共体育课武术课程的研究，我们发现对学生的学习态度评价和情意表现以及合作精神等方面的评价实效性不强。对于评价而言我们所关心的并不是学生的成绩，因为学生是学习的主动者，评价的目的是发现学生的优点和潜能。

（二）评价主体

对于课程的评价，主要参与者是教师和学生。学校分管教学的领导是教师与学生的直接引领者，而家长是学生的直接监督者。他们共同构成了课程教学的直接与间接参与者。其中学生是核心，也是最为主要的信息反馈者。事实上，整个教学活动的过程都是围绕学生进行的，教学的最终目标是培养学生。

（三）评价标准

主要有标准性检验和非标准性检验对于标准性检验主要是以统计为手段进行的，按照具体程序进行考核。其结果是按照统一的标准进行分析。这种检验是通过专家设计相应的得失分标准，来衡量学习效果的方法。其特点是使用范围较为广泛，并且具有一定的可靠性和科学性。

（四）评价流程

武术课程的教学内容呈现出多样化的趋势，这是武术发展的本身需求。如同其他体育课程一样，随着知识体系的逐渐完善，人们对武术研究的加深，学生所要学习的知识也越加多样。武术课程评价从武术课程教案评价起始，经过武术课堂教学，到武术课程考核，最后是武术课程评价反馈。

三、武术课程设置评价资料收集与整理

（一）武术课程设置评价资料的收集与分析

评价资料的收集和分析的性质是不同的，其中收集是手段，分析是目的，但是两者几乎是同时进行的，即对已制订的武术课程教学评价方案进行试教，在试教的同时进行观察。具体来

说，评价资料的收集和分析工作主要有以下几方面的步骤。

1. 向被试者说明须知

在开始武术课程教学前，要使被试者对体育课程教学设计方案的大体情况有一定的了解。比如试用目的是什么，试用活动的程序和试用所需的时间，被试者将会进行活动的类型以及活动中的相关注意事项，哪些资料是需要收集并被分析利用的，试验时应持什么样的态度以及如何反应等。

2. 试行教学

试行教学是具有试验性质的体育课程教学，这种教学方式具有可复制性，即已用的教学方式对其他学生也是适用的。而且，只要他们保持与日常学习相近的状态，其所获得的教学效果也会接近常态。另外，试行教学还具有典型性的特点，这一特点会使得推广价值得以更好地实现。最后，体育课程教学活动的背景要以客观为主要依据，不要以人为设置来取代，否则就会造成为试用而试用的气氛。

3. 观察教学

在试行武术课程教学的同时，应做好观察工作，比较重要的教学情况需组织部分评价人员在适当的地方对武术课程教学过程进行详细的观察，并根据一些具体的情况进行有针对性的记录。以下是几项需要做记录的情况，可供参考。

（1）武术课程教学活动总共用了多长时间。

（2）教师指导武术课程教学内容的学习方式主要有哪些，哪些较为合适。

（3）学生提出的问题有哪些，这些问题具有的性质是什么，问题的类型具体有哪些。

（4）教师对这些问题的处理方式是什么。

（5）在武术课程教学各阶段中学生各方面的变化如何，比如注意力、主动参与性、情绪反应、思维活跃程度等的具体变化。

（6）要对学生在课内完成的武术练习情况有一个较为详细的了解，并据此来对学生所学内容的掌握程度进行科学、合理的确定。

4. 后置测试和问卷调查

完成武术科学设计成果试用和观察工作之后，接下来通常会比较及时地进行某种形式的测试和问卷调查。测试和调查的工作内容是不同的：测试的工作内容是对学生的学习结果资料进行收集；调查的主要工作内容则是对有关人员对体育课程教学过程的意见进行收集。

（二）武术课程设置评价资料的整理与分析

将通过观察、调查和测试所得的资料，进行有目的的整理和分析，得出评价结果。为了能够更好地对评价资料进行整理和分析，将需要进行分析的评价资料做相应的汇总和归纳。

资料分析的主要内容是：将各类数据与评价标准进行比对，并对对比出的各种现象以及彼此之间的相互关系进行考察。初步分析之后，通常会发现一些较为重要的问题，这就需要对这些问题进行较为恰当、合理的解释。再将以上的初步分析结果与专家学者的评论结果综合起来，进一步深入分析评价资料，并在不断地深入分析过程中，做好一定的修改方案的准备。

四、武术课程设置评价方案的制订

（一）制订评价标准

解决了收集哪一类型信息的问题之后，就应对解释这些信息的标准予以建立。由于武术课程教学设计的评价指标的本质是所有评价因素的集合，因此，在制订评价标准时，必须充分考虑到这些因素的主次关系，对这些因素进行定量赋值或定性描述，这样才能较为准确地将评价标准确定出来。

一般情况下，武术课程教学设计的评价标准应包括以下几个方面：

（1）教学目标的评价标准：不仅要恰当、具体，还要符合《体育与健康课程标准》的要求，与学生的实际情况相吻合。

（2）教学内容的评价标准：选择恰当，安排合理。

（3）教学方法的评价标准：对于学生学习的主动性和积极性的调动有积极的促进作用。

（4）教学活动的评价标准：体现"以学生发展为本"。

（5）教学形式的评价标准：符合教学要求。

（6）教学媒体的评价标准：选择适当，使用有效。

（7）教学过程设计的评价标准：归纳为三大"符合"，即与学生学习规律相符合，与人体生理机能活动能力变化的规律相符合，与学生身心发展的规律相符合。

（8）教学效果的评价标准：效果一定要好。

（二）选择被试人员

武术课程教学设计方案同一般的体育课程设计方案不同，武术课程教学设计人员设计的方案不能随便将参加的教师或学生定为被试人员，而是应该有针对性地选择相对比较合适的被试人员。

武术课程教学设计在进行形成性评价时，只能在学生和教师中间挑选少数的样本来作为实验的对象，不会将所有的学生和教师都拿来做实验。但是，这些样本不是随意抽取的，而是选择比较具有代表性的。就学生来说，要选一些学生样本，就要求他们必须具有处于日常状态的认识水平和能力。换句话说，就是每个年级不同层次水平、能力的学生都要有，不能只选择某一层次的。通常会采取随机抽取一定的被试人员后，再根据具体情况稍作调整的方法来确定被试人员。此外，还要求被试人员的语言表达能力要强。

（三）阐明试用设计方案的背景条件

在武术课程教学设计评价过程中，试用设计方案的背景条件主要包括以下两个方面内容。

（1）设计者应说明的一些前提条件，比如进行试用课程教学设计方案的具体条件是什么，应具备或提供什么条件优势，并将受到什么样的条件限制等。

（2）课程教学设计方案的试用过程如何展开进行。比如以什么样的方式开始，以什么样的方式结束，中间要经历的环节有哪些，各个环节之间应该如何排列，如何衔接，学生要做哪些事情，教师又要做哪些事情等，这些问题都需要进行明确的说明。

（四）评价方法的选择

在武术课程教学设计方案的形成性评价中，常用的方法主要有以下三种。

1. 测试

通过运用相应的一些器材、方法，并设立一些相应的试题或项目要求来对学生的行为样本进行测量的系统程序，即为测试。测试的适用范围比较广，比如收集认知目标、动作技能目标、体能目标等的学习结果资料，也就是平时指的考试、达标等。

2. 调查

调查主要包括问卷法和访谈法两种方法。问卷法是以书面形式间接地向学生提问一些需要获取信息的问题，并且从所获取的答案中获取有效信息的方法。访谈法则是以面对面的形式或座谈的形式来直接获取信息资料的方法。调查的适用范围主要是收集情感目标的学习结果资料。

3. 观察

以达到某种评价目标为主要目的，通过体育教师对学生的行为和所处的环境进行仔细地观察，并将所观察的内容记录下来，从而获取必要资料的方法，即为观察。观察的适用范围主要是收集动作技能目标的学习结果资料。

五、武术课程设置评价方案的修改和调整

在武术课程教学实践中，只有在不断的分析、综合中不断对课程教学设计方案进行修正和完善，才能取得较为理想的设计方案利用效果。

近年来，在武术课程教学实践过程中，课程教学评价的方式也越来越多。评价方式的具体操作包括以下内容。

（一）简要操作流程

新生入学后，首先要对学生的基本情况进行初步了解，这一过程的时间为2～4周，了解的方式主要是观察、检测、问卷调查、访问等，同时还要做好记录，并根据初步了解的情况将学生分组归类。武术课程设置评价随着武术课程教学的开始同时进行，不能脱离课程教学的整个过程。

（二）具体记录标准

1. 体育与健康课程成绩的计算方法

体育与健康课程成绩（100分）＝身体基本活动能力成绩（50分）＋运动参与成绩（50分）。

2. 身体基本活动能力成绩的计算方法

身体基本活动能力成绩（50分）＝活动过程评价（10分）＋成绩进步奖（10分）＋项目考核（30分）。

3. 运动参与成绩的计算方法

运动参与成绩（50分）＝出勤情况（10分）＋课堂表现（20分）＋课外活动、早晚操（10分）＋自选项目（10分）。

（三）评价总结

教学评价除了具有提供教学效果的信息，促进教师改进教学的作用外，还有激励学生学习动机的作用，它贯穿于教学活动的始终。评价促进学习动机主要通过两种方式进行，一是通过提供应努力争取的、即时的、可达到的目标方式；二是通过提供有关学习进步信息的方法，考试结果能够向学生不断提供学习成败的反馈，这些反馈强化了正确的反应，确认了应当纠正的错误从而促进学习。

由此可见，在武术课程设置的评价过程中，要充分发挥教师的指导作用以及学生中骨干的带头作用，制订可行的、科学的、合理的、符合实际情况的评价方法。

综上所述，高校武术课程设置评价是体育教学设计的最后一个步骤，它不仅能有效地检查和发现武术教学方案中的不足，还能够及时地提供反馈信息，从而改进和完善教学设计方案，进而优化整个武术教学过程。

第五章 高校传统武术教学方法的创新研究

　　教学方法是教师和学生为了实现共同的教学目标，完成共同的教学任务，在教学过程中运用的方式与手段的总称。教学方法的选择对教学效果起着决定性的作用，用不同的教学方法，会产生不同的结果。正所谓："教学有法，但无定法。"传统的教学方法已经难以满足新时期教育需求，紧随时代的步伐，探求新的教学方法已成为必然，只有这样，教育才会向前发展，教学方法才会不断改革创新。多元化教学法是对现代教育理念最好的诠释，它以学生为主体，教师为主导，全方位、多视角地将一切可利用的因素引入教学中，立足于学生兴趣的培养，注重学生思维的启发。武术作为华夏数千年文化的承载者，在高等院校应用多元化教学方法进行传承和发扬显得尤为重要。

第一节 高校武术教学方法的基本理论

一、武术教学方法的基本概念

　　概念明确是正确思维的首要条件，是彼此交流思想的起码前提。有人说："概念是思维的细胞。细胞发生了毛病，由细胞构成的组织就会发生毛病，甚至全身都会发生毛病。同样的，在概念方面发生了毛病，就会使由概念构成的判断、推理和论证都发生毛病，思想就会不正确。"这话是很有道理的，因为只有明确了概念，正确地运用概念表达思想，我们才能深刻地明确教学方法是进行武术教学方法优化研究的必要前提。所谓概念明确，就是这个概念的内涵和外延都明确。概念在反映事物特有属性的同时，也就反映了具有这些特有属性的事物。这两个方面分别构成了概念的内涵和外延。内涵和外延是概念的两个基本的逻辑特征，其中内涵用定义来说明，外延用分类来表征。

　　形式逻辑中有两种定义方法，即真实定义和语词定义。真实定义就是揭示事物的特有属性（固有属性或本质属性）的定义，即属加种差的定义；而语词定义就是规定或说明语词的意义的定义。在此，我们主张采用真实定义，即属加种差的定义方法来分析武术教学方法的内涵。武术教学方法是教学方法系统中的一个子系统，它的属概念和种差的规定必然与教学方法密切相关，所以本文通过对教学方法的分析研究来探寻武术教学方法的属概念和种差。

　　纵观现代教育发展的历史，几乎每一种成功的教育教学思想都是以其特定的教学方法作为外化形式并在实践中发挥作用的。但令人遗憾的是，迄今为止，学术界对于教学方法概念的定义仍然是仁者见仁、智者见智，未形成一种共识。通过对现有的各种教学方法定义的归纳总结，我们认为，当前国内外具有代表性的教学方法的定义主要有以下几种：

　　（1）方法说。"教学方法是教师为达到教学目的而组织和使用教学技术、教材、教具和教学辅助材料以促成学生按要求进行学习的方法。"

（2）方式说。"所谓教学方法，指的就是为了解决教养、教育和发展学生的一定任务，教师和学生相互联系活动的种种方式。"

（3）活动说。"可以把教学方法定义为：为达到教学目的，实现教学内容，运用教学手段而进行的，由教学原则指导的，一整套方式组成的，师生相互作用的活动。"

（4）手段说。"教学方法是为完成教学任务而采用的手段。"

综上可见，虽然各种教学方法定义分别着眼于不同的侧面和角度，并且尚存在一些分歧，但是我们仍然能从中分析概括出教学方法的本质特征。经过分析总结，我们认为这些本质特征主要表现在三个方面：

（1）教学方法与教学目的密切相关，是为教学目的服务的。对于这一点，学者们的认识是相当一致的。因为在教学过程中，教学目的对教学方法具有非常重要的导向作用，如果离开教学目的的引导和要求，那么教学方法就成了没有任何意义、没有任何价值的虚幻体。

（2）教学方法反映了教学活动是由教师的教和与学生的学所组成的密切联系、相互作用的双边活动，离开了任何一方都不能构成完整的教学方法。

（3）教学方法的功能是多方面的，既可凭借教学方法使学生掌握知识、技能和技巧，也可凭借教学方法发展他们的创造能力。这些共识的取得，为我们进一步深入探讨教学方法的本质属性奠定了基础。

根据众位学者对教学方法概念的定义，我们认为教学方法本质特征还需要从两个方面加以明确。一方面是教学方法与教学方式的关系。对此，不同的学者有不同的认识。有的认为教学方法等同于教学方式，两者可以相互指称和诠释，甚至可以相互取代和替换；有的认为教学方式是教学方法的上位概念，它包含着教学方法；有的则认为教学方式是教学方法的下位概念，具体教学方式的总称和组合就是教学方法。我们认为教学方法不同于教学方式，但与教学方式有着密切的联系。教学方式只是构成教学方法的细节，是运用各种教学方法的技术。任何一种教学方法都由一系列的教学方式组成，可以分解为多种教学方式。教学方法能独立完成某项教学任务，而教学方式只被运用于教学方法中，并为促成教学方法所要完成的教学任务服务，其本身不能完成一项教学任务。另一方面是教与学及其方法的相互联系。对于这一问题，有的学者把它们的相互联系说成是"教师和学生相互联系活动"，有的说成是"师生相互作用的活动"。这种强调虽然很必要，但是其说法未免过于笼统和模糊。我们认为教与学的相互联系应该确切地表述为"教师指导学生学习"，因此教学方法就是"教师指导学生学习的方法"，而不是教师教的方法和学生学的方法的简单相加。至此，我们对教学方法的本质特征已有了比较明确的认识，但是要充分揭示教学方法的真实内涵还必须确定它的属概念。关于教学方法的属概念，有的学者认为是"方法"，有的认为是"方式"，有的认为是"手段"，有的认为是"活动"。我们认为这些观点都尚欠妥当。把教学方法的属概念确定为"方法"，犯了"循环定义"的逻辑错误；把教学方法的属概念确定为"方式""手段"等，犯了"定义过窄"的逻辑错误；把教学方法的属概念确定为"活动"，则犯了"定义过宽"的逻辑错误。所以，将这几个概念作为教学方法的属概念都是不合逻辑的。经过对各种教学方法本质特征的分析，我们认为教学方法最邻近的属应该是"操作策略"。

基于上述认识，教学方法的定义可以表述为：教学方法是在教学过程中，教师指导学生学习教学内容以达到教学目的的，由一整套教学方式组成的操作策略。在教学方法明确定义的基础上，关于武术教学方法的定义也就有规可循、顺理成章了。其定义为：武术教学方法是在武术教学过程中，教师指导学生学习武术教学内容以达到武术教学目的的、由一整套武术教学方式组成的操作策略。

二、武术教学方法的本质特征

教学方法对武术教学起着十分重要的作用，任何武术教学任务的完成，必须以武术教学方法为根本，而运用正确的教学方法或科学地运用教学方法，武术教学才有成效，否则教学效果则会事倍功半。武术教学方法非常多，有简单的，也有复杂的、各式各样的，并有不同层次的武术教学方法。而作为体育教师，应该对武术教学方法全面了解、认识和掌握，才能在武术教学实践中辩证地看待各种教学方法，有利于正确地运用或有利于武术教学方法的创新。由此，体育教师应从教学方法论角度来辩证认识武术教学方法的基本特征，才能全面掌握武术教学方法，并灵活地、得心应手地运用。

（一）丰富性

武术教学方法具有丰富性特征。武术技术动作各式各样，有简单的动作，也有复杂的动作，同时还有许多高难度动作；有单个动作，又有联合动作，还有成套动作等。这就决定了武术教学方法多种多样，非常丰富。每一个技术动作都有一整套各自的教学方法系统，即由若干个关联性的武术教学方法组成。

首先，随着武术教学改革的不断深化，广大体育教师不断深入研究体育教材教法或创新体育教学方法，促使体育教学方法越来越多，也有越来越多的教学方法适用于武术教学。同时，在当代的创新时代背景下，武术教学内容也在不断创新，针对新的教学内容，必然需要运用新的教学方法去教，才能将新教学内容传授给学生，这就需要体育教师设计创新出相对应的教学方法，才能解决体育新问题。创新武术教学方法需根据新教学内容进行钻研、分析与研究，然后才能设计出有针对性的武术教学新方法。

其次，世界上有许多时尚运动通过网络、光盘等途径传入我国各领域，许多学生非常喜欢时尚性运动，并在学校体育教学中积极推广。从而使体育教师需要不断地摸索、研究各种教学新方法，以便于进一步丰富了武术教学方法的宝库。

最后，随着相邻学科或外学科如教育学、心理学、行为科学等学科的发展，各种学科中良好的、新颖的教学方法及其他方法会积极地渗透或引入武术教学方法领域，并通过融合、改进或改造等途径，使之适合于武术教学，成为武术教学方法宝库中的一部分。例如，情境教学方法、表象教学方法、学导式教学方法等都是从教育学、心理学学科中引入于武术教学方法之中的。从辩证角度论，方法是没有界限的，关键取决于我们的思维及认识问题，其思维及认识越深广，对各种方法的有效利用率则越高。随着现代科学技术的快速发展，各种方法传播更加快捷并渗透力更强，武术教学方法领域必然会大量地吸纳各种各样的教学方法及其他方法，最终成为适宜于武术教学需要的各种教学方法，使之不断丰富。同时要认识到，教育学、心理学等学科比体育教学方法学科要发达、先进、科学，而体育教学方法学科只是在刚起步阶段，这些外学科都是体育教学包括武术教学方法学科所学习的，甚至有的是母系学科。由此可见，教育学、心理学等学科研究并创新的各种教学方法比现成的体育包括武术教学方法先进、科学，而引入这些教学方法，既能有效地推进武术教学方法的进步与发展，又能有效促进武术教学质量的不断提高，因此，积极引入这些学科的教学方法不失为丰富与提高武术教学方法科学性的一种上策。

因此，根据武术运动的各种技术动作，能演绎出各种武术教学方法，随着武术动作或创新动作越来越多，其教学方法必然会越来越丰富多彩、层出不穷，丰富性就是武术教学方法的重要特征。

（二）多样性

武术教学方法具有多样性特征。武术教学方法各种各样，有简单的，也有复杂的，可随着体育教师、学生、教学内容、教学环境等诸要素的不同而采用不同的教学方法进行武术教学。同时，随着新武术教学内容的不断引入或创新，各种新的教学方法也随之不断涌现，各种各样的武术教学方法越来越多。这就构成了各种不同的丰富多彩的武术教学方法，并随武术技术动作的不同及各种因素的制约而形成了千差万别的教学方法，构成了武术教学方法多样性的特征。

在武术教学中，根据不同教学内容、任务及教学目标等情况，必须运用相应的教学方法，并需要运用多种教学方法，而不能用固定不变的教学方法或模式，即武术教学方法不能简单地公式化和模式化。体育教师要善于根据武术教学实际去选择或创造各种教学方法并加以运用，使之符合武术教学实际的规律。体育教师要善于灵活地、艺术性地运用教学方法。武术教学方法的运用也是一门学问，要重视教学方法运用的科学性与艺术性。武术教学方法运用的科学性是指任何武术教学方法的确定和选择，都不是随意的，都有其科学根据，是根据武术教学本身具有的规律性，遵循武术教学规律，符合武术教学目的、内容、对象和教学过程动作技能形成的规律，综合考虑这些因素内在关联的复杂性，寻找并运用正确、实用、高效的武术教学方法。

武术教学方法运用的艺术性是指武术教学方法的灵活运用、巧妙运用和高效率地运用，能产生良好的武术教学效果。善于选择有科学根据的武术教学方法，并随武术教学多变的动态过程的每一情况、进度等而变化各种教学的方式方法，以利于激发学生的学习热情、活跃气氛、积极投入、提高武术教学效率与效果等。武术教学方法的运用，应遵循"教学有法、教无定法、贵在得法"这一理念，从中选择出正确的教学方法，并加以灵活运用。这些都是建立在武术教学方法多样性的基础上，才可以自由地选择或挑选适合于体育教师个人的武术教学方法。由此可见，多样性是武术教学方法的基本特征。

（三）层次性

体育教学方法具有层次性，分为体育教学思维方法、体育一般教学方法、体育各项目教学方法、体育各动作教学方法、动作各环节技术教学方法五个层次。这如同雕刻一件精美的物品一样需采用分层方法，雕刻的开始对材料进行审视、研究、定型，然后进行粗雕，再细雕，最后进行精雕、打磨、上色、抛光等一道道工序。武术教学也一样，需要采用不同层次的教学方法，才能使学生学习并掌握武术教学内容，以达到理想的教学状态。

从武术技术动作教学规律论，需遵循动作技能形成的规律。动作技能形成的规律大致可分为四个阶段：泛化阶段、分化阶段、巩固阶段和自动化阶段。体育教师在对学生技术性动作进行教学的过程中，根据动作技能形成的各阶段教学特点和要求等，需采用不同的教学方法，达到武术教学目标。这就清楚地显示出武术教学方法的层次性。

从武术教学方法的分类论，首先可分为系统性教学方法和单一性教学方法两大类，其次可分为理论性层面和操作性层面教学方法等。系统性教学方法是指每个武术教学方法各具有一整套自成系统、比较成熟和完整的武术教学的理论体系和实践操作方法体系等，包括具有其教学理念、指导思想、运用原则及运用的方式方法等，并形成自己独有的教学特色与风格。单一性教学方法一般没有自成系统的一整套理论体系或还没有达到一整套理论体系的武术教学方法，即没有完整的教学理念、指导思想、运用原则等，而只有具体的操作方法及其运用要求与注意事项而已。当然，这也可以加以转化，即单一性教学方法通过理性研究，不断充实其理论，完善其理论，当理论达到成熟阶段时，可上升为系统性教学方法。由此可见，武术教学方法可以分为多个层次，尽管目前有各种层次的分类法而难以统一，但是，武术教学方法有层次性，这是不容置疑的。因此，层次性是武术教学方法的基本特征。

（四）两重性

武术教学方法具有两重性特征。武术教学方法从时代来划分，大概可分为两大类：一类是传统的武术教学方法。它经过武术教学实践的历史筛选，弃其不合时宜的，留其行之有效的，并形成了一定程度的"一统"的武术教学方法，如常用的讲解法、示范法、分解与完整法等。另一类是现代的武术教学方法。随着现代科学技术的突飞猛进，新兴学科的不断崛起，学科与学科之间的关联程度及其渗透力越来越强，通过渗透、移植、借鉴及创造等，在体育教育界相继涌现出各种新的教学方法，如程序教学法、发现教学法、情境教学法、暗示教学法、"学导式"教学法、快乐教学法等。随着武术教学方法的不断增多，其选择运用武术教学方法的范围更加扩大，而要精确选用理想的或获得良好武术教学效果的武术教学方法的难度也随之越来越大。各种武术教学方法会使人眼花缭乱，无从下手，难以选准运用。随着现代武术教学的不断改革深化，武术教学质量不断得到提高，武术教学方法运用的科学性则越来越强，欲取得最佳武术教学效果，就必须精确地、科学地选用教学方法。这就要求体育教师必须辩证认识武术教学方法具有两重性特征，即武术教学方法具有"功能性和局限性"这两重性特征。

可以说，每一种武术教学方法都具有两重性特征：功能性特征的表现为，在运用这一教学方法时，它具有特定的教学要求和教学环境等，当具有适合于这一武术教学要求与环境的教学方法时，才能表现并发挥出该武术教学方法的良好教学功能；而当缺乏这一特定的武术教学要求和教学环境时，则教学方法难以发挥出应有的教学功能或不能发挥其教学功能而显露出局限性。因此，武术教学方法的运用，关键在于体育教师要认识和把握每一种武术教学方法都具有各自的、具体的两重性特征，只有这样，才能使选用的教学方法非常适合于学生的认识水平、接受能力以及符合武术教学实际，才能充分发挥出其最大的教学功能。体育教师只有充分把握各种武术教学方法的两重性特征，才能运用武术教学方法做到得心应手，起到事半功倍的效果，即武术教学顺手，学生学习情绪高涨，学习内容掌握进展快、效果好。

同时应认识到，武术教学方法的局限性还表现在，当采用这一武术教学方法超出于它所特定的教学环境的适应度时，就难以发挥出最大的教学功能，或所偏离的武术教学环境适应度越大，而武术教学效果则越差。

每一种武术教学方法都具有两重性这一特征，可以说这跟每一种武术教学方法所产生与形成的背景及其发展过程都有很大的关联性，都有一定的历史背景，由此而形成了各自的两重性特征。因此，只有在这一特定的武术教学环境内才具有武术教学的功能性，超出这一武术教学环境，则会呈现出局限性，因而武术教学就难以取得理想的效果，这样一来，能够辩证地看待武术教学方法的本质及其特征。因世界上根本没有十全十美的武术教学方法及其"万能"的武术教学方法，它们都有各自的弊端或局限，关键在于能不能看出它的弊端或局限。

（五）相容性

武术教学方法具有相容性特征。武术教学过程，是一个动态性进展过程，对每一堂武术教学课、每一项武术教学内容和任务及每一个武术教学目标，或每一名学生，不可能单纯地采用一种教学方法就能达到目的。如前所述，由于每一种武术教学方法都有一个特定且有效的教学范围，当超出了这一武术教学范围而难以取得较好的教学效果时，必须要采用其他教学方法加以衔接来进行武术教学，这样不断地更新武术教学方法，才能确保武术教学过程是一个全面的、完善的、科学系统的教学过程。武术教学方法之间具有相容性特征，即各武术教学方法之间具有相互依存、相互包容、相互衔接及依次作用或共同作用等特征。因此，针对武术教学内容和任务、教学对象、教学环境等，要综合运用多种教学方法，以取各种方法之长，避各种方法之短，将各种武术教学方法的不同教学功能进行优化综合，以充分发挥出组合性教学功能，或整体教学功能，克服一种教学方法的局限性或避免其教学的局限性。这样，才能使武术教学顺利地进行及完成好每一项教学任务，从而实现武术教学的目标。武术教学中无论教授哪一部分内容，都必须选用两种以上教学方法综合起来运用，各种武术教学方法能够组合在一起，加以综合运用，说明武术教学方法具有相容性特征。

武术教学方法的相容性，呈现为一种常态，是武术教学中必须考虑的问题。当然，武术教学方法的相容性，即许多武术教学方法之间具有可相容性，有的武术教学方法在一起，可以起到相互影响、相互促进、相辅相成、相得益彰的作用，不可否认，有的武术教学方法之间也存在着相互抵触、相互排斥的现象，对此，为了充分发挥多种武术教学方法的综合价值，需要考虑其相容性特征。

由此可知，武术教学方法的相容性特征，具有可互补性的特点。这是因为武术教学活动的因素是复杂的，而形成武术教学方法的因素也是复杂的，这必须全面、科学地斟酌每一种教学方法的功能性与局限性，当几种武术教学方法组合在一起时，需考虑其武术教学功能的大小、利弊，是否有副作用等。

（六）可创性

武术教学方法具有可创性特征。由于武术教学过程是一个十分复杂的动态过程，特别是武术教学对象的"活性"很大，学生身体素质、心理素质、个性特点、情绪变化等差异或落差很大，有些因素会随时变化。因此，武术教学方法的运用也无法强求统一，并随时在这些"活性变化"过程中去研究并采用新的教学方法或创新相应的教学方法。或者，由于武术教学新内容的不断引入，以及武术教学内容的不断创新，必然需要应用新的教学方法才能进行教学。而依据各种武术教学新内容，通过钻研与深入分析研究可创新出各种不同的、有效的武术教学方法来。由此可见，武术教学方法具有可创性特征。

由于武术教学方法具有很大的灵活性与独特性，它可以随体育教师对武术教学方法掌握的熟练程度，及其运用的适应度而发挥出不同程度的教学功能。可以说武术教学方法是随体育教师的认知水平和掌握水平而发挥其教学功能。因此，针对某种武术教学内容，并没有十分刻板的固定的武术教学模式或教学方式可套用，因每一种教学方法，都有不同的教学特点和教学功能，只有在一定的武术教学环境中才能充分地发挥出其最佳的教学功能。然而在武术教学环境很活跃的情景中，教学方法也是运用最活跃的，有许多教学方法需要体育教师根据各种情况的变化加以灵活地利用，有时需要进行改造与创新，才能顺利地进行武术教学。如程序教学法，根据其原理与方法，可结合自己的武术教学经验等，而创造性地应用，使之更能适合于自己的教学特点、教学对象、教学环境等。

如同一种教学方法，在同一武术教学环境中加以应用，而由于体育教师个人的教学经验和教学水平的不同，其教学效果也会不同。由此看来，各种武术教学方法会带有体育教师的个人色彩和独特的风格。教师可以根据自己的教学经验，在自我设定的武术教学环境中充分发挥各种教学方法的作用。武术教学方法经过体育教师自己的充实、修正、改进、创新等，使教学方法能更适合于自己的教学环境，更能发挥应有的功能。因此，可表现出具有体育教师自己特色的教学方法，或者这种武术教学方法带有体育教师的个人色彩和独特的风格，从而创造出各种各样的武术教学方法，这就说明武术教学方法具有可创造性。

随着体育教学改革的不断深入，体育教师的创新思维也变得更加活跃，对武术教学方法的创新研究不断加强与深入，在以提高质量为准绳的理念驱动下，钻研教材内容，创造出大量的武术教学新方法，从而促进了武术教学质量的不断提高。可以说，武术教学方法是一个非常活跃的因素。随着体育教师对武术教材内容的不断钻研与认识，以及对武术教学方法的深入辩证认识，会发现现有的武术教学方法中或多或少存在着这样或那样的不足或缺陷，从而想方设法去完善它，使它更有成效。因此，设计或创新武术教学方法，是获得较为理想的武术教学效果的有效途径。同时，武术教材内容也在不断地创新与发展，体育教师针对武术新教材，必须研究出新的教学方法去对学生进行教学，可以说创新武术教学方法已成为实施武术新教材的必由之路。目前，即使针对某一武术教材内容已有好的教学方法，然而，随着学生情况的变化、武术教学环境的不断改善等，也会暴露出不尽完善的一面，需要对武术教学方法进行改进、创新，以发挥出最佳教学效果。

可以说，武术教学方法总是在武术教学改革发展的过程中，推陈出新，促使着武术教学方法向准确性、科学性、辩证性、最佳性和系统性发展。从唯物辩证法的角度论，任何武术教学方法都是创造出来的。武术教学方法的可创性特征告诉我们，武术教学方法可以不断创新，而创新是成为武术教学方法不断增长的主要动力，可以说，创新是促进武术教学方法发展的不竭动力。

对于武术教学方法的创新研究是一个永恒的课题，而武术教学方法创新是永无休止的，只有通过不断创新，才能使武术教学方法顺应现代武术教学的改革发展，顺应学生不断求新、求善、求美的教学环境的要求。因此，武术教学方法的特征之一是可创性，我们应该认识到武术教学方法创新的重要意义和作用，努力在武术教学实践中不断创新武术教学方法，从而不断提高武术的教学质量。

第二节　高校武术教学中常用教学方法

一、我国常见的武术教学方法

（一）语言教学法

语言法，即在教学活动中，教师通过对学生进行语言指导，从而达到相应的教学效果的方法。作为一名教师，能够正确、简明、形象地使用语言，对于学生的学习和教学工作任务的完成具有重要意义。正确地使用语言，不但能够使学生更好地理解相应的学习目标和任务，还能够促进其对相应的知识和技能进行快速掌握。

因此，在武术教学过程中，教师应注重语言法的运用，注重语言运用的技巧。一般学校武术教学中语言法的形式有：讲解、口头汇报、口头评价以及口令和指示等。

1. 讲解法

讲解法，即教师将相应的动作要领、方法和规则要求等方面的知识向学生进行说明，其目的在于更好地指导学生学习和掌握相应的运动技能。讲解法是较为常用的教学方法，在运用时，应注重以下几方面问题。

（1）要明确讲解的目的

要明确讲解的目的，根据教学目标、教学内容和学生特点进行讲解。在讲解过程中，应对自身的语速、语气进行调节，并抓住教学内容的重点和难点，具有一定的目的性和针对性，这样才能够使学生明白哪些是重点和应该着重理解的方面。

（2）讲解要注重内容的正确性

在进行讲解时，应注重其内容的正确性，不管是具体的工作原理还是相关的基本知识，都应做到准确无误。另外，讲解的方式要与学生的学习情况和学习能力相适应，只有这样才能使学生更好地接受相应的知识。

（3）讲解要生动形象、简明扼要

为了使学生更好地理解相应的技术动作，讲解要做到生动形象、简明扼要。具体而言，在讲解过程中，应注重将新的技术动作和知识内容与学生已经了解和熟悉的内容联系起来，使学生更好地理解相应的动作技术。另外，教学时间有限，学生的注意力集中程度也会随着学习时间的延长而有所下降，因此，应抓住重点，简明扼要地进行讲解。

（4）注重讲解的整合性、实用性

在内容讲解过程中，针对一些知识体系和动作技术，不能将其孤立起来，要注重启发学生的发散性思维和创造性思维，使学生能够触类旁通、举一反三，更好地理解相关的知识，达到学以致用的目的。

（5）注重讲解的时机和效果

在进行讲解时，还应注重讲解的时机和效果。在讲解相应的内容时，首先应选择合适的站位，确保每个学生都能够听到相应的内容。另外，给学生进行讲解时，应充分调动其好奇心和积极性，如此才能取得更好的效果。

2. 口头汇报法

口头汇报是教师了解教学效果的重要方法之一，这种方法要求学生根据教学需要，向教师汇报学习心得和疑难问题等相关方面的问题。通过学生的口头汇报，能够使教师明确自身在教学过程中的不足，为教师提高和发展自身的教学水平提供相应的依据。对学生而言，通过这种方式不仅能够培养其语言表达能力，还能够促进其进行积极的思考，加深其对于教学内容的理解。因此，在教学过程中安排相应的口头汇报不仅有助于教师和学生素质的提高，对于教学质量的提升也有重要的促进作用。

3. 口头评价法

口头评价也是一种重要的教学方法，对于学生的动作完成情况以及课堂表现给予相应的口头评价，能够更好地促进学生的学习。口头评价可分为两种，一种为积极的评价；另一种则是消极的评价。积极的评价即为对学生的正面鼓励，这能够在一定程度上激发学生的积极性，促进教学活动的更好开展；消极评价则是否定性的评价，这种评价往往能够指出学生的不足，明确其提高的方法和努力的方向，但是，运用这种方式时应注重语气和口气。

4. 口令、指示法

在武术教学过程中，需要借助多种口令和指示，如"立正""跑""转体"等。这些语言简短有力，能够很好地指导学生进行相应的技术动作的学练。但是，运用这些口令和指示时，应注意把握其时机和节奏，否则会造成学生动作的不协调。另外，还应注重发音的洪亮有力，不仅要使学生能够清楚地听到，还应给予学生以势在必行之感。

（二）直观教学法

直观法是武术教学中较为常用的一种教学方法。通过相应的直观方式作用于人体的感觉器官，引起相应的感知，从而实现武术教学目的。一般常用的直观教学法有：条件诱导、多媒体技术、教具和模型的演示等形式。在实践过程中，人们认识事物时都是从感觉器官的感知开始的，因此，直观教学法能够使学生更易于理解相应的教学内容。

1. 条件诱导法

条件诱导法也是一种较为常用的教学方法，以某种条件为诱因，并与相应的动作建立联系，从而达到相应的教学目的。例如，通过相应的音乐伴奏和喊节拍的方式，形成一定的动作节奏感；通过简单的语言提示，使得学生的动作能够流畅进行。另外，也可设置相应的视觉标志，指示学生进行相应的动作方向和运动轨迹、幅度等方面的操作。

2. 直观教具与模型演示法

在武术教学过程中，对于一些高难度的动作可采用图表、照片和模型等直观方法进行辅助教学。通过运用这些教学工具，能够使学生更易于理解相应的技术结构和动作形象。另外，对于一些战术配合，也常采用模型演示的方式进行讲解。

（三）完整与分解教学法

1. 完整教学法

完整教学法（以下简称完整法）指的是从动作开始到结束，完整地进行教学和练习的方法。一般在技术动作的难度不是很高或技术动作不可进行分解时采用完整法进行教学。另外，在首次进行动作示范时，也会采用完整法来进行动作技术形象的示范。完整法的优点在于动作协调优美、结构简单、方向路线变化较小、各部门之间具有密切的联系；其缺点在于对一些复杂的动作而言，采用这种教学方法会为教学带来一定的困难。为了便于学生学习，促进教学活动更好地开展，应注重以下几方面的问题。

（1）在讲授一些简单和易于掌握的动作技术时，教师可以先进行完整的动作示范，示范之后，学生直接完成完整的动作练习。

（2）有些技术动作无法分解，这时要采用完整教学法。在采用这种方法时，要对其中的各项要素进行必要的分析，如动作的用力、动作转变的时机等。但是，不能拘泥于动作的细节，要从整体上进行把握，确保动作的完整和流畅性。

（3）对于一些难度动作，可适当地降低其难度，先通过降低难度或是徒手完成相应的动作，在此基础上再逐渐增加难度。降低难度时，不能使技术动作出现错误，这是基本要求。同时，在教学过程中，对于一些器材的质量以及高度、距离等标准可适当降低。

（4）采用完整法进行教学时，可适当改变外部的环境条件，在外力条件的帮助下完成相应的完整动作。

2. 分解教学法

分解教学法（以下简称分解法）即将完整的动作划分为几个部分，逐步使学生掌握完整的动作技术。这种方法适用于难度相对较高，并且动作可分解的运动项目。采用这种教学方法时，能够将复杂的动作分解为简单的动作，从而使技术难度降低，更加有利于学生的学习和掌握。但是，这种方法也有其缺点，即它注重对局部动作的分解把握，可能在一定程度上使得学生对于整体的理解缺乏全面。因此，分解教学法和完整教学法通常结合使用。

在运用分解法进行教学时，应注意以下几方面的问题。

（1）应仔细分析动作技术的特点，采用合理的方式对其进行分解，注重时间、空间等方面的有序性和统一性。

（2）将完整的技术动作分为多个环节时，应注重各个环节之间的联系，注重动作结构之间的联系性。

（3）在熟练掌握各阶段的动作之后，要注重各个环节之间的动作衔接，要保证其过渡的流畅性，形成有机的整体。

（四）游戏与竞赛教学法

1. 游戏教学法

游戏教学法（以下简称游戏法）也是武术教学过程中较为常用的一种方法，它是指教师组织学生通过做游戏的方式来完成相应的教学任务的方法。通过开展相应的游戏，使得学生之间开展竞争和合作，提升学生的思考和判断能力，促进教学质量的提升。游戏法具有一定的趣味性，能够提高学生参与的积极性，培养学生的学习兴趣，因此在武术教学中被广泛地运用。在运用游戏法时，应注重以下几方面的问题。

（1）应根据教学目标和教学内容，采取合适的游戏规则和游戏要求，确保游戏内容与教学内容相契合。

（2）采用游戏法时，学生需要遵守相应的规则。但是，应注重鼓励充分发挥学生的主动性和创造性。通过开展相应的游戏引发和启迪学生的思考。

（3）教师应做好相应的动作评判，要做到公正、客观，避免挫伤学生参与体育学习的积极性。

2. 竞赛教学法

竞赛教学法（以下简称竞赛法）即在教学过程中，为了检验教学效果和提高学生的技术水平，组织学生进行比赛的方法。竞赛法将所学的技术动作应用于实践，能够使得学生更好地掌握相应的技术动作。采用这种方法具有一定的竞争性和对抗性，学生需要承受较大的运动负荷。通过开展竞赛，能够培养学生的应变能力，对于其心理素质和意志品质等方面的发展也能起到一定的促进作用。

采用竞赛法时，应注重以下两个方面的问题。

（1）开展竞赛时，应进行合理的组织，无论是个人赛还是小组之间的比赛，其实力应相对较为均衡。

（2）开展相应的竞赛时，学生应熟练地掌握相应的技术动作，并能够在比赛中很好地运用。

（五）预防与纠错教学法

为了防止和纠正学生在练习过程中出现和可能出现的错误动作，教师在教学过程中经常采用预防与纠错法。在教学过程中，学生对于各种动作技术的掌握不标准和出错的状况是不可避免的，教师应正确对待，并注意进行有意识地引导和纠正。

预防和纠错是相互联系的。预防具有一定的超前性，要求对于可能的错误动作进行积极的引导，并要对其出错的原因进行分析；纠错具有鲜明的针对性，针对学生的错误动作采取相应的纠正措施，并分析出错的原因。

预防与纠错的具体方法有以下几种。

1. 语言表述法

为了使学生建立起正确的动作概念，应注重动作细节与要点描述的准确性，使学生能够明确理解各技术动作的标准和结构顺序。通过这种方式，能够使得学生建立正确的动作意识。

2. 诱导练习法

为了使学生的动作准确无误，可采用诱导性的教学方法，使学生达到相应的教学要求。例如，学生在做肩肘倒立时，不能将腰腹部挺直，针对这种情况，可在垫子上方悬一吊球，让学生用脚尖触球，这样学生就可以挺直腰腹部了。

3. 限制练习法

在进行相应的动作练习时，设置一定的限制条件，有助于错误动作的纠正。例如，在进行篮球投篮练习时，为了使学生的投篮动作更加协调、标准，可练习罚球线左右的投篮练习，使学生掌握正确的投篮方式。

4. 自我暗示法

自我暗示法是一种重要的方法。学生在进行相应的动作练习时，为了保证动作的准确性，在练习中有意识地暗示自己达到要求的方法。

（六）武术教学的其他方法

除了上述的教学方法之外，在创新教学理念的影响下，一些其他教学类别的教学方式也逐渐被移植入武术教学之中，如自主学习法、合作学习法以及发现式教学法等。

1. 自主学习法

为了实现相应的教学目标，在教师的引导下，学生依据自身的需要和条件制定相应的目标，选择相应的教学内容，并通过独立的分析、探索、实践、质疑、创造等方法来进行学习的方法。自主学习能够充分发挥学生的主观能动性。

在武术教学中，自主学习法指的是"为了实现武术教学目标，学生在体育教师的指导下，依据自身的需要和条件制定目标、选择内容等学习步骤，完成学习目标的一种体育学习模式"。自主有独立性、能动性和创造性等特点，有利于激发学生学习武术的积极性，培养学生的自主学习能力，确立学生在武术学习中的主体地位，提高武术教学的学习效果。

在武术教学过程中，采用这种方法时应注意以下两方面的问题。

（1）学生应根据自身的知识储备和能力水平，选择相应的目标和学习内容，并在教师的引导下进行。

（2）学生应根据自身情况，对照学习目标，积极进行自我调控，并及时改进教学方法和教学策略。

2. 合作学习法

合作学习法，指"在教学过程中，对学生进行相应的分组，学生为了完成共同的学习任务，而有明确的责任分工的互助性学习形式"。各小组成员根据自身的特点承担相应的责任，各成员之间是相互依赖的关系，在相互协作中，完成相应的任务。在武术教学中，应用该方法时应遵循以下几个步骤。

（1）在教师的引导下，学生分成相应的小组。

（2）全体成员在教师的指导下，根据教学内容确定相应的教学目标。

（3）确定各学习小组的研究课题，明确各小组成员之间的分工。

（4）小组成员合作学习，围绕相应的主体完成自身的任务，从而实现小组任务目标。

（5）各小组进行一定的学习和交流，分享相应的成果，并纠正自身的不足。

（6）对学习的过程进行评价，总结经验和得失，促进下次更好地开展学习。

3. 发现式教学法

发现式教学法是通过积极引导学生发挥自己的创造性思维，使学生在发现的过程中进行学习的一种教学方法。是一种从学生的好奇、好动等心理特点出发，以发展学生的创造性思维为目标，以解决问题为中心，以机构化的教材为内容，使学生通过再发现进行学习的方法。

在武术教学过程中，运用发现式教学方法要遵循以下几方面的步骤。首先，提出相应的问题，或是设立相应的学习情境，使得学生建立问题和困难意识，在教师的引导下进行相应的探索；其次，通过进行相应的练习，初步掌握技术动作的原理和方法；再次，通过分组讨论，提出相应的假设，进行相应的实践验证，并对提出的问题进行讨论；最后得到共同的结论。

采用发现式教学法时，应注意以下几方面的问题。

（1）教师要善于提出相应的问题和创设相应的情境，要充分调动和激发学生的积极性，激发学生学习的兴趣。

（2）教师提出的问题应适应学生的能力水平，使学生能够根据已有的知识和经验，并通过一定的探索得到相应的答案。

（3）要抓住教学的重点，引导学生对重点问题进行积极的思考，并找出解决问题的方法，启迪学生的创造性思维。

（4）采用这种方法时，应注重由浅入深、由抽象到具体，使得学习过程符合人们的认知规律。

二、传统武术教学方法存在的弊端

目前，受竞技教学思想的影响，许多武术教学方法仍停留在以传授运动技术为目的的层面上，具体方法以讲解、示范、练习为主。这让许多学校体育教师在面对新课程学习目标时感到不适应。具体来说，学校武术教学方法存在以下问题。

（一）重教师，轻学生

长期以来，在我国学校武术教学开展过程中，体育教师习惯于以教师、课堂、教材为中心，强调"教师说、学生练"，强调严密组织、严格纪律。为了实现完整的教学进程，教师传授知识是无可厚非的，所以这种教学模式在某些具体的教学内容和环节上也取得了一定的成效。但是，在如何把教师传授的内容转化为学生积极、主动地学等问题上还存在很大的缺陷。在实际教学过程中，这种重教师、轻学生的问题随处可见，学生一直处于被动、消极、受压制的地位，极易对武术课产生消极情绪，如此一来，学生不再积极主动学习，智能上得不到发展，又何谈全面发展？而且，这种教学方式还会引起影响恶劣的"并发症"，那就是教师会倾向于学生的共性特征而忽视其个性特征。学生的个性特征是其身心健康发展的客观需要，是新时期社会发展对人才的根本要求。但在学校武术教学中，教师多以学生的共性特征为出发点，能够落实因材施教的情况很少，尤其是当人多、场地和器材少时，发挥学生的个性特征更是难上加难，所以教师在开展武术教学时所选择的教学方法也更多地倾向于"大锅饭"式的教学，以对大多数学生的指导帮助为中心，忽视了对那些有特殊需求的学生的指导和帮助，这必然影响学生在武术教学活动中的充分发展。

（二）教学方法单一

目前，许多学校体育教师都不同程度地受到传统落后教育思想的影响，这导致他们在开展武术教学活动时存在教学方法单一的问题，一般表现为继承了讲解、示范和练习等传统教学方法。事实上，面对新时期新形势，武术教学的目标、形式等都发生了改变，这种教学方法也已经落后，存在各种不足，已经不能适应新形势下学校武术教学的要求。有这样的教学方法做指导，教学效果自然不会太高。

（三）重形式，轻实效

为了创新武术教学，学校体育教师采取了很多新的教学方式和手段，从"新"字上狠下功夫、狠抓落实，这固然是对的，有积极的作用，但不少教师为了达到创新，过分强调开展课程的形式，而不注重讲课的实效，像有些公开课、示范课，为了体现全新的教学，有些教师把平时很少在武术课上出现的高、尖、精道具搬到课中，虽然让人耳目一新，但是由于操作不便，可一而不可再，导致实际效果不明显。还有一些教师片面追求技能的传授，过于重视学生对武术动作的完成、对武术技能的掌握，忽视了培养学生观察、自学、创新的能力，使学校武术教学目标发生了偏差，收效甚微。

（四）重技能、轻能力

传统的学校武术教学是"直线式教学"，掌握规范化技能是其唯一目标，教师的教学方法设计依据就是学生能否在最短时间内掌握技能。这导致教师过分追求完整、系统地传授运动技能，苛求细节，忽略了学生基本运动知识的掌握，忽略了培养学生的个人能力，没有突显出"发现、探究、研究"等认识活动，抑制了学生的主动性、独立性等自主学习能力。

第三节　高校武术教学方法的创新策略

武术教学方法的改革与创新是推进高校武术教学整体改革深化的一个重要方面。体育教师运用科学、先进的教学方法，可以使学生"免得走无穷无尽的弯路，并节省在错误方向下浪费掉的无法计算的时间和劳动"（恩格斯语），使武术教学获得最佳的效果。当前，对于武术教育与教学层面上教学方法的改革与创新研究颇多，但对于武术技术性动作教学方法的系统改革与创新研究并不多见，而武术技术性动作教学方法的创新研究是深化改革武术教学方法，提高武术教学质量的重要方面。体育教师要科学、灵活、高效地运用各种教学方法，获得事半功倍的教学效果，则必须对各种技术动作的教学方法进行全面、深入、系统的研究与创新，才能剔除"费工费料"的教学方法，创造"省力高效"的武术教学方法。

教学方法在武术教学过程中占有十分重要的地位，对促进武术教学质量的提高起着十分重要的积极作用。随着武术教学改革深化与教学质量不断提高的要求，武术教学方法的改革创新首当其冲，体育教师应积极投入武术教学改革之中，不断地创造出适合现时武术教学发展的具有针对性与科学性的武术教学方法。

在武术教学过程中，体育教师运用准确的、针对性很强的、先进和科学的教学方法固然非常重要，但创造适合于现代武术教学发展所需的各种科学的教学方法则更为重要，它将有利于加强武术教学方法改革力度，优化武术教学过程，提高武术教学效果。对此，体育教师应顺应改革发展的形势，运用创造性思维等方法，针对各种武术教学内容不断改进或改革教学方法，善于创造性地设计出各种契合武术教学实际的教学新方法，才能确保武术教学质量的不断提高。这是体育教师教学心智技能不断提高的一个重要方面。

创造性地设计出各种契合武术教学实际的教学方法，就必须联系实际，特别是武术教学对象的"活性"很大，学生的身体素质、心理素质、个性特征，以及学习的情绪变化与体力变化等各不相同，体育教师的教学方法无法强求统一，必须从多方面思考而辩证地运用或创造针对性的武术教学方法，才能适合于各学生的实际需要，解决学生的学习问题。实践证明，一种新的教学方法的创造、确立，被大家所共识而采用时，将会使整个武术教学质量得到提高。

　　无疑，武术教学质量要提高，武术教学方法就要有创新。我们要跳出武术教学方法循规蹈矩的窠臼，更新武术教学观念，摒弃落后的"费工费料"的教学方法，去改造或创新出顺应现代武术教学需要的、针对性强、实效性好、科学性强的武术教学方法。由此，体育教师要立志于改革创新，以不断提高武术教学质量为宗旨，突破陈旧的思想和落后的习惯性思维等束缚，以勇往直前和不怕挫折的精神，投身于创造性武术教学之中，努力创造高效的武术教学方法。亚里士多德曾指出："捆缚的思想，也像缚住了的人，难再长进。"

　　教师对于现有的武术教学方法，乃至将来自己创新的教学方法，必须对其实质进行分析或验证，从中窥视其武术教学功能、优势与劣势等，把握其各种武术教学功能，而不能迷信武术教学方法或照葫芦画瓢。应坚信"教学有法、教无定法、贵在得法"的辩证思想，同时要不断扩大自己的知识面和掌握科学的思维方法，不断拓展创新思路，努力提高创新教学方法的能力。

　　高校武术教学内容中有相当部分是技术性动作教学，各种动作相当丰富，有易有难、有简有繁、动作种类丰富。从辩证教学角度论，武术每一个技术动作均有一套独特的教学方法体系，即使同类动作，其教学方法也各异，表现出很强的个性特征。武术每个技术动作的教学方法都是依据其内在的技术要素、结构、局部功能及整体功能而设计的，技术不同，设计的教学方法则必然不同。进一步深究，技术动作的教学方法具有功能性和局限性的两重性特征。即某一武术教学方法只有针对特定的技术动作和一定武术教学环境下才能充分发挥出它的最大教学功能，而超出这一范围就难以发挥其武术教学功能且局限性过大。体育教师应洞悉技术动作教学方法的基本特征，钻研各种武术教材内容和教学方法，认真辨别与剔除一些"费工费料"的教学方法，去创造"省力省时高效"的武术教学方法，不断提高武术教学质量。

一、武术教学方法创新的思路

　　随着武术教学改革的不断深入，武术教学内容也在不断的改革与创新，要想不断提高武术教学效益，教学方法起着重要的作用。然而，随着武术教学内容的改革与创新，国外时尚运动进入学校，广大体育教师面对新的武术教学内容需要研究出新的教学方法，这是武术教学方法创新的一方面；而另一方面，针对原有的武术教学内容，尽管前人实践并总结了一套又一套的教学方法，但随着时代的发展，思维方式的变革，武术教学对象的变化，武术教学环境的变化，体育教师的教学思想、理念及武术教学目标等的变化，不能局限于原有的教学方法的窠臼，而且原有的教学方法已远远不能适合于现代武术教学，必须走不断创新教学方法之路，才能顺应现代武术教学的发展。武术教学方法创新是不断提高武术教学质量及推进武术教学发展的内驱动力。

　　创新是推进体育素质教育的动力，更是推进武术教学方法科学发展的主要动力。一旦停止了创新，武术教学方法陈旧且缺乏活力，武术教学质量便无法提高，导致武术教学改革受阻。因而武术教学方法创新是提高教学质量的关键之一。武术教学方法创新，是时代改革的需要，更是体育教育发展的需要。武术教学方法的创新，要紧密围绕提高学生体育素质教育，培养各种能力，有利于学生终身体育等。实践证明：一种新的教学方法的创造、确立，被大家所共识而采用，将对整个武术教学质量有长足的提高。无疑，武术教学质量要提高，教学方法必须要有创新。

我们要跳出循规蹈矩的窠臼，首先要更新观念，不被旧的思想、落后的习惯性思维所束缚。亚里士多德说："捆缚的思想，也像缚住了的人，难再长进。"树立教学方法创新需要正确的动机，掌握创新思维方法，去革新传统的教学方法。对现有的教学方法既要以相信的态度，同时也要用怀疑的态度去全面深入地审视，去审视其各种教学功能的优劣、利弊等互为关系，坚信"教学有法、教无定法、贵在得法"的科学辩证思想，为强化自己的创新意识及其创新思路打下基础。同时要认识到武术教学是一个十分复杂的过程，特别是武术教学对象的"活性"大，身体素质、心理素质、个性特点、情绪变化等差异或落差很大，武术教学方法的运用也无法强求统一，必须从多方面去思考，辩证地运用创新思维方法进行创新。因此，要努力掌握各种创造性思维方式方法，逻辑思维中的辩证思维、多维思维、主体思维、散发思维、系统思维等，非逻辑思维中的灵感思维、直觉思维、想象思维、联想思维等，才能有效地发挥创新思维功能，促进教学方法的创造性行为。

（一）武术技术动作教学方法创新思路

要完成武术技术动作的教学方法创新，就要梳理出武术教学方法的创新思路。武术技术动作教学方法创新思路，可分为完整性教学方法创新的思路和分解性教学方法创新的思路。

1. 完整性教学方法创新的思路

武术技术动作教学方法的创新思路，先从其完整性教学方法的角度来思考创新。可以通过变化各个方面或方式来创造完整性教学方法：改变动作的开始姿势、动作结束姿势、动作节奏、动作速度、动作时间等方式。通过创新完整性武术教学方法，降低其技术动作教学的难度，使学生变得容易学习与掌握。

在创造完整性教学方法时，尽管对某些方面进行了改变，但其基本的技术性质不能改变，否则，不但其设计创造的武术教学方法没有多大的效果，甚至可能会造成错误动作的出现。

2. 分解性教学方法创新的思路

武术技术动作教学方法的创新思路，从分解性教学方法角度去探究，可以有更多条路径创新：将技术动作划分成几个部分，根据每个部分设计创造各种教学方法；依据每个环节技术设计创造各种教学方法；依据每个衔接技术设计创造各种教学方法等。从理论上推导，技术动作的每个部分可以创造若干武术教学方法，每个环节技术和每个衔接技术可以创造若干武术教学方法，再加上环节技术与衔接技术相互的并合程度，按不同程序（顺向、逆向、从中间向两头等）能创造出更多的武术教学方法。因而一个技术动作从分解法角度去设计创造分解性教学方法，可以设计创造出许许多多的武术教学方法，正应了"教学有法，教无定法"的教学名言。可以说，技术动作中蕴含着很多武术教学方法创新的路径，需要我们深入研究与透彻分析、潜心创造。

（二）武术技术动作教学方法创新的思维方法

武术技术动作教学方法的创新，关键源于创新思维方式，只有掌握了创新的思维方式，才能快捷、有效地设计和创造出各种武术技术动作教学方法或系统的武术技术动作教学方法体系。

1. 联想思维创新法

联想思维创新法是通过已知事物与未知事物之间的比较，从已知事物的属性去推测未知事物的类似属性，从而创造出各种武术教学方法。体育教师通常可联想以往的武术教学经验或各种教学方法，从中得到启发、借鉴而创造出各种武术教学方法。联想思维创新能力越强，越能在两类相去甚远的事物间建立联系，越容易获得突破性的创造及解决难度较大的武术教学问题。联想思维创新法既和体育教师平时知识、教学经验的积累有关，又与其观察力和想象力等有关。平时知识面广、武术教学经验丰富、观察能力强、想象力丰富，对其联系的范围越广，联系的事物越多越深刻，越善于对各种看似互不相干，实际有内在关系的事物加以联想，创造的灵感越多，发现方法的"中介链"越多，更容易举一反三，闻一知十，触类旁通。

2. 移植思维创新法

移植思维创新法是将其他学科中的各种方法通过思维加工移植到武术技术动作教学方法中而获得成功。如程序教学法等，移植到武术技术动作教学方法中成为一种很有效的新的武术教学方法。移植的方式：可以将其他领域或学科的方法整体性移植过来，也可将方法局部性移植过来等多种方式。移植思维创新法，一方面要借助于丰富的联想，善于从其他方面寻找启发加以移植；另一方面还要善于从无关的领域或其他现象中寻找线索，善于"搬来主义"为我所用。但移植思维创新法并非是生搬硬套，而必须通过认识其本质、理解其精髓、掌握其方法，或做部分改进与改革，使之适宜于实际情况并经过思维实验达到提高移植的"活性"程度，而体现善于移植思维的创新方法。

3. 逆向思维创新法

逆向思维创新法是突破常规性思维而采用反向思维的方法，通过反向的逻辑推理、辩证分析，寻求解决技术动作教学的各种教学方法。逆向思维创新法，打破我们的习惯性教学思维定式，包括顺向思维、循规蹈矩思维及封闭式思维等，促使大脑反向性思维、多向性思维，突破循章守法、循规蹈矩的思维模式，有利于拓宽创新武术技术动作教学方法的思路，容易创造新的武术动作技术教学方法。

技术动作教学方法创新有其基本规律可循，在充分认识武术技术动作教学方法的基本特征基础上，掌握创新原则和创新思维方式方法，通过许多路径能创新各种武术技术动作教学方法。同时，体育教师还应伴有强烈的创新意识和改革创新的精神，才能在武术教学实践中不断地钻研与创新，才能创新出适合武术教学需要的技术动作教学方法。

二、高校传统武术新型教学方法及其运用

（一）视频教学法在武术教学中的运用

视频教学法是以视频为工具辅助教学的方法。在武术教学中，运用视频教学法进行课堂教学，既可以将图、文、声、像融为一体，使教与学的活动变得更加丰富多彩，又可以寓知识学习、技能训练、智力开发于生动活泼的形象之中，从而激发学生的学习兴趣，变苦学为乐学。同时又促进他们的思维发展，丰富学生的想象力。它传递教学信息量大，传输效率高，能在较

短的时间内表现出丰富的内容，以多重感官刺激学生大脑，使学生对所要掌握的理论知识和技术要领感觉敏锐，理解透彻，记忆深刻，从而缩短了教学泛化过程，提高教学效率和教学质量，减轻教学负担。在武术教学中，运用视频教学法能够清楚地展现动作过程和要领，能够变快为慢，变动为静，使一瞬而过的关键动作反复回放，分解观察，促进理解和效仿，以此有效地提高武术教学效率和教学质量。

1. 应用视频教学法创建快乐的学习情景

在传统教学中，"注入式""填鸭式"教学注重了教师的主导作用，却弱化了学生的主体作用，教者发令，学者响应，身顺而心违的状况长期影响着学生，不利于学生自学能力、应变能力、独立思考能力和创新能力的培养。由于教学方法单调单一，导致课堂氛围欠佳，学生上课时正常出勤，随集体练习，下课后极少复习，导致学生缺少自我提升的参与意识，不利于提高教学效率。武术教学中所用的示范视频多是剪辑优秀运动员的视频，动作规范优美，观后引人入胜，有利于创建快乐的学习情景，激发学生的学习兴趣。在多种感官的刺激下，能更好地开发学生的创造力和想象力，给学生营造一个更好的学习空间，使其在音乐的引领下，在动画生动形象的演示下，在多姿多彩的图片展示下，拥有身临其境的感觉，更能体会教学内容。这样的新鲜感也可在一定程度上消除学生由于长时间坐着上课而带来的疲惫，调动学生学习的主动性和参与性。相对于传统教学手段而言，视频教学法直观新颖，能有效利用情景演示激发学生的学习兴趣，开发学生的潜能，使有意识的学习活动和无意识的学习活动相结合。不仅丰富了教学内容，也活跃了课堂气氛，调动学生求知的自觉性和主动性。

2. 应用视频教学法示范和引导教学

在传统的教学过程中，教师要想把传授的每一项技术都做到完整准确地示范，存在一定的困难。教师有老、中、青和男、女之分，技术水平有所差异，尤其是老年教师，运动技术水平有所下降，很多教师很难在教学中达到很高的技术水平和示范能力，难以把示范动作做得很规范，这直接影响学生的学习效果。选取优秀运动员的视频可以提高示范的水平，统一规范技术动作，帮助学生快速建立准确完整的动作表象，提高教学效率。在组织学生观看视频前，教师应该先讲解视频中的重难点，告诉学生看什么，怎么看，以便于学生将注意力集中在需要学习的内容上，而不是单纯为了兴趣去看视频。为了提高学习效率，教师应该根据教材的难易程度，合理地安排观看视频的时间。一般来说，新学习的技术应该在课前观看，复习的技术应该在课后观看。通过视频教学，学生在大脑中建立了动作表象，教师如果在前面多次领做，则能够使学生拥有可参照的实体，有利于学生更快地掌握技术动作。

3. 应用视频教学法纠正学生的错误动作

武术的特点是"三多"，即动作数量多，路线变化多，每个动作涉及的因素多。随着武术推广力度的加强，选修武术的学生越来越多，学生难以看清教师的示范动作，教师也不可能观察到所有学生完成动作的情况，导致师生交流不足，教学效率低下。课堂上学生看不到自己的动作，做的不标准或错误动作自己不易察觉，即使教师观察到了部分学生的错误动作并进行纠正，由于受到学生理解教师语言的准确度和学生对自身动作感知及动作控制精确度的影响，教学效果并不理想。教师可以在课堂上将学生练习的动作进行摄像，通过计算机处理制成教学视频，让学生自己观看分析自己的技术动作，并与标准动作进行对比，找出错误的动作加以改正。教师既可以将典型错误动作进行提炼集中点评，也可以单独录下某一个学生的技术动作，进行个性化辅导。当然学生也可以自己将练习的内容拍摄下来，使自己在课外继续进行"发现"和"探索"的学习活动。同时，有些项目技术动作复杂变化的战术内容是教师示范和语言难以完成表达的，而且技术教学要求学生在运动技能形成过程中有大量的观察、模仿、反馈、修正，需要大量的除本体感觉外的信息，特别是视听信息，传统教学媒体难以实现，而多媒体所具有的特性正可以给武术教师提供强而有效的帮助。一个功能强大的多媒体教育系统可将教育培训信息发送到任何地方，而且提供的课件不仅有文本、图形，更有声音、影像和基于动画的多媒体内容，可见它在学校武术教育领域中有很大的应用潜力。

4. 应用视频教学法突破难点

武术教学中有许多快速完成的空中技术动作，如旋风腿、侧空翻等，这些动作完成速度快，难以分解，学生很难看清动作，难以快速建立一个完整准确的动作表象而抑制学生对动作的学习。运用视频可以在课堂上对武术教学中难度技术动作进行分解分析。例如，动态慢放和逐步观察动作的过程，对难度动作的技术细节进行重难点的剖析，帮助学生感受空中动作的技术要领，使学生更快更全地建立动作表象，缩短理解记忆过程，提高教学效果，完成真人示范所不能达到的效果。除此之外，通过视频还可以分析套路的路线变化、节奏变化以及对不同技术流派风格的对比分析等，拓展学生视野，丰富技术教学内容。教学过程中适当地运用多媒体技术会产生锦上添花的效果，它使抽象的概念、难懂的文句转化为形象直观的画面，成为学生理解武术动作的有效途径，弥补教师身教言传的不足，化解常规教学中的难点。

5. 应用视频教学法拓展学生的学习内容

武术教师在教学时往往较多地安排自己擅长的内容，对于自己不擅长的内容，教师很难做到高水平地示范。一个失败的示范会降低教师在学生中的影响力，这在很大程度上决定了教师偏向于安排自己擅长的教学内容。课堂是学生获取学习资源信息的主要途径，长此以往，必将影响学生的全面发展。现代社会，知识迅速膨胀，武术领域也不例外，因特网遍布全球，信息共享全球化已成为必然趋势，教师掌握的知识不可能满足所有学生的长期发展需要。教师应该"授之以渔"。视频教学就是个很好的方式之一，帮助学生学会使用视频等网络资源，使学生不断拓展学习，广泛涉猎，教师对学生学习的过程给予指导，为学生树立终身武术的思想打下基础。任何事物都有两面性，多媒体教学方法也不例外。视频教学法拥有众多优点，可以激发学生的学习兴趣，辅助分析技术动作，突破重点难点，提高教学质量和教学效率。但是多媒体技术在武术教学中广泛应用的同时也暴露出了不少问题，例如，部分教师认为只要用了"先进"的教学手段，教育理念自然会跟着先进。于是"填鸭式"教学便由"人灌"变为"电灌"，换汤不换药，教师依然是讲解的中心，学生依然是被动的接受者。多媒体教学容易使教师步入一个误区，以为多媒体教学在课堂应用中就是要尽可能地发挥它的优越性，尽可能多地使用它。步入误区的教师，在课堂上无论是否有必要使用视频时，都会选择使用视频，结果使学生的注意力过多地放在多彩的画面中，忽略了对教学内容的把握，导致课堂上偏重了人机交流，弱化了师生互动，教学效果低下。应用视频教学法时应正确处理好教师、学生、视频三者之间的关系，使视频发挥应有的作用，切勿将视频辅助教学变成教师辅助视频教学。

视频教学法可以完善武术教学，提高教学质量和教学效率，但这并不意味着视频教学法可以取代传统教学方法，二者各有所长，武术教师应该不断地学习先进的教育理念和教学技术，从实际出发，取长补短，以达到更好的教学效果。多媒体教学手段给教学带来了全新的理念，它可以化抽象的概念于具体而生动，易于理解。直接作用于感官刺激的知识让人更容易接受，更感兴趣，更愿意去继续探索，从而让枯燥的武术学习变得真正快乐起来。学习习惯的培养也不再显得生硬，而是水到渠成。这就是视频教学无可比拟的优势。

（二）"导学－学导"教学法在武术教学中的运用

在全面推行素质教育的今天，作为武术教育工作者，首先要做的便是转变教育观念，创新教学方法，优化教学过程，这样才能达到理想的教学效果。武术作为中华传统项目，其健身、娱乐和可观赏性深受高等专科学校学生的喜爱。目前，我国高等专科学校武术课程的教学基本沿袭传统的教学方法，限制了学生创造性思维的形成和个性的发展，不利于高校对人才培养的需求。"导学－学导"教学法应当是现代教学法中一种应用较为普及的教学模式，但是，把二者结合起来进行研究的文献资料尚不多见。本部分内容对"导学－学导"教学法在武术教学中的运用进行探讨。

1. 武术"导学－学导"教学法的理论解析

（1）武术"导学－学导"教学法的理论基础

现代教学论的代表，苏联心理学家、教育家赞可夫认为，传统的教学体系只注重传授知识、技能和技巧。他提出：教学应该同时完成掌握知识与促进个性发展的双重任务。要"以尽可能的效果来促进学生的一般发展"。为了体现教学与发展的主要思想，实现"以最好的教学效果来达到学生中最理想的发展水平"，赞可夫提出的教学原则包括：使学生理解学习过程的原则；使全班学生包括后进生都得到发展的原则。

苏联著名教育家苏霍姆林斯基教育思想的核心是全面和谐发展的教育，他认为"学校教育的理想是培养全面和谐发展的人，社会进步的积极参与者"。教学应使每个学生都发展自己的个性，"要在每一个人的身上发现独一无二的创造性劳动的源泉，帮助每一个人打开眼界看到自己"。要因材施教，让每个人的才能都得到尽量的发展，成为一个全面发展的人。

加拿大华裔教授江绍伦在其所著《课堂教育心理学》的序言中指出："教与学不单纯的是信息与材料内容的机械传递和机械习得。心理学家比过去任何时候都相信，倘若一个人缺乏动机，看不出学习活动的意义，不主动参加学习，那么尽管教师试图去教他，仍不可能导致有意义的学习。"所以，教不是单方面的活动，它包括教师与学生之间的相互作用，正是在这种相互作用中，信息、技能、感情与理解得以出现、感染、察觉、同化和分享。从动机理论来看，合作的目标结构创设了只有小组和小组成员都成功，每个成员的个人目标才能实现的情境，为实现个人目标，合作的小组成员必须尽力互相帮助，特别是鼓励他们的同伴做出最大的努力，在评价小组合作表现之后对小组进行奖励，能够产生组中成员相互之间对任务相关行为给予社会强化的人际奖励结构。

美国心理学家罗杰斯指出：在学习过程中获得的不仅仅是知识，而且更重要的是获得如何进行学习的方法或经验。很多有意义的知识或经验不是从现成的知识中学到的，而是在做的过程中获得的。美国心理学家布鲁纳认为：从事物变化中发现其原理原则，才是构成学习的主要条件，因而提出了"发现学习"法。学生一旦发现错误而自行改正之后，其所产生的反馈作用，远比外在奖励更有价值。"导学－学导"教学法正是依据上述理论，从依靠经验的教育发展到科学化教学的一种教学方法，它使理论与实践相结合，使教的方法与学的方法在行动上协调一致。

学生在积极参与教学活动中增加自己的学习经验，发展自己的探索能力和创造能力。教师能及时了解学生掌握动作、技能和自我发展的状况，使自己的教学活动更符合学生的实际，在"导学－学导"教学法的实施过程中，学生的智力活动过程及学生认识活动的水平（再现性、启发性、创造性等），以及学习动机、学习兴趣、注意力、思维状态、求知欲望等均在参与过程中得到暴露，这种显示出来的信息，对师生双方的自我调整和控制都是有利的。

（2）"导学式"和"学导式"教学法的特点

"导学式"教学法的特点是以教师直观的动作示范来传授动作技能为基本特征，其主要的功能是以动作示范为先导，使学生一开始就建立正确的动力定型，获得技术动作的感性认识，为掌握动作技能的理性知识奠定基础。它突出了直观教学的作用，可启发学生的形象思维，激发学生的兴趣，调动其学习的积极性。但教学内容的枯燥单一不能使学生长久坚持学习，学生的受挫折感较大。"学导式"教学法则以"先学后导"为基本特征，它的主要功能是通过学生练习，激发学生自学的内因，使学生理解和掌握知识技能，教师在学生自练后的讲解、示范都是围绕学生提出的质疑或教学关键进行重点的精讲和点拨。其基本原则是"学前导后"，只适用于有一定自学能力的学生，并且教材前后联系密切。"导学式"和"学导式"教学法在应用范围上存在一定的局限性，对于自身素质较好的学生有一定作用，但对于大多数学生来说普遍难度偏大，特别是对于难度较大的武术教学不完全适用。

（3）武术"导学－学导"的教学方法

通过结合多年来的武术课教学实践，对"导学"式和"学导"式两种教学法的结合，取其所长，避其所短，研究制定了该教法模式，并应用于武术实验班教学。

"导学－学导"教学法是教师导入新课内容，使学生了解教学目标及要求，并从直观教学出发，教师对技术动作进行示范，或向学生展示图片、模型等直观教具，学生按照教师提出的要求各自练习，互相探讨，教师巡回指导，在学生"卡壳"时给予启发点拨。在自练之后，教师组织学生交流汇报，各自对所学技能发表看法和演示，教师对共性问题和学生质疑进行示范、答疑。再练习一段后，教师进行重难点的精讲和示范，并指出技术练习中出现的错误动作以及多余动作，使学生的动作技能不断完善。学生通过认识—实践—再认识后，教师有目的地引导学生将所学知识技能进行再实践，从而帮助学生尽快建立正确的动作技术概念，使之逐步深化为自我锻炼的能力。

"导学－学导"教学法的核心是通过充分发挥学生的主体作用，使教育者与被教育者双方互助，共同促进，共同提高，以发展学生的智力，培养学生的健全人格，训练学生的思维。这种教学模式要求教师改变传统的教学观念，让学生充分参与课堂教学活动，充分表现自己的才能，充分发展自己的个性，让学生成为课堂教学的主人。

"导学－学导"教学法中的"学"和"导"的含义及其相互关系："学"主要是指学生的自学；"导"主要是指教师的指导、引导、辅导和因势利导等。学与导二者是对立的统一、相互联系、相互制约、缺一不可的。学，强调学生乐学、会学、主动学；导，强调教师要发挥引导、传导、开导作用。通过导趣，引导学生乐学；通过导思，引导学生活学；通过导法，引导学生会学；通过导做，引导学生善学。以真正提高课堂教学的效能，实现课堂教学的艺术境界。教师根据学生的需要进行传导，根据运动心理学进行开导，把培养学生良好的素质和自学能力作为教学活动主线贯穿全过程。教师的"教"服务于学生的"学"，把教与学的重点放在"学"

上，培养学生自己积极主动去学，并能在学的过程中善于总结规律，进而探索研究分析问题。

所以概括地说，"导学－学导"教学方法乃是学生在教师指导下进行自学的一种教学方法。其实质是以学生为主、教师为辅的综合教学法。在充分发挥学生主动性的基础上，教师给予正确的指导，从而调动教学双方的积极性，优化教学过程。

2. 武术"导学－学导"教学方法的程序

武术"导学－学导"教学方法与传统教学方法并不冲突，而是相辅相成的，是对传统教学法的优点与现代教学成果的综合利用。它是在传授基本技能的基础上，引导学生思考问题、解决问题、培养学生的合作精神、自学自练能力，为学生综合素质的提高和今后的自我锻炼打下基础。

（1）导学阶段

导学包括："课前导学""课中导学"。课前导学：实验班采取第一周宣布本学期教学计划、教学内容、考试项目和标准。将根据教学进度编写的提纲发给学生，如太极拳课程的导演，其内容有太极拳学习目的、要求、方法、进度安排、建议等。例如：在学习建议中指出太极拳长期练习对人体的生理和心理都有积极的影响，虽然在短时期内不一定有明显效果，但长期练习会受益终身等。在开课前教师通过对学生的"目标导学"，使学生明确学习目标，对武术产生浓厚的兴趣和求知欲。在武术课上通过教师的点拨，达到掌握武术运动知识、技术和技能的目的。课中导学：教师导入新课内容时，讲明教学要求、学习方法及应该注意的事项等指导意见，让学生了解并明确教学目标及要求，让学生带着问题去看去学习。可通过多媒体教学，让学生观看录像、幻灯片等，也可展示技术动作图片、模型等直观教具，对较难的动作进行示范，但不作系统讲解。

（2）自学自练阶段

学生在看了图解、动作分解简说、教师示范后进行练习。先自己学习，回忆动作，然后小组内的几人互相探讨切磋，教师巡回指导，了解技术动作掌握的情况，及时给予指导，在学生"卡壳"时给予启发点拨。而学生通过第一阶段的"导学"，在自练、互练中根据图解和动作分解简说进行比较练习，并分析动作存在差异的原因，练中有想，想练结合，充分调动学习积极性，促进对二十四式太极拳动作的学习与初步掌握。

（3）学导阶段

在练习之后，教师组织学生进行相互交流、讨论、比较、对比，各组可派出代表质疑、解疑，学生之间集思广益，取长补短，发表对学习武术动作存在问题的看法。以激发学习兴趣，开拓思维，提高表达能力。教师在这一阶段中根据发现的共性问题及学生的质疑进行示范讲解。这阶段的示范面应该根据具体动作来确定，目的是使全体学生都能看清楚，可采用背面、侧面、慢动作示范，并配以生动形象的语言来激发学生的感觉注意，使每一个学生的各种感觉都能积极地参与活动。尤其要突出重点，突破难点精讲。在此基础上指导下一阶段的练习，提示有关的练习方法，提出相应的要求，使学生在学习后的"导"中加深对正确技术的认识，并顺利地投入下一练习阶段中。

（4）实践阶段

教师在解决了疑难问题之后，做精练完整的讲解示范，使学生在明确技术的难点和关键基础上形成整体的动作概念。在实践环节中，可以通过武术动作的攻防练习，提高学生对武术动作的进一步理解，增加他们的学习兴趣。这一阶段可以单独练习，也可以小组的形式对太极拳动作边练习，边议论，边改进提高。

（5）巩固提高阶段

当学生通过以上阶段的学习，对各个动作基本掌握后，在套路练习时，教师则采用口令引导示范和选派动作做得较正确的学生在队伍四周做领做员，使学生在口令指挥下能基本上完成太极拳的套路练习，巩固与提高太极拳技术动作，然后让学生单独演练，提高自练能力。

（6）评价总结

评价包括"课前评价""课后评价"和"阶段性评价"。课前评价：在课上没有进行新课前进行检测，以师评为主，用来检测学生在课外的自学情况。课后评价：在课上巩固提高阶段后对学生进行考评，包括自我评价、互相评价、教师评价。阶段性评价：包括期中评价、期末评价等。根据《全国普通高等学校武术课程教学指导纲要》中武术课程评价标准进行三评（自我评价、互相评价、教师评价）。在互评中包括小组评价。小组评价：小组成员之间的评价、各组间的评价。

（三）探究教学法在武术教学中的运用

1. 探究式教学的概述

（1）探究式教学的内涵

探究式教学是 20 世纪 50 年代由美国芝加哥大学的施瓦布教授在"教育现代化运动"中提出的。他认为：在教学过程中，学生应像科学家一样去发现问题和解决问题，并且在探究过程中获取知识，培养能力特别是创造能力，同时受到科学方法、精神、价值观的教育。《全国普通高等学校武术课程教学指导纲要》第九条指出：要充分发挥学生的主体作用和教师的主导作用，努力倡导开放式、探究式教学，努力开拓武术课程的时间和空间。探究式教学是指教师在教学中通过创设必要的条件和氛围，提出诱导性问题，启发学生运用已有知识，通过观察、判断、思维与分析，探索事物的本质属性与内在联系，从而触类旁通，达到加速技能形成的一种教学方法。其实质上是一种模拟性的科学研究活动，包括相互联系的两个方面：一是一个以"学"为中心的探究学习环境；二是给学生提供必要的帮助和指导，使学生在探究中能明确方向。它注重培养学生的探究性和创造性，要求教师用探究的方式展现、传授知识和技能，引导学生学习。

（2）探究式教学的基本原则

探究式教学的基本原则是：由学生自己亲自制定获取知识的计划，能使学科内容有更强的内在联系，更容易理解，教学任务有利于激发内在动机，学生的认知策略自然获得发展。同时，在这个过程中，学生还认识到能力和知识是可变的，从而把学习过程看作是发展的，它既要以现有的学习方式为基础，又要将其不断地加以改进和提高。

（3）探究式教学的类型

探究是一种涉及形成问题、观察、建立假设、分析、解释预测、做出结论等多方面的复杂活动。一般从师生在教学中所起作用的程度不同，将其划分为定向探究与自由探究；按学生思维方式的不同，将其划分为归纳探究和演绎探究。

①定向探究与自由探究

定向探究是指学生所进行的各种探究活动是在教师提供大量的指导和帮助下完成，既包括教师提供具体教学事例和程序，由学生自己寻找答案的探究，也包括教师给定要学的概念或原理，由学生自己发现它与具体事例的联系的探究。虽然在进行定向探究教学时，教师会给学生提供大量帮助，但学生在观察和分析数据、建立假设、判断推理及做出结论时，教师不能直接施教，而是必须尊重学生的推理和见解，通过引导帮助学生获得探索解决问题的途径。一般而言，学生在初次进行探究学习时，由于缺乏探究经验，需要教师的指导，宜采用定向探究。在开展定向探究教学时，教师为学生提供指导和帮助，应视具体学习内容和学生的实际能力水平而定。提供的指导和帮助应以使学生能够成功进行探究活动，免受太大失败或挫折为原则，同时在指导和帮助时应尽量用提问的形式，恰当的时机和问题，能促进学生积极参与创造性的调查研究。

自由探究是指学生开展探究学习时，极少得到教师的指导和帮助，而是自己独立完成。开展自由探究时，学生自己提出探究的问题，确定探究的对象，设计探究程序，收集所需数据，检验假设，直到最后做出结论。在自由探究时，教师的作用主要是在于给学生提供所需的资料，起到活动辅助者和组织者的作用。从这一点而言，自由探究与定向探究是不同的。自由探究对学生的要求更高，同时也为学生提供了更多、更好地发挥创造性的机会。因此，自由探究适合从事过一定定向探究，并已获得某门学科相应知识，知道如何着手解决某方面问题的学生。由于自由探究要求学生独立地发现问题、形成假设、收集数据、检验假设、得出结论，整个探究的过程不仅需要花费大量的时间，而且极易出错，因此不适合在课堂教学时大量使用自由探究，否则将很难完成教学大纲所规定的教学内容，建议将自由探究运用到课外活动进行。

从水平上讲，定向探究是探究的低级阶段，自由探究是探究的高级阶段。没有开始的定向探究，也就没有后面的自由探究，因此定向探究是自由探究的基础，自由探究是定向探究的延伸和发展，也是定向探究的最终目的和归宿，两者相辅相成，紧密联系，没有绝对的界线。为了更好地实现由定向探究教学向自由探究教学过渡，可以从形成问题、建立假设、制定研究方案、检验假设四个维度来划分探究教学的开放水平。

由定向探究到自由探究，教师的作用越来越小，学生的独立性将越来越强。在探究式教学中，教师应注意循序渐进原则，从低水平开始，待学生有一定基础后再尝试更高水平的探究教学，逐渐过渡到高水平的教学。同时，教师还应注意根据教学实际的具体情况，灵活地做出相应的调整。

②归纳探究与演绎探究

归纳探究是从个别或某类事例出发，经过探索得出一般结论的探究。在归纳探究活动时，学生先获得一系列观察资料，然后对它们进行观察分析，形成假设，经过检验后形成概念、原理或得出某种概括。因此，归纳探究的特征是"经验先于概念或原理"。

归纳探究具有多方面的作用：

第一，它是由学生通过积极动手、动脑的活动，并达到一定的理解，是教授科学知识的有效教学手段。

第二，通过归纳探究活动，能够使教学组织形式多样化、灵活化，从而调动学生学习的积极性和兴趣，激发学生的学习动机。

第三，由于归纳探究要求每一位学生自主观察和思考，并全程参与探究活动，因此提高了教学的参与程度。

第四，有利于发展学生的观察、分类、假设、预测、推理的技能。总之，运用归纳探究教学不仅能有效地教授科学知识，而且能培养学生探究的态度，促进学生的全面发展。

演绎探究是指教师在给出规则（概念或原理）后，能够引起学生积极主动探索规则与具体事例的实质性联系。与归纳探究相反，演绎探究的典型特征是"概念或原理先于经验"。演绎探究教学大体分两个阶段：第一阶段为讲解式，主要是介绍要学的概念或原理；第二阶段为探究发现，要求学生举出与概念或原理相关的事例，并分析它们之间的联系。从某种角度上看，归纳探究与演绎探究的区别，并不在于所教的内容或使用的实例，而在于呈现实例的顺序。实践表明，在教学内容多、难度较大、教学时间有限时，采用演绎探究教学效果较好，能够避免因所要教授内容的较难、较多，而导致学生探究方向及结论偏差过大的问题。

在实际教学中，归纳探究与演绎探究往往紧密交织，不可分割。归纳探究教学中渗透着演绎，演绎探究教学时需要归纳，因为演绎以归纳为基础，归纳需要以演绎作为指导。因此，在探究式教学研究时，不可偏重任何一种，应当两者兼顾。

从上述两种维度分析探究式教学的分类结果中，还可将其重新组合出四种类型，即：定向归纳探究、自由归纳探究、定向演绎探究、自由演绎探究。现有文献研究主要集中在归纳探究教学上，以定向归纳探究教学为主。

（4）探究教学的特点

①重视以培养科学素养为目的

探究式教学的根本目的不是将少数学生培养成科学精英，而是要引导学生主动去研究事物与现象，通过能动的探究过程来理解知识的内在联系，从而能够灵活地掌握科学知识和方法，提高探究的能力，养成科学态度和科学精神，成为有科学素养的公民。

②既重视结果，又重视知识的获得过程

探究式教学注重培养学生掌握调查、观察、实验以及现代信息技术等科学研究的方法和技能，在掌握知识、完成作品的过程中得到科学思维、方法技能的训练、科学精神的养成，并对所要学习的知识有所选择、批判及运用，进而有所发现和创造。因此，探究式教学不仅重视研究的结果，而且高度重视知识获得的过程，把学习方法和科学过程的训练放在极为重要的位置。

③重视学以致用

探究式教学重视知识技能的获得和应用，而不在乎掌握知识数量的多少。其目的是发展运用科学知识解决实际问题的能力，这是它与一般知识、技能学习的根本区别。探究式教学虽然也有发现学习的特点，但在学习内容上侧重于问题解决。由于解决问题的途径很多，答案也不止一种，甚至没有最佳的答案，因而能够使学生在解决问题的过程中，领悟到科学的暂时性和发展性。由于学生面临解决的问题涉及的知识面较广，内容甚至可能是跨学科的，也体现出探究式教学带有综合性的特点，这就要求学生在解决问题的过程中综合应用多方面的知识，因而有利于培养学生的实践能力，做到学以致用。

④重视全体参与

探究式教学有别于培养少数天才的精英教育，它重视全体学生共同积极参与，在参与各种探究活动的过程中，提高自己的创造意识和创新能力。探究式教学的组织形式包括独立学习与合作学习，其中小组合作学习占据着极其重要的地位。由于探究式教学是围绕问题的解决来开展活动的，而需要解决的问题往往是综合、复杂的，这就需要学生依靠集体的力量进行分工合作完成。通过分工合作，共同参与探究，学生可以取长补短、相互促进，从而提高探究效率。在共同探究的过程中可以让学生学会相互交流、合作；学会相互理解、尊重、倾听、包容，培养其合作意识与能力。

⑤重视以学生为中心

探究式教学要求教师把科学当作一种过程，而不仅是作为结果的知识体系，探究过程的各种活动都应当与学生的兴趣和能力水平密切相关，学生只是在教师的引导下独立完成。教师的职责是在于促进探究活动的顺利进行，学生则要求其认知、情感、意志、行为达到高度统一，全身心地投入到探究活动当中。要想引起学生这种全身心投入的状态，在探究教学中就必须以学生为中心，使学生对观察、提问、预测、推理等探究活动既感兴趣，又力所能及。

⑥重视有意义的探究学习

事实上，并不是所有探究形式的学习都是有意义的学习，只有满足有意义学习条件的探究学习才是有意义的。有意义的探究教学表现在如下方面。

第一，探究问题具有潜在意义，要求学生原有的知识和经验对于解决当前所要探究的问题必须是充分的。

第二，学生具有强烈的问题意识和探索欲望。

第三，解决问题的过程具有意义。

第四，新旧学习知识的内化过程具有意义。

只有满足以上几点的探究教学才是有意义的探究式教学，才具有重要的现实价值。

2. 探究式教学在高校武术教学中的重要作用

在高校武术教学中开展探究式教学具有以下重要作用：第一，探究式教学可以在武术课上营造逼真的"武林"环境，能够激发学生的学习兴趣和热情，激发学生的学习动力。第二，探究式教学强调以学生为主体，以教师为主导的"双主模式"。教师首先引导学生发现问题，然后给予学生充分自由的空间去思考问题、分析问题、解决问题，并让学生在此过程中获取知识，提升能力。这种教学方式有别于传统的被动学习的模式，变被动学习为主动学习，有助于调动学生的学习积极性、主动性和创造性。第三，探究式教学倡导团队协作。在教学过程中，学生发现问题后，各抒己见，然后自由组合，共同商讨解决问题的方案。不同的学生，不同的思维，不同的灵感就会在交流中碰撞迸发，既拓宽了学生思维的深刻性和广阔性，又增强了学生的团队协作和人际交往的能力。综上可见，在高校武术教学中，探究式教学能够通过各种方式发挥学生的主体作用，激发学生习武、研武的热情，解决高校学生习武兴趣逐步减退的问题。

3. 探究式教学在高校武术教学中的应用

（1）创设实战情境，挖掘探究动机

在教学开始之前可以放一些武术背景音乐，例如，《男儿当自强》《精忠报国》《中国功夫》《醉拳》等。这些背景音乐可以迅速地调动起学生的习武热情，让学生热血沸腾，产生跃跃欲试的冲动。有条件的院校，可以播放武术相关的视频，例如，"散打王争霸赛"的片段、省级以上武术比赛视频、电影明星的习武片段等，提高学生学习武术的欲望。

（2）以技击为核心，提炼教学内容

通过调查发现，大部分学生对武术感兴趣，除了愿意学习和了解中华武术的博大精深以及其深刻的文化内涵以外，将其作为一项实用性较强的防身技能也是他们学习武术的重要原因。武英满在《关于北京非武术类高校武术课程现状及改革研究》一文中，通过问卷调查发现："很多学生的学习兴趣来源于对影视中武林高手的崇拜，渴望学到中国传统武术是具有真正技击的内容，而不是花架子。"陈秀霞也在"调查学生最感兴趣的武术内容分析中发现，学生对攻防技术的学习兴趣较高，教师在武术教学过程中，在对套路动作的讲解时多侧重攻防技术的讲解和演练，这样可以提高学生学习武术的积极性。"

由此可见，除了武术蕴含的民族文化以外，学生对武术最感兴趣的地方就是技击。因此，在高校武术教学中，我们应该根据学生的需求尽可能更新教学内容和方法，尤其在武术散打中需要更改原有的教学内容，进而增加柔术、擒拿技巧等技术学习，以此来促进高校学生参加各类比赛，适应市场化需求，提高学生的学习兴趣。

（3）围绕技击内容，优化教学形式

确定技击动作为教学内容，然后以此为中心展开教学、训练。以"格挡冲拳"为例：首先，教师做动作示范，讲解格挡冲拳的技击要素。其次，引导学生分析影响技击效果的因素。若想拳打得更有力度，就需要有更强的臂力、腰腹力量和腿部支撑力量；若想打得更快速准确，就需要身体有更好的协调性、柔韧性。再次，根据提高技击效果的需要制定身体素质练习的内容和方法，如利用俯卧撑练习提高臂力，利用蛙跳练习提高腰腹力量和腿部支撑力量，利用转腰和拉伸练习提高柔韧性，通过套路练习提高自身协调性。最后，经过一段时间的训练后，检验"格挡冲拳"的技击效果，再根据训练效果的反馈修改训练方法，依次循环。如此，学生不但对武术动作本身的兴趣日渐浓厚，而且对身体素质的练习也越来越重视。

（4）突出实战技击，践行武德、武礼

在探究式的武术教学中，其考核评价也与传统教学评价不同。探究式武术教学注重学生对技击探究过程的评价，重视形成性评价与学生的自我评价，关注学生学习能力、创新意识、合作精神、实践能力等综合素质的发展。此外，武术的探究式教学更注重的是动作的实战技击性，提倡技击动作要学以致用，在用的过程中检验学习效果，并不断体会、思考、练习、进步。在考核过程中要包含技击动作的限制性两两实战，相互检验动作的技击效果。追求技击的过程亦是武德、武礼的践行过程。

（四）游戏教学法在武术教学中的运用

从游戏自身特点到游戏应用于武术教学中的价值，将游戏应用到武术教学，对于学生身体素质的发展以及武术知识技能的积累都具有重要意义。通过在武术教育中开展游戏活动，可以让学生将武术训练和娱乐结合起来，在此过程中养成良好的纪律意识、团队合作意识以及顽强奋斗的品质。而在高校中开展武术教学，不仅有利于强健学生体魄，同时有利于对我国传统文化的弘扬。在高校武术教学过程中，游戏教学法的正确运用不仅能够有效调动学生学习兴趣和参与积极性，还能够有效推动高校武术教学水平与质量的提升。因此，在高校武术教学过程中，教育工作者必须对游戏教学法的运用做出研究，特别是游戏教学法的目标、内容，而运用策略和游戏设计原则等问题需要得到进一步的明确。鉴于很多武术游戏广大的受众群体，因此，我们这里所描述的游戏同样适用于高校学生。

1. 游戏教学法概述

（1）游戏教学的概念

传统的武术教学方法相对比较呆板守旧，以至于学生在学习过程中没有足够的兴趣，游戏教学法恰好规避了这个弊端。在武术教学过程中运用游戏的方法，能帮学生们营造一个轻松愉悦的学习氛围，能够提高学生的积极性和主动性，还可以通过游戏的刺激帮助学生更好地掌握学习内容。游戏法教学，就是实现教学与游戏的有机结台，来提高教学和学习的质量，让学生在快乐中学习挖掘潜力及培养自主学习能力。

游戏教学法是指将游戏方法和教学内容相结合，其基本原则要从游戏和教学两个方面来阐述，设置创新的游戏方法，营造愉快的学习氛围，引导学生在轻松的游戏实践过程中达到教育的效果。教学的重点是，教师要熟练掌握并运用所要传授的知识，分清什么是重点什么是难点。游戏教学方法是教学改革阶段性创新的成果，其具有一定的影响和价值，能够逐渐成为广受教育工作者欢迎的教学模式。

（2）游戏教学的分类

①按照武术游戏使用的器材分类

按照武术游戏涉及的器材，可以将武术游戏分为以下两种：即徒手武术游戏和器械武术游戏。首先，徒手武术游戏是指基于不需要器械的武术开展的武术游戏，如武术套路中的单练、对练、散打和推手等，基于这些武术套路开展的武术游戏就是徒手武术游戏，按照参与人数的不同，徒手武术游戏还可以分为单人游戏、双人游戏和集体游戏三个小类别。其中，双人游戏主要是针对武术模拟动作开展的攻防游戏，一般情况下是按照事前制订好的规则进行踢打摔拿，依靠掤、捋、挤、按、采、挒、肘、靠等技法开展的游戏娱乐活动。双人游戏的应用范围较广，可以在武术教学过程中随时进行。例如，武术教师在进行动作讲解和示范的时候，就可以引入双人游戏，更好地讲解武术动作和套路，帮助学生理解记忆。而集体游戏一般情况下是教师为了加强学生的武术教学记忆采取的游戏教学方式，对学生进行分组，将武术套路分解为不同的部分，制订相关的规则，让学生在一定的主题氛围中充分参与到游戏中，既能收到良好的教学效果，又能让学生乐在其中。其次，器械类武术游戏是指手持相关的武术兵器开展的武术套路练习的游戏，武术器械多种多样，并且不同的器械有着不同的技术特点和武术风格。同样的，按照参与人数的不同，器械类武术游戏又可以分为单人器械游戏和对练器械游戏两种。由于每一种器械对武术基本功的要求不同，因此，在器械武术游戏中，器械是游戏的道具。在进行武术游戏创编的过程中，除了要考虑武术套路以外，还要对器械的使用进行研究，教师要根据教学内容选择不同的辅助教学手段，让学生在武术器械的使用过程中应用武术游戏，让学生认识器械、熟悉器械、会用器械、用好器械。

②按照武术课程结构对武术游戏进行分类

按照武术课程结构，可以将武术游戏分为准备活动游戏、武术技术类游戏和放松游戏三个主要类别。其中，准备活动游戏是在武术课程准备部分开展的，主要是开展娱乐性较强的集体的武术游戏，营造轻松、娱乐的课堂氛围，让学生能够尽快融入武术教学中，建立和睦、友好的教学关系。武术技术类游戏是在武术教学的基本部分开展的，一般以对练、徒手攻防或者是武术器械使用等为主，要注重与武术教学内容的紧密衔接，以武术教学内容为武术游戏的主体，能够让学生更好地了解教学内容。放松游戏是在武术课程结束部分开展的，是以养生太极套路比赛、武术谚语等轻松愉快的武术小游戏的形式开展的，目的是为了让学生放松心情，进一步巩固教学内容，提升教学效果。学生心理的调整，是这一阶段武术游戏开展的主要目的。

（3）游戏教学的设计原则

①目的原则

游戏教学法只是高校武术教学活动中教学方法的一种，而无论使用何种教学方法，都应当是为教学目标的实现而服务的，因此在游戏的设计过程中，首先要做的是明确游戏的目的性。每个游戏所具有的内容、形式都应当包含着教学过程中需要传授的知识点、技能点以及需要解决的问题。在教学准备阶段与结束阶段，游戏应当侧重于调整学生的身心状态；而在教学实施阶段，游戏则应当侧重于提高学生的武术技能。在使用游戏开展教学的过程中，教师要对游戏的规则做出明确阐述，同时需要规范学生的游戏行为，从而确保在武术教学中具有良好的秩序，并避免意外事件的发生。

②教育原则

高校武术教学中的游戏教学法并非为了游戏而游戏，而是为了教育而游戏。游戏的过程同时也是开展武术知识和技能传授的过程，因此，在游戏的设计过程中，应当重视从游戏的名称、内容、形式、规则等多个方面体现出游戏所具有的教育性。具体而言，在游戏设计中，教师应当避免过于突出有趣与轻松，而应当将团队能力、竞争意识、集体意识、品德教育、思想教育等多种内容都融入游戏过程中。另外，相对于其他学科的教育而言，武术教学对学生勇敢坚韧的性格和品质提出了较高的要求，因此在游戏设计中也有必要对这些元素和因素做出充分考虑。

③趣味性原则

在高校武术教学中，游戏所具有的趣味性是确保游戏作用得以充分发挥的前提条件。实验证明，如果强迫学生开展他们认为比较枯燥的武术活动，则学生不仅会出现兴趣减退的现象，并且精神上也容易产生萎靡的情绪。而如果武术活动能够充分调动学生的参与兴趣，则学生的身心都会处在一个良好的状态。在传统的武术教学中，由于武术教学手段、方式与内容的选取缺乏对学生学习需求与运动需要的考虑，所以学生会感觉武术教学过程单一乏味，因此，在高校武术教学改革中，教师应当强调学生学习积极性与学习欲望的激发，从而让武术知识和技能的学习成为学生自身的重要需求以及自发行为。因此，在游戏过程中，对学生的偏好做出调查是十分重要的，在此基础上，教师有必要认识到攻防技击性才是武术所具有的本质特征，同时学生对这种本质特征也非常乐于接受。而为了提高学生的学习兴趣以及武术教学质量，教师就应当对这些内容进行合理选取并适当添加到武术教学过程中，从而让学生的心理需求得到满足。

④安全原则

包括武术教学在内的所有高校体育教学内容都是为了推动学生综合素质的发展，在教学过程中，不仅不能对学生的身心成长产生负面的影响，同时要确保学生能够在安全的环境下理解与把握教学内容，这决定了健康原则、安全原则等依旧是高校武术教学应当承担的重要职责。在武术教学中使用游戏教学法开展教学活动，动作难度的增加是提高教学有趣性的重要手段，但是一些动作在平日的联系中也容易产生健康与安全问题，如跳跃后的扭脚以及柔韧训练中的拉伤等。而为了避免这些安全问题的产生，在武术游戏的设计过程中，不仅要让游戏本身蕴含所要教授的教学内容和一定的教学难度，还要以学生安全需求为依据来设置严格的技术标准，只有如此，才能够确保学生在良好的学习环境中对自身做到良好的保护。

⑤操作性原则

高校武术教学中游戏教学法的有效性，需要建立在游戏本身具有可行性和可操作性的基础之上。武术教学中所设计的游戏是否具有可操作性，一般体现在游戏本身是否适应学生的年龄特点和专业需求两个方面。在游戏的设计工作中，教师应当根据学生的心理特征来确定游戏的难度，避免让学生认为游戏本身过度幼稚或者难以完成。同时，对于非武术专业的学生而言，武术教学中的游戏应当更加倾向于武术理论、基础知识和基础技能的普及，并在此基础上对教学活动做出适当的深化。

2. 游戏教学法在高校武术教学各个阶段中的运用策略

（1）教学准备阶段对游戏教学法的运用

在高校武术教学过程的准备阶段，游戏教学法能够引导学生尽快进入学习状态。在准备开展武术教学时，学生所具有的身心状态一般都比较平静，并且受到学生个性差异的影响，此时的学生无论是兴奋程度还是注意力都存在一定差异。如果在这种情况下开展教学，则会遇到部分学生因为没有进入学习状态而无法良好把握教学内容的问题，这一问题的存在会对教学计划的有序实施以及教学效果的有效性产生负面影响。而传统教学过程中的教学准备阶段，主要是通过引导学生进行热身运动来对学生的生理机能做出调整，但是如体操、慢跑等方法的重复使用将会导致学生产生厌烦情绪，相对于这种传统的手段而言，游戏教学法能够更好地让学生将自身心理调节到最适合开展学习的状态，所以，教师有必要使用游戏教学法来充分调动学生的注意力与兴奋程度，从而使学生较快地进入到学习状态中。

（2）教学实施阶段对游戏教学法的运用

在高校武术教学中，教学实施阶段是引导学生对武术技能和技术进行熟练掌握的阶段，这一阶段工作的开展直接决定着高校武术教学的成效。为了提升武术教学水平，在武术游戏的设计中，教师有必要围绕武术教学的内容与目标来安排一些可以有效调动学生参与性的游戏，从而在改变枯燥的武术教学方法的基础上使学生能够在愉快轻松的氛围中掌握武术技能与技术。从这一阶段武术游戏所具有的内容来看，游戏的设计需要围绕教学内容开展并体现出较高的趣味性。从武术游戏所使用的时机来看，教师应当避免在教学初始阶段就使用游戏教学法开展教学，以防对学生的知识掌握过程造成影响。合理的时机应当是学生已经基本掌握教学内容并在开展动作练习的过程中使用游戏教学法，从而帮助学生提高反复练习的兴趣并对其技能和技术做出有效巩固。

（3）教学结束阶段对游戏教学法的运用

在高校武术教学过程中，课程结束之后的学生往往都会产生疲惫感，因此，这一阶段教师应当重视引导学生尽快实现身体机能的恢复与疲劳的消除，并让学生的心理从紧张状态恢复成为安静状态，从而避免因为武术运动的开展而影响其他课程的教学。在此过程中，教师有必要选取一些强度负荷较小的武术游戏来引导学生进行放松，此时设计与使用的游戏应当倾向于体现出趣味性的特征，从而促使学生在轻松活泼的状态下调整身心。

3. 武术教学中的游戏举例

本书主要介绍以下几种常见的武术游戏。

（1）拍肩游戏

①两人摸拍肩

游戏目的：发展学生上肢的灵活性、协调性，提高自我保护意识和攻防技能。

场地器材：30 米×20 米的松软平整场地一片。

游戏方法：学生两人一组，相距一步成格斗势相对站立。教师发令后，每组学生在规定的场地内进行步法移动，双方寻机用自己的手去摸拍对方的两肩；被攻者则进行灵活的躲闪、设防，同时以守为攻，伺机反攻；在教师规定的游戏时间内，以摸拍中对方肩部次数多者为胜。

游戏规则：进攻者只能摸拍对方的双肩，否则为犯规，判对方胜一次；进攻者进攻时，身体不能触及对方身体，否则判对方胜一次；进攻者摸拍肩时，可以原地摸拍、追拍、跳拍；游戏中学生两人兼任裁判，自己计数。

教学建议：教师在游戏前要讲清规则，特别要强调不能摸拍头、面部；若场地小、人数多时，也可采取淘汰赛或挑战赛。

②三人摸拍肩

游戏目的：发展学生的灵活性、反应速度，提高自我保护意识和攻防技能。

场地器材：30 米×20 米的松软平整场地一片。

游戏方法：根据学生人数，在场地中画若干个直径为 1.5 米～1.8 米的圆圈，学生 3 人一组面向圆心，两手臂微平举，下肢半蹲状站立于圆圈外并做好准备。教师发令后，3 人同时围绕圆圈进行步伐移动，并寻机摸拍对方的肩部；摸拍到一次，得 1 分；在规定时间内，得分多的一方为胜。

游戏规则：脚可以踩圆圈的线，但不能进入圆圈内；不能摸拍对方的头部，否则为犯规，扣一分；游戏中，学生自己兼任裁判。

教学建议：游戏人少时可以安排两轮次或多轮次游戏，每一轮次每一组胜出者进入下一轮次（可以有轮空），直至产生冠军。

（2）接力游戏

①"击鼓传花"接力

游戏目的：集中学生注意力，训练学生的快速反应能力，搭建学生展示自我的平台，把课堂交给学生，发挥学生的主动性，提高武术学习的乐趣，发扬优点，克服缺点，提升武术动作的质量。

游戏方法：数人或几十人围成圆圈站立，其中一人拿花（或一小物件），教师持哨站在圆心，闭目吹哨，哨响时众人开始依次传花，至哨声再次响起为止。此时花在谁手中（或面前），谁就到圆的中央，如果花在两人手中，则两人可通过猜拳或其他方式决定谁到圆心。到圆心的学生现场模仿教师教授的一个套路动作，并辅助教师将所学动作示范教授给全体同学。同学们观察、模仿，并对示范同学的动作提出改进意见。全体学生基本了解所学的动作后，在圆心同学领练和教师口令指挥下，分解强化练习几组后，该同学返回圆弧，由其开始继续游戏。下一位上场的同学，除了辅助教师完成新动作的教授以外，在集体分解练习的环节还需要在教师口令指挥下带领大家集体复习，包括前面已经学习的所有动作。以此类推，周而复始，直到学完本节课所有武术动作。

游戏规则：首先，传花方向有顺时针和逆时针，在传花过程中只能沿着一个方向传递，不可来回推搡；其次，传花时必须一位接着一位地依次传递，不可抛扔过人传花。

教学建议：为了防止在强化练习武术素材内容时出现冷场的情况，一是让出场的学生成为焦点，让全体学生的思维和身体跟随教学节奏动起来。当领练学生的动作出现不规范的情况时，教师要问全体学生："某某同学的动作有没有需要改进的地方？如何改进？"集中全体学生的注意力，引发全体学生观察与思考，让其他学生通过观察来对其动作进行改进，从而加深全体学生对所学动作的理解与记忆。二是教师要把控教学节奏，保证教学效率。圆心的学生做动作示范，动作的具体讲解还是由教师完成，以保证教学方向和进度在可控的范围内。三是练习节奏要快，训练学生快速反应能力，让学生在练习过程中逐渐进步。例如，集体练习时，可以先做原地踏步等简单的循环动作，一声急哨快速转到所教动作，定格完成后继续以普通哨令统一节奏恢复到原地踏步的状态，尽量避免因动作长久定格导致体力不支而滋生懈怠情绪。四是教授新动作时不忘复习旧动作，避免学生"喜新厌旧"。

②套路顺序接力

游戏目的：在轻松愉快的氛围中，培养学生发现问题、解决问题的合作探究能力，提高单个动作的质量，加强理解与记忆完整组合或套路。

游戏方法：学生几十人围成圆圈站立，教师持哨站在圆心。哨声响起时，由起始同学开始定格所学套路的第一个动作，同时大声报出动作名称，下一位同学做套路中第二个定格亮相动作并报出动作名称，动作定格需要保持到下一个动作来临。周而复始，循环练习。当有人忘了动作或者有人坚持不了定格而失误，则游戏停止。失误的同学来到圆心，展示自己所做的动作，全体同学观察并提出改进意见，集体巩固强化练习该动作。然后由这位同学带领大家分解练习完整套路一次或几次，集体练习的每一次定格都需要教师统一指挥并口令提示对应的技术要点。随着游戏的开展，可慢慢过渡到带领同学们进行完整演练。

游戏规则：一是动作定格快而稳；二是发言要先举手。

教学建议：首先，可以全体学生从1~8沿一个方向（例如，逆时针方向）循环报数，教师哨音响起时报1的同学定格所学套路的第一个动作并发口令"走"，依次沿报数方向接力演练循环，增加练习组数与练习次数，减少个体单个动作定格时长。其次，当学生动作越来越熟练以后可以减少报数间隔，由原来的1~8报数，逐渐减少为1~5报数，1~3报数。最后，集体分解练习时可进行单个动作的多次练习强化，慢慢规范动作规格。

③变向演练接力

游戏目的：多位置、多方向演练完整组合或套路，培养学生多角度思维，加深学生对组合的自身动作方向与套路的路线方向的理解与记忆。

游戏方法：在地面上画出一个大小适宜的圆圈，全体学生站在圆弧上做出侧平举动作，画出圆心，以圆心为起点画出一定数量的半径（半径数量视圆面积的大小，一般以15~20条为宜）。学生围站在圆弧上，每位同学对应一条半径线段，教师持哨站在圆心。全体学生在教师口令指挥下：首先，依次沿对应的半径线段作为参照做向圆心方向推进演练套路，远离圆心方向演练套路；其次，沿圆弧顺时针或逆时针方向演练套路，到达别人的半径线段时依次做向圆心方向推进演练套路，远离圆心方向演练套路，循环演练一圈为一组，循环演练达到学生多方向、多位置演练完整组合或套路的实际效果。

游戏规则：动作基本规范；教师口令统一调动，集体动作快速整齐。

教学建议：首先，集体在各自对应的半径线段上演练一个来回后，集体逆时针方向沿圆弧移动三个站立点，沿新的半径线段做往返演练练习，然后继续挪移，直到完成一个圆的循环；其次，全体学生沿圆弧顺时针、逆时针双向演练，各完成一个圆的循环；最后，将学生分成2或3组，各组按统一的练习路线进行展示，评分从动作规格和快速整齐两个方面给分，分组练习后，进行"华山论剑"的小比赛。例如：教师统一发口令，第1小组统一由圆心出发向圆弧

— 138 —

方向做往返演练，第 2 小组统一由圆弧出发向圆心方向做往返演练，第 3 小组统一逆时针或顺时针方向演练。各小组可集中也可各小组分散交叉站位；一轮结束后，各小组交替轮换一次，开始下一轮比赛。

（3）短兵击脚

游戏规则：短兵要清晰有效地击打到脚部才算击中；短兵不能击打对方身体的其他部位，否则视为犯规（不管是有意还是无意）；未持短兵的手只能用于维持身体平衡，不能接触或拉扯对方。所以武术游戏是一种有规则的游戏，学生要成为游戏者，便必须服从和遵守游戏的规则，不得越雷池一步。谁违反规则，谁不严肃地对待游戏，谁就是游戏的破坏者，而不再是游戏者了。

游戏方法：游戏中甲乙双方在教师发令后，两人寻机用手中的短兵（可以用纸棍代替）击打对方的脚部；进攻一方可采用点、刺、劈、砍等方法，而防守一方可采用躲闪，或者用手中的短兵进行格、防等方法来防守并伺机反攻。

（4）武松解枷

游戏方法：甲方用两手抓紧乙方的两个肩部，乙方两脚分开，两臂自然下垂。教师发令后，双方同时用力，乙方要想办法尽力从甲方的抓肩控制中挣脱出来，而乙方则要尽力控制甲方，不让其挣脱。

游戏目的：甲乙双方游戏的目的就是一方要在"控"与"脱"的竞争中取得胜利，两者在游戏中想尽一切办法，利用一切武术技术中的技巧，摆脱对方或控制对方，取得胜利，这就是游戏的目的。这个目的是甲乙双方的内在目的，这个游戏目的会随着游戏自身转化为甲乙双方的游戏行为，并且这种游戏行为是一种往返重复、自我的超越。游戏中，甲乙双方"控""脱"行为没有外在的目的，没有功利性，只是为了游戏而游戏，只是为了完成游戏的单纯任务。整个游戏中，甲乙双方仅是一种自我表现，是一种内在目的表现。正是游戏的这种内在目的，游戏者才会投身到激烈的竞争中，竭力发挥自己的能力，展示自己的才华，赢得赞誉。

第六章 高校传统武术主要功法实践研究

第一节 武术运动基本技法原理

一、徒手武术的技法原理分析

在武术运动中，符合人体运动科学原理，能充分发挥人体潜能，并合理有效地完成各种武术动作的方法称为技术。而普遍存在于各种拳械技术中的共性规律，称为技术原理。技术原理从宏观上反映武术技术特征，把握武术动作准绳，指导武术运动实践。各门拳、械可充分发挥自己的技术个性，但必须服从总的技术原理。在武术动作的演练过程中，要求做到"内外合一，形神兼备"。所谓"内"，是指精神、意识、气息、劲力等无形的生理机能；所谓"外"，是指人体肢躯的型与法所表现出的外部姿态。内与外、形与神，本身是矛盾的两个方面，它与武术技术的提高有着密切的联系。如长拳中的"八法"体现了人体内与外的矛盾，其中的"手、眼、身法、步"是指外，即对身体表面各部分动作的要求；"精神、气、力、功"则是指内，是对精神、意识等思维活动及内脏器官机能而言的。太极拳要求"先以心使身"，而后"身能从心"，并要"意、气、力"三者结合，"以心行气，务令沉着""以气运身，务令顺遂"。这里的"心""气"指的是内，"运身"指的是外。南拳讲"内练心、神、意、气、力，外练手、眼、身、腰、马"。八卦掌指出"外重手、眼、身法、步，内修心、神、意念足"。通臂拳要求"心、神、意、气、胆、首、项、膊、腰、肋、手、眼、身法、步、肘、腕、肩、胯、膝要连贯串通"。形意拳的"六合"，则要求"内三合"与"外三合"，其中内三合是"心与意合，意与气和，气与力合"；外三合是"手与足合，肘与膝合，肩与胯合"。

各种拳种多是以人体的"内""外"这对矛盾的转化来指导技术演练的。由"内"与"外"这对矛盾双方所构成的武术技术的统一整体，是以"内"的"合一"为基础的。只有人体内部的活动合一，才能使外部动作灵活自如。外形动作的规范化也有利于使内部活动合一，两者是互相影响、互相依存、互相统一的。

在武术动作的演练过程中，还要做到"动则有法，静则有势"。"动"与"静"是一对矛盾，还是充分体现武术节奏中的一个重要因素。"动"是指各种动作的运行过程，要求做到准确、规范，方法清楚，攻防合理；"静"是指各种动作在完成时的停顿，要求做到姿势正确、规范，精力充沛。动与静是相对的，要求动中有静，静中有动，动静相兼。

二、器械武术的技法原理分析

（一）刀术的基本技术原理

刀术，这里指的是单手使用的单刀术。武术的各种拳种和流派一般都有各自的刀术，风格

— 140 —

特点也都因拳种、流派的不同而各异，但一般的基本技术和运动方法还是一致的。概括起来有以下五个特点：

1. 刀术尚猛

刀术必须刚猛有力，所谓"刀如猛虎"。这既有对身步的要求，也有对动作劲力的概括。

2. 刀法清晰

劈、砍、撩、挂、斩、扎等是刀术的主要技法，视其使法和力点而判断它清晰与否。

3. 刀手配合

拳谚说："单刀看闲手，双刀看步走。"闲手与刀械配合要密切，有助于运动中和谐、平衡和力量发挥。

4. 身械协调

以身带肩，以肩带臂，以腕制刀。腰腿助力就是要身械协调，配合刀法。

5. 刚柔兼用

猛不等于纯刚，应该刚柔兼用。一般来讲，进攻动作宜刚，防守动作宜柔。知攻守，方能刚柔兼备。

（二）剑术的基本技术原理

剑术，各门各派都有各自沿袭相连的演练技巧与方法，但一般的基本技术和运动方法大致有以下四点：

1. 剑法规整

剑法是构成功力与表现技巧的核心。剑的技法很多，有击、刺、点、崩、劈、撩、挂、云、穿、抹、挑、提、架、绞、扫、截、格等。娴熟、自如是练习和提高剑术的根本。

2. 理法势通

"理"就是剑的理论。历代的剑经、剑歌、剑诀等都是从练剑实践中升华为理论的，都属于理的范畴。"法"是指技法，即剑术演练技巧的方法；"势"是指各种姿势；"通"就是融会贯通。剑理不通，不称为剑术；剑法不通，不称为剑技；剑势不通，不称为剑艺。理与法、法与势、势与理，必须相合贯通，这样才符合"剑法清晰，身械协调，动之有理，运之有法"的剑术要求。

3. 刚柔兼备

刚与柔是武术劲力法则的两大要素。一般说来，剑术的劲力法则应该是有刚有柔，刚柔兼备，参互运用。

"剑器轻清，其用大与刀异。"剑术运动的特点，大都是轻快敏捷，潇洒飘逸，"剑似飞凤，宛若游龙"。它的吞吐转换、倏忽纵横、闪赚迭逞，无不以刚柔参互。

4. 气韵生动

气韵，顾名思义就是指剑术运动中的节奏、气度。剑术运动应气度宏大，洒脱自如。动静、疾缓、升降、进退、转换等，无不要求有鲜明生动的多种节奏变化，起承转合尤应注重韵律。剑法"似凤，翱翔谐宫商"，就是说刚柔、张弛、轻重、伸缩、起落、移步换形等应似飞凤，翱翔天空，富有音乐的旋律。练剑要内外贯通，神形达化。

（三）枪术的基本技术原理

枪术，由于拳种和流派的不同，其风格也是多样的，但基本技术和运动方法一般有以下六点：

1. 持枪稳活

持枪既要稳又要活，不稳容易脱把，不活变化不快，发力僵硬，会成"死手"。"前手如管，后手如锁"是持枪的基本方法。

2. 势贯四平

四平，即顶平、肩平、枪平、脚平。"持枪之法，贵于坐膝，身心手足，相应为准。"

3. 枪扎一线，力达枪尖

枪术以扎为主。"枪扎一线"是扎枪的基本要求。扎枪要求出枪直线向前，将全身之力通过枪杆贯达于枪尖，这样扎枪的路线才短，出枪才快，才有力量。扎枪时必须挺腕、顺肩、拧腰、伸后腿、蹬后脚，直线向前用力。"枪之用力在两腕，屈腕向前手则力浮而不沉，枪摇而稳。臂以助腕，身以助臂，足以助身，乃合而为一。"

4. 枪不离腰

"枪是缠腰锁"，就是说枪根紧靠腰部，这样既有一个稳定的依托，又便于从腰间发力，"出回从腰"这一点要牢记。

5. 三尖相照

上照鼻尖，中照枪尖，下照脚尖。要求鼻尖、枪尖、脚尖从上到下在纵面都处于一条垂直线上，使周身之力凝结于枪尖，不偏不倚地直透所扎之目标。

6. 工于一圈

"枪总用之则为一圈。"所谓"圈"，就是枪头经常在圆线或弧线上运动。许多枪法无不出自一圈，如拦枪，是枪头绕圈的左半圆；拿枪，是枪头绕圈的右半圈；缠枪，则是枪头重复绕圈的整圈。圈有左半圈、右半圈、上半圈、下半圈、大圈、小圈等。半圈即为弧线，整圈即为圆线。善于运用圈"以行著诸巧法，而后枪道大备"，可见"圈"是枪法之本。

（四）棍术的基本技术原理

棍术的演练技巧与方法各门各派各有所异，但一般的基本技术和运动方法具有以下四个特点：

1. 握法灵活

拳谚"枪似游龙棍若雨"，是说棍似疾风暴雨，密而不疏。棍分棍梢、棍身、棍把（即根部）三部分，在运动中，一般都是梢、身、把相互使用，变化多端。欲使棍法纵横、抡劈如意，握法灵便就是第一要素。

2. 梢把兼用

"棍打一片，密集如雨"是因为棍是双手操棍，梢把兼用的特有技能，故能左右兼顾，能远能近，灵活多变，审势而击。

通常挑、戳、盖、横击等技法多用把端击，也可用梢端击；而劈、扫、抡、撩等技法多以梢端击打；绞、格、云、拨等技法则梢把两端互用。

棍术中也有使用单头棍的。一般来讲，单头棍多用枪法，或者是兼枪带棒。

3. 棍法规整

棍法内容繁多，一般有劈、抡、撩、戳、挂、崩、点、扫、穿、拦、挑、架、托、云、提、砸等。它是以格斗法则为准绳，在棍理指导和制约下形成基本棍法。遵循棍法规则的要求，操之娴熟，用之得当，是棍术技法的根本所在。

4. 势合力顺

势是架势、姿势；合是身与械合，把与法合，法与理合。这样才能身械协调，得心应手。

三、对练及集体套路的技法准则

（一）对练套路的技术准则

对练是两人或两人以上按照固定的套路进行攻防技术的练习，它是依据各类拳种或器械所固有的攻防技术和规律编制而成。练习时，对练双方均要攻防合理，意识逼真，准确到位，动作熟练，配合默契。

所谓攻防合理，一是动作要合乎拳种特点和运动规律；二是攻与守的矛盾转化要自然、顺当。所谓意识逼真，就是像真打一样，一招一式都要准确、清晰、勇猛、逼真，体现出新颖性和惊险性，给人以威武雄健的感觉。但是对练与应敌搏斗是有区别的，对练时注重两人的配合，以点到为主，注意安全。

（二）集体演练的技术准则

集体演练是六人或六人以上按照固定套路进行的集体练习。集体演练要有新颖的队形和美观的图案，并配上适合动作节奏的音乐，以提高演练效果。集体演练最大的特点是不拘形式，内容多样，可将徒手、器械、对练等多种形式的运动组编在一个套路里，构成一幅幅新颖别致的图案。

集体演练的关键是动作整齐划一，造型优美。所以在演练时，在注意动作规格的同时，要用眼光和感觉照顾全场，以求整体统一。

第二节 武术运动基本功与技法

一、武术主要功法学练

（一）健身气功

健身气功作为中华民族一项有着悠久历史的体育项目，具有好学易练、动作舒缓等诸多优点，经过实践证明确实具有明显的强身健体效果。不过，在练习前我们还必须掌握其相关的基础理念，否则不仅不能实现最佳的健身效果，还容易出现一些本不该出现的问题，进而危害健康。

1. 健身气功的定义与界定

所谓健身气功就是把练习者自身的形体活动、呼吸吐纳、心理调节结合起来的主要运动形式。这个概念是在 1996 年 8 月 5 日中共中央宣传部、国家体委、卫生部、民政部、公安部、国家中医药管理局、国家工商行政管理局七部委联合下发的《关于加强社会气功管理的通知》中第一次提出的。

就表面意思而言，健身气功这个概念是健身和气功的有机构成。它们代表着不同的领域，同时彼此之间又存在着千丝万缕的联系。健身的途径很多，气功是其中非常重要的一种，所以在这里用气功限定了健身的方法手段。同样气功也拥有很多的功能效用，健身只是其中之一。在这里用健身限定了气功的功能。健身气功就是健身和气功二者协调统一的产物。

对于健身，我们在理解上不会存在什么问题，而长期以来，气功在人们心中总是显得十分神秘，所以我们有必要了解一下什么是气功。

根据《中医气功学》的说法，气功是调身、调息、调心合为一体的身心锻炼技能。调身（调节形体）、调息（调节呼吸）、调心（调节意念）在气功学里简称为"三调"。也就是说，只有在"三调"达到和谐统一的境界时，练习者才能达到身心合一。"三调合一"的状态或境界即是气功修炼的基本特征。

如果单纯从操作角度来看，各种体育运动的活动内容也是"三调"。以跑步为例，运动员进行预备活动是调整形体，憋住一口气是调整呼吸，认真听取发令枪的声音准备出发是调整意念。虽然"三调"都存在，但是体育活动并不能算作气功中的一种。因为体育活动在进行"三调"时虽然是分开操作的，但是三者并没有融为一体。而气功修炼的特点是通过"三调"的分别操作达到"三调合一"，并达成一种统一的境界。是否达到"三调合一"的身心状态是气功与体育运动的基本区别。

在了解了气功的定义及气功与体育运动的区别之后，健身气功的理解就变得更加容易了。健身气功是体育运动和气功的交集，一方面它保留了体育运动最基本的目的——健身，舍弃了其他目的；另一方面，它以气功作为基本的练习方式，改变了体育运动中"三调"分离的身心状态，并以气功中三调合一的状态作为蓝本。这样，健身气功形成了具有自己特征的运动形式，成为一种独立的运动形式。

目前，健身气功已经成为一项民族传统体育项目，主要包括了八段锦、十二段锦、易筋经、五禽戏、六字诀、导引养生功十二法和四十八式太极拳等。这些功法动作柔和舒缓，运动强度较小，操作起来比较简单，而且对于场地要求也并不严格。再加上明显的强身健体效果，所以健身气功已经成为大众喜闻乐见的健身方式之一了。

2. 健身气功基本要素

我国传统的中医理论认为，身心合一既是人体健康的重要特点，也是强身健体这一追求的终极目标。健身气功分别用"形"和"神"来概括人的身体和精神，并把"气"作为"形"和"神"之间的纽带，从而使三者形成一个有机的整体。

正所谓："形者，生之舍也；气者，生之充也；神者，生之制也。"它的大致意思是说，形是人生命的房子，神是人生命运的主宰，气是沟通形和神的桥梁。健身气功以调身、调息、调心（神）来分别对应人的"形""气""神"，从而使"三调"成为健身气功锻炼的基本要素。

调身，顾名思义，就是调整身形，它是气功中一个特定的术语，是指对身形或动作进行自觉主动地调整和锻炼，使之符合练功的要求。而且要特别注意的一点是，这里所说的身形，并不单指人的躯干四肢，筋、膜、骨、血、肉等都属于形的范畴。

调身是调息和调心的前提，是练习健身气功的基础。传统气功中所说的导引练形、庄严身象等，都属于调身的范畴。

健身气功对调身的基本要求是形正体松，即练习者在做各种姿势和动作时，必须做到身体中正安适、松紧适度；动作柔和缓慢、圆活连贯；练功过程中刚柔相济、动静结合。只有这样才能保证练功的效果，并实现强身健体的目的。

调身只是锻炼身体的基础和手段，只有形正体松，才能达到气定神敛。

中医理论认为："一呼一吸为一息。"所以，所谓调息就是要自觉主动地调整和控制呼吸，通过改变它的频率、深度等来使之符合练功要求和目的。调息是健身气功"三调"中的重要环节和方法。传统气功中所讲到的吐纳、练气、调气、服气、食气等，都属于调息的范畴。

调息的方法有很多，但在练功过程中用到的主要有三种：

一是自然呼吸。它是练习者不熟悉功法套路时采用的呼吸方法。

二是腹式呼吸。大部分功法在练习过程中都采取这种方式，它可以帮助练习者把呼吸调整得又细又长，帮助练习者尽快进入练功的状态。

三是提肛呼吸。它是把提肛动作和呼吸配合起来的一种练习方法。

调息的基本要求是要呼吸变得均匀细密，柔和深长。不过，有一点要注意，不能刻意追求，生搬硬套，只需逐步练习，顺其自然即可。

调息指沟通调身和调心的桥梁，调心才是要达到的终极目标。

所谓调心，就是练习者在练功过程中自觉主动地对自我的心理活动做出的调节和控制，并使之符合练功的要求。调心是健身气功"三调"中最重要的环节。因为在健身气功的练习过程中，调身和调心都是以意识为主。传统气功中提到的意守、存思、观想、调神、练意等，都属于调心的范畴。

调心的方法很多，不过主要可以归为两大类，一类是"以一念代万念"的意守类；一类是"以念制（治）念"的存想类。前者是指把注意力全部集中到某一处而相守不离，以此来排除私心杂念，逐渐达到练功的要求和目的；后者是指在调身、调息及基本安静状态下，把注意力全部集中到一个预设好的目标之上，通过这种有序化意念思维的"正念"来不断排除杂念，从而达到练功的要求和目的。

调心的基本要求是精神放松、意识平静。无论何种形式、何种方法的调心都是为意（神）、气、形的和谐统一服务的。精神放松、意识平静就会使练习者很快进入自然的练功状态中，从而达到强身健体、养生康复的作用。

总之，构成健身气功的基本要素调心、调身、调息三者是密不可分的。只有三者紧密结合在一起，达到和谐统一，才能使强身健体的效果尽早实现。

3. 健身气功的养生机理

在气功的发展史上，一直有"以气为本"的传统。我国传统的中医理论也讲究先理顺气，才能尽快地治好病症。因此，气成为气功养生需要攻克的第一关。练功者本身带有先天之气，同时通过练功，五脏六腑又从外界吸取了包含日月精华的后天之气。当先天之气与后天之气有效地融合之后，就能使人体的元气得到培养和补充，帮助练功者祛除体内的戾气，保持身体的健康。

此外，气功还拥有很多的招式和动作。通过双掌、双腿、双臂等的旋转、拉伸和升降，练功者的肌肉得到了锻炼，关节变得更加灵活，不仅经络得到了疏通，气血也变得更加旺盛。这样就使练习者的身体充满了生命的活力，从而做到延年益寿。

4. 健身气功的发展史

健身气功是中华传统文化的产物，它源于我国古代劳动人民的生产劳动实践。在中华民族发展的漫长岁月里，身体健康、家庭幸福一直都是劳动人民最朴实的追求和向往。《尚书·洪范》中的"五福"之说就是这一想法的最佳证明。"五福：一曰寿，二曰富，三曰康宁，四曰攸好德，五曰考终命。"涉及身体健康的内容就占了三条。古代中国人这种重视健康长寿的意识促使他们不断去追求和探索，而在这追求和探索中便蕴含了健身气功的发生、发展。

早在尧帝时期，人们因为在潮湿的地方生活患了严重的关节病。这时，有人发明了一种"舞"来治疗关节痛，这就是健身气功某些动作的源头。

我国的医学典籍《黄帝内经》也指出："中央者，其地平以湿，天地所以生万物也众，其民食杂而不劳，故其病多痿厥寒热，其治宜导引按跷，故导引按跷者，亦从中央出也。"晋唐时代的学者将这种现象解释为导引。根据古人的解释，导引包含了导气、引体、按跷等内容，并且认为导引具有伸展肢体、宣导气血、防治疾病的作用，可以对自身的形体和精神进行调节补益。导引就是以肢体运动为主并且配合呼吸吐纳的运动方式，是健身气功的重要源头和早期形式。

《易经》《山海经》和《黄帝内经》被称为上古三大奇书，书中虽然夹杂了许多其他的学说，但是气功的养生保健作用还是表现得非常突出。这三大奇书也推动了中国传统中医理论的萌芽和发展。《易经》和传统中医理论成为健身气功发源的两大源流。

其实，早在春秋战国时期，导引就已经成为一种普遍的社会现象。《庄子》和马王堆出土的帛画《导引图》都能说明这个问题。在《庄子》中已经有了模仿动物动作的招式，在《导引图》中更是出现了相应的图画。但是，直到东汉末年的华佗创立了套路完整的"五禽戏"才为健身气功的发展奠定了基本模式，宣告了健身气功的诞生。

"五禽戏"以模仿虎、鹿、熊、猿、鸟五种动物的动作见长。在史书上曾经有两人因为练习五禽戏而享高寿，这点让五禽戏成为传说中的"长生术"。

华佗之后，健身气功得到了进一步的发展，产生了很多优秀的功法。《诸病源候论》所载导引法有二百六十余式。另外，南北朝名医陶弘景所著的《养性延命录》、明代周履靖的《夷门广牍·赤凤髓》、清代曹无极的《万寿仙书·导引篇》和席锡蕃的《五禽舞功法图说》等著作中也有许多相关的记载。

中华人民共和国成立以后，健身气功受到了党和政府的高度重视。2001年6月，国家专门成立了健身气功的管理机构——国家体育总局健身气功管理中心，在继承传统的基础上使这一中华民族的传统文化不断发扬光大。相关人士一方面挖掘整理更多的优秀传统健身气功，如八段锦、五禽戏、易筋经等；另一方面积极不断地编创新的健身气功，如太极养生杖等，为练习者提供更多的功法选择。

5. 健身气功的功法分类

虽然健身气功的正式概念是在中国人民共和国成立之后才提出的，但实际上，在气功的萌芽阶段健身气功就开始了自己的相关探索。随着传统中医理论及气功理论和动作上的不断发展，健身气功也有了长足的进步，并成长为一门具有独特作用的健身方式。

针对健身气功练习的实践及长久以来积淀下来的相关情况，健身气功大体上可以分为以下三大类：

第一类是偏重肢体动作的，即动作导引术。

它是我国最古老的气功练习方式。气功最初开始于远古人类对于动物的模仿。"导气令和，引体令柔"这八个字是对动作导引类健身气功最合适的概括。健身气功中的八段锦、五禽戏就属于这类的健身气功。

在八段锦和五禽戏当中，练功者通过上肢动作和步伐的变化，将全身的肌肉进行了拉伸，并使全身相关部位的关节得到了适度的锻炼；同时还使全身的经络得到疏导，练功者的气血变得旺盛，身体变得强健起来。

第二类是偏重呼吸吐纳的，即以意守为主的健身术。

它源于我国古人对于"采气"的追求。他们认为吸取天地万物的精华就可以使自己益寿延年，身体强健。六字诀就是这样一种以呼吸吐纳为主的健身气功，它以口呼六字、严格要求读音和口型见长。六字诀特别注意动作之间的吸气和呼气，呼吸贯穿于整套功法的始终。功法通过动作辅助气息的流动，以脏腑呼出浊气来调节脏腑的功能。

第三类是肢体动作和呼吸吐纳地位不相上下的，这是前二者的融合与延伸，同时也是健身气功今后发展的一个新的方向。因为现在即使是偏重肢体动作的或是偏重呼吸吐纳的健身气功，都已经开始注意兼顾其他方面了。

在中华人民共和国成立之后，国家体育总局专门做了健身气功相关的整理工作，在传统功法的基础上，综合各家之长，创编了适于更广泛群众练习的新型健身气功，其中有偏重动作的，也有偏重呼吸吐纳的，练习者可以根据自己的意愿和实际的身体情况来选择适合自己的健身气功功法。

6. 健身气功的特点

健身气功是一项具有鲜明个性特色的健身活动，它不是简单的健美操，更与一般普通的气功不同。"三调"合一、保健养生、身心健康的双重调节，是健身气功区别其他运动形式最显著的三个特点。

首先，健身气功的锻炼强调调身、调息、调心"三调"密切配合。调身、调息、调心分别与人体的形、气、神相对应，而形气神合一是人们身体素质得以改善、强身健体目标得以初步实现的最佳表现。

其中，调身是气功锻炼的基础。调身通过将人体的姿势调整到最自然、最舒适的形态，来沟通练习者全身的经络，使气血得以拥有一个畅通无阻的流动通道，同时练习者的神经系统也能得到很好的调节。

调息是沟通调身和调心二者之间的桥梁。匀细深长的呼吸方式有助于呼吸中枢功能的改善。另外，它还可以调整交感神经、副交感神经的功能，增加它们的张力，并起到调整相应内脏器官和组织的作用。

调心是"三调"中的重中之重，是练习者要达到的终极目标。调心可以帮助练习者不断地排除杂念和各种不良心理，逐渐建立良好的心理，并使良性思维的能动作用很好地发挥，它更是调节大脑和脏腑功能的良药。

调身、调息、调心三者达到统一，健身气功最原始的目标——使练习者身强体健就会得到初步实现。

其次，健身气功通过修炼精气神来发挥养生保健、抗衰防老的作用。古语有云："天有三宝日月星，地有三宝水火风，人有三宝精气神。"由此可见，精气神在人的生命活动中起着非常重要的作用。健身气功练习讲究的就是"内炼精气神，外炼筋骨皮"，其中"内炼精气神"就是逐步达到精足、气充、神旺，发挥养生保健、抗衰防老的功效。

所谓"精"，就是人体中一切有益的精华成分。它有先天和后天之分，其中先天之精是人本身所固有的；后天之精是通过五脏六腑不断与外界交换物质而形成的。健身气功练习能使先天和后天之精逐渐充足，提高人体的精力和生殖能力。

所谓"气"，就是人体的生命活力，也有先天后天之分。健身气功的练习可以使先天之气和后天之气逐渐充足，增强人体的免疫功能和生理功能。

所谓"神"就是人体意识、思维和智慧，它与人的心脏和大脑关系最为密切。健身气功练习可以帮助人们拥有良好的心态，调节心理功能，提高大脑功能。

精气神的合一是健身气功强身健体目标得以实现的内在基础。

最后，健身气功是一种生理和心理双重修炼的养生保健术。健身气功是讲究动作和呼吸紧密配合的功法。它能够起到既增强五脏六腑和全身各组织的生理功能，又调节人体的心理平衡的作用，是一种生理和心理双重修炼的养生保健术。

正是以上这三个显著的特点造就了健身气功的独特性。

7. 健身气功的保健养生功效

（1）健身气功锻炼对气血的作用

在中医里，有一种说法叫"气血冲和，万病不生"，也就是说如果人体内的气血能够达到一种和谐、通畅、有序的平衡状态，人就能保持精力充沛，身心舒畅，体魄强健，益寿延年。

在中医学上，"气"是个非常重要的概念，因为它被视为人体的生长发育、脏腑运转、体内物质运输、传递和排泄的基本推动能源。俗话讲的"断气"就是表明一个机体的死亡，没了气就没了命，所以《庄子·知北游》里有"人之生也，气之聚也，聚则为生，散则为死"的说法。

关于气，我们生活里的日常语言很多，受气、生气、没力气、中气不足等。如果身体上的"气"难以正常运行，身体就很容易生病，表现出各种症状，如气滞、气郁、气逆、气陷等。

气滞——就是气的运动不畅，最典型的症状就是胀痛。根据气滞的部位不同，出现的胀痛部位也就不同。比如，月经引起的小腹胀痛，这是典型的气滞引起的妇科疾病。

气郁——指的是气结聚在内，不能通行周身。如果气郁结在内，不能正常运动，人体脏腑的运转、物质的运输和排泄就会出现一定程度的障碍。如：有的人总是胸闷憋气，这就是气运行不畅所导致的。所以，在平时一定要适当地进行体育锻炼，这样才能保证气血的正常运行。

气逆——指的是体内的气上升太过、下降不及给人体造成的疾病。气在人体中的运动是升降有序的，上升作用能保证将体内的营养物质运输到头部，维持各脏器在体内的位置；下降则使进入人体的物质能自上而下地依次传递，并能将各种代谢物向下汇集，通过大小便排出体外。如果上升作用过强就会使头部过度充血，出现头昏脑涨，头痛易怒、两肋胀痛，甚至昏迷、口角歪斜等；下降作用过弱则会导致饮食传递失常，出现泛酸、恶心、呕吐等。

气陷——和气逆正好相反，这种情况是指人体内的气上升不足或下降太过。上升不足则会导致头部缺血、缺氧或脏腑不能固定在原来的位置，出现头晕、健忘、精神不振等；下降太过则会导致食物的传递过快或代谢物的过渡排出，从而出现腹泻、小便频繁等。

以上讲述了人体内的重要能源"气"，那接下来就要讲一讲"血"。

血对人体最重要的作用就是滋养，它携带的营养成分和氧气是人体各组织器官进行生命活动的物质基础。血对人体来说非常重要，血充足，则人面色红润，肌肤饱满丰盈，毛发润滑有光泽。因为血是将气的效能传递到全身各脏器的最好载体，所以中医上又称"血为气之母"，认为"血能载气"。如果"血"亏损或者运行失常就会导致各种不适，比如失眠、健忘、烦躁、惊悸、面色无华等，长此以往必将导致更严重的疾病。

健身气功作为古代的养生智慧精华，通过调节呼吸吐纳并与身体姿势配合，能够调节人体气血运行，使人体阴阳相济，脏腑和谐。在各种健身气功中，都会根据功法的本同变化来导引气的运行及呼吸的变化。

如练习十二段锦，随着形体动作的变化，采取不同的呼吸方式。在练习初期，注意采取自然呼吸的方法，使意气相随，气引全身，方便练习者掌握动作要领。而熟练之后，特别是一些着重调理的动作，则需要配合顺腹式呼吸、逆腹式呼吸、提肛呼吸等方式变化配合，以达到引动奇迹升降开合，起到气行周身，强化脏腑的功能。

同时，健身气功对身体动作的导引也会促进人体气血运行。《灵枢·邪客篇》说："营气者，泌其津液，注之于脉，化以为血。"就是说，形体导引气经过脾胃转输于肺中，进入脉道，成为血液组成部分，并随血液营养全身。

（2）健身气功锻炼对津液的作用

古代气功家视津液为人体之宝，非常珍惜，还给它起了很多美好的喻名，如灵液、玄液、玉液、玉英、玉浆、玉池、玉都、金液、金浆、金醴、酸泉、清水、神水、华池、精沟、甘露、命根、续命芝、玉液还丹等。

明代李中梓《内经知要》卷上解"活"字曰："古人制'活'字，从水从口者，言舌水可以活人也。舌，从千从口，言千口水可以成'活'也。津与肾水原是一家，咽归下极，重来相会，既济之道也。"《仙经》曰："气是添年药，津为续命芝。"

中医认为，津属阳，主表；液属阴，亦称阴液。津液与血、汗、小便、泪、涕、唾等都有密切关系。津液在经脉（经络、脉管）内，即为血液，故有"津血同源"之说。津液可转变为汗，可转变为小便，也可转变为唾液或泪液，如悲伤时号啕大哭之后，便会感觉口干舌燥，此时就是津液已经大伤。

当人体津液不足时，就会出现口干口渴、咽喉干燥等症状，这些现象都是由于伤了津液所出现的现象。即使不在炎热的夏季，出汗过多，也很容易出现上述症状。这时，可以用玄麦甘桔汤（玄参、麦冬、桔梗、炙甘草各等量）沏水代茶饮用，可清热生津。

如果体内的津液亏耗过多，就会致使气血两损；气血亏损，同样也可致使津液不足。津液的增多与减少，能直接影响体内的阴阳平衡，疾病也会由此而生。如发高烧的病人会出汗过多及胃肠疾患者大吐大泻太过，都会因损伤津液而导致气血亏损。所以中医自古就有"保津即保血，养血即可生津"的养生说。

津液源于饮食水谷，并通过脾、胃、小肠、大肠等消化吸收饮食水谷中的水分和营养而生成，张仲景就在《伤寒论》提出"保胃气，存津液"的养生原则，传统养生中还有"漱津咽唾"的方法。在一部养生名著中就提到"津液频生在舌端，寻常漱咽下丹田。于中畅美无凝滞，百日功灵可驻颜"就是说每天坚持吞唾液，百日后就可使人容颜润泽。

从功效角度看，健身气功能有效地炼精化气。古人把丹田比作炉子，把唾液等精血津液比作药料，精血津液放在丹田之中炼化，将它们炼成气。气即能量，代表人体的抵抗力，免疫力等各种功能，将唾液等"炼精化气"，正是培养人体抵抗力的过程。

（3）健身气功锻炼对梳理三焦的作用

华佗说："三焦者，总领五脏、六腑、荣卫、经络、内外左右上下之气也，三焦通，则内外左右上下皆通也，其于周身灌体，和内调外、荣左养右、导上宣下，莫大于此者……三焦之气和则内外和，逆则内外逆"。

三焦就是装载全部脏腑的大容器，也就是整个人的体腔。古人将三焦分为三部分：上焦、中焦、下焦。它使得各个脏腑间能够相互合作，步调一致，同心同德地去为身体服务。对于它的具体形状，现代有的医家把它等同于淋巴系统、内分泌系统，以及组织间隙、微循环等。但都不能涵盖三焦实际的功用。按中医经典《黄帝内经》的解释三焦是调动运化人体元气的器官，负责合理地分配使用全身的气血和能量。简而言之，三焦有两大主要功用：通调水道和运化水谷。

三焦经是手少阳三焦经的简称，起于无名指尺侧端（关冲穴），向上沿无名指尺侧至手腕背面，上行尺骨、桡骨之间，通过肘尖，沿上臂外侧向上至肩部，向前行入缺盆，布于胸中，散络心包，穿过膈肌，依次属上、中、下三焦。

三焦经的终止点叫丝竹空，即，生长鱼尾纹的位置，而且这个地方很多女士最易长斑，所以刺激三焦经是可以防止长斑和减少鱼尾纹的。这条经绕着耳朵转了大半圈，所以耳朵的疾患可以说是通治了，耳聋、耳鸣、耳痛都可刺激本经穴位得到缓解，这条经从脖子侧后方，下行至肩膀小肠经的前面，所以和小肠经合治肩膀痛。还能治疗颈部淋巴炎、甲状腺肿等发生在颈部的疾病。由于顺肩膀而下行到臂后侧，所以又可治疗肩周炎，再下行通过肘臂、腕，那么网球肘、腱鞘炎也都是三焦经的适应证。

健身气功锻炼的过程中，练习者通过伸展胸腔、调理气机，可有效梳理人体的三焦，锻炼五脏六腑，顺畅全身的气血。

（4）健身气功对呼吸系统的作用

健身气功强调"调息"，要求练功者的呼吸自然达到深、长、匀、细。同时，健身气功强调运用腹式呼吸法，从解剖学上讲，这种呼吸方式不仅提高了吸气肌的力量，而且在一定程度上也提高了呼气肌和辅助呼气肌的力量。天长日久，练习者的肺活量会有显著提高，并能提高肺泡与肺泡周围毛细血管血液之间的气体交换效率，这样就能够让肺部沉积的旧空气完全排出体外，身体也同时能摄取更多的氧气。对肺的通气功能、横膈活动幅度、呼吸频率、气体代谢等都有良好的影响。

对于肺功能不好的人来说，最好的保健方法就是练习健身气功。通过健身气功"调息"方法产生复杂的呼吸生理神经反射机制，不仅能够加深大脑的入静过程，而且能够使练习者呼吸变得缓慢、深长，促进肺部机能。同时，能够调整、按摩内脏，促进血液循环，全面增进内脏器官的功能。

（5）健身气功对脾胃的调节作用

《素问·六节藏象论》中说："天食人以五气，地食人以五味。五气入鼻，藏于心肺，上使五色修明，音声能彰，五味入口，藏于肠胃，味有所生，以养五气。气和而生，津液相成，神乃自生。"人生于天地之间，人体生理运行所需的一切物质和能量都从自然中来。

人体气血通过遍布全身的经络系统而将养分和氧气运输通达于五脏六腑、四肢百骸、五官九窍及皮肉筋脉等组织器官，以此维持人体的各项生理功能活动。中医有云："脾胃壮，五脏六腑皆壮。脾胃壮，则百病不侵。"中医理论认为，脾与胃都是消化饮食的主要脏器。其中，脾统血、主运化，胃主受纳、腐熟。脾气以升为顺，胃气以降为和，二者经脉互相络属。如若人的脾胃健壮，摄食、消化、吸收和代谢功能好，气血充盈，五脏六腑因而得以强壮，身体就自然健康，否则身体就会产生各种病变。

健身气功的功法设计注重呼吸吐纳、形体引导和意念调节，三者有机结合而作用于脾脏胃腑及其经络穴位，能够对人体脾胃功能进行锻炼与保健，从而起到强胃健脾的作用。健身气功中有一种逆腹式呼吸法，主要以横膈肌活动为主。在逆腹式呼吸时，横膈肌的活动面积相比自然呼吸时的面积大得多，因此能够吸进较多的清新之气补养脾胃，也能呼出更多的脾胃浊气。很多健身气功都会在功法中采用这种呼吸方式。

比如，六字诀就通过逆腹式呼吸同时配合发声共振来疏通脾胃经络。练习六字诀的"呼字诀"时，最重要的是嘴巴撮圆发"呼"字声，这样的发声方法能够以嘴型和发声来对应脾胃。配合逆腹式呼吸的呼吸方式，既增进了呼浊吸清的效果，又增大了对脾胃的内压力和蠕动，这样的双管齐下，使得练习者在吐故纳新的同时，促进了脾胃功能作用，能够起到健脾胃，消食导滞的效果。

八段锦中的"调理脾胃须单举"一式也突出了对脾胃的保健作用。这一式动作通过"单举"的运动导引，能够反复刺激脾经，使得脾经畅通，增强脾的统血、运化功能。也因此能把吸收食物中的精华物质转化为气血津液以提供人体生命活动所需。另外，"单举"运动反复对拉腹腔，也能够对胃经起到按摩、调理的作用。

《遵生八笺·延年去病笺》的《四季歌》有云："四季常呼脾化餐。"历代养生家都非常重视人体脾胃保健，只有脾与胃阴阳相合，燥湿相济，互为协调，才能维持人体正常的饮食消化，增强吸收功能，为身体提供源源不断的动力。

因此，有人建议为了更好地发挥健身气功和脾健胃的功法与功理，脾胃虚弱的人也可以直接练习健身气功中调节脾胃的几式，或者在某一套功法后，单独练习健身气功中调理脾胃的几式，以增强脾胃功能。这几式分别为：八段锦中的"预备势"及"调理脾胃须单举"，易筋经的"九鬼拔马刀势"。

（6）健身气功对平衡能力和协调能力的作用

小脑是主管人体运动平衡的器官，健身气功这种全身运动能够充分调动人体各器官功能，协调肌肉骨骼系统，促进神经纤维相互缠绕形成网络，可训练小脑的平衡与反应联系，有利于脑神经系统结构的完善。

人体平衡能力发展具有一定的生理规律，就拿姿势的稳定性来说，成年以前随年龄的增长逐渐提高，成年后则随年龄的增加开始降低。人体姿态稳定性下降的同时伴有骨质疏松和软组织退行性变化，所以导致老年人摔倒后骨与软组织损伤的机会增加，所以说老年人摔跤与姿势稳定性降低也有关系。

健身气功是一种针对人体生理功能而设计的健身方法，不仅注重呼吸吐纳，更注重发展身体的平衡能力。以太极养生杖为例,其中的"风摆荷叶"式主要模仿风吹池塘,荷叶随风轻摆的神韵。此动作要求上身向左右摇摆,培养人体平衡感。"金龙绞尾"式则通过高歇步、低歇步并配合转体动作,锻炼身体平衡能力;另外,在五禽戏中,"鸟戏"是模仿仙鹤独立的动作,这一动作要求单腿屈伸且要在动态过程中完成。"鹿戏"需要转腰下视和后坐背弓,头部分别拧转和低头,这些动作对前庭感受器是一种锻炼……其他健身气功的动作设计也都能够有效地增强四肢力量和关节的灵活度,进而改善平衡能力。

同时,健身气功不仅能够增强身体的平衡能力,更能提高人体柔韧性和协调能力。健身气功强调"内外兼修",注重"内练"与"外练"并重。"内练"的关键是"调心和调易气",并在此基础之上积极配合"外练","外练"的关键是发展身体柔韧性和协调能力。

健身气功提高身体协调能力和柔韧能力的方法有很多,如拉、伸、屈、转动作。这些动作十分注重身体的屈伸扭转,要求躯干充分地做出前俯、后仰、侧屈、外展、内收、拧转等运动。这些动作能够牵拉人体各部位大小肌群和肌腱、韧带等组织,也能够提高肌肉、肌腱、韧带的柔韧性、灵活性。

锻炼身体平衡能力及协调性和柔韧性,都应遵循人体运动规律。健身气功正符合这一要求,健身气功的功法设计由简入繁,由易到难,由浅入深。注重动力性练习与静力性练习结合,柔韧性与协调性、灵活性相结合。所以,在练习健身气功时也要遵循这一规律,全面提高身体素质。

(7) 健身气功对智力的调节作用

心理学研究表明,人类智力发展的速度并不是匀速的,也根据年龄变化有其独特规律。总体来说,人类智力的总体变化趋势是先上升,再稳定,最后下降。通过健身气功的锻炼,能够使大脑的疲劳较快地消除,使人精力旺盛,注意力集中,感知觉敏锐,记忆力增强,思维能力提高,从而能提高智能水平。

健身气功的功法都要求"入静";"入静"是区别于人体睡眠态、清醒态的第三态。这是一种特殊状态,不仅能够消除大脑的疲劳,开发大脑潜能,促进人体智力发展,增强人体生命活力和功能。

(8) 健身气功对身体健康水平的作用

"古稀"是中国人自古对七十高龄的说法,它源于唐代诗人杜甫的《曲江二首》诗:"人生七十古来稀。"但是人们只知道"古稀"是指七十高龄,却并不知道杜甫的原本用意。实际上,杜甫的意思是人生苦短,能活到70岁的人,自古以来就十分稀少。

在现代社会活到70岁是稀松平常的事情。但是,现代人的生活健康标准也在不断提高。延长了生命长度,人们更加关心生命的质量,不仅要长寿,而且要健康是现代人的生活理念。这一点对于中老年人来说尤为重要。

影响人体健康水平的因素有很多:生活环境、先天体质、生活习惯、作息规律、心理稳定程度等。在众多的影响因素中,有些是我们难以控制的,有些则是我们可以主动选择的。比如,有意识地保持心情愉快、培养良好的饮食规律、选择适合自己的运动方式等。

对于中老年人来说,表现形式千姿百态,运动量也大小各不相同。选择什么样的运动最重要的是根据自身情况、年龄、体质状况等,选择适合自己的运动方式。并在锻炼时间、强度和频率方面进行合理分配,以适应自己的身心状况。

对于中老年人来说，与年轻人相比，他们的生理机能状况呈下降趋势，心理特征也趋于冷静、平稳。因此剧烈运动、过度运动、大运动量和对抗性强的运动是不适宜的，这些运动会对中老年人的机体造成直接或间接的创伤。而选择中等强度但周期较长的运动方式则能够对中老年人的机体状况及免疫机能有一定的改善作用。健身气功正是符合这一要求，适合中老年人练习的一种健身方式。

根据常年坚持练习健身气功的人反映，坚持练气功能使人的精力充沛。很多人反应在练习健身气功之后感到头脑清晰、精力充沛，学习与工作效率提高。健身气功能够全面改善人体健康状况，令人充满生机和活力。

健身气功有这种功效是具有其科学道理的。健身气功在练习要求"松紧结合，动静相兼"全面改善人体健康状况。松，是指习练时肌肉、关节以及中枢神经系统、内脏器官的放松。同时配以精神放松、呼吸柔和、心静体松。紧，是指习练中适当用力，缓慢进行，或动作转换之间灵活流畅。健身气功通过动作中的松紧结合与动静相兼达到平衡阴阳、疏通经络、滑利关节、强筋壮骨的效果。

另外，健身气功多采用腹式呼吸。腹式呼吸使膈膜活动幅度的增强，活动范围扩大，腹腔内压力变化的幅度加大，会导致内脏器官的相互挤压、摩擦，能有效促进内脏的血液循环，并通过内脏感受器的神经反射，调整胃肠功能。

总的来说，练习健身气功能够疏通人体经络、按摩脏腑，提高身体关节的活动能力，并改善人体神经系统工作效率，能够全面改善人体健康状况。

（9）健身气功对心理健康的调节作用

很多人认为生理健康和心理健康是两个没有关系的概念。实际上，这是不正确的。世界卫生组织对健康的定义包含了三个基本要素：第一，躯体健康；第二，心理健康；第三，具有社会适应能力。真正的健康标准与我们的理解是不同的。躯体健康和心理健康两者密切相关，缺一不可。

在现实生活中也是如此，人们的心理健康和生理健康是互相关联、互相作用的，心理健康每时每刻都在影响人的生理健康。

可见，心理健康对一个人来说多么重要，培养良好的心态并能适时控制自己的情绪是每个人都要做的功课。心理学研究认为，一个心理健康的人并不是说整天都会处于愉快的情绪状态之中，而是说他的基本情绪状态是开朗乐观的，就像人的正常体温每天都在37℃这条基线上下轻微波动一样，只要不远离这条基线人就不会发病。

调节心理健康的方法有很多，健身气功就是其中的一种。这种古老的养生方式通过缓和的动作配合精神内守，能够有效调节人体情绪，培养良好性格，促进人体心理健康。

举例来说，健身气功的一大理念就是强调身心放松。这种放松不仅有助于身体形态的变化，而且对心理、精神状态的调整也有良好的作用。长期坚持练气功能够抚平人的情绪，可以使人从原来情绪不稳定状态逐渐变得稳定。一般来说，情绪不稳定的人遇到生活中重大的应急事件会产生巨大的情绪波动而不能冷静处理，但是练功有素的人，遇到重大的生活应激事件，虽然情绪也会有所变化，但是能较快地使情绪得到稳定。

健身气功之所以能够调节人体健康水平是因为，功法会采用自我调整的方法逐渐地排除人体的思想杂念。健身气功强调"入静"。这是一种意识从普通的清醒逐渐地过渡到特殊的清醒状态。在这种状态中，大脑除了知道自己是在练功这一点上保持清醒兴奋外，其他部位都处于一种主动的睡眠抑制状态。古人描述这种状态为"万念俱泯，一灵独存"，"一念代万念"。这种状态能够深层次地放松我们的大脑，释放身体层面和心理层面的压力，比如焦虑、愤怒、抱怨、孤独等负面能量。进入入静状态，就犹如为心灵进行一次洗礼，再次回到意识状态会使人精神倍增、神志清醒、心情愉悦。

所以说，健身气功不仅是人们身体健康的保证，更是心灵健身操，情绪调节器。我们应该在繁忙的日常生活中留有一小块属于自己的时间和空间，用健身气功为身体补充正面能量，也为心灵进行一次洗礼。

（10）健身气功对延缓衰老方面的作用

《黄帝内经》里讲：如果人能尽终其天年，享受的寿命是 100 岁；《尚书》中说：人的正常寿命应该是 120 岁；西方科学根据细胞分裂周期以及性成熟理论计算，人类的正常寿命也应该是 120～150 岁。既然人类的正常寿命是 100～150 岁，为什么我们活不到这么长时间呢？这个问题比较复杂，涉及的因素也很多，其中很重要的一条就是我们不懂得养生保健。

我们可以通过健身气功重新树立正确的养生观念，获得健康长寿的秘方。因为健身气功的一大功能就是能够延缓人体衰老。健身气功通过以气导引，能够使得身体经络通畅，滋养筋骨四肢及五脏六腑。我国古代养生术也强调导引行气，如果人体感到身体不适，可以通过导引闭气使得九窍、五脏、四肢以至毛发都气流通畅，这种方法能够延年益寿，保持人体活力。

健身气功也讲究呼吸吐纳。"吐纳"二字，就是指呼出二氧化碳，吸入是氧气。另外还要讲究运气，就是一吐一纳，皆要运气，也就是加强吐纳的程度，用深呼吸来带走体内的废气，纳入人体所需之真气，使得人体气血畅通，能够清除体内垃圾、延缓衰老。

随着年龄的增长，中老年人生理机能会发生很大改变，人体各系统功能均发生不可逆的退行性变化。

现代科学研究表明，人体的衰老与自由基水平有关。在正常生理情况下，机体内自由基的生成与清除处于一种动态平衡，不会对机体造成损害。但随着年龄的增长，自由基动态平衡被破坏，人体清除自由基的能力下降，导致体内积存的自由基增多而导致人体老化。

在研究人体衰老问题时，SOD（超氧化物歧化酶）、MDA（丙二醛）是两个较为重要的指标，增加 SOD 活性或者降低 MDA 含量都能够使人体减少过氧化损伤，增强对自由基的清理作用。

曾经有学者对健身气功练习者进行实验观察，结果显示，长期练习易筋经能显著降低人体内 MDA 含量，抑制脂质过氧化，减轻组织或细胞的过氧化损伤，同时也能显著增加 SOD 活性和对氧自由基的清除作用。健身气功的确有延缓衰老、益寿延年的理想功效。

（二）武术桩功

桩功是保持静站姿势，锻炼气息、修养意念和增强力量的方法。它是以意领气、以气运身的一种外静内动的内功练习。通过桩功练习来培植内劲，可以获得内壮外勇、内外合一、激发人体潜能的效果。桩功从性质上可分为"静中求动""动中求静"两种，各种武术步型均可作为桩功练习的步架，构成桩功锻炼形式。桩功练习的方法主要有马步桩、弓步桩、虚步桩、独立桩和浑元桩。

1. 马步桩

（1）动作路线

①上体正直，两脚并步站立，两臂垂直于体侧，两手心向里，两指尖向下，目视前方。

②上体正直，左脚向左侧一步（约本人脚长的 2.5～3 倍）；随之，重心移至两腿之间，两膝弯曲并内扣，两腿半蹲至大腿接近水平，两脚尖向前，两脚的全脚着地；两臂外旋，两肘弯曲，两手变拳，两拳分别抱于两侧腰间，拳心向上，目视前方。

（2）动作要点

马步桩时，两脚尖要向前，两膝要内扣，两大腿要接近水平，上体微前倾。

（3）易犯错误

马步桩时，两脚尖未向前，两膝未内扣，大腿未接近水平，上体过于前倾。

（4）纠正方法

马步桩时，全脚着地，两脚跟分别向两外侧蹬伸；两脚尖微向内扣使脚尖向正前方；两脚跟分别向两外侧蹬伸；两膝部内扣使两膝部在两脚尖里面，形成两膝部在里，两脚尖在外的一个平行于身体的垂直面；重心移至两腿之间；上体微前倾；两膝弯曲至大腿接近水平；上体微前倾，挺胸、塌腰、沉髋，直背；目视前方。

（5）训练提示

初练时静站 1～2 分钟，然后逐渐增加时间。同时，保持腹式呼吸。

2. 弓步桩

（1）动作路线

①上体正直，两脚并步站立，两臂垂直于体侧，两手心向里，两指尖向下，目视前方。

②左脚向左一大步（约本人脚长 3～4 倍）；随之，重心左移，左膝弯曲，左大腿接近水平，左脚尖微内扣，右膝伸直，右脚尖向斜前方约 45°内扣，两脚的全脚着地，成左弓步；两臂外旋，两肘弯曲，两手变拳，两拳分别抱于两侧腰间，拳心向上；目视前方。

（2）动作要点

弓步桩时，左大腿要接近水平，左膝部要在左脚背垂直线的上方，两脚的脚跟不得离地，右膝要伸直。

（3）易犯错误

弓步桩时，左大腿未接近水平，左膝部超过左脚尖或未到左脚背上，左脚尖与右脚尖未在直线上，右脚拔跟，掀掌。

（4）纠正方法

弓步桩时，重心前移；左膝弯曲；右膝伸直，右腿充分蹬伸使左大腿接近水平；左脚上步时，调整好上步的距离；左膝弯曲，左大腿接近水平使左膝部停在左脚背上；左脚上步时，稍向左侧约半步的距离上步；上步时，左脚尖微内扣，右脚尖向斜前方约 45°内扣，使左脚尖与右脚尖成一条线，右脚尖内扣约 45°；右脚的全脚掌着地，使右脚跟向后撑。

（5）训练提示

初练时静站 1～2 分钟，然后逐渐增加时间。同时，保持腹式呼吸。

3. 虚步桩

（1）动作路线

①上体正直，两脚并步站立，两臂垂直于体侧，两手心向里，两指尖向下，目视前方。

②左脚向前半步成前后开立；随之，上体微前倾；大部分重心落于右腿，小部分重心落于左腿；目视前方。

③上体挺胸、塌腰、沉髋、直背；右膝弯曲，右大腿接近水平，右脚尖外展约45°，左膝弯曲，左脚跟离地，左脚面绷平，左脚尖稍内扣，左脚掌着地；两臂外旋，两肘弯曲，两手变拳，两拳分别抱于两侧腰间，拳心向上；目视前方。

（2）动作要点

虚步桩时，要挺胸、塌腰、沉髋、直背、上体微前倾；要虚实分明，约八成的重心落于右腿，二成的重心落于左腿；右大腿要接近水平；左脚掌要着地；左脚跟要离地。

（3）易犯错误

虚步桩时，右大腿未接近水平，虚实分明不明显或约八成的重心未落于右腿，右脚跟离地，左脚跟未离地。

（4）纠正方法

虚步桩时，调整好两脚尖的角度，使左脚尖向前，右脚尖向斜前方约45°；上体微前倾，沉髋；右大腿接近水平，约八成的重心落于右腿，二成的重心落于左腿；挺胸、塌腰、沉髋、直背、上体微前倾；约八成的重心落于右腿，二成的重心落于左腿；右膝弯曲，右大腿要接近水平；左膝弯曲，左脚跟离地，上体微前倾；约八成的重心落于右腿，二成的重心落于左腿上；右膝弯曲，右大腿要接近水平；右脚的全脚掌着地使右脚跟不得离地；挺胸、塌腰、沉髋、直背、上体微前倾；约八成的重心落于右腿，二成的重心落于左腿上；左脚尖向前，左脚面绷平，使左脚跟离地。

（5）训练提示

虚步桩时，静站时间逐渐增加，静站时右大腿下蹲的高度可以根据自身的情况，由高至低逐渐加大难度，上体不能过度前倾，同时保持腹式呼吸。

4. 独立桩

（1）动作路线

①上体正直，两脚并步站立，两臂垂直于体侧，两手心向里，两指尖向下，目视前方。

②上体挺胸、塌腰、直背；左膝微屈，左腿支撑，右膝弯曲，右腿抬起，与腰同高，右脚面绷平，右脚尖向下；两肘弯曲，两手向上分别向左、右两侧叉腰，两虎口向上，两指尖向前，两大拇指向后；目视前方。

（2）动作要点

独立桩时，要挺胸、塌腰、直腰；右小腿要向里收紧；右脚面要绷平；左脚五趾要抓地，右膝部越高越好，身体要保持平衡。

（3）易犯错误

独立桩时，重心不稳定，出现移动或晃动，右小腿未向里收紧或右脚面未绷平，右膝未过腰。

（4）纠正方法

独立桩时，要挺胸、塌腰、直背、上体微前倾；两肩保持平行；头向上顶；眼正视前方；左脚五趾用力抓地；左膝微屈，右小腿后部尽力向右大腿后部贴紧；右脚尖向下，同时，右脚跟向上使右脚面绷平，右膝部向胸部贴靠。

（5）训练提示

独立桩时，静站时间逐渐增加。

5. 浑元桩

（1）动作路线

①上体正直，两脚并步站立，两臂垂直于体侧，两手心向里，两指尖向下，目视前方。

②左脚向左侧开步，与肩同宽，两脚尖向前，目视前方。

③两膝微屈；两臂外旋，两肘微屈，两手五指分开，两手分别向两侧摆起，与额同高，手心向上；目视前方。

④重心下降，两膝弯曲；两臂内旋，两肘弯曲，与胸同高，两掌心向里，指尖相对，两手掌指间距约 10 厘米；目视前方。

⑤两臂内旋，两掌心向下，两掌下按至腹前，指尖相对；头上顶；目视前方。

⑥重心移向右腿；随之，左脚向右脚内侧并拢；两臂外旋，两肘伸直，两手垂直于体侧，两手心向里，两指尖向下；目视前方。

（2）动作要点

浑元桩时，头要向上顶，下颌要微收，舌要抵上颚，双唇要轻闭；要沉肩坠肘，腋下虚掩；要胸部宽舒，腹部松沉；要收髋敛臀，上体中正浑元桩时，要呼吸徐缓，气沉丹田；要做到"上悬下沉""前拥后撑"。浑元桩下摆两臂时，要两臂外旋拥圆。

（3）易犯错误

浑元桩时，头未向上顶，气未沉丹田，身体未放松。

（4）纠正方法

浑元桩时，上体中正，下颌微收，舌抵上颚，上悬头部；沉肩坠肘，腋下虚掩，腹部松沉，收髋敛臀，下沉身体。浑元桩下摆两臂时，两臂外旋，沉肩坠肘，成弧形。

（5）训练提示

浑元桩的时间，初练时不要过长。练习时间因人而异，以 1～2 分钟为宜，而后再逐步增加。

（三）其他功法

1. 手功

攥拳功：

（1）向外攥拳功：两脚开步站立，双腿微屈蹲，双手为掌于腰间，接着双手十字前穿，由里向外弧形抓握成双拳，经体前、后收至腰间，拳心向上，目视拳方，如此反复练习。

（2）向内攥拳功：两脚开步站立，双腿微屈蹲，双手呈掌由体侧左右穿出，随双手握拳下翻，由外向内弧形对摆双拳至体前，拳心向下，目视拳方，如此反复练习。

（3）上下攥拳功：两脚开步站立，双腿微屈蹲，双掌横置于体前，左掌在上，右掌在下，右左手依次抓握拳，随之立圆搅绕，同时另一手掌下压，目视拳方，如此反复练习。

要点：意念专注，握拳练习时意想手到石碎之意境，呼吸相合顺达，极致用力。每次练习50～100次。

2. 脚功

活脚功：练习者双脚开步站立，身体放松，手臂自然下垂于身体两侧，接着左右脚依次向外、内、后、前四个方位进行活脚练习。

要点：身体重心随脚的变化移动，不能失衡，每移到一个方位时，双脚要用最边沿点支撑身体。每次练习时间5～20分钟。

3. 肘功

盘肘功：双人面对面下蹲成马步，接着用右手臂屈肘向里、向外上下双人对盘撞肘，同时另一手臂屈肘回抱收于腰间，目视肘方。左盘肘、右盘肘方法相同，左右相反。

要点：步稳气沉，蹬地转腰发力，力达肘部。对盘撞肘时肌肉收缩，提高抗击力。每次练习50～100次。

4. 膝功

撞膝功：双人面对面站立，接着均右腿屈膝上提，双方用膝部内侧、外侧及膝盖进行对膝练习，同时左右手臂随撞膝自然摆动，目视膝方。左撞膝、右撞膝方法相同，左右相反。

要点：撞膝对接准确，支撑脚抓地稳固，撞膝力度要适宜。每次练习50～100次。

5. 肩臂功

肩臂功是通过压、吊、绕环等方法来增强肩关节、腕关节的柔韧性、灵活性和力量及上臂、前臂的力量，它可为进一步学习和掌握长拳奠定基础。肩臂功练习的方法主要有正压肩、侧压肩、后压肩、握棍转肩、俯撑、倒立、单臂绕环、双臂前后绕环、双臂左右绕环、吊肩、压手腕等。

（1）正压肩

①动作路线

A. 身体面对肋木；两脚并步站立；两臂垂直于体侧，两手心向里，两指尖向下；目视前方。

B. 左脚向左侧一步，与肩同宽；两手向前握肋木，与肩同宽，两虎口相对；目视肋木。

C. 上体向前俯，头向下，目视下方；稍后，上体稍向上抬起。

②动作要点

压肩时，要挺胸，两臂要伸直，力点要集中于肩部。

③易犯错误

压肩时，幅度小，拉不开，力点未集中于肩部。

④纠正方法

压肩时，先要调整身体与肋木的距离，使两脚与肋木的距离保持在两手臂长度；随后，两臂尽力向肋木撑伸；上体尽力向下抻拉，使头在两臂下面；两肘伸直，两手心向下，两手五指握紧肋木。

⑤训练提示

压肩时，振幅应逐渐加大；若有助力帮助其增加重力，应由小到大避免拉伤。练习时，应保持两臂固定不动，使上体尽量向下。

（2）侧压肩

①动作路线

A. 身体侧对肋木；两脚并步站立；两臂垂直于体侧，两手心向里，两指尖向下；目视前方。

B. 右臂内旋，右手向左、向上握肋木，掌心向上，指尖向左侧；同时，左臂屈肘，左手向上至左腰处握木，掌心向左侧，指尖向下，虎口向后；目视前下方。

C. 躯干向右侧移动；右肘向下、向后，使右臂伸直至右耳后方处；目视前下方。

②动作要点

侧压肩时，右臂尽力伸直。侧压肩时，肩应在头后进行侧拉。右手握肋木时，应内旋，手心向上。侧拉时，两手固定不动，上体尽力向右侧拉。

③易犯错误

侧压肩时，右肘过于弯曲。侧压肩时，右臂未在右耳后方。

④纠正方法

右手握肋木时，要握紧肋木，以肋木为支点，向右移动右肩关节。侧压肩时，右肘尽力伸直，使右臂在右耳后方，使头向前撑。

⑤训练提示

侧拉肩时，两脚尽量靠近肋木，使身体向右侧倾，形成弧形。

（3）后压肩

①动作路线

A. 身体背对肋木；两脚并步站立；两臂垂直于体侧，两手心向里，两指尖向下；目视前方。

B. 两手内旋，两掌心向后，两指尖向下；随后，两手向后、向上握同一根肋木，两手心向下，两虎口向两侧；目视前下方。

C. 重心向下移动，使躯干尽量向下；目视前下方。

②动作要点

两手握肋木时，两手心向上，两虎口相对。后压肩时，两肘要伸直，躯干尽量向前。

③易犯错误

后压肩时，躯干未向前移动。后压肩时，两虎口未相对。

④纠正方法

两手握肋木时，重心向前移动，使躯干向前；先两臂内旋，手心向后，虎口相对之后再握肋木。

⑤训练提示

后压肩时，尽力两手贴紧，躯干尽量向前，形成两手与躯干的前、后对拉。

（4）握棍转肩

①动作路线

A. 上体正直，两脚并步站立，两手握棍于体前，两手心向里，两虎口相对并贴近，目视前方。

B. 左脚向左侧一步，两手向两侧滑动小棍使两手相距一定距离，目视前方。

C. 以肩关节为轴，两肘伸直，两手向前、向上经头部再向后至背后，此时，两手掌心向上，虎口相对。

D. 接上式，以肩关节为轴，两肘伸直，两手向上经头部再向前、向下至体前，两手心向里，虎口相对，目视前方。

动作 C 至动作 D 可以重复。

②动作要点

转肩时，两肘始终保持伸直，两手持棍的距离要保持不变。

③易犯错误

两臂在持棍后绕或前绕时，屈肘，两臂依次经过头顶。

④纠正方法

转肩时，两肩放松，两手握棍距离应先稍宽，等适应后再加大转肩的难度；两肩放松，两臂同时用力向后或前绕。

⑤训练提示

两手握棍的距离，应循序渐进地从较远至较近。转肩时，避免两手握棍太近而拉伤肩关节。

（5）俯撑

①动作路线

A. 上体正直；两脚并步站立；两臂垂直于体侧，两手心向里，两指尖向下；目视前方。

B. 两肘伸直，两手上摆至胸高，与肩同宽，两手心向下，指尖向前；随之，上体前倾；两膝伸直，两脚跟离地，两脚掌着地；两肘弯曲，两手向下、向后摆至肩前，两手撑地，手指向前；目视前下方。

C. 上体向上移至高于下肢，两肘伸直，目视前下方。

D. 上体前俯至水平，下肢与地面平行，目视前下方。

动作 C 至动作 D 可以重复。

②动作要点

俯撑时，两膝要伸直，上体贴近地面直至与地面平行。上体向上时，两臂要伸直。

③易犯错误

俯撑时，臀部凸起，上肢或下肢与地面未平行，两膝未伸直。

④纠正方法

俯撑时，收腹敛臀，两膝伸直；收腹敛臀；两肘弯曲，两手撑地，两手与肩同宽；目视前下方；两脚掌着地并向后撑，两腿夹紧，两脚并拢。

⑤训练提示

两臂屈肘时，收腹敛臀。俯撑时，两膝伸直，两脚跟离地，脚掌向后撑。

（6）倒立

①动作路线

A. 身体面对肋木，离肋木一定距离；两脚并步站立；两臂垂直于体侧，两手心向里，两指尖向下；目视前方。

B. 左脚向前一步，脚尖向前；两手向上摆至头上方，手心向前，指尖向上；目视前下方。

C. 躯干、两臂同时向下摆至左脚前方；随后，右腿向后、向上摆；左腿蹬地，向后、向上摆；两腿依次摆至贴靠肋木，两腿并拢，两脚尖绷平；同时两臂伸直，与肩同宽，两手触地并支撑，五指分开，指尖向前；目视前方。

D. 上体向上立起；同时右腿向前、向下摆，左腿向前、向下摆；随后右脚掌着地，左脚落地；两臂垂直于体侧，两掌心向里，两指尖向下；目视前方。

②动作要点

倒立时，两腿摆动要依次上摆；还原时，两脚摆动要依次着地。倒立时，两臂伸直，两手指尖向前，上体与下肢要成一条直线。

③易犯错误

倒立时，腿摆不上去，两腿在肋木上停不住，上体与下肢未成一条直线，两腿未并拢。

④纠正方法

倒立时，右腿摆动幅度要大且有一定的力度；两腿并拢，两脚绷平，两脚尖向上且与两手指尖在一条垂线上；同时两臂用力向上支撑；收腹、敛臀，眼视前方；两腿向里夹紧使两膝、两踝靠拢。

⑤训练提示

倒立的时间根据自身的情况逐渐增加。倒立时，两膝伸直，两腿并拢，上体与下肢成直线。

（7）单臂绕环

①动作路线

A. 上体正直，两脚并步站立，两臂垂直于体侧，两手心向里，两指尖向下，目视前方。

B. 左脚向前一步；左膝弯曲，左大腿接近水平，左脚尖微内扣，右膝伸直，右脚尖内扣约45°，成左弓步；左肘微屈，左手按于左膝上；目视前方。

C. 右手以肩为轴向前、向上、向后、向下绕环一周；目视前方。

动作 C 可以重复。

②动作要点

绕环时，右臂要伸直，两肩要放松。右臂绕环时，要以肩为轴划立圆。

③易犯错误

绕环时，右臂未划立圆，右臂未伸直。

④纠正方法

绕环时，右肩放松，右臂以肩为轴向前、向上、向后、向下完成一周的绕环动作；右肘伸直，右腕关节伸直，右手指尖随着右臂向前、向上、向后、向下的绕环方向而相应地朝前、朝上、朝后、朝下的方向撑出。

⑤训练提示

绕环时，以肩为轴，肩要放松。

（8）双臂前后绕环

①动作路线

A. 上体正直；两脚并步站立；两臂垂直于体侧，两手心向里，两指尖向下；目视前方。

B. 左脚向左侧一步，成开立步，与肩同宽；两肘伸直，两手向前、向上摆于头上，两掌心相对，指尖向上；目视前方。

— 161 —

C. 以肩为轴，左肘伸直，左手向前，与肩同高，指尖向前，掌心向右侧方，大拇指向上；同时，右臂内旋，右肘伸直，右手向后摆，与肩同高，指尖向后，掌心向右侧方，大拇指向上；目视前方。

D. 左肘伸直，左手向下至身体左侧，指尖向下，掌心向里，大拇指向前；同时，右臂内旋，右肘伸直，右手向下至身体右侧，指尖向下，掌心向里，大拇指向前；目视前方。

E. 左臂外旋，左肘伸直，左手向后摆，与肩同高，指尖向后，掌心向左侧方，大拇指向上；同时，右肘伸直，右手向前，与肩同高，掌心向左侧方，大拇指向上；目视前方。

F. 右肘伸直，右手向上摆至头上，指尖向上，掌心向左侧方，大拇指向后；同时，左臂内旋，左肘伸直，左手向上摆至头上，指尖向上，掌心向右侧方，大拇指向后；目视前方。

动作 C 至动作 F 可以重复。

②动作要点

双臂前后绕环时，两肘要伸直，要用腰带动两臂绕环，两臂要划立圆。双臂绕环至一前、一后时，要形成前后方向的一条直线。

③易犯错误

双臂前后绕环时，两肘未伸直，两臂未划立圆，未用腰带动两臂绕环。

④纠正方法

双臂前后绕环时，两肘伸直，两臂成一条直线，向前、向上、向后、向下完成绕环的动作；两臂以肩为轴，划前后方向的立圆，一手向前，一手向后，分别向前、向后、向上、向下或者向后、向前、向下、向上绕环一周。双臂前后绕环时，以腰带动两臂绕环。当左臂向前、右臂向后时，腰向右拧转使两臂成前后方向的一条直线；当右臂向前、左臂向后时，腰向左拧转，使两臂成前后方向的一条直线。

⑤训练提示

双臂前后绕环时，以肩为轴，肩要放松，以腰带动肩、臂。

（9）双臂左右绕环

①动作路线

A. 上体正直，两脚并步站立，两臂垂直于体侧，两手心向里，两指尖向下，目视前方。

B. 以肩为轴，右肘伸直，右手向右摆至右侧，与肩同高；同时，左肘微屈，左手向右摆至右肩前，两掌心向右，两指尖向上；目视右侧前方。

C. 以肩为轴，左肘伸直，两手向上，两掌心向上，指尖向后；目视前方。

D. 以肩为轴，左肘伸直，左手向左摆至左侧，与肩同高；同时，右肘微屈，右手向左摆至左肩前，两掌心向左，两指尖向上；目视左侧前方。

E. 以肩为轴，右肘伸直，两手向下，两掌心向里，指尖向下；目视前方。

动作 B 至动作 D 可以重复。

②动作要点

双臂左右绕环时，两臂要划立圆，两肩要放松。

③易犯错误

双臂左右绕环时，两臂未划立圆，两臂未以腰为轴。

④纠正方法

双臂左右绕环时，两臂以肩为轴，向右、向上、向左、向下绕环一周。两臂向右摆时，腰向右转；两臂向上摆时，腰摆向正前方；两臂向左摆时，腰向左转；两臂向下摆时，腰摆向正前方。

⑤训练提示

双臂左右绕环时，以肩为轴，肩要放松，以腰带动肩、臂。

（10）吊肩

①动作路线

A. 身体背对肋木，两脚并步站立，两臂垂直于体侧，两手心向里，两指尖向下，目视前方。

B. 两臂内旋，两肘伸直，两掌心向后，两指尖向下；随后两手向后、向上握肋木，两手心向下，两虎口向两侧；目视前方。

C. 重心向下移动，躯干向下拉，目视前下方。

D. 用身体的重量将躯干向下垂吊，两脚离地，目视前下方。

②动作要点

吊肩时，两手的距离应循序渐进地从较远至较近；两臂要伸直，尽力将躯干向下拉。

③易犯错误

吊肩时，两手的距离太开，未达至拉肩的目的；躯干未向下拉；两手虎口未相对。

④纠正方法

吊肩时，两手的距离应根据自身的情况渐渐缩短；将躯干离开肋木，使重心向下移动，再将两脚离地；两臂内旋，两掌心向后，再握肋木。两手握肋木时，虎口相对，两手指向两侧。

⑤训练提示

吊肩时，两手的距离越近效果越好；躯干与两臂越垂直效果越好。

（11）压手腕

①动作路线

A. 上体正直，两脚并步站立，两臂垂直于体侧，两手心向里，两指尖向下，目视前方。

B. 两肘弯曲，两手向前、向上合于胸前，与胸同高，两手心相对、贴近，两指尖向上，目视前方。

C. 两腕部向下沉。

②动作要点

压手腕时，两肘要弯曲，两手心要贴紧，两腕部要下沉。

③易犯错误

压手腕时，两手高于胸部，两手心未贴紧，两腕部未下沉。

④纠正方法

压手腕时，两肘弯曲，两手向前、向上合于胸前，与胸同高，两手心相对、贴紧；两肘不动，两腕部向下沉，使两腕部弯曲小于90°。

⑤训练提示

压手腕时，两肩要放松，两肘不动。

6. 腰功

腰功主要发展腰部的柔韧性、灵活性和力量等素质，加大腰部的活动范围。在手、眼、身法、步四个要素中，腰是较集中体现身法技巧的关键，同时腰又是贯通上下肢体的枢纽。拳谚"练拳不活腰，终究艺不高"，表明腰部的训练很重要。腰的练习方法主要有前俯腰、侧俯腰、拧腰、涮腰和下腰等。

（1）前俯腰

①动作路线

A. 上体正直，两脚并步站立，两臂垂直于体侧，两手心向里，两指尖向下，目视前方。

B. 两肘弯曲，两手向上至腹前，手心向上，指尖相对；随后，两手继续向上至胸前，两手交叉；两臂内旋，两肘伸直，两手向上至头上，屈腕，两手心向上；目视前方。

C. 上体前俯；两肘伸直，两手向前、向下至两脚前，两手心向下至两脚尖前，两掌根向下撑，直至触地；目视两手。

D. 上体稍向上；两肘伸直，两手离地约 10～15 厘米。

E. 上体前俯；两肘伸直，两手向下至两掌根触地，持续一定时间；目视两手。

F. 上体向上，立起；两臂外旋，两肘伸直，两手分开，随后，两臂垂直于体侧，两手心向里，两指尖向下；目视前方。

动作 C 至动作 D 可以重复。

②动作要点

前俯腰时，两腿、两肘要伸直，两手向下撑至两掌根触两脚前方的地面。

③易犯错误

前俯腰时，两膝部、两肘部弯曲，两掌根未触两脚前方的地面。

④纠正方法

前俯腰时，两腿要并拢，两膝伸直，撑拉大腿后侧韧带，腰前俯使上肢紧贴下肢；两肘伸直，屈腕，两手心向下。两掌根向下拉时，下拉直至掌根触地。

⑤训练提示

当两掌触地时，可以停住一段时间，其逐渐延长。

（2）侧俯腰

①动作路线

A. 上体正直，两脚并步站立，两臂垂直于体侧，两手心向里，两指尖向下，目视前方。

B. 两肘弯曲，两手向上至腹前，手心向上，指尖相对；两手继续向上至胸前，两手交叉；两臂内旋，两肘伸直，两手向上至头上，屈腕，两手心向上；目视前方。

C. 上体左转，俯身；两肘伸直，两手向左、向下至左脚的左侧方，手心向下，两臂下拉至两掌根触地；目视两手。

D. 上体稍向上抬起；上体转正，两肘伸直，两手离地约 10～15 厘米。

E. 上体右转，俯身；两肘伸直，两手向右、向下至右脚的右侧方，手心向下，两臂下拉至两掌根触地；目视两手。

F. 上体向上，立起，两臂垂直于体侧，两手心向里，两指尖向下，目视前方。

动作 C 至动作 D 可以重复。

②动作要点

侧俯腰时，两膝要伸直。侧俯腰时，两肘要伸直。侧俯腰时，两掌触地要在左脚的左外侧或右脚的右外侧。侧俯腰时，两掌触地时要以掌根触地。

③易犯错误

侧俯腰时，两膝弯曲，两肘部弯曲，两掌触地时未触于左脚的左外侧或右脚的右外侧的地方，两掌触地时未以掌根触地。

④纠正方法

侧俯腰时，两腿要并拢使两腿内侧向里夹紧，两膝伸直使两脚跟向下撑、髋部向上撑来保证两大腿伸直；两肘伸直，屈腕，两手心向下。侧俯腰两掌根向下拉时，两肘伸直，两手心向下，屈腕，以两掌根向下拉，直至掌根触地。侧俯腰两掌触地时，尽量使两掌靠近左脚或右脚的外侧。

⑤训练提示

当两掌触地时，可以停留一段时间，其逐渐延长时间。侧俯身时，以脊柱为轴，上体左右转动。

（3）拧腰

①动作路线

A. 上体正直，两脚并步站立，两臂垂直于体侧，两手心向里，两指尖向下，目视前方。

B. 两肘弯曲，两手向上至腹前，手心向上，指尖相对；两手继续向上至胸前，两手交叉；随后，两臂内旋，两肘伸直，两手向上至头上，屈腕，两手心向上；目视前方。

C. 上体向左、向后拧，两膝伸直，两脚尖向前，两肩同高，目视左后方。

D 上体向右、向后拧，两膝伸直，两脚尖向前，两肩同高，目视右后方。

E. 上体向左拧，面对前方，两肩同高，目视前方。

②动作要点

拧腰时，应尽力向左或向右后拧转。拧转时，两膝伸直，两脚尖向前，两肩应水平向右或向左拧转。

③易犯错误

拧腰时，向左或向右拧转的幅度不够大，两脚尖随着腰的动作而转动，两肩未水平向右或向左拧转。

④纠正方法

拧腰时，腰要放松；眼尽量向左后或向右后看；两膝要伸直，两脚的脚趾抓地；同时，保持两脚尖向前。拧转时，上体正直，头上顶，两肩保持水平向右或向左拧转。

⑤训练提示

拧腰时，先慢速、小幅度地做拧腰动作，熟练后再大幅度、加快速度地拧腰。

（4）涮腰

①动作路线

A. 上体正直，两脚并步站立，两臂垂直于体侧，两手心向里，两指尖向下，目视前方。

B. 左脚向左侧一步，两脚宽于肩，两脚尖向前，目视前方。

C. 上体前俯至水平，随之向左侧方拧转；两肘伸直，两手向左摆，与肩同高，两手心向下；

目视左下方。

D. 接上式，以腰为轴，上体水平向前、向右转至右侧前方；两肘伸直，两手向前、向右平摆，两手心向下；目视右下方。

E. 接上式，以腰为轴，躯干向左、向上翻至身体右侧倾；两肘伸直，两手摆至右侧方，使左臂在上，右臂在下，两手心向前，右手与头同高；目视右手。

F. 接上式，以腰为轴，上体向左转；两肘伸直，两手向后摆，两手心向上；仰头，目视后方。

G. 接上式，以腰为轴，躯干向左、向下翻至身体左侧倾；两肘伸直，两手摆至左侧方，使左臂在上，右臂在下，两手心向前，左手与头同高；目视左手。

H. 接上式，以腰为轴，上体向左转；两肘伸直，两手向左摆至左前方，与肩同高，手心向下；目视左下方。

动作 C 至动作 H 可以重复；动作 C 至动作 H 可以进行相反的方向练习。

②动作要点

涮腰时，要以腰为轴，躯干尽量保持在水平面上做旋转动作，两臂和头的旋转动作随腰的旋转动作进行摆动，眼随头的旋转动作进行随视绕环一周。

③易犯错误

涮腰时，腰未主动旋转，躯干未保持在水平面上绕环，腰的旋转幅度过小。

④纠正方法

涮腰时，腰放松，腰要主动旋转；以腰为轴带动两臂摆动，躯干的变化保持在前、后、左、右的方向上，尽量不要有上、下的变化。

⑤训练提示

涮腰时，先做上体前、后伸展和左、右侧屈的动作，然后再做涮腰动作，速度要由慢到快。

（5）下腰

①动作路线

A. 上体正直，两脚并步站立，两臂垂直于体侧，两手心向里，两指尖向下，目视前方。

B. 左脚向左侧一步，与肩同宽，两脚尖向前，目视前方。

C. 两肘伸直，两手向前、向上，两手心向前，指尖向上，目视前方。

D. 上体向后、向下，两肘伸直，两手随着上体动作向后、向下，两指尖向后；头向后仰，下颏上抬，目视后下方。

E. 两膝微屈；两手将要落地时，五指分开，两手触地，随后两手用力撑地，两指尖向前；上肢与下肢成桥；目视两脚跟。

②动作要点

下腰时，要挺胸、挺髋、抬头。下腰当手触地时，腰要向上顶，两脚跟不得离地，两肘要伸直，要屈两腕部。

③易犯错误

下腰时，手、脚距离较远或两膝、两肘过于弯曲使上肢与下肢未成桥，脚跟离地，两肘弯曲。

④纠正方法

下腰时，两手尽量靠近两脚跟，挺胸，挺髋，腰向上顶；两脚全脚掌着地，两膝尽力伸直；

两肘伸直，抬头，用两掌根撑地。

⑤训练提示

初练者下腰时，可由同伴托腰保护进行练习。下腰时，两手指尖与两脚跟逐渐靠近，不要两手指尖与两脚过快地靠拢，避免腰受伤。下腰后，同伴可将练习者的两膝缓缓向前推或练习者自身将两膝尽力伸直，以增加下腰效果。

7. 腿功

腿功主要是发展腿部的柔韧性、灵活性和力量等素质，加大髋关节、膝关节、踝关节的活动范围，撑、拉腿部各韧带。在手、眼、身法、步四个要素中，腿是较集中体现下肢技巧的关键。拳谚"练拳不练腿，到老冒失鬼"，说明腿功的训练非常重要。腿功练习的方法主要有正压腿、侧压腿、仆步压腿、竖叉、吻靴、抱膝控腿、正搬腿、侧搬腿、盘坐压髋和横叉等。

（1）正压腿

①动作路线

A. 身体面对肋木，两脚并步站立，两臂垂直于体侧，两手心向里，两指尖向下，目视前方。

B. 左腿支撑，左膝微屈，左脚尖向前，右膝伸直，勾右脚尖，右腿向上摆起，右脚放在肋木上，以脚跟接触肋木，脚高于髋关节或胸部或肩部或头部，目视前方。

C. 身体正直，挺胸，塌腰，收髋；两膝伸直；两手心向下，扶按右膝；目视前方。

D. 上体向下至胸贴右膝，右脚尖勾紧，目视右脚尖。

E. 上体稍向上抬起，目视右脚。

F. 两臂外旋，两肘微屈，两手交叉，掌心向里；随后两肘伸直，两手向前将两手心触右脚掌中部；目视前方。

G. 上体向前、向下；右脚尖向里勾紧；两肘微屈，两手向里压右脚掌；前额或下颌触右脚尖，目视右脚尖。

H. 上体稍向上抬起；目视右脚。

动作 D 至动作 E 可以重复；动作 G 至动作 H 可以重复。

②动作要点

正压腿时，上体要摆正使两肩、两髋与右脚尖成等角，左脚尖要向前，右膝要伸直。上体向前、向下时，右脚尖要勾紧。

③易犯错误

正压腿时，右膝未伸直，右脚尖未勾紧，上体未摆正或两髋、两肩未与右脚尖成等角。

④纠正方法

正压腿时，右脚跟尽力向前撑，右脚尖向里勾紧（至脚尖朝后），直至右膝伸直；上体正直，两肩部、两髋部与右脚尖成平行。

⑤训练提示

当右脚跟放在肋木上时，应由低向高逐渐加大难度来提高压腿的效果。正压腿时，逐渐加大振幅，有痛感时，停住不动。

（2）侧压腿

①动作路线

A. 身体侧对肋木，两脚并步站立，两臂垂直于体侧，两手心向里，两指尖向下，目视前方。

B. 右腿支撑，右膝微屈，右脚尖微外展，左膝伸直，勾左脚尖，左腿向上提起，左脚放在肋木上，以脚跟接触肋木，脚高于髋关节或胸部或肩部或头部；目视前方。

C. 身体正直，挺胸，塌腰，展髋；两膝伸直；右肘微屈，右手向右、向上摆至头上方，手心向上，指尖向左，左肘弯曲，左手向右、向上摆至右肩前，手心向右，指尖向上，大拇指贴右肩前；目视前方。

D. 上体向左倾；两膝伸直，左脚尖勾紧；左肩贴左腿，右肘微屈，右手向左摆至触摸右脚尖；目视前方。

E. 上体稍向上抬起；右肘微屈，右手向上摆，右手心向上，指尖向左；目视前下方。

动作 D 至动作 E 可以重复。

②动作要点

侧压腿时，右膝要伸直。上体向左倾时，左脚尖要勾紧。侧压腿时，两髋外展，保持 90°打开或更大幅度。

③易犯错误

侧压腿时，右膝未伸直，两髋未打开。上体向左倾时，左脚尖未勾紧。

④纠正方法

侧压腿时，左脚跟尽力向左侧撑拉，左脚尖尽力向里勾紧直至左膝伸直，两髋部放松；右脚尖微外展，左腿上摆使左脚尖在左耳的左侧方。上体向左倾时，左脚尖尽力向里勾紧直至脚尖朝里。

⑤训练提示

侧压腿左脚跟放在肋木上时，应由低向高摆起，逐渐加大难度。侧压腿上体侧对肋木时，两膝应伸直，两脚脚尖应保持 90°的夹角。

（3）仆步压腿

①动作路线

A. 上体正直，两脚并步站立，两臂垂直于体侧，两手心向里，两指尖向下，目视前方。

B. 左脚向左侧一步，两脚宽于两肩，两脚尖向前，目视前方。

C. 上体微前倾，挺胸、塌腰；左膝弯曲，左腿全蹲，左臀部与左小腿重叠，左脚尖外展，右膝伸直，右脚尖内扣，两全脚掌着地，成右仆步；目视右前下方。

D. 右手抓握右脚背，掌心向下，指尖向右侧，左肘向外撑左膝内侧，左手抓握左脚背，掌心向下，指尖向左侧；目视右下方。

E. 上体前俯；臀部、右腿向下沉；目视右脚前方。

②动作要点

仆步压腿时，臀部、右腿要贴近地面；上体要前俯直至左肩低于左膝，腰微向右拧；两脚尖要向前，两脚要平行，两脚全脚掌要着地，右膝伸直。

③易犯错误

仆步压腿时，两脚未平行或脚尖未向前，两脚未全脚掌着地，左腿未全蹲，左膝关节未向左侧展开。

④纠正方法

仆步压腿时，两脚在一条平行线上，下蹲时，右脚尖微内扣，左脚尖向外展；两脚外侧分别向左或右外撑；重心落在左腿上，左侧臀部贴紧左小腿后侧；左膝关节向左侧展开，使左膝尖在左脚尖垂直线的左侧方。

⑤训练提示

仆步压腿时，注重两个方向，其一是使臀部、右腿向下压，使其尽力贴近地面，其二是使左膝向左侧方撑。

（4）竖叉

①动作路线

A. 上体正直，两脚并步站立，两臂垂直于体侧，两手心向里，两指尖向下，目视前方。

B. 上体微前倾，两膝弯曲，两腿全蹲，两手分别向左或右扶地，目视前下方。

C. 左脚向前一大步，随之左腿的后部、左脚跟着地，勾左脚尖，左脚尖向上，右脚向后一步，右腿的内侧着地，右脚尖向右侧；目视前方。

D. 两膝伸直，左脚尖勾紧，右踝部微屈；两肘伸直，两手分别向两侧上摆，与肩同高，两手变掌，两掌指尖向上，左掌心向左，右掌心向右；目视前方。

②动作要点

竖叉时，左膝要伸直，右膝尽力伸直；上体要正对前方；左腿后部着地，右腿内侧着地。

③易犯错误

竖叉时，右膝弯曲，两腿不在一条线上，左腿后部或右腿内侧未全部着地。

④纠正方法

竖叉时，右踝部微屈，右脚跟向后用力伸直至右膝伸直；左腿后部全部着地直至左臀贴地，右腿内侧着地尽量使右髋部接近地面；两腿放松，重心在两肩之间，重心下沉使左腿后部或右腿内侧全部着地。

⑤训练提示

竖叉时，先两手撑地练习竖叉动作，降低竖叉的难度，以避免受伤；左腿后部或右腿内侧着地的面积根据自身腿的柔韧性、髋关节灵活性的情况，由着地少到着地多，以免韧带或髋关节拉伤。

（5）吻靴

①动作路线

A. 上体正直，两脚并步站立，两臂垂直于体侧，两手心向里，两指尖向下，目视前方。

B. 上体微前倾；左膝弯曲，左腿半蹲，右膝伸直，勾右脚尖，右腿向前伸出，右脚跟着地；目视前下方。

C. 上体继续前倾；两臂外旋，两肘微屈，两手交叉，掌心向里；随后两肘伸直，两手向前、向下将两手心触右脚掌中部；目视右脚。

D. 上体前俯；右脚尖向里勾紧；两肘弯曲，两手向里压右脚掌；前额或鼻尖触右脚尖，目视右脚。

E. 上体稍向上抬起，两肘渐渐伸直，目视右脚。

动作 D 至动作 E 可以重复。

②动作要点

吻靴时，右膝要伸直，右脚尖要尽力向里勾紧，上体要正对右脚尖，左脚的脚尖要斜对正前方，右脚的脚尖要正对前方。

③易犯错误

吻靴时，右膝未伸直，右脚尖未勾紧，上体未正对右脚尖，前额或鼻尖未触右脚尖。

④纠正方法

吻靴时，右脚跟尽力向前撑，右脚尖尽力向里勾（至脚尖向里），使右膝伸直，达到右腿后部韧带充分拉开的目的；腰稍向右拧，收右髋使两髋、两肩平行正对右脚尖；身体前俯，两肘弯曲，两手尽力将右脚掌中部向里压，使右脚尖向前额靠拢，直至前额或鼻尖触右脚尖。

⑤训练提示

吻靴时，上体向前、向下俯身的幅度应由小到大，逐渐加大难度。

（6）抱膝控腿

①动作路线

A. 上体正直，两脚并步站立，两臂垂直于体侧，两手心向里，两指尖向下，目视前方。

B. 左膝微屈，左腿支撑，右膝弯曲，右腿上提，右脚尖向下；右手抱握右膝下方，指尖向左，手心向里，左手抱握右脚背部，指尖向右，手心向里；目视右腿。

C. 两手将右腿向上、向后贴胸部，目视前下方。

②动作要点

抱膝时，左膝应微屈，左脚五趾要用力抓地；上体要正直，两肩要平行，头要向上顶，使身体保持平衡；右脚尖应向下，右脚面应绷平，右小腿后部应向右大腿后部贴紧。

③易犯错误

抱膝时，右脚尖未向下，右膝关节的膝尖未过髋，身体晃动。

④纠正方法

抱膝时，右脚尖绷平，使右脚尖向下，右踝部向右大腿后部贴紧，使右脚尖不超过右膝尖的垂直线；右小腿后部向右大腿后部贴紧，右腿尽力向上，使右膝部向胸部靠近。左腿支撑时，左膝微屈，左脚五趾向里用力抓地；右膝弯曲提起时，上体正直，头上顶，两肩保持平行，眼平视前方。

⑤训练提示

独立支撑锻炼力量和训练平衡能力，需要总结好的平衡方法和加强力量训练，抱膝会提高膝、踝、髋关节的柔韧性、灵活性，应逐渐增加难度；尽量避免受伤。

（7）正搬腿

①动作路线

A. 身体背对肋木，上体正直；两脚并步站立；两臂垂直于体侧，两手心向里，两指尖向下；目视前方。

B. 左腿支撑，左膝微屈，左脚尖向前，右膝伸直，勾右脚尖，右腿向上摆起，与肩同高；两臂内旋，两肘微屈，两手向后握住肋木，与腰同高，两手心向后，两虎口相对；目视前方。同时，辅助者要面对练习者，当练习者右脚上摆过肩时，辅助者两手托住练习者的右脚跟。

C. 辅助者向上推练习者的右脚跟，练习者上体正直，右膝伸直，右脚尖勾紧，目视前方。

D. 辅助者两手稍放松，让练习者的右腿下落一些，使右腿后侧韧带的拉紧有些缓冲，练习者目视前方。

E. 辅助者继续向上推练习者的右脚跟，直至练习者的右脚到头上方。

动作 C 至动作 D 可以重复。

②动作要点

正搬腿时，右膝要伸直，右脚尖要勾紧，上体要正直，右髋不要向前送出，左膝不得明显弯曲。

③易犯错误

正搬腿时，右膝未伸直，右脚尖未勾紧，左膝明显弯曲，上体未正对前方。

④纠正方法

正搬腿时，右脚跟尽力向前撑，右脚尖尽力勾紧使右膝伸直；右脚尖尽力向里勾直至脚尖向后，左脚跟尽力向下撑，左脚的五趾用力抓地；身体正直，挺胸、塌腰；头向上顶，目视前方；挺胸、塌腰，头上顶使上体正直；两肩部、两髋部正对右脚尖；上体正直，两肩、两髋保持平行。

⑤训练提示

正搬腿时，辅助者逐渐加大上推的幅度，当练习者有痛感时，可停住不动。

（8）侧搬腿

①动作路线

A. 身体侧对肋木，身体左侧面离肋木更近，上体正直，两脚并步站立，两臂垂直于体侧，两手心向里，两指尖向下，目视前方。

B. 左腿支撑，左膝微屈，左脚尖向前，右膝伸直，勾右脚尖，右腿向右侧上提起，与肩同高；左手向左、向上至左侧上方握肋木，与腰同高，同时右手向左、向上至左侧上方握肋木，与胸同高，左手虎口向前，右手虎口向后；目视前方；辅助者面对练习者的右侧站立，离练习者一定的距离；当练习者右腿上摆过右肩时，辅助者两手托住练习者的右脚跟。

C. 辅助者向上推练习者的右脚跟，练习者上体正直，右膝伸直，右脚尖勾紧，目视前方。

D. 辅助者两手稍放松，让练习者的右腿下落一些，使右腿后侧韧带的拉紧和髋部展开有些缓冲，目视前方。

E. 辅助者继续向上推练习者的右脚跟，直至练习者的右脚到头的右侧上方。

动作 C 至动作 D 可以重复。

②动作要点

侧搬腿时，右膝要伸直，右脚尖要勾紧，上体要正直，右髋要外展。

③易犯错误

侧搬腿时，右膝未伸直，右脚尖未勾紧，左膝过于弯曲，上体未正直，髋部未展开。

④纠正方法

侧搬腿时，右脚跟尽力向右侧撑拉，右脚尖尽力向里勾紧直至右膝伸直；右脚尖尽力向里勾紧直至脚尖朝里；左脚跟尽力向下撑；左脚的五趾用力抓地；身体正直、挺胸、塌腰；头向上顶，目视前方。

⑤训练提示

侧搬腿时，辅助者逐渐加大上推练习者右腿的幅度。当练习者有痛感时，辅助者可停住上推练习者右腿，使其不动，来增加侧搬腿的效果。

（9）盘坐压髋

①动作路线

A. 上体正直，两脚并步站立，两臂垂直于体侧，两手心向里，两指尖向下，目视前方。

B. 上体微前倾，两膝弯曲，两腿下蹲，目视前方。

C. 上体正直，挺胸、直腰，臀部坐地；两膝弯曲，两小腿、两脚外侧触地，两脚掌相对，两全脚掌贴紧，两脚尖向前，两脚跟靠近身体；两肘弯曲，左手放在左膝上，右手放在右膝上，两手指尖向前，两手心向下；目视前方。

D. 两肘微屈，两手向下压两膝内侧直至两膝外侧、两大腿外侧接近水平，目视前下方。

E. 两手稍放松，两膝自然向上缓冲，目视前方。

动作 D 至动作 E 可以重复。

②动作要点

盘坐压髋时，两小腿外侧、两大腿外侧、两脚外侧要同时触地；两脚跟要尽力靠近髋部，尽力使髋部展开；上体正直，挺胸、直腰。

③易犯错误

盘坐压髋时，两脚跟未靠近髋部，两膝外侧未触地。盘坐两手下压两膝时，未使两大腿接近水平。

④纠正方法

盘坐压髋时，两小腿、两大腿叠紧，使两脚跟靠近髋部，髋关节放松，髋部外展，使两膝外侧触地。盘坐两手下压两膝内侧时，髋关节放松，髋部外展直至两大腿接近水平。

⑤训练提示

盘坐压髋时，根据自身髋关节灵活性的情况逐渐加大下压的力度，以免髋部受伤，两大腿外侧接触地面越多越好效果。盘坐压髋有痛感时，可停住不动，以增加压髋的效果。

（10）横叉

①动作路线

A. 上体正直，两脚并步站立，两臂垂直于体侧，两手心向里，两指尖向下，目视前方。

B. 左脚向左侧一步，两脚宽于肩。

C. 上体前倾，两膝弯曲，两腿下蹲；两肘伸直，两手体前扶地，全手掌触地，两指尖向前，五指自然分开；目视前下方。

D. 上体前俯；两膝伸直，两脚分别向右、左两侧分腿，两脚掌着地，两脚尖向前；两肘伸直；目视前下方。

E. 上体微前倾；两腿继续向两侧分腿，两大腿、两小腿、两脚内侧着地，两脚尖向前，左脚掌心向左侧，右脚掌心向右侧；两肘微屈；目视前方。

②动作要点

横叉时，两膝要伸直，横叉时，上体要前倾；两大腿、两小腿、两脚内侧要着地；两脚尖要向前，髋关节要放松。

③易犯错误

横叉时，两膝未伸直，两大腿内侧未触地，髋关节未放松。

④纠正方法

横叉时，两脚脚掌分别向左或右两侧蹬伸，使两膝部伸直；髋部放松，使两大腿内侧逐渐着地，直至两大腿内侧全部着地；身体放松，想些轻松、愉快的事情。

⑤训练提示

横叉时，先两手撑地练习，逐渐增加两大腿内侧着地的面积，逐渐加大髋部的幅度；压的幅度根据自身的情况由小至大，避免髋关节受伤。

8. 劲功

（1）前后劲功

练习者双脚左前右后站步，身体重心前后移变，双手臂先屈肘再伸展，依次进行回挂与前推练习，体会调息用意、前后劲力之感，目视前方。

（2）左右劲功

练习者左右开步蹲身，双手臂平肩开展，立掌推出，随身体重心左右移变，依次进行左右掌推撑试力，目随视左右掌方。

（3）上下劲功

练习者自然站立，左脚支撑身体，右手臂与右膝同时上挑、上提，同时左掌下按于体侧，目视前方，接着右脚下落踩地，右掌下按体侧，反复进行上下试劲练习，目转视右掌。上挑掌吸气，下按掌呼气。左右提腿练习方法相同，两腿互换。

要点：踩地、移身、变手配合一致，练习速度快慢相变，用力可大可小，大小互感。此功法是修炼前后、左右、上下六个方位的劲道，其目的有二：一是劲力合整笃实，二是周身发劲不失平衡。当定位试劲饱满后，也可结合移步练习，进一步提高劲道的功夫。每次练习20～30分钟，内容可自选，比如推一座大山、劈一棵巨树等。

9. 抗击功

（1）抗胸功

两人面对面做弓步蹲立，双手臂环盘于体后，同时以胸部随身体前后移动对抗撞击，触胸时呼气，头部相互彼此交错，目视前方。左右撞胸方法相同，左右互换。

（2）撞肩功

两人侧身面对面左横裆步蹲立，双手臂环抱于体腹位，同时以肩部随身体前后移动对抗撞击，触肩时呼气，头部转视对方。左右撞肩方法相同，左右互换。

要点：沉身稳步，合齿闭口，双方对撞力度应渐增，意气力相合。此功旨在提高身体的抗击能力，需长修不辍，每次练习50～100次。

（3）抗背功

两人背对背右弓步蹲立，双手臂握拳开展，上体微前倾，头正背展，随身体前后移动，以后背相互对抗撞击，触背时呼气，双手臂握拳下撑，头颈稍梗。左右弓步撞背方法相同，左右互换。

10. 倒跌功

倒跌功分软倒和硬倒两种，主要包括平地翻车，金龙绞剪，前空摔跌，仰身后跃跌，盘腿摔跌，腾空侧踹跌，侧卧倒跌，双飞蹬腿跌，旋摆腿跌，双飞跌（前、后、侧），前滚翻，侧滚翻，后滚翻（屈体、直体），倒跌（前、侧、后），手翻（前、侧、后），前空翻，侧空翻，后空翻（上步、原地、退步、屈体、直体、转体），滚翻（抢背、鱼跃、跳转身），单腿劈腿翻，后跃背跌，前蹿跃跌，侧扑跃跌，头手翻，头翻（前、后），头转翻（开步拧转、倒立拧转），乌龙绞柱，鲤鱼打挺（单个、多个），倒立（头、手、肩），栽碑（前、后），扑虎（前倒身、后翻身），前反挺身翻，后滚桥翻，前空跌，转身跳空跌，扑地蹦（仰身、俯身），躺身爬行（仰身、俯身），老汉蹲被（仰身蹬双脚），磨盘打腿（扫堂腿），玉兔翻身（兔跳），鹞子翻身（双手健子），鱼跃龙门（单腿穿跳），等等。

11. 难度功

难度功主要包括凌空摆莲腿度（360°、540°），旋风脚（360°、720°），旋子转体（360°、720°），腾空飞脚，旋子，前手翻，侧手翻，后手翻，前空翻，侧空翻，后空翻，等等。

12. 眼功

眼功又称"瞳功"，是武术必修高级功法，具有先知先觉的功能，是一种绝妙的武器。对于习武者来讲，一旦忽略了眼功训练，对武术技艺的提高便无从谈起。拳谚"心为主帅，眼为旗""手到眼不到，真是瞎胡闹""手去眼不去，必是偷来艺""拳似流星，眼似闪电"，等等，这些都说明在实战中眼功具有极其重要的作用。

（1）训练方法

①练习者两脚开步站立，身体自然放松，两手叉腰，头部依循左右、上下、前后六个方位转动，同时双眼随着变换的方向随视，所视目标自定，每次练习20～50次。

②练习者选取一盆干净的凉水，闭气闭目，将头浸入水中，然后睁开双眼，凝视盆底。每次练习1～3分钟。

③练习者选择崇山峻岭或亭台楼榭之处，也可选择远方的一个静态物体，凝神静气，专注远视，所视之物以绿色为佳。随功力加深由近渐远，意念将所选目标放大，观察其所有细微之处。练习时间10～20分钟。

④练习者自然站立，两眼先凝视鼻尖，然后再远眺前方的某一物体。如此往复练习，每次20～50次。

⑤练习者乘坐在高速公路上行驶的汽车，眼随车行观察过往车辆及车外的景物，在动态中观察景物的细微之处，每次练习20～30分钟。

⑥练习者步行逛街或散步时，可随时随景，用眼睛数几个或十几个游客的人数，若能瞬间正确数清目标即可，练习次数自定。

⑦用淡绿色的纸糊一个燃香油的风灯，火焰要小，置于暗室中。练习者坐于灯前3～5米处，平心静气，两眼专注风灯。每次行功10～30分钟。

⑧在室外空旷的场地栽数十根木杆，在杆上涂抹石灰，练习者在杆间往来练习眼功、身法、步法。初练之时木杆可栽得疏一些，身体移动不求过快。练习一段时间后，随眼功的提高，木杆可栽得密一些，若能行走如风而石灰不沾衣服时，则眼功告成。

⑨搏击中，最忌讳对方来招时眨眼，眨眼之际对方的拳路变化便无从知晓，会令自己身处险境。为克服眨眼，具体练法有三：第一，两人瞪目久视。第二，两人对招（同伴可以用拳击打练习者的眼部，相隔寸止，习练者则瞪目视之，不眨眼，如此反复练习）。在此基础上，进而练习看清同伴击来的拳脚，思其变化及化解之术。两人对招练习时，可以静态、动态体位轮换练习。练习时间每次10～20分钟。第三，取一碗干净水，让同伴在对面把水泼洒到你的眼睛

上，通过此练习，使你逐渐保持睁开眼睛，克服眨眼睛的坏习惯。

⑩练习左（右）手臂前伸，以食指体前按顺（逆）时针方向画圆，眼睛紧盯住手指尖随动，头部不要移动，手指移动速度由慢渐快，所画圆圈由小至大，训练次数自定。

练习者可选初升的太阳或夜晚的月光、星光，静心松体，开步自然站立，双眼直视其光进行练习，每次 10～20 分钟。

练习者可选择上挂式速度球或上下牵扯式速度球，以实战姿势面对球，用双拳连续击打，双眼随视进行训练，每次 20～30 分钟。

练习者身体自然站立，双手叉腰，随用双眼上视头部前沿发梢，而后转目下视双脚脚尖，头部不要移动，进行反复练习，每次 20～50 次。

晚上选择安全地带如人行天桥、马路旁边等处，用双眼盯视路上往来的汽车车灯或路灯进行眼功练习，每次 10～20 分钟。

（2）应用方法

①声东击西："看上打下，看下打上，视左打右，视右打左，佯前打后。"欲攻击对方头部，可用眼神佯装注视对方腿部，然后直取其头面，这样做往往会造成对方在毫无思想准备的情况下被动挨打。对方遭到击打后，就会产生一种紧张恐惧的心理，以至于不战自败。

②视眼观神：盯着对方两眼，用眼的余光兼顾其全身。不同的对手，在搏击过程中有不同的眼神表现，从中可判定其心理状态及战术意图。如瞪目而视，为急于求成，鲁莽挺进者；眼神恍惚，面露恐惧，多属技拙胆小者；眼神淡定自如，外显无迹，应按武林高手待之等。无论是哪一种，都要视眼观神、仔细观察、用心揣摩、区别应对。

③目视双脚："先看一步走，再看一伸手""步不快则拳慢，步不稳则拳乱"。搏击时，可用双眼随视对方两脚，并以眼的余光顾视其全身。一看对手进步的快与慢；二看对手落步的方位，寻找空当，出招制敌。对方重心落在单腿上，应防其出腿；对方重心放在两脚间，则应多注意其出拳。在对手移步过程中，可在其腿下落的瞬间去攻踢对手，这样往往可令其无法闪避，倒地败北。

④专视全身：对手无论技艺多么高强，在出击前，在身体的整体上都会有预先的反应，如上体后仰，必欲出腿前踢；身体前倾，多想出拳；对方身体下蹲，要防其攻我中、下两路；重心上提，应防对手击我头胸。左肩偏后，必欲出右拳；右肩下沉，则欲出左腿。这时，可根据这些预先反应，适时地做出攻守对招。此外，还有"张口之拳，劲必放懈；闭口出招，其劲必实"之说。交手时若对手一瞬间闪到后面，转身回头往往是来不及的，这时就要靠判断视觉了——当看不到对手时，他一定在正后方，这就要靠听觉、肤觉、时间长短等综合感觉来判断对手距离的远近，将计就计，适时向后发招或做出躲闪。此法运用得当，就会使对手在心理上产生一种惊异、神秘的感觉。

13. 耳功

耳功历来被门内称为秘功，大多只传授得意门徒。人的双耳是重要的听觉器官，从外观上看，耳朵恰是一个倒置的胎儿形状。中医认为"肾开窍于耳"，滋肾水，固精气。耳为宗脉之所聚，十二经脉皆通于耳，通过各种方法刺激耳朵的经络与穴位，就可以激发身体的潜能，调整脏腑机能。

拳语曰："耳能在灵，耳为声之探。耳功根归于心，心静则自聪"。在技击、健身中，耳之功效甚大。实战时，耳不仅可以听八方之动静，而且还能探知对手之虚实。

练习耳功可以疏通经脉，平衡阴阳，起到调和气血、强身健体、延年益寿之功效。

（1）训练方法

①取坐式，身体中正自然，体松意静，二目垂帘，口齿微闭，念动专一，两手上下相叠于小腹（左上右下），意守丹田1～3分钟。随后，用两手轻按左、右耳朵，每次练习50～100次。

②在室内悬挂两枚古铜钱，高与耳平，面对铜钱而立，周身放松，凝神调气，静立1～3分钟；然后，以手拨动铜钱，使之在练着的耳旁来回悬摆，静听其音。习练一段时间后，可背对悬钱而立，听其摆动之音。长久练习，功必精深，耳聪心灵。每次行功20～30分钟。

③练习者可选择夜深人静的时候，独进旷野，探听万物之音，听其音响，辨其方向，长久进行这种练习，必可使耳聪脑灵。每次行功20～30分钟。

④身体站立于单杠旁，杠上悬挂一根竹竿，使其来回摆动。练功者背向竹竿站立，听其摆动时风声的远近急缓，远者则无声，近者则能闻，急来者风大，缓来者风小。练习一段时间后，便可以致达"耳听八方"之效。每次行功20～30分钟。

⑤练习者两脚开步站立，左右手自然下垂于身体两侧，双眼微闭，身体放松，意念静一，呼吸自然。意想用左右耳螺旋或平圆缠绕去听身体周围环境的微细声响，如风声、树叶摆动声、人的走动声等。每次行功20～30分钟。

⑥练习者两脚开步站立于场地中央，左右手下垂于身体两侧，双眼微闭，身体放松，意念静一，呼吸自然。四周站2～3名同伴进行分离式的各种步法和攻击法的训练。练习者用左右耳听同伴远近变向的步法移动声响；让同伴徒手出招发力，听其拳打、脚踢及呼喝声；让同伴手持器械在你的身体周围挥舞，听其响声及身体四周空气的流动声，并意想躲闪、化解同伴的进攻。每次练习20～30分钟。

⑦练习者站立于场地中间，四周站2～3名同伴用小皮球依次对你进行投击。练习者可利用眼、耳来做判断，并快速移动步法躲闪来球。每次练习10～20分钟。

⑧练习者两脚开步站立，首先用左右掌按扶在同侧左右耳上，做前后推揉练习；然后用右手食指点压左右耳道口小软骨练习；最后用左右手食指捅塞左右耳道练习，每次练习50～100次。

⑨练习者用右手通过头顶上方牵引左侧耳廓，同时用左手向下拉扯耳垂；反之，再用左手通过头顶上方牵引右侧耳廓，同时右手向下拉扯耳垂。每次练习50～100次。

（2）练习要点

①练功场地宜选择四周幽静、空气清新处。

②练功时要排除杂念，专心静听。

③耳操手法需轻柔、连贯，力度适宜。

④进行躲物练习时要做到循序渐进。

⑤耳与眼要互补齐用，眼视不及以耳听补，耳所不及以眼视之。

14. 胆功

拳谚有"一胆二力三功夫"之说，将胆气放在劲力、招法之上，足见胆气至为重要。搏击时，以胆气判断当先，知三前（眼前、手前、足前），明五要（眼疾、手快、步稳、身灵、气实）。察敌之虚实，寻机制敌，全凭胆之决断焉。拳语云："遇敌好似火烧身，放胆对搏必成功。"在训练时要求无敌似有敌，在应用时要求有敌似无敌。胆功的体现，应从心理上战胜对方，战胜自我，才能赢得最后的胜利。当拥有英雄胆，才会"视人如蒿草，打人如走路"。

胆力，又称胆、胆量、胆识，是武术实战中必备的素质之一。关于胆，古今不乏精彩的表述，如"一胆二力三功夫""对敌若无胆向先，空有眼明手便""艺高人胆大，胆大艺更高""有胆克敌易，无胆难施技""有胆胜无胆，胆大打胆小""无胆，武不高"等。那么，究竟什么是胆呢？胆是指人的勇敢无畏、自信果断、淡定顽强的意志品质，是一种从心理上战胜自己，从气势上战胜对手的能力。

在武术实战中，有胆与无胆往往是胜负成败的关键因素，因为无胆者常常会表现出心慌意乱、手足无措、心跳加快、手软心颤、头脑空白，以至于出招无力，攻防毫无章法，且屡战屡败。而有胆者则表现出敢打敢拼、从容镇定、无所畏惧、目光犀利、头脑冷静、比赛欲望强烈的特点，且抱有必胜的信心，能"逢强智取，遇弱活擒"，从而制胜对手。

胆功的训练方法主要有以下几种：

（1）站桩壮胆法

练习者可选用各种站立桩功，如高位桩、中位桩和低位桩进行训练，应做到平息静心，然后通过意想与虎豹豺狼、泼妇恶汉、毒蛇猛兽、凶恶暴徒等对搏厮杀，使自己变成"无物能挡，无坚不摧"的实战高手。

（2）环境壮胆法

练习者自己选择一个恐怖的场所去练功，比如坟地或经常发生凶杀事件的场所等。形意拳巨擘郭云深先生当年就喜欢在夜深人静的时候去坟地练功，以此达到身心平衡，无所畏惧的境界。

此方法在初学者中不宜提倡使用，应该待其功力有了一定基础后再去体认，否则不但欲速而不达，还会损害习练者的身心健康，得不偿失。

（3）实战壮胆法

即从两人间或多人间的模拟实战训练开始，然后到有规则的实战格斗，再到生活中无限制的"真刀实枪"的对搏，方可逐步达到"艺高人胆大"之境界。实战讲求"灭四相"，即"无我相，无人相，无众生相，无寿者相"。如此无畏胆大、超脱，才会舍我其谁。

（4）气势壮胆法

此法是通过眼神、体态及步法来体现胆大气盛。俗话说"眼是心中之苗"，一个人的胆力往往能从其眼神中流露出来，眼睑上挑，目光集中，直射对方，再加上步法一往无前，身体前倾，往往能给对方的心理带来极大的震撼，让对手感觉到我们身上的一种百战无惧的气势和强大的气场。拳语曰："神疲则气馁，神旺则气足，气足则勇，气馁则怯，怯者无胆，胆失技亡。"

（5）暗示壮胆法

通过自我控制，有意识地提升自己的胆量。在搏击中，暗示自己是武术顶级高手，每战必能取胜。当自己出招击打对方奏效后，也应暗示自己"一鼓作气，KO对方"，这种暗示会影响到击打动作的质量和效力，能收到事半功倍的效果。

（6）利益壮胆法

俗话讲，重奖之下必有勇夫。在名与利两个方面如能得到重赏，自然会增加参赛者的胆力。所以，通过提升可获得利益的砝码，也不失为一个增加胆量的好方法。

（7）意念练胆法

练习者选择各种坐势，如单盘腿坐、双盘腿坐和双腿跪坐等姿势进行静坐练习，达到超乎常人的"定力"；然后通过默想"自己是世界上最优秀的武术高手""我能战胜任何强悍的对手"等，以此来培养自己的自信心，并强化胆力。

（8）实战练胆法

实战练习是提高胆力最直接、最有效的方法。实战时，要心怀必胜的信念与对手对决，要有"必死则生，幸生则死"的境界，要有"一人舍命，十人难挡"的气魄，要有"举手不留情，当场不让步"的凶狠，要有"打不着不打，打不中不打，打不狠不打"的准度，还要有"视人如蒿草，打人如走路"的气势，以及要有把自己比作"最有实力的冠军人物"的心理。当然，实战训练也要讲究科学性，循序渐进。初次练习实战，应选配功力水平相近者，否则很容易因双方实力悬殊造成弱者一方心理恐惧之弊病。在实战水平提高后，再与不同技术风格特点、不同体态身形的选手进行实战练习，以此来逐步提高练习者的应变能力和胆力。

（9）训练练胆法

为了提高练习者的胆力，武林界自古就有很多奇妙的训练方法，如在稀少无人的深山树林里练功，在阴森可怕的坟地里练功，以及在峭壁悬崖上练功，以此来培养练习者"目无所视，耳无所闻"，专心致志的能力和无所畏惧的胆力。

（10）生活练胆法

在日常生活中，要主动做一些自己不敢做的或不愿意做的事情。如与陌生人交谈，拒绝别人不合理的要求，用行动维护自身的合法权益；夜间一个人行走，从高处往下看等，以此来进行自身胆力的培养。正如一句名言所讲，"面对恐惧和胆怯的事，只要你强制自己连续做过三次，一定会适应自如。"这也正是"少见多怪，多见不怪"的道理，胆力的培养也遵循"不适应—部分适应—完全适应"这一训练过程。

（11）发声练胆法

在开阔地带，练习者先调息数次，然后用鼻子吸气，用嘴呼气，同时发声吐字进行胆力训练，喊出的字可选"哈""嘿""呀""打"等，喊的时候要心存一念，视巨敌为弱小，坚信能百战百胜。发出的声音要在旷野里回荡，使人听了有畏惧之感。

二、拳术基本技法学练

（一）手型

1. 拳

五指卷紧，拇指压于食指、中指第二指节上。拳分为拳面、拳背、拳眼、拳心、拳轮。拳心朝上（下）为平拳，拳眼朝上（下）为立拳。

要点：拳握紧，拳面平，直腕。

2. 掌

四指伸直并拢，拇指弯曲紧扣于虎口处。掌分为掌指、掌背、掌心、掌根、掌外缘。手腕伸直为直掌；向拇指侧伸，掌指朝上为立掌。

要点：掌心展开、竖指。

3. 勾

五指尖撮拢在一起，屈腕。勾分为勾尖、勾顶。

（二）步型

1. 弓步

前脚微内扣，全脚着地，屈膝半蹲，大腿水平，膝与脚尖垂直；另一腿挺膝伸直，脚尖里扣斜向前（约 45°），全脚着地。上体正对前方，两手抱拳于腰间，目视前方。

要点：挺胸、塌腰、沉髋。

2. 马步

两脚左右开立（约为本人脚长的三倍），脚尖正对前方，屈膝半蹲，大腿水平，膝部不超过脚尖，两手握拳分别抱于腰间，目视前方。

要点：挺胸、塌腰、直背，膝微内扣。

3. 虚步

两脚前后开立，后脚尖斜向前，屈膝半蹲，大腿接近水平。全脚着地，前腿微屈，脚面绷紧，脚尖虚点地面，重心落于后腿。目视前方。

要点：挺胸、立腰，虚实分明。

4. 仆步

两脚平行开立（约为本人脚长的四倍），一腿屈膝全蹲，大腿和小腿靠紧，臀部接近小腿，膝与脚尖稍外展；另一腿伸直平铺接近地面，脚尖内扣。两脚全脚掌着地。

要点：挺胸、塌腰、沉髋。

5. 歇步

两腿交叉屈膝全蹲，前脚全脚掌着地，脚尖外展；后脚脚跟离地，臀部外侧紧贴后小腿。

要点：挺胸、立腰，两腿靠拢贴紧。

6. 丁步

两腿半蹲并拢，一脚全脚着地支撑，另一脚停在支撑脚内侧相靠，脚尖点地。

要点：挺胸、立腰，虚实分明。

（三）手法

1. 冲拳

两脚左右开立，两手握拳分别抱于腰侧，拳心向上，肘尖向后，目视前方。右拳从腰间旋臂向前快速冲出，力达拳面，臂伸直高与肩平，同时左肘向后牵拉，目视前方。练习时左右交替进行。

要点：挺胸、收腹、拧腰、顺肩，快速有力。

2. 劈拳

两脚并步站立，两手握拳分别抱于腰侧，拳心向上，目视前方。右拳经左由上向下快速劈击，臂伸直，力达拳轮，目视右拳。

要点：松肩、直臂，臂抡成立圆，力达拳轮。

3. 推掌

预备姿势同冲拳。右拳变掌，由腰间旋臂向前立掌推出，速度要快，臂伸直，力达掌外沿，目视前方。练习时左右交替进行。

要点：挺胸、收腹、拧腰、顺肩，出掌快速有力，力达掌外沿。

4. 亮掌

预备姿势同冲拳。右拳变掌，由腰间向右、向上划弧至头右上方，肘微屈，抖腕翻掌。目视左方。

要点：挺胸、收腹、立腰、抖腕。

5. 架拳

预备姿势同冲拳。右拳自腰间向左经腹前、面前向头上方旋臂架起，臂微屈，拳心朝前上方。目视左方。

要点：架拳时前臂内旋，松肩，力达前臂外侧。

6. 挑掌

并步站立，两拳抱于腰侧，拳心向上。右拳变掌，自腰间经右向上弧形摆起，当摆至接近水平位时，抖腕立掌上挑，掌指朝上，掌外沿朝右。目视右侧。

要点：沉腕要快速有力，力达掌指。

（四）步法

1. 插步

开步站立，两手叉腰。右脚提起，经左脚后向左侧横迈一步，脚前掌着地，两腿交叉，重心偏于左腿。练习时左右交替进行。

要点：沉髋、敛臀，插步幅度适中。

2. 击步

两脚前后开立，同肩宽，两手叉腰。前脚蹬离地面，后脚提起在空中向前碰击前脚跟。落地时，后脚先落，前脚后落。目视前方。

要点：跳起腾空时，上体保持正直并侧对前方。

（五）腿法

1. 正踢腿

两脚并步站立，两臂成侧平举，立掌，目视前方。左脚向前上半步，左腿支撑，右腿挺膝，脚尖勾起向前额处快速踢起，目视前方。练习时左右交替进行。

要点：挺胸、收腹、立腰。腿上摆过腰后加速用力，收髋，上体正直。

2. 斜踢腿

预备姿势同正踢腿。左脚向前上半步，左腿支撑，右腿挺膝，勾脚向异侧耳部踢起，目视前方。练习时左右交替进行。

要点：同正踢腿。

3. 侧踢腿

预备姿势同正踢腿。右脚向前上半步，脚尖外展；左脚跟稍提起，身体略右转，左臂前伸，右臂后举。随即左腿挺膝，勾脚向左耳侧踢起，同时右臂上举亮掌，左臂屈肘立掌于右肩前。目视前方。

要点：挺胸、立腰、开髋、侧身、猛收腹。

4. 外摆腿

预备姿势同正踢腿。右脚上步，左脚尖勾紧，向右侧上方踢起，经面前向左侧上方摆动，直腿落于右脚旁，目视前方。右掌和左掌也可在面前依次迎击左脚面。练习时左右交替进行。

要点：挺胸、立腰、展髋。腿成扇形外摆，幅度要大。

5. 里合腿

预备姿势同正踢腿。右脚上步，左脚尖勾起里扣并向左上方踢起，经面前向右侧上方直腿摆动，落于右脚旁。右掌也可在右侧上方迎击左脚掌，目视前方。练习时左右交替进行。

要点：挺胸、立腰、合髋。腿成扇形里合，幅度要大。

6. 单拍脚

并步站立，两手握拳抱于腰间。左脚上步，左腿支撑；右腿挺膝，脚面绷直向前上方快速踢摆。同时，右拳变掌举于头右前上方，掌心朝前，迎击右脚面，目视前方。练习时左右交替进行。

要点：收腹、立腰。踢腿高度过胸，击拍脚要脆、快、响。

7. 弹腿

左腿支撑，右腿屈膝提起接近水平时，小腿猛力向前弹出，挺膝，力达脚尖，目视前方。练习时左右交替进行。

要点：挺胸、立腰、收髋；弹踢要有寸劲，力达脚尖。

8. 蹬腿

左腿支撑，右腿屈膝提起，脚尖勾起，以脚跟为力点向前猛力蹬出，挺膝，脚高过腰，目视前方。练习时左右交替进行。

要点：挺胸、立腰、脚尖勾紧；蹬出要脆、快、有力，力达脚跟。

9. 侧踹腿

右脚经左脚前盖步，随即右腿伸直支撑，左腿屈膝提起，脚尖勾起内扣，用脚底向左上方猛力踹出，脚高过腰，上体右倾，目视左侧方。

要点：挺膝、展髋；踹腿要脆、快、有力。

10. 后扫腿

成左弓步，两掌向前推出。左脚尖内扣，左腿屈膝全蹲，成右仆步，同时上体前俯，两掌撑地，随上体向右后拧转的惯性力量，以左脚掌为轴，右脚贴地向后扫转一周。

要点：转体、俯身、撑地，扫转要连贯协调，一气呵成。

（六）平衡练习

1. 提膝平衡

右腿伸直支撑，左腿屈膝高提近胸，脚面绷直，垂扣于右腿前侧。右臂上举于头上亮掌，左手反臂后举成勾手。

要点：挺胸、立腰、收腹，平衡要站稳，提膝过腰，脚内扣。

2. 燕式平衡

左腿支撑站稳，右腿屈膝提起，两掌胸前交叉，掌心向里。然后，两掌向两侧直臂分开平举，上体前俯，脚面绷平向后上蹬伸。

要点：两腿伸直，上体前俯，挺胸、抬头、腰后屈。

3. 望月平衡

右腿支撑站稳，两手左右分开上摆亮掌。同时上体侧倾拧腰向支撑腿同侧方上翻，挺胸塌腰。左腿在身后向支撑腿的同侧方上举，小腿屈收，脚面绷平，目视右后方。

要点：展髋、拧腰、抬头。

（七）跳跃练习

1. 腾空飞脚

并步站立，右脚上步蹬地跃起，左脚前上摆踢，两臂向头上摆起，右手背迎击左手掌。在空中，右脚向前上方踢摆，脚面绷直，右手迎击右脚面。同时，左腿屈膝收控于右腿侧，脚面绷直。左掌摆至左侧方变勾手，上体微前倾。目视前方。

要点：

（1）踢摆腿脚高必须过腰，左腿在击响一瞬间，屈膝收控于右腿侧。

（2）在腾空的最高点完成击响动作，拍击动作必须连续、准确、响亮。

（3）在空中，上体正直，微向前倾，不要坐臀。

2. 旋风脚

高虚步亮掌。左脚向左上步，同时左掌前推；右脚随即上步，脚尖内扣，左臂随上步向下摆动并屈肘收至右胸前，同时右臂向前抢摆，上体向左旋转前俯。重心右移，右腿屈膝蹬地跳起，左腿提起向上上方摆动。上体向左上方翻转，同时两臂向下、向左上方抢摆。身体旋转一周，右腿里合，左手在面前迎击右脚掌，左腿自然下垂。

要点：

（1）里合腿贴近身体，摆动时成扇形。

（2）抢臂、踏跳、转体、里合腿等环节要协调一致，身体旋转不小于270°。

3. 腾空摆莲

高虚步挑掌站立，左脚向前上步，右脚随之向前上一大步，脚尖外展，屈膝略蹲。身体右转，同时右臂顺势下落，左臂前摆；重心前移右腿，右脚蹬地跳起，同时左腿里合踢摆，两手上摆于头上击响。上体向右转体，身体腾空；右腿上踢外摆，两手先左后右依次拍击右脚面，左腿伸直分开摆动控于体侧。

要点：

（1）上步要成弧形，右脚踏跳时，注意脚尖外展和屈膝。

（2）上跳时，注意左腿里合扣腿。

（3）右腿外摆成扇形，上体微前倾，两手依次击拍右脚面。

（八）跌扑滚翻练习

1. 栽碑

并步站立，身体挺直向前倾倒，在将要倒地的瞬间迅速屈肘，以两手掌在身前撑地。

要点：拔背、控腹、头前顶，身体挺直，臀部不要凸起。

2. 抢背

右脚在前，左脚在后，两脚前后站立；左脚后上摆，右脚蹬地跳起，团身向前滚翻，两腿屈膝。滚动时，以右臂外侧、右肩经背、腰、左臀、左腿外侧依次着地。

要点：低头、含胸，肩、背、腰、臀要依次着地，滚翻动作要圆、快，立起要迅速。

3. 鲤鱼打挺

仰卧，屈体使两腿上摆，两手扶按两膝；两腿猛力向下摆打，同时挺腹，振摆而起。

要点：身体必须成半圆环形，两脚分开不得超过肩宽，打腿振摆要迅速。

第三节　武术运动组合动作解析

组合动作是按照一定运动规律的若干动作集合。它是把拳术或器械中的几个动作，根据不同对象和任务的要求编排起来，结合手、眼、身法、步的要求所进行的基本技术练习。编排组合动作，要遵循由浅入深的原则，开始动作不宜过多。通过组合练习，可以在提高基本动作质量的同时，掌握动作与动作之间的衔接要领，增进身体的协调能力，为学习套路奠定基础。

五步拳组合动作名称：弓步搂手冲拳—弹腿冲拳—马步架冲拳—歇步冲拳—提膝穿掌—仆步穿掌—虚步挑掌—并步抱拳。

预备势：两脚并步站立，两拳抱于腰两侧，目视左前方。

要点：挺胸、收腹、立腰，两拳紧贴腰两侧。

一、弓步搂手冲拳

（1）身体稍向左转，左脚向左前方上步，膝微屈，右腿随之屈膝半蹲成半马步。同时，左拳变掌，俯掌向左前方搂出，掌心朝前，目视左手。

（2）重心前移，左腿屈膝半蹲，右腿随之伸直，脚跟外蹬成左弓步。同时，左手握拳收抱于左腰侧；右拳于腰间猛力向前冲出，臂与肩平，目视右拳。

要点：上左步与搂左手要协调一致，蹬腿成弓步与冲拳动作要完整一致。

二、弹腿冲拳

重心前移，左腿挺膝立起；右腿屈膝提起，当膝抬至接近水平时，迅速挺膝绷脚面，向前甩摆小腿，腿成水平。同时，右拳收抱至腰右侧；左拳自腰侧向前猛力冲出，高与肩平，力达拳面，目视左拳。

要点：右拳收抱、左拳冲出与弹右腿动作要完整一致。

三、马步架冲拳

右脚向前落步，脚尖内扣，上体左转 90°，两腿屈膝半蹲或马步。同时，左拳变掌，屈肘上架于头上方；右拳自腰间向右平拳冲出，臂与肩平，目视右拳。

要点：架掌、冲拳与马步要完整一致。

四、歇步冲拳

（1）左转身约 90°，左脚向右脚后插步，脚前掌着地，同时左掌收至左腰侧抱拳，拳心向上；右拳变掌向上经头上方向前下方盖掌至胸前，掌心向下，掌指尖向左，目视右掌。

（2）两腿屈膝全蹲成右歇步。同时，右掌变拳收至腰间，左拳自腰间向前平拳冲出，目视左拳。

要点：盖掌与插步要协调一致，冲拳与歇步要协调一致。

五、提膝穿掌

右腿挺膝直立，左腿屈膝提起。同时，左拳变掌屈肘回收下按；右拳变掌自腰间经左手背向前上方穿出，左掌顺势回收至右腋下，目视右掌。

要点：提膝与上穿掌要协调一致，穿掌力点达于掌指尖。

六、仆步穿掌

右腿屈膝全蹲，左腿随之向左侧落步，左脚内扣，左腿平仆成左仆步。同时，左手经腹前，沿左腿内侧穿至左脚面，掌心朝前，目视左掌。

要点：穿掌要以掌指尖为力点，两臂要成一条线。

七、虚步挑掌

重心前移，左腿屈膝蹲起，脚尖外展，右脚随之蹬地向前上步，脚尖内侧着地成右虚步。同时，左手向前，经上绕至左后方成勾手；右手向下，经体右侧绕至右前成立掌，两臂成一直线，左手稍高，右手略低。目视右手。

要点：两臂要绕成立圆；勾左手、挑右掌与上右步要协调一致，挑掌要有寸劲。

八、并步抱拳

重心前移，左脚向右脚靠拢成并步。同时，右掌和左勾手变拳回收分别抱于腰间，拳心向上，目视前方。

要点：挺胸、收腹、立腰，并脚与收拳动作要同时完成。

第七章 高校传统武术之散打技术实践研究

第一节 散打运动基本理论诠释

一、散打运动的定义与特点

散打，又称散手，武术的搏斗运动之一，是两人按照一定的比赛规则，使用简单、直接的踢、打、摔等技击方法制胜对方的徒手搏击运动。

散打的基本技术是指散打运动员在实战中完成进攻与防守动作的方法，是散打运动员竞技能力水平的重要因素。根据技术动作的组成，我们可以将散打技术分为单个动作技术和组合动作技术两大类。单个动作有实战姿势、拳法、腿法、摔法等；组合动作有拳法组合、腿法组合、拳腿组合等。根据动作技术功能，我们可将散打技术分为主动进攻技术和防守反技击术。在散打比赛中，运动员根据攻守平衡的原则，将单个和组合技术不断地运用到进攻和防守之中。

散打运动员所掌握的技术越全面，运动技能熟练度越高，就越能有效地使用单个技术和组合技术。全面的技术训练有利于发展运动员技术上的个人特点，从而形成自己的技术风格。

（一）定义

散打是两个人在 8 米见方的台上，遵循一定的规则，用任何技术流派的踢、打、快摔技法斗智而相互攻防，以求战胜对方的对抗性搏击运动。

（二）特点

散打技术的特点可归纳为体育性、对抗性、民族性。

体育性：指散打作为一项竞技体育必须符合体育的宗旨，即"发展体育运动，增强人民体质"。通过体育运动，促进社会文明发展，解决竞赛中的安全问题，这是体现"体育性"的重要特征之一，也是散打运动与致伤致残格斗术的明显区别。因此，规则明确规定，禁击后脑、颈部、裆部，在比赛时必须戴护具和拳套，不准出现有违于安全竞赛原则的动作。

对抗性：指在散打比赛中，运动员运用的攻防技术没有固定动作结构和顺序，而是以对方行动为转移，攻防动作多变，互相指向对方弱点，避开对方坚实处，斗智、角技，随机应变，视势而发。

民族性：指散打是中华民族优秀文化遗产，具有鲜明的民族特色，表现在竞赛用语方面采用具有我国文化特征的汉语。"武以修德""以武会友"都是练武的传世箴言。礼仪采用"抱拳礼"，既沿用了武术的传统礼节，又富有现代意义的深刻内涵；采用"擂台"的竞赛场地，都是中华民族喜闻乐见的形式，表现了传统武术技击特点。

二、散打文化的传承与发展

（一）散打发展论

作为体育的竞技项目，现代散打已走过了几十年的风雨历程，其发展成绩是有目共睹的。首先，散打成为独立的技术体系是受现代体育科学与理念的力量影响；其次，散打的确立是对传统武术进行拯救性、系统性、整合性的继承；最后，散打的结果是一次理念创新和思想超越传统的典范。然而，我们目前致力于的散打项目，并不仅仅为了从过去引向现在，而更应该将其从现在导向未来。正因为如此，我们不能沉浸在已有的成功之中，必须关注和研究当前散打的发展状态，用更具前瞻的眼光去审视散打，用更为拓展的思路去规划散打，用更为有力的体制行为去助推散打走向辉煌。

1. 散打的现状

尽管现代散打的发展有可圈可点之处，但就目前的形势分析，正在开展的散打项目并不能很好地顺应潮流和尽如人意，反倒表现出一种可能被逐步边缘化的趋势。这绝非是一句耸听的危言，而是已有端倪显现，必须引起重视。

（1）对"散打被边缘化"的解读

散打项目确立之初，正值李小龙的影响持续发酵，加上电影《少林寺》的着力展示和渲染，使中华武术在世界各地备受推崇。此时，归属于武术范畴的散打成为受人瞩目的格斗类项目，也引发了一波学习和推广该项目的热潮，使之在较短的时间内成为有较高知名度的国际性赛事。同时，给原本流传在世界各地且各自为政的传统格斗项目，如泰拳、自由搏击与空手道等，既增添了相互交流的平台与机会，又激活了此类项目开展的动力和市场，还由此引发了人们对最初人类生存的原始技能与智慧的"思古之幽情"，从而催生了诸如综合格斗、K-1 等新的交手对抗项目。

散打推动了当今世界格斗类项目的发展。然而，就在世界各种格斗术横流方兴之际，我们的散打却似乎没了持续勃发的后劲。其主要表现，一是散打的对抗风格仍然保持着多年前那种不温不火的状态，既没能像其他格斗术那样发展成为普遍认同的"搏斗"气质，也没能像跆拳道等项目那样坚持"时尚"路线，有悖现代人追求或刺激或唯美的"两极"赏析心理。再加上现今如空手道、MMA（综合格斗）等项目竞相进入国内并渗透到过去专属散打的对抗领地，削弱了散打的影响力，这也就成为散打有可能被边缘化的先决条件。二是目前国内的一些商业类型的散打赛事，在实际的组织运作中都会选择修改现行的竞技散打规则。目前已经开展的散打中超联赛和我国散打职业联赛等都是如此，若长期缺少对散打的技术与训练的探索和试验，不足以迎合当前被认可的赏析需求和具有一定规模的受众人群，最终就会影响到运作者的经济效益。正是这些改革举措，在客观上印证了散打作为竞技项目的不完善和不被普遍认同，同时也从侧面反映出运作者在主观上对现行散打项目的不自信，甚至是自我贬低。如果此类情况一再延续，无法从根本上得到改观，可能成为引发散打项目被边缘化的直接诱因。三是武术项目未能在北京奥运会时"入奥"，不仅使众多国人沮丧，同时也体现出武术的繁杂与不易取舍。有舆论认为，不如让其中的散打专注于类似 WBC 模式的商业比赛。这种想法一旦成了当下的主流意识，散打将很快失去现存体制的保障和支撑，也将失去培养高质量、高水平选手的平台与机制；加上其目前还没有强大的商业化的背景以及产生广泛的社会影响力，如果现在就开始脱离竞技体育的行列而走纯商业比赛的路线，反倒会使至今还没真正建立商业运作机制的散打加速其边缘化进程。纵观现行的所有商业赛事，没有一个项目能在真正离开竞技体育的行列后成为一项独立发展的产业。

（2）剖析"散打被边缘化"的原因

从一般意义上看这和诸多的因素有关，比如现有竞技散打的表现形式要顾及到不同的受众群体，因不同文化背景而产生的不同感受与诉求，使其风格不可能过分犀利与极端。目前的散打赛制与模式对其形象的树立、明星的推出和影响面的扩大与提升不具有积极作用，从而使该项目不容易取得与其他竞技项目相比拟的社会效应；现有商业运作的散打赛事因为还未能建立起专业队和职业化之间协同互通的交流机制，从而使其赛事的水平与档期不能得以保证，等等。然而，所有这些都还是表层的认知。

有关散打边缘化趋势的真正原因应从三个层面来理解：首先是散打的技术层面。长期以来，散打技术的发展应属于"滞后"状态。从打法上看，散打技术的建构从开始就一直是"即打即缠"的表现形式，其中拳腿的技术构成也并未因为时间的推移而发展至当前格斗类项目中普遍认同的"技术高度"，更不用说代表该类项目技术发展的方向。由此进入第二个层面，正是因为现行的散打规则常年没有质的改变而导致技术表现经久不变。从社会学的角度理解，驱动制度层面的更新取决于物质层面的需求，制度作为某种特定文化的载体，它又有能力制约这一文化的发展方向与基本内容。具体落实到散打项目，其规则就是决定其技术发展的制度层面，由于现行规则中存在"精确分值"的概念，就势必使选手去追求"明显击中"的效应，而比赛中的"激烈场面"因为缺乏"技术应用"的支持而显得少之又少。另外，过分强调"眼见为实"的打分原则，但由于视线受到限制，反而不能精确记录"有效击中"。所有这些都让不参与"打点计分"的观众难以在主观上分辨出比赛的胜负，无意中破坏了他们积极参与其中的愿望与情趣，甚至违背了能够加快提升项目效应的互动原则。还有就是现行规则的"精确"概念必然带有的副作用——"抑制组合技术"，使散打比赛不能充分展示其技能、体能、智能的全方位较量和满负荷的打拼。针对这些情况，尽管职能部门时有"放开"的指令，但终因不是从根本的"规则"入手，所以几乎没有太多的改观。所有这些都只是有可能造成散打被边缘化的基本原因，而本质问题是散打理念的止步不前，这也是必须提到的第三个层面，即意识层面。因为当某种技术（物质）的发生与发展通过制度的中介作用，就必然会普遍地影响或改变人们原有的理念。但是由此而来的理念进入一种"超稳"的状态后，则预示它又将面临新的变革，这时的理念也就有可能成为下一轮变革的束缚力量。最初确立散打的理念，是因为要区别于传统的技击法，为此突出了经过抽象的"打"；又因为散打刚刚脱胎于传统，必然带有传统文化的印记，其"打"就肯定要注重其"法"，其"法"又必含"恻隐之心"，竞技体育理论中实证观念的作用成为制定散打规则的理论基础，使散打缺少了"搏斗"气质却体现了"精确概念"；还由于"因循守成"的民族心理，使散打的表现不易变异而保持着原有的风格，其最终结果必然会造成散打项目的萎缩和走向边缘。

（3）探讨改变"散打被边缘化"的思路

当剖析了散打被边缘化的原因后，阻止这种颓势和重新激发其发展势头就成为我们当前必须完成的任务。具体的工作原则应先从现有的散打理念着手，这是因为目前的散打理念已不能根据该项目总体发展的需要或新的可能性对当前散打项目的发展方式与方向提供指导。所以，对散打理念的更新就成为目前散打人认识上的首要的和核心问题，然后再由此反推出建构散打理念的思维方式，为该项目的变革提供必需的认知能力和可借鉴的思路，以尽快完成对散打项目的重新定位，并以此为新起点来规划散打在今后发展的具体实施方案。

2. 散打的理念

（1）散打的理念

①现代散打的构建是"抽象与继承"的结果。为证明传统武术的技击方法，四十多年前，一批有识之士从竞技体育的角度开始探索和确立现代散打项目。实质上，散打是没有现成的模式和技术可以继承和借鉴的，只能从武术的史料典籍中去找寻对抗的经验以获取传统理论的支持，从当时各拳种门派传人的身传口授中去体会和揣摩"打"的感觉，从其他徒手格斗类项目中直接汲取某些实用的招数，在边体验、边借鉴、边积累、边改进的过程中初步完成散打技术的定型。夏柏华先生把散打攻防技术总结为"直线型与弧线型"和"接触式与不接触式"这两种最为本质的形态，更是加入了"时空概念"，使打的方法直接具有"时机"效应。至此，现代散打技术的构建是对传统武术各流派技击术的一次"科学的抽象"。作为独立的体系模式，其生成和发展是对传统武术文化"抽象继承"的结果，这是一次具有历史和现实双重意义的思想革新。

②散打"还原"了传统武术的技击特质。在此之前，我们能够感受到传统武术的"打"是留在记录和感觉中的，而真正可以完整真实地反映"打"是现代散打被确立后得以实现的。这是因为，早已与军事搏斗术分离而长期流传于民间的传统武术，一直以来受到历代统治阶级的贬抑，加之我国传统的伦理政治型文化所倡导的"内圣外王""止于至善"的德行标准，使其脱离伦理规范的智慧。由"仁"而"恕"，由"恕"而"义"，由"义"而"侠"的品行准则不仅是每个习武者的道德约束，更成为他们的一种自觉追求。至此，以"情理"服人的处世境界也就很自然地高于"动手"所得。这时的武术就势必产生异化，人们的价值取向会更多偏向道德修养与赏析等方面，而不再仅限于拳脚技术，其功夫的高低也就取决于对武术的"理解"而不是"能打"。若要论及武术的打击功能时，习武者多会采用"说招"方式，如"切磋"一般也都掌握在"点到为止"的范围而非"终极格斗"。由于武术中"打的能力"正在被传统伦理的力量逐渐地销蚀，为了制止"异化和销蚀"，现在的散打对传统武术的技击特质做了功能性的恢复与超越，使之脱离了各拳种门派的具象形态，逐渐成为整个武术技击技术的集大成者，这是一次历史性的飞跃。

③散打的进步需要不断"整合"。所谓"整合"就是在超越其原有系统的基础上，在远离平衡的条件下，在不可逆的过程中不断产生扬弃和融合行为，以形成更好的结果。因而"散打整合"有其明显的特性：一是目的的非一致性，这使它的初始状态只有统计意义上的预定性，不能决定其终极目标，所以它需要不断地调整。二是方法的非渐进性，现在的散打就是当年突变性替代的整合结果，因为传统武术中稳定的"技击状态"被扰乱时，就会以散打形态跃迁至新的稳定状态，实现继承基础上质的必然飞跃。目前的散打就因为"边缘化"问题再一次面临被

更具思想深度和文化内涵的突变性替代。三是"基因"要素的非一元性，散打之所以能够在相对较短的训练时间内获取较高的对抗水平，除了训练所具有的系统性、科学性之外，还具有自觉的开放性和极强的吸纳性与综合能力。事实上，散打在建构之初和随后的发展中就没有局限于传统武术自身，而是始终坚持广泛撷取和整合各种徒手格斗术之特长，这是散打得以长足发展的关键所在，并且仍将不懈地继续坚持下去。

（2）散打的思维

①散打之所以能从武术的各拳种门派中分离出来并成为一个整体独立的项目，与它的认知方法是分不开的。在探索散打项目之初，人们已经感觉到，由于我国传统的"素朴的整体观，注重直觉体悟的思维方式""妨碍了思维与数学语言的结合……堵塞了实验科学的发展道路"使之对待武术的看法也是较多地注意其质的总体判断，而忽视了对其量的精密考查，自然就缺少了严格的逻辑分析，也必然让杜撰成分逐渐地充斥其间，久而久之，使武术逐渐消退了"打"的本质力量。这时，如果要从根本上还原和提升我国武术的实战能力，就必须首先提倡西方崇尚客观、务实求真的科学理性精神，以网络状的思维型取代"相生相克"的平面循环的思维模式和单线的直链状的推导认知方法，坚持科学的实践与实验，才能使散打的技术与训练得以科学化、系统化地建构。

②带有传统与体育双重文化属性的散打不仅是科学理性的产物，更是具有人文色彩的行为艺术。这是一种"真"的回归，但在实际比赛中大多又都显得过于"精确"与"冷静"，由于技术的趋同使原本应该由打与激情相融合而产生的"暴力美"不能得以彰显。过分推崇理性、强调必然，排斥人的主体地位和人的创造性，使人成为专项技术的附庸，只注意技术表现而忽略节奏与气氛，忘却了这一项目不应属于纯自然科学领域，它的最终表现也必将被纳入艺术范畴。正是因为这一"深度原因"，引发了社会上甚至是学术界对武术的本质是否只有打、散打，是否还是武术等歧义性辩解。从哲学文化学的角度理解，这是一种非理性主义对理性主义"辩证的复归"，它所要表达的是如何实现主体的自主以及重建与自然的和谐关系，具有一定的合理性。

③模糊控制理论的介入将有助于散打理念的更新。最初的散打利用数学和实证的理性力量摆脱了传统的整体思维方式，却也局限于自身。最为典型的示例就是前面所提及的"精确计分法"，这种要求每个局部、每个时段、每个场合都须理性化的精确，导致了整场计分的非理性和非精确性。溯其根源，就是这种精准的理性精神没能在本体论上注意到散打自身变化的多样性和无限可能性，以及随机涨落、非线性的相互作用和影响；在认识论上没能注意到散打的主客体方面存在着联系和认识的不完备；在实践中不能发挥主体的作用，不能为其表现提供更广阔的领域和激发更多的激情。如要改变当前态势，唯有的方法就是借鉴和运用当前流行的模糊控制理论，对散打这一无法获得精确数字统计的、时变的、非线性的复杂对抗系统，利用模糊概念和设置智能的模糊控制模式给予有效的控制。简单通俗地讲，就是把"规则"的计分方法改为用强势判断和概率统计的形式，促使其技术构成发生质的变化，并以此引发观感上的焕然一新。

3. 散打的前途

（1）散打必须坚持"入奥"路线，这不仅仅是一个目标，更应是一种策略。体育圈内的人都懂得，如果某个体育项目进入奥运会就将意味着有了"不破金身"，不但国家重视，各省只要有条件和能力就会将其列为重点，这就意味着它也有了更大的发展空间，也为该项目不被"边缘化"提供了最大的政策保护。曾出现过"既不'入奥'就专搞职业赛制"的说法,虽然声音不大却有着极大的伤害力。试想,真正高水平的散打选手均是出自各省的优秀运动队,其身后强大的财力与物力支撑是现在这些所谓"俱乐部"所不能相比的,要培育"产业市场"也肯定不是一时的拈来之举。所以,如果现在要脱离优秀运动队的背景,不但散打商业运作将成为"无源之水",其自身的竞技模式也将无以为继,这是由我国现行的体制特点所决定的。为此,我们必须坚持申请"入奥",并以此继续坚守"全运会"阵地,这才是弘扬散打的必须之路。另外,"奥运瘦身计划"中有"末位淘汰"的规则,这也给我们带来"入奥"的希望。但其中的关键是,散打必须要坚持具有"国际性"的思路与表现,要不断地扩大散打的影响力,要能得到更多人的认同和支持,要具有坚韧的耐心与执着的努力。

(2)散打的商业运作必须倚重现行体制。根据以往的经验,所有的商业运作均把追求经济效益作为其主旨,投资者在开始之时可能会有试图与WBC、NBA媲美的意愿,但是通常又都会因投入产出比和回收效应的感召力让这个"试图"失去耐心,"捞一把就走"的短视行为成为现行运作商业散打的做法,所以就很难使某一赛事维系长久。然而我们要关心的是如何去正确、有益地引导,以防止散打职业化这一具有"朝阳"性质的产业只能停留在遥远的"地平线"上,这就要求我们要充分倚靠现行竞技体育的体制,本着"先求做稳,再求做大,然后做长"的原则,制定和建立切实可行的准入制度与机制、条件,正确引导,严格管理,确保项目的高水平介入,方可使散打的竞技比赛与商业运作相得益彰。

(3)散打的表现应以迎合受众群体的赏析需求为根本要旨。散打是典型的平民式体育项目,受众人群的多寡直接影响到这一项目的盛衰。为此,在开展之时就一定要从散打的本质特点着手,充分考虑到受众人群的需求与感受:其一,要准确地把握和设置好散打技术应用的"度",这是该项目在对抗中能否激发和表现激烈性的关键所在;其二,胜负判定的标准应该充分考虑和尊重受众群体对格斗类项目的赏析需求,这样既符合了人性中一种自然的本能,又能建立起充分调动参与者互动的机制,以保证散打项目的持久魅力;其三,应该依据上述原则尽快着手"散打规则"的重新制定,这不仅是在具体行为上抑制散打的边缘化趋势,也是遵循项目的规律努力提升散打的本体实力,还是为了使散打重回领军位置以引领建构"大散打"的格局,更是一种历史责任感。

(二)散打技术体系蕴含的文化思想

散打继承和发展了我国的传统武术,是我国传统文化的延续和创造,具有非凡的包含会通精神。其融合了我国传统的儒家、道家、兵家等思想,并加以创新,借鉴世界其他搏击术的精华,形成了今天的竞技散打运动。

1. 蕴含的道家思想

道家尚水、尚柔、尚阴。在散打运动中强调技术动作的弹性、弧线进攻,这就需要在训练中把"柔"放在突出的位置,而不单纯强调力量、速度、爆发力等。"天下莫柔弱于水,而攻坚强者莫之能胜,以其无以易之。弱之胜强,柔之胜刚,天下莫不知,莫能行。"所以强调柔,在于以柔克刚,柔中带刚,至柔则刚。这样的道理大家都知道,然而却没有人能够做到。虽然已经在应用,但是没有更好地发挥传统道家"柔"的价值。

《道德经》云:"人法地,地法天,天法道,道法自然。"散打运动中的拳法对防止近身摔、防守腿的攻击、进攻中距离的目标具有绝对优势；摔法对腿的防守在于近身，随着距离的改变，而发生优、劣势的转化，变不利为有利；腿法的威力在于适合其"道"，即整个身体的协调、距离的恰当、时机的把握。

总之，天、地、人必须依照一定的规律，使其处于自然状态，追求身心的自在状态，构成和谐的整体，发挥其最大能量。无为的柔雌理论，即母性文化传统，为竞技散打吸收借鉴其他搏击精华以提供理论前提，也是我国传统体育延续而不断发展的根本所在。

2. 蕴含的儒家思想

儒文化最突出的特点是"内圣外王"：内圣，即修身；外王，用王道、圣贤之道来参与经世、治国、平天下。散打运动有防身、锻炼意志、发展心智等的作用，对人的身心发展都有积极作用。通过比赛，培养散打运动参与者的竞争意识，取得社会的认可，虽然无法达到治国、平天下的要求，但是可以使其更好地适应社会，增强生存能力，为其进一步发展创造良好的条件。

中庸思想是孔子倡导的根本思想方法与道德原则。中庸，即中正、不偏不斜，无过无不及。散打技术从预备姿势开始就强调中正、重心的保持和攻守的平衡；在实战中更是注重实效，既有效打击对手，又很好地保护自己。

儒文化的"仁""和谐"对散打运动的影响也是深远的。"仁"即爱人；兵家的"上兵伐谋""止戈为武"和"穷寇莫追"思想是对"仁"的诠释。在散打运动中，其具体体现为不以致人伤残为目的，不进行倒地后的进攻，对运动员采取必要的保护措施。"和谐"，既指个体自身的和谐，也指与对手及周围环境的和谐；既有技术动作的和谐，也有身心的和谐；与对手及周围环境的和谐一旦被打破，比赛也随即终止。

3. 蕴含的兵家思想

是故百战百胜，非善之善者也；不战而屈人之兵，善之善者也。故上兵伐谋……其下攻城。这是《孙子兵法》中以最小代价取得最大胜利的"制人而不制于人"的克敌制胜的理论。在散打运动中，运动智能的高低决定谋略的运用，谋略的运用体现在争取主动权、知己知彼、速战速决，以最小的消耗取得最大的效果。

制胜思想与佯攻战术。《孙子兵法》中说："兵者，诡道也。"孙子认为"兵不厌诈"，在《计篇》中他总结了"出其不意，攻其不备"的著名"十二诡道"法。在散打运动中，成功的佯攻战术、迂回战术等能够给对手以错觉，暴露出空当，使我方取得时间和空间的战机。佯攻战术的实施主要通过手、脚、身法及眼神、声音、面部表情等来迷惑对手，争取主动，进而达到制胜的目的。"奇正"思想与战术运用。《兵势篇》中说："凡战者，以正合，以奇胜……奇正相生，如循环之无端，孰能穷之哉？"

面对比自己强大的对手，以正常实力取得胜利非常困难，这时需要特别的技、战术在规则范围内达到取胜的目的。利用"奇正"的变化，应对任何对手，在知己知彼的情况下取得"百战不殆"。

（三）从我国传统文化审视散打运动之"道"

现代散打是传统武术为了适应现代体育的特点，将我国传统武术经过提炼和改造后，以擂台比赛为形式的一种现代体育竞技项目。散打从 1979 年开始试点到如今已经有四十多年的历史，它的发展有目共睹。然而，也有许多人对散打提出种种批评，如有的人认为散打是"拳击加腿法加摔跤"，完全是西方自由搏击的翻版，不能体现中华武术的技击特点；有的人认为散打和传统武术发生了"断裂"，它成了无源之水；有的人认为散打太残酷，对抗激烈容易受伤，不利于推广普及；有的人认为练散打会使练习者好勇斗狠，喜欢打架，等等。作为一个新生事物，散打难免会存在这样或那样的不足，我们不能只是一味地提出批评，更重要的是，要提出建设性的意见，使其得到更好的发展。本书试图从传统文化"道"的角度来重新审视散打。

1. 习武与修"道"不可分离

中华武术历来讲究"以武修道"，练武不光是为了健身防身，更重要的是通过练武来达到领悟人生大道的境界。大成拳的创始人王芗斋先生在《大成拳论》中写道："拳道之大，实为民族精神之需要，学术之国本，人生哲学之基础，社会教育之命脉。其使命要在修正人心，抒发感情，改造生理，发挥良能，使学者神明体健，利国利群，故不专重技击一端也。若能完成其使命，则可谓之拳，否则是异端耳。"孙禄堂先生在《论拳术内家外家之别》一文中提出："拳道即天道，天道即人道。"由此可见，在传统武术中，习武与修道是密不可分的。

"道"在我国传统文化中有许多含义与疏释。《老子》曰："道可道，非常道。名可名，非常名。无名天地之始；有名万物之母。故常无，欲以观其妙；常有，欲以观其徼。此两者，同出而异名，同谓之玄。玄之又玄，众妙之门。""道"是一个终极实在的概念，在本质上不可界定也不可言说，它是万物之始，又是万物之终。武术之中亦有"道"，如《太极拳经》写道："虽变化万端，而理唯一贯。"武术的表现形式虽然千变万化，但它也贯穿着"道"，是武术的本质与核心。

"道"是我国传统思维方式，它欣赏整体动态，辩证综合与直觉体悟。我国哲学认为，对于宇宙本体，不能依靠语言、概念、逻辑推理、认知方式，而只能靠直觉、顿悟并加以把握，通过切实的经验与自家的身心交融成一种体验，设身处地，体物入微，才能直接达到和把握真善美的统一，从而彻悟"道"的最高智慧与境界。

在武术修炼中也是这样，武术的奥妙与精微之处常常是只可意会不可言传，武术之"道"不是一朝一夕就能获得的，它只有通过长期不懈的千锤百炼才能达到"众里寻他千百度，蓦然回首，那人却在灯火阑珊处"的境界。

现在的许多散打练习者往往都只将散打看成一种技击术，只是为了健身防身来练习散打，对散打的认识与体悟只停留在"术"的层面，而没有将它当作一种"道"来修炼。韩国的跆拳道、日本的柔道和合气道等，都注重"身心合一"，不仅注重身体练习，更强调精神修养。如合气道以不争思想为宗旨，根据生命的"气"的普遍存在，提出要使人间呼吸力所发出之气与宇宙万物之气调和而成合气，追求"气心体合一"的境界，用以指导一切技术动作，更有效地适应客观事物的规律。而我们的散打运动更注重身体练习，以取胜为目的，忽视了对练习者精神修养的引导。跆拳道就非常注重礼仪，"礼仪"是跆拳道必不可少而且十分重要的部分，要求练习跆拳道时要做到"以礼始，以礼终"。跆拳道练习或比赛前后都一定要向对方敬礼以示尊重。人们普遍反映"练习跆拳道的孩子懂礼貌"，可见跆拳道的教化作用，这值得散打运动借鉴。

我们不能将散打简单地看作是一种方法、技能和技术的集合，因为散打的发展和许多学科的知识是分不开的，要掌握散打技术就要了解生理学、心理学、解剖学、运动生物力学和训练学等相关学科的知识。散打作为脱胎于传统武术的现代竞技体育项目，它的发展必须扎根于传统武术，而传统武术根植于有数千年历史的传统文化的沃土之中，我国古代的儒家、道家与道教、佛教、民间宗教以及多种民俗民间文化，都对它产生过不同程度的影响和渗透，它涵盖了中华民族几千年来积累的伦理道德、哲学知识、宗教信仰、审美艺术、心理情感和民族习俗等丰厚的文化，现代散打的发展要建立在这种文化基础之上，而不是抛弃它，进行简单的模仿或改造。因此，我们要通过练习散打来了解我国传统文化，并由此来感悟人生的大"道"。在练习散打的过程中表现自我，抛开执着、偏见、束缚，达到心灵自由无羁的境界。

2. 散打运动中的水之"道"

"天下莫柔弱于水，而攻坚强者莫之能胜，以其无以易之。弱之胜强，柔之胜刚，天下莫不知，莫能行。"老子主张贵柔守雌，"道"以"柔"为贵，老子的"柔"并非是指柔弱的意思，他所说的"柔"是指像水一样有生命力，坚韧不拔和充满生机。天下之物没有比水更柔弱的，也没有比水的力量更强大。水是流动的、灵活而善于变化的，水无定形，随遇而变，遇方则方，遇圆则圆，任何事物都不能阻挡它向前奔流的脚步。所以老子说："以天下之至柔，驰骋天下之至坚。"《孙子兵法》也继承了这一思想："夫兵行像水，水之形，避高而趋下；兵之形，避实而击虚。"真正的搏击格斗就像水一样充满变化，是一个具有生命力的有机体。在实战中要像水一样没有固定的形态，才能乘虚而入，达到避实就虚、以静制动的目的。

老子这一思想对传统武术产生了深远的影响，如太极拳就讲究以柔克刚，要求做到柔中带刚、绵里藏针。传统武术中非常强调以快打慢，主动进攻。而俞大猷在《剑经》中创造性地提出了"后人发，先人至"的搏击格斗的战略战术思想，要做到"后人发，先人至"，就必须"顺人之势，借人之力"。戚继光在《纪效新书》中总结出遇敌制胜，变化无穷的"踢、打、拿、摔"的四技击术和"妙、快、猛、柔、当"五字要诀。脚踢要巧妙，拳打要迅疾，摔跌要突发，拿跌要柔从，知当斜闪（以奇用兵）。要达到这种境界就必须以柔克刚、以谋取胜、以奇用兵，而不能采用西方以力取胜为主的方式。日本的柔术、柔道和合气道也深受老子思想的影响，它们也是以"守柔""不争"为宗旨，都强调以柔克刚。

东西方搏击格斗方式的差异则反映了两者文化思想的差异。我们关注竞技武术，其实更多关注的是竞技武术中的文化精神。越是民族的越是世界的，因此，散打的改革要站在我国传统文化的高度上来进行，如果散打没有自己明显的独特风格，就不可能得到国际的认可进而推向世界。现行的散打就常被人指责为是"拳击＋腿法＋摔跤"，完全是西方自由搏击的翻版，不能体现中华武术的技击特点。散打的踢、打技法在规则上鼓励重力击倒取胜，是西方的力量型打法，强调重击对手的头部等要害部位，容易造成伤害事故，不利于散打运动的推广。而摔法的柔法技术，由于戴手套限制了手法的发挥，不能充分发挥柔法的技术，因此，传统武术中的技术方法不能得到充分的发挥，在一定程度上阻碍了散打运动的发展。运动员的着装也只是背心短裤，没有体现出民族服饰特色。

作为竞技体育项目，它不可能是真正无限制的搏击格斗，都会在规则上发挥某些技术并且限制某些技术。如跆拳道的规则就限制了其他技法的应用，一切为腿法开路，形成了以腿法为主的鲜明特色而走向世界。泰拳实战能力强，但是显得残酷血腥，不容易推广。力量型的剧烈运动显然不容易在群众中普及，日本的 K-1 赛事就成了西方人的天下，他们只能在决赛中欣赏西方人的表演，正好说明了力量型运动不是东方人所擅长的。

因此，我们要以老子"柔"的哲学思想为基础，以"柔"取胜，在散打中要充分体现"柔"

法，因为我国特色的优势是"柔"法，而不是"刚"法。现行的散打采用了四击中的踢、打、摔，现行的规则其实是有利于摔法的发挥，在同泰拳、空手道、自由搏击等国外搏击术的对抗中，我国拳手其实主要是以摔法取胜，摔法是我们克敌制胜的法宝，这也证明了以"柔"克"刚"的效果。

散打采用拳击手套限制了手法的应用，建议采用分指手套，可以发挥传统武术中拳、掌并用的技法，还可以在一定程度上发挥"拿"的技法的应用，达到"踢、打、拿、摔"的统一，还可以充分发挥运动员的灵巧性，达到以巧取胜、以柔取胜的目的。在着装方面可以采用传统的跤衣，既可以突出传统服装服饰的特色，又可以充分发挥我国传统跤法抓拿摔跌的威力，并可以发挥我们灵巧多变的手法优势，来限制西方力量型的打法。传统武术的特色优势就是突出拿摔柔法而不是突出力量的踢打刚法，只有这样才能使传统武术中所谓的顺人之势、借人之力、以柔克刚的打法得到淋漓尽致的发挥。

散打作为脱胎于传统武术的一项竞技体育项目，折射出民族传统文化思想，它不仅要从传统武术中吸取精华，还要从传统文化的沃土中汲取营养。散打练习者不仅要达到健身防身的目的，还要以此为途径来深入了解博大精深的中华传统文化，通过推广散打运动来传播我国优秀的传统文化，使我国传统文化走向世界。

第二节　散打运动技法特征解析

一、快

快，指完成动作在速度、速率方面的技法要求。拳谚说"快打慢""拳似流星"。"发腿如射箭"，只有快速出击，才能达到"先发先中"和"后发后中"的技术效果。快表现在反应快、动作快和位移快三个方面。

反应快，即从观察、判断到操作动作，思维迅速敏捷。主动进攻时，能寻找战机，制造战机，利用时间空当、动作空当，快速出击；防守反击时，对方欲动就能准确知道他要做出什么动作，从而进行反击或防守反击，迅速转换战机。

动作快，即动作从起点开始启动，运行到击中目标，尽量在最短的时间内完成。在实用拳法、腿法、摔法和各种组合连招时，在保证质量的情况下，完成动作的速度与转换动作的速率要快。

位移快，即身体的移动要迅速。散打的击打动作是在不断移动的状态中进行的，身体姿势状态移动的方向、距离、角度、位置要恰到好处，这是保证攻击动作效果的前提条件。身体位移主要是通过步法实现的，所谓"步不稳则拳乱，步不快则拳慢"，讲的就是这个道理。

二、长

长，是指完成进攻动作时，具有伸展性的技术要求，一改传统武术"短打"的技术要求。它要求在完成一个进攻动作时，在重心、支点稳固的前提下，需要参与活动的各个关节尽量伸展，向前协调运动，这样既扩大了自己"火力点"的"射程"范围，又增加了发出动作的难度，从而凸显"一寸长，一寸强"的优势。

三、重

重，是完成技术动作时对力量方面的要求。散打追求"以巧取胜""以巧制力"，提倡技术性打法，但这和需要动力并不矛盾。"巧"是对整体技术运动的能力而言，"重"是对单个动作的力量而言。散打的比赛实践证明，片面追求功力，不全面掌握武术散打技术不行；掌握了散打的技术，技术动作没有力度也不行。技术与力度各有各的功能，但它们之间是相互统一的。

散打需要力量，在技术上要求其根在脚，转换在髋腰，达于拳脚，充分发挥自身的整体合力。在力的表现形式上，要求爆发力、聚合力、刹车力、整体力，要"一枝动，百枝摇"，力戒僵力、拙力。

四、准

准，是对动作的力点、参与运动的肌肉收缩是否准确的技术要求。力点是击中对方的接触点，不同的动作有不同的力点要求，力点不准，不但影响动作的有效性，而且容易受伤。

任何动作都是以骨骼为杠杆、肌肉为动力完成的，每一个动作，参与运动的主动肌、被动肌和协同肌的收缩力都要求准确，该用力的肌肉用力，不该用力的地方不用力，做到机能节省化，并配合正确的呼吸方法，以气催力，做到准确无误。

五、稳

稳，是指完成动作需要稳定。在激烈的对抗搏击中，保持身体的稳定，必须考虑以下三个方面的因素：

（1）作用力和反作用力。作用力越大，反作用力越大，身体的重心不稳定，不利于控制反作用力。

（2）动作击中对方后遇到阻力，需要迅速调节姿势状态和稳固重心，为发起下一个攻击或防守动作做准备。

（3）散打技术虽然有"长""重"的技术要求，但必须在保持身体重心稳固的前提下进行，并尽量避免身体重心偏移的现象，以免给对方制造"四两拨千斤"和"顺手牵羊"的机会。

六、无

无，是指动作的隐蔽性、突发性和没有任何预兆。所谓预兆，是无意识地预先暴露进攻意图的附加动作，这是散打运动员比较容易产生的错误。

常见的预兆动作有发力前的龇牙咧嘴、怒目瞪眉、呵呵发声，以及出拳击腿时先回收的习惯等等。即将发出动作之前，任何"欲动"都可以提示对方进行防范，学习散打技术之初，应尽力克服预兆，以免形成错误的动作习惯。

七、活

活，是指动作与动作之间的快速灵活转换。要实现动作的灵活转换，一定要保持正确的身体姿势，脚跟要微微提起，以保持弹性，便于移动；四肢肌肉适度放松，不要僵滞，便于快速启动；身体重心处于两腿之间，便于转换动作；下颌微收，头不偏不倚，中正安舒，便于大脑发挥完成动作的操作思维。

活的技术要求还涉及运动员动作的操作能力、步法移动的范围、技术动作的容量和转换动作的能力等。

八、巧

巧，是指运用技术时方法巧妙。散打的单个动作各有各的作用，散打技术每一个动作本身并没有巧妙与否之分。但由于散打运动具有技击的完整性和随机应变的技术特点，因而为散打动作相生相克的巧妙运用提供了广阔的空间和丰富的内涵。

俗话说"巧制力""巧制快""以巧取胜"。在运用散打技术的过程中，要充分发挥散打动作相生相克的功能，充分利用各种战机，并使用相应的方法，顺其力而破之，做到以最小的消耗取得最大的效果。

第三节　散打运动技术实践

一、实战姿势（以左势为例，以下均同）

散打的实战姿势，通常也称预备姿势。侧身，两脚前后开立，约为一自然步的距离；前脚尖与后脚跟在一直线上，两脚尖均斜向右前方，两膝微屈，后脚跟微抬起；两手握拳，拳眼斜朝上，左前右后屈肘举于体前，左臂屈 $90°\sim110°$，左拳与鼻同高；右臂屈小于 $90°$，垂肘紧护右肋，右拳置于右下颚处；下颚微收，闭嘴合齿，含胸拔背，面部和左肩、左拳正对对手，全身放松处于一种"弹性"状态，如图 7-1 所示。

要点：两膝微内裹，身体重心在两脚之间，垂肘护肋，暴露给对手的身体部位要小。

图 7-1

二、基本步法

散打步法的作用首先是为了配合攻防动作的运用，其次是为了保护动态中身体平衡与敌我双方的有效距离。步法是散打技术运用的基础，"有招必有步"和"步动招随，招起步进"就是这个意思。散打步法的总体要求是"快、灵、变"。快是指步法移动要迅速；灵是指步法移动要轻灵，有弹性；变是指步法在运用中能随机应变，转换自如。

（一）进步

预备姿势，后脚蹬地，前脚掌擦地向前进半步，后脚再跟进半步，如图7-2、图7-3所示。
要点：进步步幅不宜过大，后脚跟进后的身体姿势不变，进步与跟步衔接越快越好。

图7-2 图7-3

（二）退步

预备姿势，前脚蹬地，后脚掌擦地向后退半步，前脚再退回半步，如图7-4、图7-5所示。
要点：退步步幅不宜过大，身体姿势保持不变，退步要快。

图7-4 图7-5

（三）上步

预备姿势，后脚向前上一步，同时左、右拳前后交换成反架姿势，如图7-6、图7-7所示。
要点：上步时身体不能前后摆动，上步与两手动作要同时进行，要协调、迅速。

图 7-6　　　　　　　　　　　图 7-7

（四）撤步

预备姿势，前脚向后撤一步，成右前左后姿势，左脚跟离地，右脚脚尖外展，重心偏于右腿，如图 7-8、图 7-9 所示。

要点：撤步不宜过大，重心移动要平稳，两脚要轻灵。

图 7-8　　　　　　　　　　　图 7-9

（五）闪步

预备姿势，左（右）脚向左（右）侧移半步，右（左）脚预之向左（右）滑步；同时身体向右（左）转体约 90°，如图 7-10、图 7-11 所示。

要点：步法轻灵，转体闪躲灵活、敏捷。

图 7-10　　　　　　　　　　　图 7-11

（六）垫步

预备姿势，后脚蹬地向前脚内侧并拢，同时前腿屈膝提起，如图 7-12、图 7-13 所示。

要点：后脚向前脚并拢要疾速，垫步与提膝不脱节、不停顿；身体向前移动，勿向上腾空。

图 7-12　　　　　　　　　图 7-13

三、基本拳法

拳法是散打运动中主要的进攻方法之一，主要分为冲、掼、抄、鞭四种。在进行练习和实战中要牢记随步进攻，出拳要快。整个力由脚到拳协调快速传递，即脚蹬、髋转、送臂出拳，然后拳迅速回收变为预备姿势。

（一）冲拳

冲拳是所有武术技术中最基本的技法，属直线型攻击方法，在拳法中是中近距离进攻对手的重要手段。由于冲拳动作相对隐蔽，尤其是后手冲拳力量较大，是重击对手的有效方法。

1. 左冲拳

预备势。后脚蹬地，腰微右转，重心微向前移的同时，左手内旋，左拳向前直线冲出，拳心向下，力达拳面，如图 7-14、图 7-15 所示。

要点：冲拳时，上体不可过于前倾。拳面领先，大臂催前臂，臂微内旋，肘微屈。快出快收，冲拳后迅速还原为预备势。

用法：左冲拳特点是距离对手较近，易发动，预兆小，灵活性强，但力度较小，可以结合身体的高、低姿势或左、右闪躲动作击打对方腰部以上任何部位；既可主动进攻，又能防守反击，而且可以起到以假乱真的作用。

图 7-14　　　　　　　　　图 7-15

例如，双方在对峙状态下，甲突然快速地进步或上步，以左冲拳攻击乙的头部或胸部，如图 7-16、图 7-17 所示。

图 7-16   图 7-17

2. 右冲拳

预备势。右脚蹬地并以前脚掌为轴向内扣转，转腰送肩的同时，右拳直线向前冲出，力达拳面；左拳或变掌回收至右肩内侧，如图 7-18、图 7-19 所示。

要点：右脚发力，传送到腰、肩、肘，最后力达拳面。

图 7-18   图 7-19

用法：右冲拳是主要的进攻动作之一，它的特点是攻击距离长，能充分利用蹬腿转腰的力量，加大冲拳力度，具有较大的威胁力。

例如，当甲突然用左冲拳攻击乙头部时，乙迅速俯身下躲，同时用右冲拳反击甲腹部，如图 7-20 所示。

图 7-20

（二）掼拳

掼拳是弧线型进攻方法，分左、右掼拳两种，在相互的连续击打中使用率较高，可以结合身体姿势的高低变化，击打对方的太阳穴、耳门、腮和腰肋部位。由于摆动幅度大，所以击打的力量很大。但也因幅度大和运动路线长，使得动作的隐蔽性较差，运用时动作幅度宜小不宜大。

1. 左掼拳

预备势。上体微向右转；同时左拳向外（约45°）、向前、向里横掼，臂微屈，拳心朝下，力达拳面；右拳护于右腮旁，如图7-21、图7-22所示。

图 7-21　　　　　　　　　　　　　　图 7-22

要点：掼拳发力时，臂微屈，肘尖抬至与肩平；以腰发力，力达拳面。

用法：左掼拳是一种横向型的进攻动作，可以结合身体姿势的高、低变化，击打对方的侧面；上盘可击打太阳穴，中盘可击腰肋部位。

例如，双方对峙时，甲突然向左闪步，以左掼拳抢攻乙右侧头部；或当乙用右掼拳进攻甲上盘时，甲迅速俯身下躲后，以左掼拳反击乙方头部，如图7-23、图7-24、图7-25所示。

图 7-23　　　　　　　　　　图 7-24　　　　　　　　　　图 7-25

2. 右掼拳

预备势。右脚蹬地并向内扣转，合胯并向左转腰，同时右拳向外（约45°）、向前、向里横掼，力达拳面或偏于拳眼侧；左拳回收至左腮前，如图7-26、图7-27所示。

要点：右脚内扣，合胯转腰与掼拳发力要协调一致。掼拳发力时，肘尖微抬，使肩、肘、腕基本在同一水平面。

图 7-26   图 7-27

用法：右掼拳也是一种横向型进攻动作。它的特点是能充分借助右脚蹬地转腰的力量来加大进攻的力度，但因其进攻路线长，运用时动作幅度宜小不宜大。此拳法多用于连击或防守后反击。

例如，双方对峙时，乙用右抄拳进攻甲腹部，甲左手向里掩肘防守的同时，用右掼拳反击乙头部，如图 7-28、图 7-29 所示。

图 7-28   图 7-29

（三）抄拳

抄拳在散打中属于近距离攻击型拳法，可分为左、右抄拳两种。主要在双方对抗时，攻击对方的胸、腹和下颏等部位。

1. 左抄拳

预备势。重心略下沉，左拳由下向前上方勾起，大小臂夹角在 $90°\sim110°$，拳心朝里，力达拳面，如图 7-30、图 7-31 所示。

要点：抄拳时动作要连贯、顺达，用力要由下至上；发力短促，力达拳面。

图 7-30   图 7-31

用法：例如，甲以左抄拳进攻乙的胸、腹部时，乙迅速沉身左转右掩肘后，以左抄拳反击甲躯干以上部位，如图7-32、图7-33所示。

图7-32　　　　　　　　　　　　　　　图7-33

2. 右抄拳

预备势。右脚蹬地，扣膝合胯，微向左转腰的同时，右拳由下向前、向上抄起，大小臂夹角在90°～110°，拳心朝里，力达拳面；左拳回收至右肩内侧，如图7-34、图7-35所示。

要点：右抄拳要借助右脚蹬地、扣膝、合胯、转腰的力量，发力由下至上，协调顺达。

图7-34　　　　　　　　　　　　　　　图7-35

用法：例如，乙以右掼拳攻击甲上盘右侧时，甲左手挂挡后，以右抄拳反击乙躯干以上正面部位。如图7-36、图7-37所示。

图7-36　　　　　　　　　　　　　　　图7-37

（四）鞭拳

鞭拳是横向型进攻动作之一，并能借助转体的惯性，动作幅度大，运动路线长，力度较大。用于退守反击时，动作隐蔽、突然。鞭拳一般分为原地右后转身右手鞭拳、上步左转身左手鞭拳和盖步右转身右手鞭拳。

以右鞭拳为例：预备势。以左脚前脚掌为轴，右脚蹬地并经左腿后插步，身体向右后转180°；同时左臂回收至胸前；上动不停，上体继续右转，同时右拳反臂向右侧横向鞭打，拳眼朝上，力达拳背，如图7-38、图7-39、图7-40所示。

图 7-38   图 7-39   图 7-40

要点：转体要快，以头领先，不能停顿，双腿支撑要稳。出拳时，以腰带臂，前臂鞭打甩拳。

用法：例如，双方对峙时，甲先以左拳虚晃佯攻，继而右脚插步，身体右后转，右鞭拳横击乙上盘，如图7-41、图7-42、图7-43所示。

图 7-41   图 7-42   图 7-43

四、基本腿法

腿法是武术技法的一类，在散打中占有很大比重。它主要包括蹬、踹、扫、摆、弹等踢法，用以进攻对手的腿部、躯干和头部。人的下肢比上肢长，力量也比上肢大，所以腿的攻击力强，力度大，是远距离对抗的主要方法。拳谚中有"手是两扇门，全凭腿打人""手打三分，脚踢七分"等说法。当然，由于脚的主要功能是支撑身体，起腿击敌时，单腿支撑，支撑面减少，易导致身体重心不稳。所以在搏击中，既要发挥腿法的特长，又要避其所短。通过腿部柔韧性和平衡动作的练习，有助于提高下肢动作的幅度、支撑力和平衡能力，从而提高腿法的灵活性和踢击的技能。在运用腿法时，要尽量避免预兆过大，要快速出击，迅速回收，以便防守和连续进攻。

（一）蹬腿

蹬腿可用于进攻、阻击和摆脱对方。散打中的蹬腿，除力达脚跟外，当蹬击对方时，还可以脚踝发力，前脚掌下压，这样容易将对方蹬开或使其倒地。

1. 左蹬腿

预备姿势站立。右腿直立或稍屈，左腿提膝抬起，勾脚，以脚跟领先向前蹬出，力达脚跟，如图 7-44、图 7-45、图 7-46 所示。亦可送髋，脚掌下压，力达脚前掌。

图 7-44　　　　　　　图 7-45　　　　　　　图 7-46

2. 右蹬腿

预备势。身体重心前移，左腿直立或稍屈，身体稍左转；右腿屈膝前抬，勾脚，以脚跟领先向前蹬出，力达脚跟，如图 7-47、图 7-48、图 7-49 所示。亦可送髋，脚掌下压，力达脚前掌。

要点：屈膝高抬，爆发用力，快速连贯。

用法：散打中的蹬腿动作，与套路中蹬腿动作的要求相同，如迎面蹬腿。当乙上步用拳法进攻甲时，甲迎面抢先用蹬腿击乙躯干部位，如图 7-50 所示。

图 7-47　　　　　图 7-48　　　　　图 7-49　　　　　　图 7-50

（二）踹腿

踹腿是比赛中使用率较高的腿法之一，主要用于进攻与阻击。由于踹腿使用变化较多，走直线，速度快，力量大，不易防守，而且配合步法运用，变化多，宜可在不同距离上使用。一般情况下，可用低踹腿击对方下肢；中踹腿击对方躯干；高踹腿击对方头部。

1. 左踹腿

预备势。重心稍后移，右腿直立或稍屈支撑，左腿屈膝抬起，小腿外摆，脚尖勾起，上体右倾，脚掌正对攻击目标，展髋挺膝向前踹出，脚尖横向，力达脚掌，如图 7-51、图 7-52、图 7-53 所示。

图 7-51　　　　　　　　　　图 7-52　　　　　　　　　　图 7-53

2. 右踹腿

预备势。左腿直立或稍屈支撑，身体向左转 180°，同时右腿屈膝抬起，小腿外摆，脚尖钩起，上体向左倾斜，脚掌正对攻击目标，展髋、挺膝，用力向前踹出，力达脚掌，如图 7-54、图 7-55、图 7-56 所示。

要点：踹腿时上体、大腿、小腿、脚掌呈一条直线，踹出时要以大腿推动小腿直线向前发力。

图 7-54　　　　　　　　　　图 7-55　　　　　　　　　　图 7-56

用法：例如，低踹腿击对方下肢，如图 7-57 所示；中踹腿击对方躯干，如图 7-58 所示；高踹腿击对方头部，如图 7-59 所示。

图 7-57　　　　　　　　　　图 7-58　　　　　　　　　　图 7-59

（三）横摆踢

横摆腿是一种弧线进攻型腿法，摆腿攻击距离远，在实战中使用较多，可攻击对手上、中、下三盘。它以身带腿，速度快，力量大，运用得好能起到重击对手的作用。但因弧形横摆，路线长，幅度大，较容易被对手察觉和防守，实战中应注意动作快速突然。

1. 左横摆踢腿

预备势。上体稍右转并侧倾，顺势带动左腿，直腿向右上方横摆打腿、扣膝，踝关节屈紧，力达脚背至小腿下端，如图 7-60、图 7-61 所示。

图 7-60　　　　　　　　　　图 7-61

2. 右横摆踢腿

预备势。左膝外展，上体左转，收腹，带动右腿收髋、扣膝，直腿向左上方横摆打腿，踝关节屈紧，力达小腿下端至脚背，如图 7-62、图 7-63、图 7-64 所示。

要点：以转体带动摆腿，动作连贯、快速。

图 7-62　　　　　　图 7-63　　　　　　图 7-64

用法：例如，甲左冲拳击乙头部，乙撤步闪躲，随即甲左转身右横摆腿击乙肋部，如图 7-65、图 7-66 所示。

图 7-65　　　　　　　　图 7-66

（四）扫腿

扫腿分前、后扫腿两种，是一种低位攻击型腿法。这里主要介绍后扫腿。使用后扫腿进攻对手，时机选择很重要，一是距离要适中，二是对方身体重心在前脚上，脱离了这两个条件使用扶地后扫，成功率较低。完成动作后，不管成功与否，应迅速站起来，或准备迎击对手反攻。

后扫腿：左腿屈膝全蹲，脚前掌为轴，两手扶地向右后方转体一周，展髋带动右腿向左后方弧线擦地直腿后扫，脚掌内扣钩紧，力达脚后跟至小腿下端背面，如图7-67、图7-68所示。

图7-67　　　　　　　　　　　　　　　图7-68

要点：转腰低身与转体要快速连贯，借以带动扫腿，加快动作速度，增强力度。

用法：实战中，突然下蹲，没有经验的对手会出现瞬间的迟疑，容易将其扫倒。例如，后扫破拳法，当乙右腿在前欲以拳法进攻时，甲突然下蹲，后扫腿击乙脚跟，如图7-69、图7-70所示。

图7-69　　　　　　　　　　　　　　　图7-70

五、基本摔法

摔法是武术中"四击"之一。"远腿、近拳、贴身靠摔"，摔是掷出、颠翻的意思。散打中的摔法讲究一触即摔，即"快摔"。摔法既可用于主动进攻，也可用于防守反击。下面介绍几种常用的摔法。

（一）夹颈过背摔

双方（称甲、乙方）由实战姿势开始（以下均同）。乙以左直拳击甲头部；甲用前臂格挡乙左前臂，左臂由乙右肩上穿过后，屈臂夹乙颈部；同时右脚背步（转体撤步）至与左脚平行，两腿屈膝，身体右转，以左侧臀部紧贴乙方小腹部；继而两腿蹬伸，向下弓腰低头，将乙方背起后摔倒，如图7-71、图7-72、图7-73所示。

要点：夹颈要紧，背步转身要快，低头、蹬腿要协调、快速有力。

用法：多用于防守冲拳、掼拳击头部时反击，或主动进攻。

图 7-71　　　　　　　　　　图 7-72　　　　　　　　　　图 7-73

（二）插肩过背摔

乙用右掼拳击甲头部，甲立即向前上步，左闪身，左臂由乙右腋下穿过；背右步至与左脚平行，两腿屈膝；同时，右手推拍乙左前臂，两腿蹬直，向下弓腰低头，右上臂插抱乙右腋下将乙摔倒，如图 7-74、图 7-75、图 7-76 所示。

图 7-74　　　　　　　　　　图 7-75　　　　　　　　　　图 7-76

要点：闪身快，背步、转身协调一致，低头、弯腰、蹬腿连贯有力。
用法：防守冲拳、掼拳对头部攻击时，闪躲反击。

（三）拨颈勾踢摔

乙用右拳击甲头部，甲用左掌外格乙右前臂，顺势捉拿乙手腕部，并伸右臂穿过乙的肩部，用手向右拨乙颈部右侧；同时，右脚勾踢乙左脚的踝关节处将乙勾倒，如图 7-77、图 7-78、图 7-79 所示。

图 7-77　　　　　　　　　　图 7-78　　　　　　　　　　图 7-79

要点：拨颈、勾踢要协调有力。

用法：用于对冲、掼拳击打时的防守反攻快摔。

（四）抱腿前顶摔

乙出拳击甲头部时，甲上左步，下潜躲闪，两手搂抱乙双膝关节处，屈肘用力回拉；同时，用左肩前顶乙大腿或腹部，将乙摔倒，如图7-80、图7-81所示。

图 7-80   图 7-81

要点：下潜要快，抱腿要紧，两手后拉与肩顶要有力，并协调一致。

用法：用于主动进攻或防守反击。

（五）夹颈打腿摔

乙用左冲拳击甲头部，甲用右前臂外格乙左臂，顺势捉拿乙手腕部；左手由乙左肩上穿过，屈肘夹乙颈部；同时，右脚经左脚向后插步与左腿平行，随即右转体用左小腿向后横打乙左小腿，将乙掀起摔倒，如图7-82、图7-83、图7-84、图7-85所示。

图 7-82   图 7-83   图 7-84   图 7-85

要点：格挡迅速，夹颈有力，打腿、转身协调一致。

用法：在对手冲拳或掼拳击打时，防守反击。

六、散打主要防守技术

（一）接触防守

1. 拍挡

左手（右手）以拳心或掌心为力点向里横向拍挡，如图7-86所示。

要点：前臂尽量垂直，拍挡幅度小，用力短促。

用法：用于防守对方直线型拳法或横向型腿法对上盘的进攻，如图7-87、图7-88所示。

图7-86　　　　　　　　图7-87　　　　　　　　　　　图7-88

2. 挂挡

左手（右手）屈臂向同侧头部或肩部挂挡，如图7-89所示。

要点：大小臂叠紧上挂贴于头侧，要含胸侧身，以缩小暴露面。

用法：防守对方横向型的手法或腿法攻击上盘，如左右掼拳或左右横踢腿等，如图7-90、图7-91所示。

图7-89　　　　　　　　图7-90　　　　　　　　　　图7-91

3. 拍压

左拳（右拳）变掌，以掌心或掌根为力点由上向下拍压，如图7-92所示。

要点：拍压时臂要弯曲，手腕和掌指要紧张用力，臂内旋，虎口、指尖均朝右（左）。

用法：防守对方正面的手法或腿法攻击中盘，如下冲拳、勾拳及蹬腿等，如图7-93、图7-94所示。

图7-92　　　　　　　　图7-93　　　　　　　　　图7-94

4. 阻挡

两脚蹬地，身体微前移，以肩部或手臂阻挡对方直线拳法的进攻，如图 7-95、图 7-96 所示。

要点：身体用力。阻挡拳法要含胸、闭气、提左肩并收下颌；阻挡腿法要含胸、收腹、沉气，两手紧护体前，尽量缩小被击面。

用法：破坏、阻挡对方的进攻，为反击做准备。

| 图 7-95 | 图 7-96 |

（二）闪躲防守

1. 撤步

前脚由前向后收步，接近后脚时脚前掌着地，重心落于后腿，如图 7-97 所示。

要点：前脚回收迅速，虚点地面；上体正直，支撑要稳。

用法：防守对方以腿法攻击下盘部位，如低蹬腿、低踹腿等，如图 7-98 所示。

2. 后闪

重心后移，上体略后仰闪躲，如图 7-99 所示。

要点：后闪时下颌收紧，闭嘴合齿；后闪幅度不宜过大，重心落于后腿。

用法：防守对方拳法攻击上盘部位，为以腿法反击做准备，因此常常配合前蹬腿做防守反击练习。

| 图 7-97 | 图 7-98 | 图 7-99 |

3. 侧闪

两膝微屈，俯身，上体向左侧或右侧闪躲，如图 7-100 所示。

要点：上体要含缩，侧身不转头，目视对方。

用法：躲闪对方用手法正面攻击上盘部位，如左右冲拳等，如图 7-101 所示。

图 7-100　　　　　　　　　　图 7-101

4. 下蹲躲闪

屈膝、沉胯、缩颈，重心下降，弧形向下躲闪，两手紧护胸部，如图 7-102 所示。

要点：下潜躲闪时，膝关节、髋关节和颈部要协调一致，目视对方。

用法：防守对方横向攻击头位，如左右掼拳、高横踢腿等，如图 7-103 所示。

图 7-102　　　　　　　　　　图 7-103

5. 提膝

后腿微屈，独立支撑，前腿屈膝提起，如图 7-104 所示。

要点：重心后移，提膝迅速。

用法：防守对方正面或横向腿法攻击下盘部位，如低踹腿、勾踢腿等。若对方腿法攻击的是大腿或腰腹部，则可用小腿阻挡，以防守对抗，如图 7-105、图 7-106 所示。

图 7-104　　　　　　图 7-105　　　　　　　　　　图 7-106

第八章　高校传统武术之擒拿技术实践研究

第一节　擒拿运动基本理论诠释

擒拿术历史悠久，是我国宝贵的文化遗产。擒拿法精彩别致，在武术中独树一帜，其内容丰富，法理精深。论其特点，既不同于"打法"之勇猛明快，又有别于"摔法"之角斗拼搏。擒拿是集武林智慧之结晶，历来倍受重视和珍惜。

一、擒拿术的特点与内容

擒拿术是一种独特的技击术。根据擒拿技击之特点，结合擒拿术的基本特征，"擒拿"一词的定义是以巧力，擒对手于肢体一部，使其关节受制，失去反抗能力而就擒。这就是擒拿术区别于其他技击法的显著标志。

擒拿术是一门非常复杂而又细致的技击术，其内容系统完整，动作千变万化，最主要的特点在于"动式、曲折、轨迹、旋绕，劲力不显，行踪不露"。不论是攻击一方使用的拿法，或是防御一方使用的破解和反拿法，几乎每一招每一式的动作与变化，都不是直来直往、纵向进退的；而是如同几何学上的曲线、缠绕变化、螺旋屈伸、依角变位、忽降忽升。动则上中下三路齐变，轻灵巧取；制则身手脚立体兼施，招法奇妙。擒拿术其状文雅，其效剧烈，这就是擒拿术的独特之处。

擒拿术主要是针对人体四肢关节及头颈等要害部位和穴位，基于关节活动功能的局限和弱点，依据逆关节和超限度施制的原理，使用刁、拿、锁、扣、扳、点、缠、切、拧、挫、旋、卷、封、闭、捆、蹩等招法，施制于各关节部位的一门技击术。擒拿主要技击的部位有腕关节、指关节、肘关节、头颈关节、腕关节、膝关节、踝关节、腰及裆部。

二、擒拿术的原理与法则

（一）抓筋拿穴，扭挫关节

擒拿术，首先在于拿制对方的肢体关节，进而才有擒伏之可言。关节是人体骨骼结构及运动之枢纽，关节周围的筋脉穴位，又是难以承受打击的薄弱部位。擒拿术就是针对人体关节的这种特性和弱点，依据逆关节施制的技击原理，先捏拿肢体关节及筋穴，并加以牵引控制，进而在相互破解演变之中，巧施妙法，迫使对方之关节反折或超限度揿扭，使其关节及韧带受挫，当即产生剧烈疼痛感，从而丧失反抗能力而就擒。对方若要拼力硬抗，势必造成骨折筋伤。

擒拿术，贵在一抓得势，但是这一抓之技，深含法理。两手相交，不是将力猛抓，拿住关节后，也不是强扭硬压。若自恃力大而猛抓硬压者，不但因不成技法而难以奏效，且遇强手，必被化解顿遭反擒，此乃"巧制拙、柔克刚"之理。

交手接势，应注重轻灵绵随，以粘连为上，运用招法，先抓战机，始宜微动，切忌露形，避免打草惊蛇；一经捉拿得势，要迅速进招，制在措手不及，对方势必就范。同时，还要善于运用擒拿术所特有的手型手法，准确地捉拿住对方肢体关节的一定方位，切不可胡乱抓拿。一个腕关节就有正面、背面和挠尺两侧共4个方位，还有偏上、偏下各部位；而每一个方位都有不同的拿法、招数及变化。因此，不论捉拿任何关节，首先一定要使手法合势、方位拿准，才有巧变的根基。

（二）善发巧劲，不斗拙力

所谓巧劲，主要是裹缠劲与冷疾脆劲，即擒拿术的必备之"内劲"。裹缠劲是裹抱劲和缠绕劲相结合的内收缩劲。冷疾脆劲是一种异常急速而坚刚之弹抖发放劲。擒拿实战，乃斗技而非斗力。艺精招熟，常可一抓而就；猛抓硬斗，易被对方得手。须知，对方刚被抓拿，既可变化或者脱走，又可拼力反扑；若稍有不慎，不仅手法落空，甚至反遭所擒，故有"巧拿不如拙打"之说。当对方反击和搏斗之时，应当随机就势，伺机再取，切忌拼力硬斗，自破章法；否则将只有"力大胜力小"的可能，失却技艺制胜之良机。

研习擒拿术，要善于用巧劲，施妙招，待机而动，顺势应招，轻取关节，巧施裹缠。若拿住对方的一个关节，则应迅速将其前后之连带关节加以裹抱缠压，牵引控制，并运用螺旋收缩之"内劲"，将其关节裹紧缠死，迫其势背力僵，使之欲化不了，欲走不脱，有力拼不上，这就是裹缠劲，即裹缠法之特点，也是擒拿法以巧制拙的根本方法。实践经验表明，拿而不缠，必遭拙打，只有拿住而又裹缠住了，才算施术得势。既已得势，对方必然失去反抗能力，急欲脱走或拼力僵抗，而这正是施术者乘势催力，巧用冷疾脆劲发招或擒伏对手的最佳时机。

技击搏斗，力是基础，"千狠万狠，力是根本"。擒拿重巧，绝非否定劲力，而是尚巧劲以戒拙力。这是由擒拿术方法之巧和制敌之妙的特点所决定的。因此，必须认真研究擒拿术的劲力原理和运用劲力的法则，实际上这是一门比较高深的功夫。凡交手应招，首先要观察对手的劲力趋势，或明或暗；要善于引化，使之无机可乘。这就要有听劲、懂劲、化劲的功夫。施用招法，要讲究虚虚实实，善于运劲、变劲、借劲，抓准机会发劲，发则必中。若无很强的劲力相摧，怎能拿而擒之。这就是方法与劲力之间的辩证关系。

（三）手拿脚绊，上下相随

擒拿术，每当招法初使，手上刚拿住对方的上肢关节，就要迅速上步进身，绊锁其前脚。因为对方被拿欲变，必定从脚步变起，绊脚的作用在于封闭步法，阻止变化，破坏其下肢力点与支点间的平衡，利于充分发挥擒敌技法效用。运用周身整体之劲，手脚一齐动作，就能更有效地制服对手。

不了解擒拿法者，常误以为擒拿无非就是"抓住手、撤关节"，其实不然。擒拿技击术的一个非常重要的特点，就是它的整体技击法则，其制胜机理，全在于此。擒拿术对手法的研究是非常细致而又严密的，而手法巧妙则有赖于步法与身法的密切配合。善擒拿者，对于步法、身法的研究与运用，更是耗尽心力。身法与步法，是运劲、发劲、展开运动的关键，在技击实战之中，身与步占有特殊的位置。无论是施术进攻，或解脱变化，每一招都是从腰的转动和脚步的变换开始的。施术进招"手到脚不到，等于放空炮；脚到手不披，必定打自己；手脚一齐到，金刚也得倒"，此理不仅拿法如是，打法与摔法亦如是。尤其拿法，本擅长于近身搏斗，故对步法的运用与变化要求更高，主要是分虚实、忌双重、多绕行、善切插。实践经验表明，"步不紧，则手慢；步不顺，则手散；步不稳，则手乱；步不灵，手难度"。手法易会，身法难求，步法不活，周身不顺，技无所施，终必陷于被动。

武术注重周身之功，无论是套路或散打，都讲究手眼身法步的协调一致，擒拿也不例外。然而，擒拿术更注重肩、肘、腕、胯、膝在实战中的巧妙运用。因为擒拿术重在巧制关节；而肩、肘、腕、胯、膝五大关节，是擒拿制的重点目标。但是，由于它具有屈弯旋转功能，所以又是擒制对手的基本手段。若能将肩、肘、腕、胯、膝运用灵巧，擒拿之术将如虎添翼，无论是拿法、解法或反拿法，每式每处都体现着肩、肘、腕、胯、膝的巧妙运用。

（四）强者智取，弱者生俘

临敌制变，贵在预谋，强者智取，弱者生俘，乃擒敌战术之精义。擒拿之道，以巧见长，以计为首。贵神明，重妙用。每逢举动，必先料敌，洞察情势，敌无变动，我则待之，乘其有变，随而应之；或奇战，攻其不备，出其不意，上惊下取，声东击西，形至奇速，使敌莫知所措，战而必胜；或谋战，含而不露，引而不发，固能而示之不能，诱而取之。

实战之中，面对弱者，不可轻敌，慎而速取。骄兵必败，古之常理。面对强者，忌胆怯，贵沉着。知己知彼，可先发制人，胸有成竹，疑虑无多；知己不知彼，宜后发制人，静而观之，待而应之，察其虚实，观其变化，随机就势，把握主动，急来急应，缓来缓随，顺人之势，借人之力，待机一击，出奇制胜，此乃应变之机理。若得名师之亲点，苦下功夫，实践日久，自能领悟其中之精义。先贤师常言：山不陷则崩，木无根则倒，水无源则涸，功夫不深则败，根深叶定茂，叶茂枝必荣。艺精招熟，善战多变，直来横取，横来直破，此奇正相生之理也。技击之道，虚有其名，实无方略，好勇斗狠，必遭灾祸。

（五）以拿为主，打跌兼施

擒拿招法丰富多彩，且正处在继续创新与发展之中。但是，擒拿招法之巧妙，亦非技艺之万能。在"踢、打、摔、拿"四大类技击法中，它只是其中一类；而且，任何一种技击法，都有它的适应性和局限性。所以，前人根据实践经验，提出了"远打、近拿、贴身摔"的原理，即在距敌稍远的情势下，使用拳打脚踢的方法，更能施展其所长；在对方逼紧贴身之际，使用摔法更易取胜；而擒拿法，则善于近身相持，巧制关节以擒伏对手。技击实战，是一种非常严峻的拼搏、格斗，双方争雄斗胜，各展所长，手脚交加，瞬息万变，闪转腾挪，进退神速，加之技击诸法本身的局限，岂可恃一技而应千招。然而，武术毕竟丰富，只要巧妙地实施"打、拿、摔"三位一体，并驾齐驱，则堪称上乘功夫。若能综合武术各技之长，灵活运用，宜拿则拿，宜打则打，可摔则摔，随机就势，因势应招，拿中含打，打中带拿，手中有手，劲后有劲，把握战机，巧施妙法，必能轻巧敏捷地制敌于一瞬。

且善擒拿者，必精于其他技法。从学艺的程序来说，一般都是先学摔或打而后才接触到拿法，并且是先会其技，后明其理。从擒拿的技艺特点来看，在拿制对手的过程中，几乎每招每式都含有可打、可摔的招法。拿住之后，一撒手便可击伤，一挂脚立刻跌倒，而且拿住后的一击，击得更狠，跌得更重，可使对方防不胜防。故在实战之中，必须融"打、拿、摔"三位于一体，集诸法之长，展拿法之妙，才能充分发挥擒拿克敌制胜的雄威。

三、擒拿文化的传承与发展

（一）擒拿的特点

擒拿是我国传统武术中一种独特的技击术，继承了我国古代技击法的精华，又经过多年的实践与创新，自成体系，独具一格。从民间流传的多种擒拿技法中我们可以看到，其技击特点非常突出，实用效果特别显著，确有变化莫测之妙，"分筋错骨"之威。它以巧制关节为手段，以擒伏对手为目标，以不伤害对手而达擒获为高超技能，充分体现了我国传统武术文化的特点。

（二）擒拿的文化内涵

1. "仁爱"思想在擒拿中的体现

关节是人体骨骼结构及运动的枢纽，关节周围的经脉穴位是难以承受打击的薄弱部位。关节只可顺动，不可反方向逆转，关节的屈伸旋转都有一定的幅度。拿住对方后，实施反关节，使其关节及韧带受挫，产生剧烈的疼痛感，从而丧失反抗能力而就擒。对方若要拼力硬抗，势必造成骨折筋伤。所以拿其关节及筋穴，就能对其牵引控制。如擒拿技法里的小关节擒拿，折其手指，就能达到控其全身的作用。擒拿控制擒服对手，而不伤害对手的思想，体现了我国传统以"仁"为核心的思想。《论语·颜渊》："樊迟问仁。子曰：'爱人'。""克己复礼为仁。一曰克己复礼，天下归仁焉。"《庄子·在宥》："亲而不可不广者，仁也。"清谭嗣同《仁学·界说》："仁为天地万物之源，故虚心，故虚识。"这些都指出人与人之间要相互亲爱，要以仁爱为做人的根本。"制其一点，而控全身"正是我国传统思想"仁爱"的一种表现。

2. 道家思想在擒拿中的体现

《老子·道德经》曰："反复；反也者，道之动也；弱也者，道之用也。天下之物生于有，有生于无。"《庄子·说剑篇》曰："夫为剑者，示之以虚，开之以利，后之以发，先之以至。"道家的这种思想是一种因时而变、后发制人的战略思想，道家的这种思想形成了擒拿技战术的基本思想原则。擒拿中的反擒拿技术主要是"后之以发，先之以至"原则，在对方先抓住己方身体某些部位时，己方用技法反擒对方，使对方由主动变为被动，从而制服对方。

3. 兵家思想在擒拿中的体现

在兵家著述及其思想中，影响最大、最受古今人士称颂的就数《孙子兵法》了，它深厚的内涵、精深的思想及独特的见解，无不闪耀着古人智慧的光芒，至今仍被当代社会的很多领域作为决策和实践的一种思想准则。产生于我国传统文化大河中的传统武术也不例外，在诸多方面受到了《孙子兵法》的深刻影响，尤其是对擒拿文化内涵有着更为深刻和微妙的影响。《孙子兵法》在作战应敌时有一条重要的指导原则——制人而不制于人。所谓"制人"就是调动敌人，使自己处于主动地位；"不制于人"就是不被敌人所调动，不使自己处于被动作战的地位。因为谁掌握了主动，谁就能牵着对方走，谁就掌握了战争的主动，就能赢得最后的胜利。擒拿是斗智斗技的直接对抗性运动，也可以说是一场"战争"。擒拿技法中，强调"懂劲"，只有"懂劲"才能随对方的劲而变化，才能在技术上取得先机，才能在技较中占有主导地位。所以从某种程度上说，擒拿技法已经与我国传统兵法思想联系在一起。

4. 禅学思想在擒拿中的体现

佛教产生于南亚大陆文明，东汉初传入我国。它本身包含着强烈的归真、禁欲、苦行和不杀生，这一宗教内涵本质上已经否定武术是一种技击形式的存在。禅是天竺之语，具云禅那，我们翻译为"思惟修"，亦名"静虑"，"戒、定、慧"之通称也。禅主要是人的一种精神修持方法，是信奉者的一种体悟真理或最高实在的方法，是其摆脱外界干扰，保持内心平静的方法，是其明心见性的方法，是其思维修炼的方法，是其获得神通，获得功德，获得智慧，获得解脱的方法。但在我国少林寺这一特殊佛教组织上，却形成了禅宗这一典型的"中国化"的佛教。禅宗以极少见的宗教宽容精神，使武术和少林寺形成了不解的历史渊源。"放下屠刀立地成佛"的禅学思想就和擒拿"制人而不杀人"思想相一致，都是用思想或者手段使对手放弃抵抗，教化对手，使对手一心向善。

第二节　擒拿运动技法特征解析

技击为武术之神髓，擒拿则为技击之皇冠。从这个意义上讲，擒拿堪称武术护法密术，看家绝技。擒拿术实际上是一种应敌捕捉技术，它针对人体各活动关节和穴位的特点，进行刁、拿、切、和、封、闭、锁、截、搬、砸等技击手段对敌人进行反侧关节、分筋挫骨、点穴晕死，使之失去反抗能力而束手就擒。常用的招数有携腕、锁喉、挎拦、携臂、扛摔、牵羊、端灯挖耳、卷腕等技法，另有解脱法。擒拿术有七十二法，即三十六拿和三十六解，擒与拿是相辅相成、不可分离的一个整体。

擒拿术的练习方法有两种：一种是单练法，另一种是对练法。单练法有擒敌拳和捕俘拳，而对练法则是一套按照人体生理解剖原理反侧对方关节，互相进行擒拿与解脱的假设性实战动作练习。在进行对练擒拿套路时要时刻牢记两句歌诀："单擒随手转，双擒捏带挛。单拿手腕肘，双拿肩胯走。"这样在演练时才能体现出捕俘特技。此外，练习擒拿术在实战中还必须掌握以下要点：

一、胆大

古人常说"胆大艺更高，艺高胆更大""两军相逢勇者胜"等，都说明了胆量在实战中的重要性。我们认为，胆大既是一条搏击经验，也是心理素质好的表现。搏击过程中并非完全拼技术，更要拼胆量和耐力。所以在临阵对敌时，对敌人要有无比仇视的态度，要敢于同敌人作殊死的斗争，这样临敌时才能有超水平的发挥。正如古拳谱中所言"视人如败草，打人如行路""大敌当前，已如入于无人之境"的说法。而大成拳宗师王芗斋《意拳新编》亦载："交手作拳之时，有与对方共死之决心，则战无不胜。"以上所言，无一不是说技击时的胆量何其重要。只有在精神上一往无前、没有任何负担的条件下，再配以拳技和力量，方可使自身达到神勇之境。

试观泰拳技击，乃当今世界武坛之雄魁，倘究其搏击方法，亦与我国武术界外家拳的技击术大同小异，并无高妙莫测处。但该拳何以能够五百年来立于不败之地呢？恐怕除了泰国拳师的自幼勤学苦练，功力笃实深厚以及实战经验相当丰富之外，其优越之处便是泰国拳师精神上无所畏惧、一往无前的气概，这也是他们在擂台上经常制胜的最主要原因。这种隐藏在灵魂深处的克敌制胜法宝，恰恰是他们对手所忽视的训练有素的心理状态及缺乏的良技良能。在泰国拳师的心目中，比武竞技时无道义可言，只有保存自己，击败对方。基于这种精神因素，他们在历次比赛中，其武技的威力发挥淋漓尽致，取胜夺魁亦水到渠成。泰国拳师的这种精神因素，是当前世界其他各国拳手们所难具备的。若只从技击比赛的角度而论，确实也是极其可贵的心理素质。

二、力雄

身体壮，力气雄，这是练习擒拿的必备条件。俗话说："力大才可言武""一力降十会""百巧百能，无力不行"。所以身体好、力气雄、本力厚的人，能较快地掌握擒拿技击技术和战术。另外，由于擒拿是以指力和腕力为主的，所以习擒拿术者必须有强劲的指力和腕力，不然纵使擒住对方也容易被对方解脱。练习指力和腕力的功夫有很多，如《少林七十二艺》中的鹰爪功、拔桩功、拈指功、二指禅、金针指、合盘掌、仙人指、石笋功、卧虎功等。习者必须勤练其中的一二种，待掌指功夫有成时，再习擒拿术，自然能事半功倍。至于这些功夫的练法，现在的许多杂志都有介绍，这里就不重复了。擒拿技击讲究四劲，即望劲、懂劲、借劲、巧劲。在实战中善于运用以上四劲，才能在交手时处处主动。懂劲实际上就是内家拳中基本的听劲、化劲、柔劲。当然，这已属于较高的要求，初练者可不去追求。

三、准确

俗话说："踢打不准，犹如跳井。"因为各种擒拿法与解脱法，不但技术复杂，规格严谨，而且在使用时必须精细准确，否则在实战中不仅拿不得、解不脱，反而给敌人以可乘之机。拿穴更是这样，因穴位所占位置极小，而搏击时双方又处在不停运动中，要想拿住对方的穴位当然很难。这就要求平时勤学苦练，实战时才能左右逢源。总之，擒拿术要求法到力到，力到必击中，只有这样才能体现"手到擒来"的效果。

四、快速

武术竞技十分强调"拳似流星眼似电""伸手擒拿快打慢"。因此，快速地擒拿与解脱，能使自己主动灵活，能以一快制百慢。快速可以使敌人暴露弱点，以多变战法，充分发挥自己的特长，闪电般地捕获敌人。擒拿术要求在快中求准，快中求稳，快中求快，快中求巧。要因人而异，伺机而动，切不可百合一法，千篇一律。在战术上要遵守"你不动，我不动""彼微动，我先动"和"虚中有实，实中有虚"的原则，要出手快打慢，绝招藏寓于一般。

五、狠辣

擒拿术本身就是以反侧关节、点穴窒息、分筋错骨为目标，因而临阵对敌必须勇猛果断，毫不迟疑。因为稍有犹豫，战机即逝，反被敌所制。心狠是指对敌人不留情，手辣是指靠、粘、牵、侧、切并用，出其不意地擒住敌人。换句话说，即动作要到位扎实。

第三节　擒拿运动技术实践

一、擒拿的基本手法

（一）刁手

当对方伸右手或以右拳击己方时，己方疾以右手沿对方手臂外侧格拦其肘臂部，在触及的瞬间疾翻腕，用掌沿其手臂滑向其腕，边滑边扣指，用己方右手中指、无名指和小指用力，并与腕部合力，刁拿对方前臂或腕，如图8-1所示。

图 8-1

（二）拿手

当对方伸右手或以右拳击己方时，己方以右手沿对方右臂外格拉，并疾翻腕，用手掌的虎口部沿其臂滑向其腕，边滑边收拢四指与拇指，五指相扣成环状，合力扣拿其腕，尤以拇指、中指和无名指在其腕关节环状带内用力扣拿效果最佳，如图8-2所示。

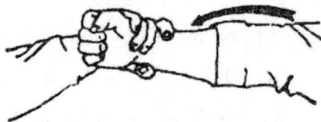

图 8-2

（三）扣手

当对方右手抓握或推拍己方肢体对，己方疾用一手拍压对方手臂，将其手压紧在接触部位上。同时己方拇指在对方手的虎口部位，四指在其小指外沿小鱼际处，一则配合另一手对对方实施擒拿，二则以便在对方用力抽回时，己方可疾收拢五指，扣拿对方手指或手掌，采用相应技法，形成擒拿，如图8-3所示。

图 8-3

（四）刁拿

当对方伸右手或以右拳击己方时，己方疾以左手沿对方右臂外侧向内拍格，在接触的瞬间，己方手掌沿对方臂滑向其腕，边滑边收拢四指，四指与掌根合力刁拿对方手腕，拇指微伸，置于对方拳背或掌背三四指骨间，如图8-4所示。

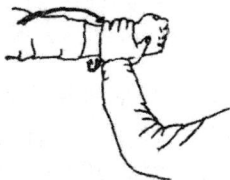

图 8-4

（五）剔旋

形成刁拿后，己方可疾翻腕，四指内扣，拇指在对方拳背三、四指骨间，用指甲沿对方骨缝用力向前压剔，同时配合四指用力，形成一对力偶合力旋拧，使对方前臂外旋，掌心翻向下，如单手力量不够，另一手可疾辅助之，如图8-5所示。

图 8-5

（六）撅指

在与对方握手或对方抓握己方时，己方可疾用拇指配合四指，插拿对方拇指或其余各指，同时己方拇指用力回扣，食指指根向拇指方向顶对方手指指节，造成对方指关节剧烈疼痛，前臂外旋，再辅以己方另一手，对方必被己方擒拿，如图8-6所示。

图 8-6

（七）撅腕

当对方伸手抓握或拍击己方时，己方疾抓握对方四指或掌，用力向回扣腕，四指用力向后向下扣压，手掌虎口处配合拇指也用力向前下顶扣，形成一对对偶力，使对方腕关节背折，同时对方指关节也受到反关节顶压，造成剧痛，如图8-7所示。

图 8-7

（八）折撅

当己方握拿对方四指时，中指、无名指和小指用力回扣，手掌虎口处配合拇指用力向前顶压，同时五指合办扣拿紧对方手掌，使对方四指向其前臂尺侧折撅，腕关节过度内收，引起腕关节剧痛，并使其前臂内旋，肩肘关节强直而形成擒拿，如图 8-8 所示。

图 8-8

（九）顶折

一手扣拿对方肘关节，使其肘窝向上，另一手向前向上顶压其手掌及四指，两手配合，一顶一折，使其腕关节极度背折。因对方肘关节受合力而成强直态，无法变化，从而造成腕关节剧烈疼痛，整个上肢运动链子系统即被己方锁定，如图 8-9 所示。

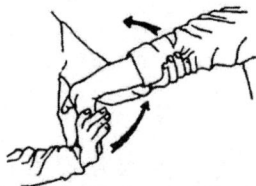

图 8-9

（十）旋顶

当己方与对方两手相握或己方扣抓对方手掌时，己方疾沉腕，将对方手向手背方向旋拧。拇指与食指用力往回扣拉其腕，掌根用力前顶对方指掌端，形成一对对偶力，使对方手以腕关节为轴，向手背方向转拧，形成腕关节极度背折、前臂外旋、肘部内收状态，造成腕关节的剧痛和整个上肢的锁定，如图 8-10 所示。

图 8-10

（十一）拧折

当己方与对方两手相握或扣抓对方手掌时，己方另一手疾扣抓其腕，用力向尺侧旋拧，使对方前臂极度外旋，同时抓握对方手掌，边向内旋拧其手，边用掌根向前顶压其指。两手合力如拧绳一般绞拧对方腕部，同时顶压对方手掌，使其腕关节极度背折，这样就使对方腕关节和桡尺近、远侧关节受到两个转动轴上的双重拧折，必然使其腕部剧痛难忍，进而使对方整个上肢被锁定，如图 8-11 所示。

图 8-11

（十二）抱缠

当对方伸右拳击己方时，己方疾用右手沿对方右臂外侧刁拿其右腕，同时左手沿对方右臂下向回抓扣其右手背。两手合力将对方右前臂抱夹紧。此时己方左手执对方右手，用力向上向其右臂肩关节方向拧顶；右手在对方右腕部，用力回抱并向下缠切。这样就使对方前臂极度内旋，腕关节受到旋拧，肘部外展，同时腕关节极度外展。此时腕关节受到旋拧与外展双重损伤，产生难忍的剧痛，而且整个上肢运动链亦被己方固锁，可直接形成擒拿，如图 8-12 所示。

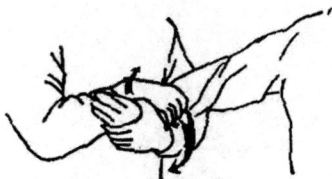

图 8-12

（十三）拧压

当对方扶抓己方手臂或开掌格拍己方手臂时，均可采用此法。以一手锁扣对方腕，向内上方拧顶，另一臂压住对方手掌或指，向前下方压挂。注意手臂必须与对方手掌压紧，不可稍有松离，这样就使其腕、指关节极度背折，造成剧烈疼痛。同时再向后下带压，对方必然屈肘前跪，并被锁定整个手臂，形成擒拿，如图 8-13 所示。

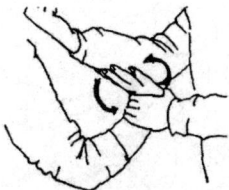

图 8-13

(十四) 旋压

当对方扶抓己方手臂或开掌格拍己方前臂时,己方疾用另一只手锁扣对方手腕,向内上旋压,同时用手臂压紧对方手掌,向其外侧旋压,使其腕、指关节极度背折,肘部极度内收,同时两手合力向下压带,对方必然侧身背向而被己方擒锁,如图 8-14 所示。

图 8-14

(十五) 挫旋

对方伸左手或以左拳击己方,己方疾出左手由内侧刁拿对方腕部(见刁拿),四指在对方小指外侧沿,拇指在其掌、拳背鼍、四指骨缝中剔压(见剔旋),右手疾用掌挫压其掌、拳背。两手合力旋拧对方的手,使其腕关节内收、前臂内旋、肘部外展,同时一挫一滚、一旋一剔,并用力向前下挫滚回拉其腕,使作用力全部集中于对方腕关节,造成剧烈疼痛被己方擒锁。

另外,如对方以右拳击己方,己方疾出左手由对方外侧刁拿其腕(技法同前),使其腕部极度外旋、前臂外旋、肘部内收,挫滚与旋剔同时进行,并同力向下压带,对方即被己方擒锁,如图 8-15 所示。

图 8-15

(十六) 剔折

己方用手刁拿锁扣对方腕时,疾以另一手辅之,两手四指配合掌根扣住对方掌、腕,用力向后上方扣拉,两手拇指在对方掌背,顺其二、三、四掌指骨间用力向前下方剔压,使对方腕关节极度伸拉。同时两手合力,向对方的前下方带压,对方必然屈肘下跪,被己方擒锁,如图 8-16 所示。

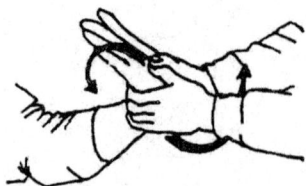

图 8-16

（十七）旋盘

当对方右手抓握己方右腕时，己方疾用左手将对方右手紧紧扣锁在己方右腕部（见扣手），右手翻掌反刁扣其右腕，此时右手用力旋拧，缠切其右腕部，使其腕部极度内旋；左手在自己右腕、臂部压紧控制对方右手，令其不能脱逃，同时用力将其手向其尺骨侧（肩关节方向）扳折。两手合力，旋切、扳折同行，使对方腕部极度内旋、外展，前臂内旋，造成剧痛，对方必然会平屈肘，上肢运动链被己方固锁，形成擒拿，如图 8-17 所示。此法在大多数武术流派中都被称为"金丝缠腕"。

图 8-17

（十八）刁压

当己方用手刁拿锁扣对方腕部时，另一手疾用拳背紧压对方拳背，并用力向其肩关节方向滚压，此时双手再用力将对方腕关节回拉，使其腕关节极度内屈，对方必屈肘下跪，被己方扣锁，如图 8-18 所示。

如在滚压时，同时向对方臂外侧旋压，刁手用力配合，将其腕部向内上推拉，则会使对方肘部极度内收，如同旋压。

图 8-18

（十九）锁盘

当对方右手抓握己方左腕或左前臂时，己方疾用右手将对方左手紧紧扣锁在己方左腕（臂）处，同时急屈左肘，上翻压至其右前臂上，用前臂紧压其右腕部，用力下盘旋压；己方右手控制对方右手，压紧在己方左腕（臂）部，并用力向尺骨方向（肩关节方向）扳折，使其腕关节极度内收、前臂内旋，使对方腕部受到旋拧与扳折的双重破坏力，对方必然会平屈肘，而被己方锁拿，如图 8-19 所示。

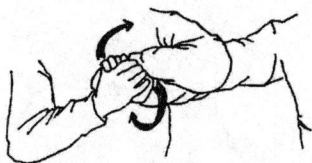

图 8-19

（二十）盘斫

当对方拍抓己方侧肩背时，己方可疾用另一侧手将对方手扣锁在己方肩背处，要紧紧压住勿令其稍有松脱，同时己方屈肘抬臂并放至其前臂上，用己方上臂压紧其前臂，用力向下斫切；右手将对方手用力向其尺侧扳折，使其腕关节极度内收、前臂极度内旋，造成剧烈疼痛。对方无论屈或直臂，己方手臂均下斫，肩部向前顶，手扳折，周身合一，对方必然下跪而被己方擒锁，如图 8-20 所示。

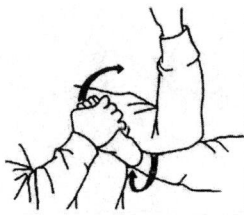

图 8-20

（二十一）抱压

将刘方上臂置于己方上臂之上，两手合抱对方手背，使其腕关节极度内屈，己方上臂用力向上顶送对方上臂，两手合力向下压其掌背，两处相对用力抱紧，必使其腕关节处产生难忍的剧痛，丧失抵抗能力，而被己方擒拿，如图 8-21 所示。

图 8-21

（二十二）挫撅

当己方要控制对方手腕时，疾用一手虎口处扣拿对方腕部，使其前臂内旋，旋至其小指侧鱼际向上、掌心向外时，另一手执其手用力向其肩部扳折，扣拿手虎口紧压其腕关节处，用力向下压送。两手成对偶力，剪切对方腕部，挫撅同行，必使其腕极度内收，造成剧烈疼痛，被己方擒锁，如图 8-22 所示。

图 8-22

（二十三）挣斫

当对方伸手或以拳击己方时，己方可疾用两手，在对方臂两侧，一前一后，一在其肘关节部，一在其腕或前臂前部，利用腰劲，两臂用力向相对方向击打（劲要冷脆），必使其肘关节受到猛烈的打击，此时对方肘关节受损，反抗能力减弱，再使用其他技法实施擒拿，如图 8-23 所示。

当对方抓拍己方胸、肩时，己方也可用此法，一手固锁对方手或腕，再用另一手前臂或肘，或用己方肩部猛力击打对方肘部。如果再伸腿绊锁其脚，对方必然前跌，而被己方擒锁。

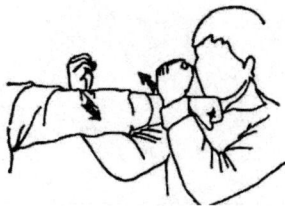

图 8-23

（二十四）斫挫

此技法是在挣斫肘部的基础上，在使对方肘关节受到猛烈反关节击打时，前手用前臂压紧对方肘尖部，并沿其肘用力向前挫压，利用滚动原理，使其肘部产生内旋，形成反关节捆锁，并使其身体向前下方俯跌，造成擒拿，如图 8-24 所示。

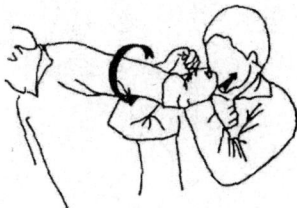

图 8-24

（二十五）挫拧

当对方伸左手或以左拳击己方时，己方左手疾刁拿对方腕部，同时伸右手，用掌心挫击对方肘尖部，两手同时动作，劲力合一。一手旋拧其腕，一手挫击其肘尖，两手配合同时用力向内挫滚对方肘部，使其左臂内旋，肘窝向下，此时旋拧手边拧边向上，挫肘手边挫边向下压送，成反关节擒锁，如图 8-25 所示。

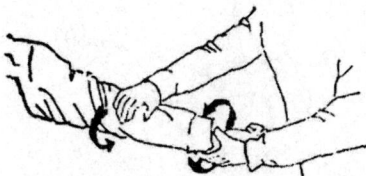

图 8-25

（二十六）抱斫

当对方伸左手或以左拳击己方，或抓拿己方右手时，己方疾以左手刁拿对方腕部，右臂沿对方左臂下沿，屈肘回抱自己左手，此时利用己方手臂与对方肘部接触的瞬间，向内挫滚其肘，配合双手对对方左腕拧旋，使其臂外旋至肘窝向上，己方右臂配合双手，将对方左臂抱挟紧，己方两手用力下压，右肘部向上斫击其肘尖部，再配合其他技法，造成摔捆式擒锁，如图 8-26 所示。

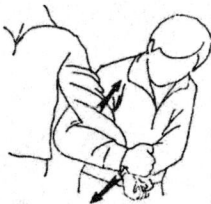

图 8-26

（二十七）扛挫

当对方右手击己方时，己方疾用右手刁拿对方右腕，向其桡侧拧旋其腕；同时屈左肘，沿对方右臂肘部，向内向前挫滚其肘，两手合力，使其右臂外旋至肘窝向上；此时右手执其右腕，用力向下扳压，左肘在其右肘下，用力上扛（也可转身利用肩部用力上扛），使其肘关节极度背伸，造成剧痛，配合其他技法造成摔捆式擒锁，如图 8-27 所示。

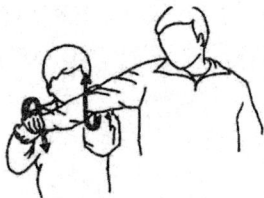

图 8-27

（二十八）缠挫

当对方伸右拳击己方时，己方疾以右手在对方右臂外侧拦格，并速沿其右臂向内缠裹（如同龙蛇缠物一样），使其前臂紧夹在己方上臂与前臂之间，己方再身体右转，右臂夹住其右前臂向自己右肩后缠带；同时己方左手手掌用力向上挫滚对方肘尖，使其屈肘、前臂内旋、肘部外展上翻。此时上顶其腕，下压搓其肘，可直接造成擒锁，如图 8-28 所示。

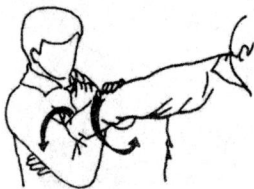

图 8-28

（二十九）盘锁

当对方伸左手击己方或抓拉己方身体右侧时，己方疾用右手在对方左臂外侧向内拦格，并疾沿其左臂在其左肘部，用力向下向内缠滚。屈右肘将对方左臂置于己方身体和右肘部之间，同时转体，猛力挫斫对方左肘部，使其肘部内收、手臂外旋，直接造成擒拿，如图8-29所示。

图 8-29

（三十）扳折

当对方以右手击己方时，己方疾用右手抓拿对方右腕，左手掌向上沿其前臂用力向前上，挫击其肘尖部；右手刁拿其腕，五指扣紧同拉，掌根在其拳（掌）背部用力前顶，使其腕极度内屈。此时，己方左手在对方肘部，猛力上顶回扳，必使其腕关节和肘关节处产生剧烈疼痛，对方整个上肢运动链必被己方锁定，造成擒拿。左手在托顶回扳的同时，四指可猛力掐拿对方肘窝正中神经处，使其臂产生触电状酸麻而无力抵抗，如图8-30所示。

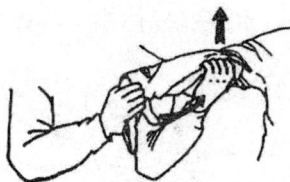

图 8-30

（三十一）抱别

当对方以右手击己方时，己方以左手在对方右臂内拦格（亦可翻腕刁拿其右腕），同时右手屈肘，沿其右臂内下侧，向外上侧回抓自己的左手（亦可同抓其右腕）。己方右肘在对方右臂肘关节外侧，向内向上滚挫其肘部，使其肘部极度外旋内收。两手合抱对方腕部旋拧下压，使其前臂极度外旋，可直接造成擒拿，如图8-31所示。

图 8-31

（三十二）挟旋

当对方伸右手或以右手击己方时，己方疾以右手在对方右臂外侧拦格，在接触的瞬间，右手不停，沿对方右臂向内向下缠滚，将其前臂夹在己方上臂与前臂之间，同时疾收上臂，将其手（拳）夹锁在己方上臂与身体之间。右手不停，向内挫旋对方右肘（同时也可用左手猛击自己右手，给以加力），使其前臂极度内旋，肘部向内上翻旋，将对方整个上肢运动链锁定，造成擒拿，如图 8-32 所示。

图 8-32

（三十三）扳旋

当对方推拍己方胸、抓领、抓肩或直接用右拳击己方时，己方可疾用左手将对方右手扣锁在己方肢体上，或用刁手扣锁其腕。此时再疾伸右手至对方右臂下，四指扣掐其肘窝，用力向下向内扳折，配合左手对其腕的旋拧，使其屈肘、前臂极度外旋、肘部极度内收上翻。两手一向左，一向右，成一对对偶力，以对方肩关节为轴，动作如摇轮般，使对方腕、肘、肩关节均产生剧烈疼痛，整个上肢被己方锁定，直接造成擒拿，如图 8-33 所示。

图 8-33

（三十四）斫挟

当对方抓己方肩、胸、衣领或直接用右拳击己方时，己方可疾用左手封架或扣锁对方右手。同时疾屈右肘，沿对方右臂肘部外侧，向下向身后收肘，猛击其肘部，使其肘部极度内收上翻，对方必然侧身，上肢被同锁。再配合其他技法，形成擒拿，如图 8-34 所示。

图 8-34

（三十五）挫扛

当对方抓拍己方肩背或以拳击己方时（以左手为例），己方疾以左手扣锁对方手，或以左手在其左拳内侧拦格。同时屈右肘用右前臂在对方左外下侧，向上向内挫压其肘尖，使其臂极度内旋成肘窝向下状。同时身体前靠，使对方左臂置于己方右肩上，己方右肩用力向前扛顶，右肘尖向下猛力顶压其肩胛骨，两手呈合抱状。对方肘、肩关节即被己方同锁，可直接造成擒拿，如图 8-35 所示。

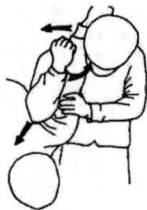

图 8-35

（三十六）斫旋

当对方抓拍己方肩、背、衣领或直接用拳击己方时（以左手为例），己方疾用左手扣锁对方左手，或由对方左拳内侧拦格，同时疾伸右臂屈肘，用右前臂向下猛击其左肘窝，使其屈肘。此时动作不停，向对方内上滚顶其肘部，左右两臂合力，使其肘部极度内收上翻，对方整个上肢运动链即被己方固锁，造成擒拿，如图 8-36 所示。

图 8-36

（三十七）抱扛

当对方抓己方领、肩、背或以拳击己方时（以左手为例），己方可疾用左手扣锁对方左手，或以左手刁拿对方左腕。再疾进右步，右臂自对方左臂下向上回抱，同时利用己方上臂的挫滚，使其臂外旋至肘窝向上，并将其臂滚置于己方右肩上。己方肩部用力向上扛顶对方臂，双手执其手用力下压（劲要冷脆），使其肘关节极度背伸而剧痛，也可蹲身躬背，用过背摔法使对方被己方擒锁，如图 8-37 所示。

图 8-37

（三十八）抱旋

此动作基本同抱扛，不同的是，在挫滚对方臂时，有意使其肘关节屈，形成肩、肘关节的锁定。这样更易控制对方，使对方的肩、肘关节遭受更大的损伤，对方整个上肢运动链即被己方固锁，以背对己方。此时，可拖带对方走，或用过背反关节摔法形成擒拿，如图8-38所示。

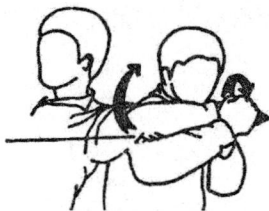

图 8-38

（三十九）锁缠

对方出直拳击己方，己方疾出左手由内向外刁扣对方右腕，向外旋拧，使其屈肘、前臂外旋。同时己方另一手前臂在对方肘关节外侧，用力向上向前旋顶其肘部，使其肘极度内收、上翻两手动作要一致，缠、旋、顶其肘时，用力要刚、猛、快、脆。锁定对方肩、肘关节，对方必然侧后倒，被己方擒锁，如图8-39所示。

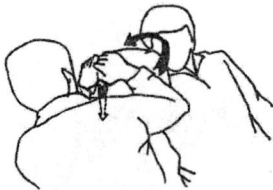

图 8-39

（四十）扳拧

对方出直拳击己方，己方疾出左手刁扣对方腕部，由下向上用力向其身后画弧，边旋拧边带推；另一手自对方上臂根部外侧，掐拿其上臂近腋窝处的软肉，用力向其肩、颈部撕拧。两手动作一致，如同操桨行舟一般，周身合力，对方肩关节被己方锁定必然前俯，直接造成擒拿，如图8-40所示。

图 8-40

（四十一）拧斫

对方出右拳击己方，己方疾以右手刁拿对方右腕，并旋拧其前臂，使其前臂外旋、肘窝向内；同时疾进左步，以左手沿对方臂下。开掌击打其下阴部，再疾转体，用左肩部猛力向前下方斫击对方上臂或肘部。己方肩、手合力，使对方肩、肘关节受到反关节斫击，其身必前俯倒，上肢被己方锁定，造成擒拿，如图 8-41 所示。

图 8-41

（四十二）旋锁

己方一手刁拿对方右腕，并同时旋拧，使其右腕极度内旋，另一手刁拿对方左腕，带掳至其右腋下。两手配合一致，边旋拧对方右臂，边用对方左手沿其右腋窝向前下方旋压，此时对方双手俱被锁定，直接造成擒拿，如图 8-42 所示。

图 8-42

（四十三）盘别

当对方伸右手抓拍己方肩、背、衣领或出拳击己方时，己方可疾采用斫挟法。当对方肘被己方肘部斫盘至极度内收时，己方可疾进步转体，将右拳沿对方上臂下伸向其腋窝处，并利用己方上臂和身体将对方手腕部挟紧固锁。此时，己方臂别插在对方上臂与前臂之间，对方背向于己方，对方整个上肢及全身被己方固锁，可直接造成擒拿，如图 8-43 所示。

图 8-43

（四十四）旋折

当对方伸右手或以右拳击己方时，己方以右手沿对方右臂外刁拿其腕，左手沿对方右臂上，横击其左侧脸。当对方用左手封架时，己方疾翻掌刁拿其左手，并用力向回带掳；右手刁拿其右腕向上，并用己方右肘扫击其头部。此时己方将对方右臂折压在其左臂肘关节处，将其双臂固锁，可直接造成擒拿，如图 8-44 所示。

图 8-44

（四十五）别扛

当对方伸右拳击己方时，己方疾用右手沿对方手臂外侧向前顶格。同时左手屈肘，沿对方右臂上回插，并抓掳自己的右前臂。此时己方疾进步向左转身，用右肘横击对方头面部。己方左臂别在对方右肘窝与己方右臂之间，利用杠杆的省力原理，向上撬别对方肘部，右手将其右臂前端下压。对方整个上肢即被己方别锁住，肩、肘关节产生剧烈疼痛，身体后倒，被己方擒锁。

（四十六）锁扛

当对方用右拳击己方时，己方疾进步，以左手扣拿对方右腕，右手摆拳击其头脸左侧，当对方用左手阻格时，速带扣同掳其左手。同时左手向对方左侧拍推其右臂，进左步向右后转体，用左肩将对方右手顶锁在己方肩、背上，两手扣抓其左腕用力下压，肩部向上打顶。此时对方双手俱被己方固锁，可背拖带走，也可用反关节（肘关节）背摔，造成擒拿，如图 8-45 所示。

图 8-45

使用时注意要将对方左手用力前拉下压，将对方右臂在己方肩、背处顶紧，勿令松脱。

（四十七）锁斫

锁斫是利用人体两臂交叉相互阻碍的生理结构和运动特点，造成锁捆。当对方伸右拳击己方时，己方疾以右手沿对方右臂外拦格，左手速沿其右臂上，横击其头面部。当对方用左手格架时，己方疾翻腕刁拿其左臂、腕，并用力向己方左侧带掳。此时右手不停，利用对方右拳回收屈臂之机，用力向前顶击其右前臂成图 8-46 所示状。此时速进左步挡其右腿，左手回拉，右手顶斫，对方两臂被己方锁捆，左肘关节受到反关节斫击，必然后倒，被己方直接擒拿。

图 8-46

（四十八）抱挣

对方出右拳击己方，己方疾用双手由上而下阻格对方右臂，同时疾进步，双手沿其臂内侧向外上交叉合抱其臂，向其身后折扳，如图 8-47 所示。此时己方左臂在对方腕、肩之间，利用杠杆原理，己方左手按压对方向下插卷，左肘上抬折撬其臂；右手扣抓对方掌背，使其腕极度内伸。己方以两臂相抱对方臂，左右相对用力，使其腕、肘关节产生剧痛。对方肩、肘、腕关节均被固锁，可直接被己方擒拿。

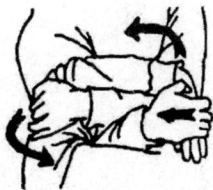

图 8-47

（四十九）别插

己方右臂插别在对方右前臂与肩、背之间，右手在对方肩、背部用力向下插卷，右臂顶住其右前臂用力上撬；左手刁拿对方右腕用力前推，使其屈肘、上臂后伸内收，同时掌根用力，使其腕关节极度内屈。此时对方整体被己方锁捆，造成擒拿，如图 8-48 所示。

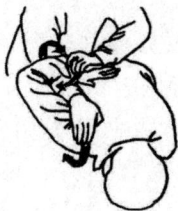

图 8-48

（五十）锁别

当己方采用缠挫时，己方左手抓扣对方右肘内侧，右臂插别在对方右前臂腕部与己方左前臂之间，左手用力下压对方肘关节，右手利用自己左臂为支点，右肘、臂部用力上撬对方右前臂，必然引起对方肩、肘关节剧痛和损伤，造成擒拿，如图 8-49 所示。

图 8-49

（五十一）盘折

当己方采用挫扛时，紧接着己方左手沿对方右臂内侧回抓握住自己右前臂。右手前顶对方右腕部，两手合力，别、盘、抱对方右臂。此时，己方左肘用力回夹对方上臂，肘尖下压顶其肩胛，右手向前下猛力折顶其右前臂，必造成对方肩、肘关节的剧烈疼痛，形成捆锁擒拿，如图 8-50 所示。

图 8-50

二、擒拿技术动作

（一）缠腕

1. 甲方，位处西侧向东，面对乙方，右脚在前，右手握拳以立拳朝乙方胸部直臂击去，目视右拳；乙方，当甲右拳对胸击来，宜即使右脚左闪前进，虚步着地，同时右手变掌屈肘向前；并由下向上旋腕外绕，使手心向下，虎口朝前，乘势抓住甲方右拳背腕部位，左手附在右肘旁，准备进攻，目视右方，如图 8-51 所示。

2. 甲方，承上式，当右腕被乙右手顺势抓住，先不求解脱，立即以左手变掌伸向乙右手之上，手心窝起向下，四指并拢朝右，小指侧掌缘朝前，拇指朝下展开，用左手横向按握住乙方抓腕之右手背，并将被抓之右腕向上顶，两手上下相合控住乙的右手；接着将右脚后撤一步，两肘朝腰肋收回，借重心后移将乙方右臂带直，利于使法，目视乙方，如图 8-52 所示。

3. 甲方，承上式，左手仍按住乙右手背不松，右手变掌，使掌指从乙方右手腕部尺骨侧向上翘起，并内旋使掌心向外屈腕缠绕，以小指领先，四指顺序向下屈勾，用指头扣点在乙方被扭转的右腕尺骨背面，使小指侧掌缘切着乙右手的尺腕关节，此即得势，目视乙方，如图 8-53 所示。

4. 甲方，上式不停，身躯含胸后坐使重心下沉，与此同时，两手缠住乙右腕向下旋拧卷压，使右掌缘缠腕之力点，着于乙方右手尺骨侧腕关节缝上，迫使其蹲下就擒，目视乙方，如图 8-54 所示。

图 8-51

图 8-52

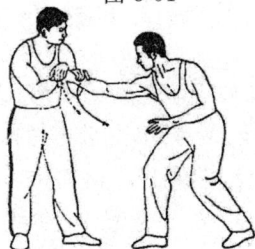

图 8-53

图 8-54

（二）截掌勾腕

1. 甲方，位处西侧向东，面对乙方，右脚在前，左脚在后，右手握拳欲击打乙方腹部，却被乙左手抓住；乙方，当甲方右拳对腹部击来，将右脚后退一步，左脚在前，同时左手变掌屈肘前伸，手心向下，虎口朝前，乘势抓住甲右拳背腕部位，准备进攻，目视左手，如图 8-55所示。

2. 甲方，承上式，当右拳腕被乙用左手抓住，先不求解脱，立即以左手变掌伸向乙方左手之上，手心窝起向下，四指并拢朝右，小指侧掌缘朝前，拇指展开，用左手抓住乙方抓腕之左手掌背，使掌根按住虎口处食指侧掌骨，四指头扣住其小指侧掌骨，以横克直，控住乙方抓腕之左手；与此同时，将右拳变掌伸开，内旋坐腕，使掌指从乙方左手小指侧尺腕关节处向上翘起，从而使乙左手腕随之翻转，并就势朝自身牵带，利于勾腕，目视右手，如图 8-56所示。

3. 甲方，上式不停，左手按住乙右掌背不松，将起之右手掌拧腕外旋，侧屈腕内勾，用右手小指侧掌缘勾切在乙方左手尺骨侧腕关节缝上，并使身躯后坐，重心下沉，以增强勾腕力，目视右手；乙方左腕被反扭勾折，剧痛难忍，当即伏地就擒，如图 8-57所示。

图 8-55

图 8-56

图 8-57

（三）屈肘压腕

1. 甲方，位处西侧向东，面对乙方，右脚在前，左脚在后，右手握拳欲击打乙方胸脯却被乙左手抓住；乙方，当甲方右拳对胸击来，左脚闪身上步，重心在后，同时左手变掌屈肘上迎，虎口朝上，掌心向前，用左手由下向上，抓住甲的右手腕，目视左手，如图 8-58 所示。

2. 甲方，承上式，在右拳腕被乙方左手倒抓住的情势下，速将右肘运劲下沉，使右拳屈肘里收；同时，用左手变掌伸向乙方左手之上，手心向下，按住乙方抓腕之左手掌背，使虎口抓住乙左手的背腕部位，并将被抓之右腕暗向上顶，左右两手上下相合，牢牢控住乙方倒腕之左手，目视左手，如图 8-59 所示。

3. 甲方，紧接上动，右脚进至乙方左脚跟后，扣脚，两腿屈膝，使身体重心下沉，在上步关腿的同时，左手抓住乙的左手随右拳朝怀里收回，两手相合将乙的左手向下牵至身前，并使右拳腕外旋，从而将乙的左手尺骨侧腕关节随之反扭朝上，再将右肘前移下压，使右腕尺骨反压在乙的左腕已被扭转的尺腕关节上，目视乙方，迫使乙方伏下就擒，如图 8-60 所示。

 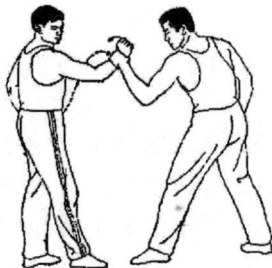 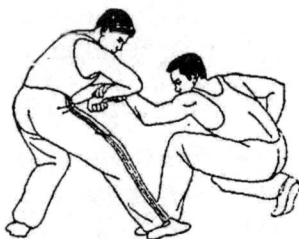

图 8-58　　　　　　　　　　图 8-59　　　　　　　　　　图 8-60

（四）倒抓犁耙

1. 乙方，位处东侧向西，面对甲方，左手屈肘向下抓住甲的右腕，右脚直逼甲裆前，右手直臂前伸，虎口朝前，抓住甲方领襟并掐住其咽喉，目视右手，迫使甲方左脚后退，身躯后仰，如图 8-61 所示。

2. 甲方，承上式，在右腕被抓，颈喉被掐的情况下，立即使左手屈肘伸向胸前，四指并拢朝上，手心向外，拇指展开，用左手由下向上抓住乙方掐喉之右手腕关节，手心紧贴其腕背，虎口又对准其小指侧掌根处尺骨小头腕关节横缝，得手后，右脚尖外摆，使上体含胸绞步右转；同时，左手抓住乙方右腕顺转身之势外旋并控在胸前，迫使乙方身躯下伏，经此转变，被抓之右手不解自脱，接着将右手收至身前，策应左手，且偏视乙方，如图 8-62 所示。

3. 甲方，接上式，左脚上步进至乙方右脚跟后，扣步关腿，以控制其下盘变化；同时，使左肘向前下压，用拐臂挟住乙的右肘，左手抓住乙右腕继续朝里拧转，并向上端提，再用右手由下向上反抓住乙方已被扭转的右手虎口及掌指，对着小指侧尺骨拧扭推压，以增强挫腕之威力，从而将乙制伏于地，俯视乙方，如图 8-63 所示。

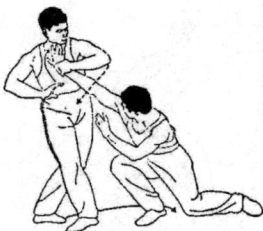

图 8-61　　　　　　　　　图 8-62　　　　　　　　　图 8-63

（五）搓背反掌

1. 甲方，位处西侧向东，面对乙方，右脚上前，右手虎口朝前，抓住乙方胸襟，并使手腕外旋后收，反扭住乙的胸襟并向上提举，用小臂抵住乙的胸腹，迫使乙方左脚退后支撑重心，目视右手，如图 8-64 所示。

2. 乙方，承上式，针对甲方抓胸扭转之势，用两手同时屈肘合于胸前，手心向里，两手相合，共同抓住甲的右手腕，左手虎口朝右，抓住甲右手拇指一侧，右手虎口朝左，如图 8-65 所示。

图 8-64　　　　　　　　　　图 8-65

（六）跪地求情

1. 乙方，位处东侧向西，面对甲方，以右脚上前，同时用右手前伸，手心向下，抓住甲的左肩头，目视右手，如图 8-66 所示。

2. 甲方，承上式，左脚在前，当左肩被乙右手抓住后，即以右手变掌屈肘向上，伸在乙右手之上，掌心向下，掌指朝左，用右手横向按住乙抓肩之右手背，四指头扣住其小指侧掌缘，并用掌根按住其虎口处食指掌骨；与此动作相随，左手屈肘从乙方右腕外侧举起，小臂举直，大臂抬平，肘尖高过左肩，使右手与左肩臂相合，控住乙抓肩之右手，目视乙方，如图 8-67 所示。

3. 甲方，上式不停，两腿屈膝使上体重心下沉后坐，并含胸微向右转；同时右手按掌不松，左肘从乙的右臂上向里向下裹压，以带动左肩头之大臂向内卷裹，使之裹压在乙的右手尺骨侧腕关节上，运用上体后坐之沉劲，将乙方压跪在地，目视乙方，如图 8-68 所示。

图 8-66

图 8-67

图 8-68

（七）翻身截腕

1. 甲方，位处西侧，背东向西而立；乙方，位处东侧向西，面对甲方背后，右脚上前，右手朝甲方右肩背前伸，手心向下，抓住甲的右后肩，堕时沉腕，带动甲方上体后仰，目视右手，如图 8-69 所示。

2. 甲方，当感到右肩被抓，速将右脚后移半步，左脚在前以稳定重心；同时，左手屈肘经胸前绕向右肩后，手心向下，反抓住乙方从背后抓肩之右手掌背，接着将右臂顺肩朝上直举，准备变招，如图 8-70 所示。

3. 甲方，紧接上动，左手抓住乙右手不松，左脚尖里扣，使身躯向右后拧腰翻转，并屈膝下沉，随着身躯转动，上举右臂屈肘朝右后转动，上举右臂屈肘朝后转肩下落，用右大臂反截住乙方抓后肩之右手的尺腕关节，从而将乙方制伏跪地，目视乙方，如图 8-71 所示。

图 8-69

图 8-70

图 8-71

（八）童子拜年

1. 乙方，位处东侧向西，面对甲方，右脚上前，右手朝甲头顶前伸，手心向下，五指张开，用满手抓住甲的头发，并屈膝堕肘，含胸而坐，使右手抓发下按，迫使甲方弯腰低头，目视右手，如图 8-72 所示。

2. 甲方，承上式，在头发被乙用右手抓压的情势下，头部不宜顶抗，顺势随向下勾；同时左脚前进半步，两腿屈膝下蹲以稳定重心。在头部开始下勾之际，应立即两手屈肘合抱于顶，右手手心向下，掌握朝左，横向按住乙抓发之右手掌背，四指头扣住其小指侧掌缘，手按与头顶相合，按住乙的右手；同时左手手心朝下，虎口张开，在额头上抓住乙的右手腕部，使手掌拿住其右手背腕，虎口对其尺骨侧掌腕关节，准备使法，如图 8-73 所示。

3. 甲方，上式不停，右手按握住乙右掌背，配合头部作下勾并右摆动作；同时，左手抓住乙的右腕向内拧扭，通过控掌扭腕，重挫其右腕关节，从而将乙方制伏在地，如图8-74所示。

图 8-72

图 8-73

图 8-74

（九）抱头顶腕

1. 甲方，位处西侧，背东向西而立；乙方，位处东侧向西，面对甲方背后，右脚上前，右手朝甲后胸上方前伸，手心向下，五指张开，用满手抓住甲的头发，并向后拉发，迫使甲头部后仰；同时左手前撑，顶住甲左臂，制止其翻身，目视右手，如图8-75所示。

2. 甲方，承上式，当感到头发被乙方从身后抓住，速将右脚后移半步，身躯随势屈膝下蹲，拧腰右转，以稳定重心；同时两手变掌屈肘向上，合抱于头顶，手心向下，共同抓住乙的右手，用右手抓住乙的右手掌指，用左手抓住乙的右手拇指侧掌背，手向下按，头部上顶，控住乙抓发之右手，如图8-76所示。

3. 甲方，上式不停，两手控住乙右手于头顶不松，身躯继续朝右后翻转，在转身过程中，身躯继续屈膝下蹲，当右肩转过乙方右臂，头部回转，面对乙方之际，被控在头顶的乙方之右手掌腕，即被翻扭反折，紧接着再使身躯随转随起，运用头顶上挺动作，增强对乙方右腕的反折力，迫使乙方左臂挺直，两脚跷起，身躯悬浮，束手就擒，目视前方，如图8-77所示。

图 8-75

图 8-76

图 8-77

（十）缠肘架指

1. 甲方位处东侧，乙方位处西侧，双方相对站立，均以左脚在前，右脚在后，互出左手以直掌握手见招；双方虎口相交，掌心相对，目互视左手，如图8-78所示。

2. 甲方接手后，即乘势进招，左手相握不松，右脚上步进至乙方左脚后，扣步关腿；同时，右手变仰掌从乙左臂下朝其胸前穿进，用大臂架住其肩腋，左手拿住乙左掌牵至左腰间，目视右手；乙方，当甲方右手进身，速将右手屈肘向上，横于胸前格拦并向外推挡，目视甲方，如图8-79所示。

3. 甲方，承上式，当乙方用右手横胸推挡，立即就势将穿进之右手屈肘回勾至胸前，利用右肘弯挎住乙的左肘；在右手回勾缠肘的同时，左手拿住乙左腰处朝下朝前绕动，准备使法，目视乙方，如图 8-80 所示。

4. 甲方，上式不停，右手抓住乙左肘不松，左手拿住乙左掌继续朝前朝上环绕，停于右胸前，手心朝下，虎口朝前，使乙的左手形成腕背屈掌反仰、手心向上，掌指反向甲方胸前；紧接着，继续用左手将乙方反仰着的左掌指下压按直；同时使已在胸前的右手外旋，虎口向上展开，对着乙方反仰的左手掌背，用右手虎口向上，反抓住乙方食、中二指之根节，此即得势，目视右手，如图 8-81 所示。

5. 甲方，承上式，当右手缠住乙方左肘，并反抓其食、中二指之际，势以得手，再将左手放下，身微左转，使重心朝左倾斜，借助身体重心转动的作用力，左手反抓着乙的左手食、中二指朝下反振，右肘相反上招，架起乙方左肩臂，从而迫使对方身悬脚跐，束手就擒，目视右手，如图 8-82 所示。

图 8-78

图 8-79

图 8-80

图 8-81

图 8-82

（十一）手挎簸篮

1. 乙方，位处西侧向东，面对甲方，左脚上前，左手变掌以直掌朝甲方腰肋戳击，右手附于左肘后，目视左手；甲方，当乙方左掌戳来，宜立即使身躯右闪，右脚朝乙方左侧前进；与此同时，右手变掌屈肘上提于右腰侧，手心向上，虎口朝前，横向拿住乙方戳腰之左掌，两方手心交叉相对，虎口紧握乙左手小指侧掌缘，四指头上勾，扣住其食指侧掌骨，目视乙方，如图 8-83 所示。

2. 甲方，承上式，右手紧握乙左掌不变，右腿前弓身躯前移，左手变掌朝乙左肘前伸，手心向下，虎口朝前，用虎口由上向下掐住乙的左肘弯，目视左手，如图 8-84 所示。

3. 甲方，承上式，右手拿住乙左掌在下朝前，作平面弧形旋推，与此动作相随，左手掐住乙左肘在上朝自己的右臂肘弯上牵带过来，同时使身躯右侧逼近乙方左侧，右脚前移扣住乙的左脚，从而将乙的左肘控制在自己的右肘弯上，左手仍按住乙左肘不放；紧随左手的控肘动作，右手拿住乙左掌屈肘向上继续向上绕动，并将乙左掌屈腕举起并控在右胸前；使右肘弯夹住乙左肘尖，右手拿住乙折腕之左掌，从而使乙方的左手腕肘关节都被折叠反控，目视右手，如图 8-85 所示。

4. 甲方，承上式，右肘弯托住乙的左肘尖不松，右手在上拿住乙屈腕向下的左手掌向内旋扭，同时将左手松开上移，用左手掌按住乙方已被拿住的左手背，助劲下按，从而重折其掌腕关节，迫使乙方踮足悬身，束手就擒，目视乙方，如图 8-86 所示。

图 8-83　　　　　　　　　　　　　图 8-84

图 8-85　　　　　　　　　　　　　图 8-86

（十二）霸王观阵

1. 乙方，位处西侧向东，以右脚在前，左脚在后，成含胸半蹲式，面对甲方，右手变侧立掌直臂前伸，用小指侧掌缘朝甲方胸脯劈击，但被甲方以左手拿住，目视右手；甲方，当乙用手掌对胸劈来，速将右脚后撤半步，左脚在前成左虚步，重心后移，含胸上体微右转；在撤步转体的同时，左手屈肘绕向乙右手之上，屈腕窝掌，手背朝外，虎口朝里，用左手五指相扣，拿住乙方右手拇指一侧的手掌，用四指头扣住乙右掌心，拇指扣住其掌背；接着使左腕伸直，以扭折乙方右掌腕，目视左手，如图 8-87 所示。

2. 甲方，承上式，左手拿住乙右掌继续朝外卷扭，使其右掌及小臂屈肘外折；同时，右脚大上一步，插至乙方右腿后，别住其右腿；身躯随上步之势进逼，并使右手从乙方右大臂下朝外抄起，屈肘上勾，用右肘弯挎住乙的右大臂，右手举在左手旁，准备使法，目视右手，如图 8-88 所示。

3. 甲方，上式不停，左手拿住乙右掌继续朝下卷压，紧随此式，右手乘势侧屈腕下勾，用小指侧掌缘形成的屈勾，由上向下反扳住乙方被反折向外的右小臂腕部尺骨，再将左手放置身前，此即得势；接着，使右勾手向下反扳乙右腕，右肘上抬，反别其肘，手肘交错用力，别挫乙的右肘关节，迫使其身躯后仰，目视右手，如图8-89所示。

图8-87　　　　　　　　　　图8-88　　　　　　　　　图8-89

（十三）顺水推舟

1. 乙方，位处西侧向东，右脚在前，左脚在后成马步式，侧对甲方，右手握拳以平拳朝甲方胸部直臂冲击，左手架于头顶，目视右拳；当乙方以右拳对胸击来，甲方迅即含胸后坐，左腿前移半步，虚步着地；同时右手屈肘弧形向上，以手腕外侧格住乙击来之右拳腕部外侧，左手附于右肘后策应，目视右手，如图8-90所示。

2. 甲方，承上式，左脚继续前移，身躯随之逼近，左手就势前伸，屈肘环臂，使左小臂内旋横向压住乙方右肘弯；同时用右手腕掤着乙的右腕及小臂朝上架推，使其肘弯上折，目视右手，如图8-91所示。

3. 甲方，上式不停，右脚大上一步，插至乙方右腿后，别住其右腿；同时右手掌内旋使掌心向下，就势抓住乙方折起的右手腕继续下压，使乙右手及小臂朝外反折；配合右手下压动作，用压住对方右肘之左手，乘势搭在自己下压其腕的右手小臂上，从而锁住乙方反折的右腕，并压住其别住的右肘；再将上体前倾并微左转，迫使乙方身躯后仰，并增强克制其腕肘关节的威力，俯视乙方，如图8-92所示。

图8-90　　　　　　　　　图8-91　　　　　　　　　图8-92

（十四）夹腕缠肘

1. 乙方，位处西侧向东，面对甲方，右脚向前，右手屈腕变勾手，用腕突部位之勾顶向上，直臂挑向甲方下颌，迫使甲方头部后仰，左手按于裆前，目视右手，如图8-93所示。

2. 甲方，承上式，当乙方提右勾手对下颌挑来，速将头部后闪，右脚后撤半步，上体含胸，重心后移；同时左手变掌成环臂，上绕至乙方右手之上，屈腕使虎口向下，用五指相扣拿住乙方右手拇指边手掌，四指头扣住其掌心，中指扣住"劳宫穴"，拇指扣住其掌背，接着使左手内旋，从而将乙右掌向外反扭，并控制在胸前，以克制其右腕，利于其进招，目视乙方，如图8-94所示。

3. 甲方，承上式，右脚朝前上步，插入乙方右腿后，别住其后腿，身躯随势进逼；与此同时，右手屈肘上举，将右肘由上向下，压住乙的右肘弯，使其小臂屈肘反折，目视右手，如图8-95所示。

4. 甲方，上式不停，左手抓住乙右掌不松，右手随上动压肘式由上经乙方右侧后向下绕，使右大臂贴身，夹住乙方反折的右小臂，侧视乙方，如图8-96所示。

图 8-93　　　　　　　　　图 8-94

图 8-95　　　　　　　　　图 8-96

5. 甲方，上式不停，以右肘关节为轴，使右手外旋由下经乙的右腰侧向右，绕过乙的右大臂，再朝上绕至乙方胸前，使手心向前，乘势按住乙方上胸脯，迫使乙方身躯后仰失重，右臂的腕肘肩三大关节全部受制，束手就擒，目视右手，如图8-97所示。

(a)　　　　　　　　　(b)

图 8-97

（十五）磨身扛肘

1. 甲方，位处西侧，背东向西而立；乙方，位处东侧向西，面对甲方背后，右脚上前偷袭甲方，右手变掌朝甲的后腰直臂前伸，手心向下，用掌指抓住甲的后腰带，左手置于腰侧，目视右手；甲方，当后腰带被抓住，迅速使左脚前移，右腿在后屈膝保持重心，头左转，目回视，做好应招准备，如图 8-98 所示。

2. 甲方，承上式，两手变掌同时朝背后左右合抄，手背贴于腰背，拇指朝上，用左右两手的虎口，同时抓住乙方的右手掌腕；接着两腿原步屈膝弯腰下蹲，目向左后斜视，如图 8-99 所示。

图 8-98

图 8-99

3. 甲方，上式未停，两手紧抓乙右腕于背后，俯身朝右后磨转，当头部后胸转过乙方右臂之下，面对乙方停转；由于身体回转，乙方原抓后腰带之右手及腕肘关节已被反扭过来；紧接着将身躯挺拔立起，使左肩背扛住乙的右肘反关节，右腿前弓，左脚后撑，使左肩背朝上挺顶，增强对乙方右臂、腕肘、肩三大关节的反截力，迫使乙方踮足耸肩，束手就擒，目视乙方空闲的左手，如图 8-100 所示。

(a)

(b)

图 8-100

第九章　高校传统武术之长拳技术实践研究

第一节　长拳运动基本理论诠释

长拳是武术主要拳种之一。"长拳"一词最早记载于明朝戚继光《纪效新书·拳经捷要篇》中的"古今拳家，宋太祖有三十二势长拳"。明代程宗猷所著《耕余剩技·回答篇》中载："……长拳有太祖温家之类，短打则有绵张任家之类。"由此可见，明代当有长拳称谓及太祖长拳和温家长拳等类别。所谓长是相对短而言，长拳则是相对短打而立名，这正如明代唐顺之《武编》所言："逼近用短打，若远开则用长拳。"

现代武术运动中的长拳沿用了明代长拳的称谓，将具有广泛群众基础的查、华、炮、红、少林等具有拳势舒展、快速有力、节奏鲜明等共同特点的拳术统称为长拳。以这些拳种的动作素材和基本技法为基础创编的现代长拳，以及由此衍发的长拳类器械，如刀、枪、剑、棍等套路，是新中国成立后武术教学训练与竞赛的主要内容之一。

一、长拳的内容

长拳的内容包括基本功和基本动作、单练套路、对练套路。单练套路又分为规定套路和自选套路。

（一）规定套路

规定套路是由国家体委及其组织机构或有关部门统一编制的套路，20 世纪 50 年代有甲、乙组和初级套路，以后又有"少年拳""青年长拳"等面世。随着武术运动的发展与推向世界的需要，1989 年又为第 11 届亚运会创编出第一套国际武术竞赛套路，其中包括长拳。近年来，由国际武术联合会组织编写的最新国际比赛套路，其中每个套路均由不同难度、组别和数量的规定动作组成。

（二）自选套路

自选套路是武术竞赛需要的产物，而武术竞赛规则对自选套路的动作数量、组别、规格和完成套路的时间都有统一的要求与严格的规定。其中要求自选长拳至少包括拳、掌、勾三种手型，弓、马、仆、虚、歇五种主要步型和一定数量的拳法、掌法、肘法及不同组别的腿法、跳跃、平衡等动作，使长拳套路运动在动作结构、布局、编排和速度、难度、腾空跳跃等方面都有新的突破与创新。

随着竞技武术的蓬勃发展，更加突出了对自选套路动作的规格化要求和套路的艺术性再创造，使其向"高、难、美、新"方向发展。

长拳的内容与方法极为丰富，对手型、手法、身型、身法、步型、步法、腿法、跳跃、平衡等动作都有严格的规范要求。手法主要有冲、劈、崩、贯、砸等拳法，推、挑、撩、劈、砍等掌法，以及顶、盘、格等肘法。腿法主要有弹、蹬、踹、点、铲、里合、外摆、拍、扫等方法。

二、长拳与我国的传统文化

长拳是近几十年来发展起来的新拳种，是国家体委（现在的国家体育总局）把在群众中流传广泛的查拳、华拳、炮拳、洪拳、弹腿、少林拳等拳术，根据其风格特点，综合整编而成的。由于长拳是以民间流传的拳术为基础，虽然它创编于新中国成立以后，但是它的技击方法、战略思想仍然继承沿袭了传统文化的思想观念，特别是在古典哲学、传统中医学和伦理学等方面，长拳受其影响尤为明显。

（一）长拳与古典哲学

一名美国学者在其著作中写道："东方哲学和宗教传统总是倾向于把精神和身体看作一个整体，因而东方发展出大量的从身体方面来解决意识的技术是不足为奇的。"中华武术就是这样一种技术。因此，认识长拳必须从哲学的层次研究武术思想的渊源，才能从本质上理解与把握长拳的内涵和文化特征。

1. 道教哲学在长拳中的运用

"反者道之动"是老子哲学中的著名命题，意思是说对立的事物向其反向转化是运动的规律。老子这一辩证法思想被广泛地运用于武术战略思想之中，成为武术战略的基本原则。长拳套路注重节奏，在讲求劲顺击长的同时要求灵活多变、节奏鲜明，讲究动静疾徐、刚柔虚实的配合。《庄子·说剑篇》中说："夫为剑者，示之以虚，开之以利，后之以发，先之以至。"说的是技击一道，贵在以静制动，以柔克刚，因敌变化，后发制人。其中一静一动、一先一后，正是利用敌手旧力已过、新力未生的空隙，迅速攻击，这就是"四两拨千斤"的最高境界。这一思想正是来源于老子"反者道之动，弱者道之用"的辩证法。"示之以虚"旨在诱敌冒进，然后看准机会予以反击，后发而先至。长拳套路重起伏转折，多闪展腾挪，在攻防意义上，这一切身法动作都是为了避敌之锋，继而"承其中，击其末"，以达"四两拨千斤"之效。

2.《易经》哲学在长拳中的运用

阴阳对立统一的朴素辩证法思想是《易经》最基本的思想。《易经》主要是探讨阴阳变化广泛存在的规律，指出世界上千奇万变都是阴阳对应使然。阴阳对应观念衍生出一系列对应概念：动静、刚柔、虚实、开合、内外、进退、攻守、起伏等，它们所代表的诸多对应因素的不同组合，及其对立转化的种种变化，构成了中华武术丰富繁杂、色彩各异的技击原理与方法。拳谚云："拳起于易。"长拳中攻防进退、刚柔虚实等套路术语都源自《易经》。《少林拳谱》论"立足立身之法"时指出："一身伫立之间，须要配合阴阳，方知阴来阳破，阳来阴破，若不明阴阳，则无变化之妙。"这是《易》的阴阳变化观念指导技击理论的例子——长拳里许多动作方法都来自于少林拳，而且拳法风格至为接近，拳理相通。如长拳有动、静、起、落、立、站、转、折、轻、重、缓、快十二种动静之势，技术要求动如涛、静如岳、起如猿、站如松、转如轮、折如弓、轻如叶、重如铁、缓如鹰、快如风，其技术特点表现出至轻至重、至静至动、至刚至柔的统一和转化，这正是阴阳对立统一转化观念的运用。而拳法中攻中有守，守中寓攻，攻守并重的辩证统一关系，正是长拳套路创编的一个重要依据。

（二）长拳与传统中医理论

拳谚有云：拳起于易，理成于医。武术的保健技击理论很大一部分来自于祖国医学。传统中医在几千年的发展过程中，形成了一个独特的理论体系。武术在其发展衍化的过程中，自觉或不自觉地吸收了许多中医理论。经过许多武术家的实践、整合、补充和创新，渐渐地将武术和祖国医学的一些重要理论融合在一起。特别是中医理论中的"人气学说"和"经络学说"，对武术理论体系的发展起到了很大的促进作用。

中医学认为，人的表里脏腑之间是通过经络及其中的气血相互贯通和属络的，经气是表里脏腑联系成有机体的物质中介，是推动脏腑和各组织器官活动的原动力。所以，武术家们常提及到应"外练筋骨皮，内练一口气"，只有内气充盈才能使动作轻灵、劲力顺畅。在长拳的基本技法中，要求"力要顺达气宜沉"。那么，如何使力顺达？拳谱上说"力由脊发""通于中""贯于梢"，其中医理论依据非常明显。"力由脊发"即是说"气会膻中"，膻中是人体八会穴之一，它不仅是"气"积聚的地方，也是一身之气运行输布的出发点。长拳强调"三节""六合"，正是理出于此。

长拳呼吸讲"气宜沉"，要求气沉丹田，即现在长拳运动的腹式呼吸方式。中医理论认为，气若不沉入丹田，则血气上浮，气血散乱，内部空虚，久动必衰。长拳运动的呼吸关系着运动的持久性，也关系着劲力的催动。在长拳技法中随着动作方法的变化，配合有四种呼吸运气的方式，即提、托、聚、沉。所谓以意指气，以气运身。一般来说，重心提升时用"提"，即将气由丹田提至脑中，使身法轻灵；腾空动作要求"托"气，使气在膻中游走以使身法飘逸；发力时用"聚"，将气由膻中经经络送达力点。当呼吸方式随着动作方法变化的时候，应始终遵循"气宜沉"的原则，以保证下盘稳固轻快、"落步赛黏"。利用这些中医理论指导的呼吸和运动发力方式，经实践证实，不仅能做到意、气、劲、形合一，而且能够使长拳演练形神兼备。

（三）长拳与传统伦理学

我国传统文化的主要特色，始终贯穿着人生哲学的价值观与伦理观。根植于中华传统文化土壤中的中华武术，必然以具有浓郁的伦理思想色彩为主要特色，使尚武与崇德成为密不可分的两个方面。长拳作为国家体委为适应广大群众而特意编创的一个武术项目，依然受传统伦理思想的影响，而武德是我国武术伦理观的核心。

武德伦理观念的核心是儒家思想核心"仁"。我国武术的根本特点是技击，有攻防格斗就意味着暴力、流血甚至丧生。那么，怎样去协调这个矛盾呢？新中国成立以后，国家体委创编了一种既能淋漓尽致地表现武术运动特点，又不脱离孔孟仁学准则的运动形式——长拳对练。作为一个比赛项目，对练有着严格的规则限制，以保证不会伤人，点到为止，体现了武德仁学的要义。

武德不光指"仁"，也包含着"义"。孟子曰："义，人之正路也。"自古以来，行侠仗义一直是武林人士倡导且力行的准则，体现在民族大义上是强烈的爱国忧国意识，这是一种传统美德以及一种民族精神。由于其他各家各派拳术大都专注于击打效果，未免过于狠毒，不利于在社会上广泛流传。国家体委本着"尚德不尚力"的原则，整理创编了长拳，使武术文化得以顺利传承下去，使民族精神得以弘扬，使我国的侠义风节得以光大。

（四）长拳习练中武术文化内涵的拓展

1. 通过解析"长拳"名称的历史含义，使学生体会武术文化中"变通"的哲学思想

何谓"长拳"？既然有"长拳"，是不是还有"短打"？答案是肯定的。关于"长拳""短打"之说，可以追溯到明代抗倭名将唐顺之著录的《武编·拳》一文。《武编·拳》是我国武术发展史上的第一篇拳学专论。文中明确记述了长拳、短打的概念以及二者不同的技法特点——长拳变势，短打不变势，逼近用短打，若远开则用长拳。实战中对"长拳"与"短打"的选择性运用，体现了武术具有"变通"的特点。相对"短打"而言，"长拳"施展空间更大，更侧重于强调对敌方动作的预判，不仅考虑第一步动作，还要预测随后的战况，体现出一种战略思想。武术的不断演变和发展，正是武学大师运用这一思想不断思索和探究的结果。知晓了"长拳"一词的历史由来、内在含义，不仅直接为"初级长拳第三路"的学习提供了武术技法理论上的支持，也揭示了武术学习的基本思想。

2. 以"抱拳礼"和"虚步亮掌"动作为例，在课堂常规中渗透武德教育

何谓"抱拳礼"？它是武术界约定俗成的一种礼仪规范。具体做法为：左手出四指，并拢挺直（四指寓意"四海"），同时屈大拇指（大拇指代表自己，寓意永不自大）；右手五指握拳（五指寓意"五湖"）；然后，左手掌心"抱"住右手拳面，两臂环形，高与胸齐（代表以武会五湖四海之友，谦虚地向大家学习之意）。简言之：左掌右拳，环抱胸前，以武会友，虚心学习。上课伊始，以郑重的"抱拳礼"开始；课堂上，套路演练前后都强调"抱拳礼"的使用；授课结束，以郑重的"抱拳礼"结束。让学生深刻地领悟到"抱拳礼"既表现了一种雄赳赳的尚武精神，同时也是一种武术修养的外在表现。在常规教学中，通过不断强调"抱拳礼"的行礼规范，逐步培养行礼习惯，让学生从情感、态度上更加深入地体验习武与为人之道。

"虚步亮掌"是整个套路的第一个动作，仅从动作定势上看——头上是架掌，脚下是虚步，似乎并无深意。其实不然，整个"虚步亮掌"动作是以退步开始，这一个小小的退步动作是一个很重要的细节，包含着丰富的武学内容。武术谚语有云："先看一步走，再看一出手。"该退步是右脚退步，却不是随随便便地直线后退，而是要求向右后方斜退；同时，右手做出拦挡动作，如此一退，既避开了对手的进攻锋芒，又在紧挨对手的侧面构建了利于我方下一步进攻或防守的新阵地，表现的便是具有鲜明中国武术特色的"斜闪"技法。该技法属于武术当中的柔性技法，在武术古典论著上早有论及，如明代抗倭名将戚继光所著《纪效新书·拳经捷要篇》明确论到："而其柔也，知当斜闪。"通过以上分析，"虚步亮掌"的退步动作要点便是"斜闪"退防，其用意为能不打则不打，能让先让；同时，防守到位，有备无患。这个简单的退步动作，就可以看出我国传统文化中"礼让"的美德在武术中有着充分的体现。

"虚步亮掌"的第二步，紧接退步动作之后，以"迅雷不及掩耳"之势，一手勾手下按，一手摆掌贯耳，脚下似触电一般变为虚步，一气呵成地完成"虚步亮掌"动作定势。从攻防含义上分析，"虚步亮掌"是一个搂手、击头的动作，若是仅仅局限于关注动作的攻防技法，便有失偏颇，因为该动作背后还有约束其打法的一面，那就是有关武德的要求——"出手不打两太阳，脑后耳根一命亡"。这句武术谚语明确地告诉我们，武术当中的击头技法是讲究有所为与有所不为的，不是盲目地打，不是不负责地打，而是要知道何处能打，何处不能打。谚语中"太阳"指的是"太阳穴"，其位置在眉梢与目外眦之间，向后约一横指处的凹陷中。此部位骨质脆弱，有颞叶神经通向大脑，击打后轻则脑震荡，重则死亡。谚语中所言"耳后"位置同样距离大脑较近，受到击打后易损伤脑膜中的动脉，轻则击穿耳膜或耳内出血，重则致脑震荡或死亡。"脑后"则是指脑干部位，是人的呼吸中枢和心血管运动中枢所在位置，被称为"生命中枢"。所以，对待"虚步亮掌"中的"击头"技法，我们必须心存谨慎，做到既知攻防之用法，又明武德之规范。无德之武，此"武"便是横行无忌的脱缰之马；有德之武，此"武"则为韬光养晦的在鞘之剑。中华武术极具中华民族的人文精神，儒家文化中提倡的"宽厚"与"仁爱"，在学习武术中更是必须强调的，因为学武尚德，教学中亦是以德育为先。

3. 以"并步对拳"动作为例，挖掘武术当中蕴含的我国古典兵法思想

"并步对拳"是预备动作当中的第二个动作，其定势动作可以简单概括为：并步挺立，颈项后提，双拳下栽击小腹，拧胯转头瞧左侧。实际教学当中，学生往往忽视转头这一细节动作，若教师能在此时利用我国古典兵法阐明"并步对拳"包含的意义，问题很快迎刃而解。该动作的攻击目标在于对手的小腹部位，而"转头瞧左侧"，表面示意敌人要攻击"左侧"，实际攻击点却在他的小腹。这一小小的转头之举便是《三十六计》中的"声东击西"之策，其源头更可以追溯到世界兵法之鼻祖《孙子兵法》。《孙子兵法·计篇》强调，"能而示之不能，用而示之不用"，借以隐蔽自己的意图，迷惑敌人，以便"攻其无备，出其不意"地打击敌人。经过以上阐述，学生对"并步对拳"动作中击打"小腹"却"瞧左侧"的做法，便可以从战术角度进行理解，从而在演练"并步对拳"的过程中容易做到有意为之。

我国古典兵法是武术理论的来源之一。在教学中，利用我国古典兵法来阐明动作的技战术方法，既能让学生对武术动作"知其然"，也"知其所以然"，激发学生研究中华武术的热情，同时给他们提供了基本研究方法，避免走入"只继承不发展"的误区。

4. 以"提膝穿掌"动作为例，引申出武术与我国传统医学之间的微妙联系

"提膝穿掌"是第二段的第二个动作，其定势动作可以描述为：右脚独立支撑，左脚屈膝上抬；右手直臂前插掌，左手按掌于右腋下；目视右手。教师可从攻防技法角度讲解"插掌"的几种进攻用法以及"按掌"的防守深意，而后稍加补充，便可从中医角度阐述该动作的良好健身功效，即整个动作基本不变，仅需加上一条"闭目"练习。只要坚持闭目练习"提膝穿掌"定势动作一分钟以上，便能起到静心安神、调整血压、增强人体免疫力等作用。在单脚独立情况下，若闭上眼睛，人体为保持平衡，自然会聚精会神，将注意力集中到足底，大脑神经马上调动起来，气血随之下行，人体脚下的六条重要的经脉——足太阴脾经、足厥阴肝经、足少阴肾经、足太阳膀胱经、足少阳胆经以及足阳明胃经，将自动得到锻炼，这些经脉对应的脏腑以及它们所循行的部位得到相应调节，从而让人体全身心受益。武术的功效一为防身驱敌，二为养生保健。而在当今的和谐社会中，人们对后者的关注度大大增强，因此我们要因势利导地加以宣传，激发学生对武术的关注和热爱，而且这种讲解也会使学生更有意识地规范动作，达到强身健体的目的。

我国武术是民族文化的载体，融入了许多我国传统文化的精髓，文化性是武术的灵魂。从

"初级长拳第三路"教学的视角出发，通过解析"长拳"名称以及代表性动作所蕴藏的武术文化内涵，使学生可以具体了解武术文化的博大精深。中华武术文化有着"变通"的哲学思想，有着中华民族"礼""仁"的文化内核，有我国古典兵法的战略战术以及我国传统医学的理论基础。而高校课堂是宣传武术的广阔平台，武术动作教学中挖掘和拓展武术的文化内涵，定能吸引更多人关注、热爱武术，加快中国武术和我国体育事业的发展。

总之，长拳不光是一个体育运动比赛项目，还是我国传承文化的载体。长拳作为一个比较稚嫩的拳种，在继承、发展和创新过程中，必须植根于中国武术的土壤，这样才能被广大群众接受，并逐步走向国际体坛。

第二节　长拳运动技法特征解析

一、手要快捷

长拳对手法的要求是"拳如流星"，要快捷、有力，不仅是指拳的挥动要迅速，如迅雷不及掩耳，而且还要求掌法、肩臂、手腕的运动也应如此。

运动中要达到"拳如流星"，就必须做到肩臂松活，节节贯穿，使肩、肘、腕关节在运动时灵活顺畅。如冲拳动作，始于拳，起于梢节，中节（肘）随，根节（肩）催，拳走直线，用力通达，拧腰、顺肩、急旋臂，贯于拳面。总之，方法正确是手法快捷的基础和保障。

二、眼要明锐

长拳对眼法的要求是"眼似电"，要明快、锐利。长拳中的眼法不是孤立的，而是与动作密不可分的，大体可分为两种：一种是"随视"，要求"眼随手动"；另一种是"注视"，要求"目随势注"。要做到在运动中手法如流星般快捷和眼随手动、手到眼到，就必须有"闪电"般明快锐利的眼法变化。眼法变化不但与动作密不可分，而且与颈部的活动关系密切。随着动作的变化，眼法的左顾右盼、上瞻下视，颈部的灵活性及甩头变脸的快速应变能力尤为重要。注视则表现在动作意向上。长拳的动作一般都具有较强的攻防意识，或攻或守、或进或退的意向不但表现在动作上，而且还要体现在眼神的变化中，即使是静止时的拳势，也都含有伺机待动的意向，给人一种虽静犹动之感，正所谓"势断劲不断，劲断意相连"。眼法则是表现动作意向和传神的关键，因此眼法必须做到眼随手动、目随势注、明锐似电。

三、身要灵活

长拳对身法的要求是"腰如蛇行"，要柔韧、灵活、自如。身法在长拳运动中表现出闪、转、展、缩、折、弯、俯、仰等不同变化，这些变化多以腰为主宰。因此，身法要求"腰如蛇行"，一方面要求身法的变化不是程式化的东西，要像蛇行那样蜿蜒起伏，灵活多样；另一方面对胸椎和腰椎的柔韧性要求较高，只有这样，动作才能显现出既柔顺又坚韧，柔则活，坚则挺，灵活有力、挺拔舒展的动作，才能体现出长拳的风格与特点。

身法主要通过胸、背、腰、腹、臀五个部位来展现。一般由活动性动作进入静止动作时，多讲究挺胸、直背、塌腰、敛臀；运动中则要求"体随势变"，身法灵活。不同的动作采取不同的身法变化，实现与手、眼、步、腿诸法的协调配合，才能达到"腰如蛇行"。

四、步要稳固

长拳对步法的要求是"步赛黏"，要稳固。站定时要像脚步粘黏在地上一样稳固，不掀脚、不拔跟、不动摇，不受上肢、下肢和躯干活动的影响，还要给上、下肢和躯干活动提供必要的稳固条件和基础保障。此外，步法还要轻快活便。"步不稳则拳乱，步不快则拳慢"，生动地道出了步法在长拳运动中所起到的作用，只有做到步法稳固、轻快，才能达到下盘稳固，动而不乱，以步快催动拳速，步到拳到，上下协调一致。

五、精要充沛

长拳对精神的要求是充沛、饱满、贯注。充沛如江河怒潮，饱满如雷霆震怒，贯注如鹰视猎物，要显示出鼓荡的气势与"怒"的气魄。然而，"怒"绝不是表现在横眉立目与龇牙咧嘴的凶狠怒面上，而应反映到拳势上，将气吞山河的精神和勇武的意识贯注于运动之中，将自身融入战斗的氛围之中，犹如擒龙打虎之势，精神饱满，气宇轩昂，惊天地，泣鬼神。

六、气要下沉

长拳对呼吸的要求是"气宜沉"，要气沉丹田。这是因为呼吸在长拳运动中关系着运动的持久性，也关系着劲力的催动，即所谓以气催力。长拳运动结构复杂、起伏转折、快速有力，这些特点决定了长拳运动强度大，对氧的需要量也较大。如果不善于掌握和运用"气沉丹田"的腹式呼吸的方式方法，就容易气血上涌，使气息在胸间游动。气往上浮则内部空虚，空虚则气促，气促则吸氧不足，吸氧不足则力短，力短就会头晕恶心、面色发白、动作紊乱、难以持久，运动的平衡性也就遭到破坏。所以，运动时必须运用腹式呼吸，善于"蓄气"，这样才能使运动持久，才能保持运动的平衡。长拳的呼吸方法，除了沉气之外，还有提、托、聚三法，合谓"提、托、聚、沉"。这些呼吸方法要随着动作的变化而相应地变化，但须始终遵循"气宜沉"的基本要求；同时，更要注意顺其自然，不能故意做作。

七、力要顺达

长拳对劲力的要求是"力要顺达"。发力顺达是动作间衔接的必备条件，否则会使动作僵硬、呆板，出现僵劲硬力，破坏动作结构与套路节奏。要做到用力顺达，须从明"三节"、懂"六合"入手。三节，以上肢来说，手是梢节，肘是中节，肩是根节；以下肢来说，脚是梢节，膝是中节，胯是根节。不同的动作有不同的用力顺序，如冲拳、推掌皆起于梢节；蹬脚、弹踢则发于根节。六合，是指手、肘、肩、脚、膝、胯六个部位的协调配合。因此，掌握好"三节"的发力顺序和"六合"的协调关系，动作才会豁达流畅。

八、功要纯青

长拳对技术的要求是"功宜纯"。这里的"功"是指长拳的技术及运用技术的技能与技巧。

"功宜纯"是要求功夫像炉火一样纯青。虽说这是虚拟与夸张的比喻，但确实是对长拳技术高质量的要求。拳语说："功夫不到总是迷""功夫是练出来的"。要达到纯青的技术，首要的一条是在技术规范化的前提下不断实践与探索，只有坚持习练，持之以恒，才能使体能与技能不断提高，使技艺不断升华，功夫与日俱增，逐渐达到理想的纯青境地。

九、四击合法

"四击"指武术中的踢、打、摔、拿。四击合法指长拳中的动作方法要符合这四种技击法则。踢、打、摔、拿自成体系，各有各的具体内容与运动方法，踢法有蹬、踹、弹、点、缠、摆、扫、挂等，打法有冲、撞、挤、靠、崩、劈、挑、砸、搂、拦、抄等，摔法有踢、别、揣、拱、切、耙、豁、掏、刀、勾等，拿法有刁、拿、锁、扣、封、闭、错、截等。

长拳对踢、打、摔、拿具体内容的运动方法有非常严格的要求，即一招一式都要恪守"四击"法则，若背离这些技击法则，就不能真实地再现不同动作的攻防意义，也就失去了长拳技击动作的攻防意识与价值。

十、以形喻势

长拳在运动时有动势、静势、起势、落势、立势、站势、转势、折势、轻势、重势、缓势、快势等十二种态势。前人将此十二种态势以形象的比喻方法提示人们对长拳技术的追求，俗称"十二型"。

（1）动如涛：运动之势。形容运动的气势像大海的波涛一样，一波未平，一波又起，滔滔不绝，激荡不已，富有韵律感，做到"动中有静""动要有韵"。

（2）静如岳：静止之势。形容静止时犹如奇峰迎面，稳如山岳。

（3）起如猿：起跳之势。腾空跳跃时要像猿猴一样轻灵、矫捷。

（4）落如鹊：落降之势。形容由高向下落的动作要像喜鹊落到树枝上那样轻稳。

（5）立如鸡：单腿独立之势。形容从活动性转到静止性独立动作时，要像鸡在奔走中突然听到什么，立刻停步屈腿甩头，静观动态。

（6）站如松：两脚站立之势。形容站定之态要像苍松傲雪巍巍挺拔，静止中傲然富有生气，给人一种虽静犹动之感。

（7）转如轮：旋转之势。形容凡轮绕的动作要像车轮绕着轴心转动一样，既要有轴心的依托，又要有飞轮之势，达到圆的要求。

（8）折如弓：折叠之势。形容扭身弯腰的动作要像弓那样，折力越大，反弹劲越大，并不苛求折叠俯仰的柔软性，而是弓的反弹劲，同时也为即将运动的肌群加大了收缩前的"初长度"，有利于动作变化。

（9）轻如叶：轻飘之势。形容轻盈的动作要像树叶一样轻盈，落地毫无声响，令人难以察觉。

（10）重如铁：沉重之势。形容动作沉重之时，如钢铁下砸般夯实有力而又沉稳。

（11）缓如鹰：缓慢之势。形容柔缓的动作要像雄鹰在空中盘旋那样缓中有势，神情专注，毫无懈怠之意。

（12）快如风：快速之势。形容动作迅速如疾风骤雨，势不可挡。但"快而忌毛""快易生爆"，一味求快会使动作杂乱无章，过快易火爆，火爆可藏拙，须在动作规范准确的前提下求速度、求节奏。

第三节 长拳运动技术实践

一、手型

1. 拳。四指并拢卷握，拇指紧扣食指和中指的第二指节。
2. 掌。四指并拢伸直，拇指弯曲紧扣于虎口处。
3. 勾。五指第一指节捏拢在一起，屈腕。

二、步型

（一）弓步

右脚向前一大步（约为本人脚长的 4～5 倍），脚尖微内扣，右腿屈膝半蹲（大腿接近水平），膝与脚尖垂直；左腿挺膝伸直，脚尖内扣（斜向前方），两脚全脚着地。上体正对前方，眼向前平视，两手抱拳于腰间，拳心向上。弓右腿为右弓步，弓左腿为左弓步。

要点：前腿弓，后腿绷；挺胸、塌腰、沉髋；前脚同后脚成一直线。

（二）马步

两脚平行开立（约为本人脚长的 3 倍），脚尖正对前方，屈膝半蹲，膝部不超过脚尖，大腿接近水平，全脚着地，身体重心落于两腿之间。两手抱拳于腰间，拳心向上。

要点：挺胸、塌腰、脚跟外蹬。

（三）仆步

两脚左右开立，右腿屈膝全蹲，大腿和小腿靠紧，臀部接近小腿，右脚全脚着地，脚尖和膝关节外展；左腿挺直平仆，脚尖里扣，全脚着地；两手抱拳于腰间，拳心向上；目向左方平视；仆左腿为左仆步，仆右腿为右仆步。

要点：挺胸、塌腰、沉髋。

（四）虚步

两脚前后开立，右脚外展 45°，屈膝半蹲；左脚脚跟离地，脚面绷平，脚尖稍内扣，虚点地面，膝微屈；重心落在后腿上；两手叉腰，眼向前平视；左脚在前为左虚步，右脚在前为右虚步。

要点：挺胸、塌腰、虚实分明。

（五）歇步

两腿交叉靠拢全蹲，右（左）脚全脚着地，脚尖外展；左（右）脚前脚掌着地，膝部贴近右（左）脚跟处；两手抱拳于腰间，拳心向上；眼向左前方平视；左脚在前为左歇步，右脚在前为右歇步。

要点：挺胸、塌腰，两腿靠拢并贴紧。

三、手法

（一）冲拳

分平拳与立拳两种。平拳拳心向下，立拳拳眼向上。

预备姿势：两脚左右开立，与肩同宽，两拳抱于腰间，拳心向上，肘尖向后。

动作说明：挺胸、收腹、直腰，右拳从腰间向前猛力冲出，转腰、顺肩，在肘关节过腰后，右前臂内旋，力达拳面，臂要伸直，高与肩平，同时左肘向后牵拉。练习时，左右可交替进行。

要点：出拳要快速有力，要有寸劲（即爆发力），做好拧腰、顺肩、急旋前臂的动作。

（二）架拳

预备姿势：与冲拳同。

动作说明：右拳向下、向左、向上经头前向右上方画弧架起，拳眼向下，眼看左方。练习时，左右可交替进行。

要点：松肩、肘微屈、前臂内旋。

（三）推掌

预备姿势：与冲拳同。

动作说明：左拳变掌，前臂内旋，并以掌根为力点向前猛力推出。推击时，左右可交替进行。

要点：挺胸、收腹、直腰。出掌要快速有力，有寸劲；同时要做好拧腰、顺肩、沉腕、翘掌等动作。

四、步法

（一）击步

预备姿势：两脚前后开立，同肩宽，两手叉腰。

动作说明：上体前倾，后脚离地提起，前脚随即蹬地前纵。在空中时，后脚向前碰击前脚；落地时，后脚先落，前脚后落。眼平视前方。

要点：跳起在空中时，要保持上体正直并侧对前方。

（二）垫步

预备姿势：与击步同。

动作说明：后脚离地提起，脚掌向前脚处落步，前脚立即以脚掌蹬地向前上提起，将位置让于后脚，然后再屈膝提腿向前落步。眼平视前方。

要点：与击步同。

（三）弧形步

预备姿势：与击步同。

动作说明：两腿略屈，两脚迅速连续向侧前方行步。每步大小略比肩宽，走弧形路线。眼平视前方。

要点：挺胸、塌腰，保持半蹲姿势，身体重心移动要平稳，不要有起伏现象。落地时，由脚跟迅速过渡到全脚掌，并注意转腰。

五、腿法

（一）正踢腿

预备姿势：两脚并步站立，两手立掌或握拳，两臂侧平举。

动作说明：左脚向前上半步，左腿支撑，右脚脚尖勾起向前额处猛踢，两眼平视前方。练习时左右交替进行。

要点：挺胸、直腰。踢腿时脚尖勾起绷落或勾起勾落。收髋猛收腹，踢腿过腰后加速，要有寸劲。

（二）侧踢腿

预备姿势：与正踢腿同。

动作说明：右脚向前上半步，脚尖外展，左脚脚跟稍提起，身体略右转，左臂前伸，右臂后举。随即，左脚脚尖勾紧向左耳侧踢起，同时右臂屈肘上举亮掌，左臂屈肘立掌于右肩前或垂于裆前，眼向前平视。踢左腿为左侧踢，踢右腿为右侧踢。

要点：挺胸、直腰、开髋、侧身、猛收腹。

（三）里合腿

预备姿势：与正踢腿同。

动作说明：左脚向左前方上半步，右脚脚尖勾起里扣并向左上方踢起，经面前向左侧上方直腿摆动，落于左脚外侧。左手掌可在左侧上方迎击右脚掌（击响），也可不做击响动作。眼向前平视。练习时，左右腿交替进行。

要点：挺胸、直腰、松髋、合髋。里合幅度要大，成扇形。

（四）外摆腿

预备姿势：与正踢腿同。

动作说明：左脚向左前方上半步，右脚脚尖勾紧向左侧上方踢起，经面前向右侧上方摆动，直腿落在左腿旁。右掌可在右侧上方击响，也可不做击响。眼平视前方。练习时左右腿交替进行。

要点：挺胸、塌腰、松髋、展髋。外摆幅度要大，成扇形。

（五）弹腿

预备姿势：两脚并立，两手叉腰。

动作说明：左腿屈膝提起，大腿与腰平，左脚绷直。提膝接近水平时，要迅速猛力挺膝，向前平踢（弹击），力达脚尖。大腿与小腿成一直线，高与腰平，右腿伸直或微屈支撑，两眼平视。

要点：挺胸、直腰、脚面绷直、收髋，弹击要有寸劲。

（六）侧踹腿

预备姿势：两脚并步站立，两手叉腰。

动作说明：两腿左右交叉，右腿在前，稍屈膝。随即右腿伸直支撑，左腿屈膝提起，左脚里扣，脚跟用力向左侧上方踹出，上体向右侧倾，目视左脚。练习时可左右交替进行。

要点：挺膝、开髋、猛踹，脚外侧朝上，力达脚跟。

（七）扫腿

扫腿是旋转性的一类腿法，分前扫腿、后扫腿两种。

1. 前扫腿

预备姿势：两脚并立，两臂垂于体侧。

动作说明：左脚向右腿后插步，同时两手由下向左、向上、向右做弧形摆掌，右臂伸直，高与肩平，右掌侧立；左掌附于右上臂内侧，掌指向上；头部右转，目视右方。

上体左后转180°，左臂随体转向左后方平搂至身体左侧，稍高于肩；右臂随体转自然平移至体右侧，掌心朝前，掌指朝右下方。

上体继续左转，左脚尖外展。右掌从后向上、向前屈肘降落；同时，左臂屈肘，左掌掌指朝上从右臂内侧向上穿出，变横掌架于头部左上方，拇指一侧向下。随即右掌下降并摆向身后变勾手，勾尖朝上。在左脚尖外展的同时，左腿屈膝，左脚跟抬起，以左脚前掌碾地；右腿平铺，脚尖内扣，脚掌着地，直腿向前扫转一周半。

要点：头部上顶，眼睛随转体平视前方，上体正直。在扫转时，始终保持右仆步姿势，保持身体重心平衡，右膝不要弯曲。

2. 后扫腿

预备姿势：两腿并立，两臂垂于体侧。

动作说明：左脚向前上步，左腿屈膝半蹲；右腿挺膝伸直，成左弓步。同时，两掌从两腰侧向前平直推出，掌指朝上，掌心朝前。目视两掌尖。

左脚尖内扣，左腿屈膝全蹲，成右仆步姿势，同时上体右转并前俯。两掌随身体右转在右腿内侧扶地，右手在前。随着两手撑地与上体向右后拧转的惯性力量，以左脚前掌为轴，右脚贴地向后扫转一周。

要点：转体、俯身，撑地用力要连贯紧凑、一气呵成，上下肢动作不要脱节。

六、跳跃

（一）腾空飞脚

预备姿势：并步站立。

动作说明：右脚上步，左腿向前、向上摆踢，右脚蹬地跃起，身体腾空，两臂由下向前、向头上摆起，右手背迎击左手掌。在空中，右腿向前上方弹踢，脚面绷直，右手迎击右脚面；同时左腿屈膝，左脚收于右腿侧，脚面绷直，脚尖向下。左手在击响的同时摆至左侧上方，上体微前倾，两眼平视前方。

要点：

（1）右腿在空中踢摆时，脚高必须过腰；左腿在击响的一瞬间，屈膝收于右腿侧。

（2）在腾空的最高点完成击响动作，拍击动作必须连续、准确、响亮。

（3）在空中，上体正直而微向前倾，不要坐臀。

（二）旋风脚

预备姿势：开步站立。

动作说明：

1. 高虚步亮掌

右臂向前上方弧形摆掌，掌心向斜上方；同时左臂屈肘，左掌收于左腰间，掌心向下，上体微左转。目随右掌。右掌经体前向左、向下、向右、向头上抖腕亮掌，掌心向上，掌指朝左；同时左掌从右臂内穿出，经胸前向上、向左摆至左侧，掌指朝上，高与肩平。左脚在右臂抖腕亮掌的同时收于体前，脚尖虚点地面，成高虚步。头部左转，两眼随右掌抖腕亮掌转视左侧。

2. 旋风脚

左脚向左上步，身体随之左转。同时左手向前推出，右臂伸直向后、向下摆动。右腿随即上步，脚尖内扣，准备蹬地踏跳。左臂向下摆动并屈肘收至右胸前，同时右臂向上、向前抡摆，上体向左旋转前俯。重心右移，右腿屈膝蹬地跳起，左腿提起向左上方摆动，上体向左上方翻转，同时两臂向下、向左上方抡摆。身体向左旋转一周，右腿在空中完成里合腿，左手在面前迎击右脚掌，左腿自然下垂。

要点：

（1）右腿做里合腿时，要贴近身体；摆动时，膝挺直，由外向里成扇形。

（2）击响点要靠近面前。左腿外摆要舒展，并在击响的一刹那离地腾空。初学时，左腿可自然下垂。当能够较熟练地完成腾空动作时，左腿逐步高摆，屈膝或直腿收于身体左侧。

（3）抡臂、踏跳、转体、里合右腿等环节要协调一致，身体的旋转不少于270°。

（三）腾空摆莲

预备姿势：并步站立。

动作说明：

1. 高虚步挑掌

右脚后撤一大步，同时右臂向前、向上挑掌，左臂后摆至体后。重心后移，左脚回收至身前虚点地面，成高虚步。同时右臂向上、向后、向下、向前绕环一周于身前挑掌，高与肩平，掌指朝上；左臂向前、向上、向后绕环抡摆至身后与肩齐平的部位，掌指上挑。两肩随两臂转动，上体挺胸、直腰、顺肩，两眼随右掌转视前方。

2. 弧形步上跳

左脚向前进半步；右脚随之向前进一大步，脚尖外展，屈膝略蹲。在上右步的同时，右掌弧形回收至腰间，左臂由后经上摆至头前上方。右腿蹬伸上跳，左腿屈膝提起，左脚收扣于身前，身体腾空。右臂在跳起的同时经左臂内侧向上弧形斜上举，左臂顺势摆向身后，两眼随右掌转视左侧，头左转，右肩前顺。右脚落地，左脚随之在身前落步，右脚再进一步，脚尖外展。身体右转，同时右臂顺势下落，左臂前摆。

3. 腾空摆莲

右脚蹬地跳起，同时左腿向右上方里合踢摆，两手于头上击响，上体向右旋转，身体腾空。右腿外摆，两手先左后右地拍击右脚面，左腿屈膝收控于右腿侧。上体微前倾，两眼随视两手。

要点：

（1）上步要成弧形。右脚踏跳时，注意脚尖外展和屈膝微蹲。

（2）跳起时，左腿注意里合扣踢。

（3）右腿外摆要成扇形，上体微前倾，要靠近面前击掌。两手先左后右拍击右脚面，击响要准确响亮。

（4）在击响的一刹那，左腿屈膝收于右腿内侧，或伸膝外展置于身体左侧。

（5）在完成动作过程中，要注意起跳、拧腰、转体、里合左腿与外摆右腿等动作紧密协调。

七、平衡

（一）提膝平衡

动作说明：右腿直立支撑，左腿屈膝提起（过腰），脚面绷直，并垂扣于右腿前侧。两眼向左平视。

要点：平衡站稳，提膝过腰，脚内扣。

（二）侧身平衡

动作说明：支撑腿直立站稳，上体侧身前俯成水平，另一腿挺膝伸直举于体后，高于水平，脚面绷平或脚尖勾起。双臂分别向前下方和后上方展出。

要点：支撑腿站稳，上体与上举腿之间不要有角度，抬头。

（三）燕式平衡

动作说明：左腿屈膝提起，两掌在身前交叉，掌心向外。随即两掌向两侧直臂分开平举，上体前俯，左腿直腿后伸，高于水平，脚面绷平。

要点：两腿伸直，后举腿要高于头顶水平部位，抬头。

（四）仰身平衡

动作说明：支撑腿伸直或稍屈站稳，上体后仰接近水平，另一腿伸直，向体前上举出，高于水平，脚面绷平，挺胸抬头。

要点：腹背部要紧张，抬头不要过大。

（五）扣腿平衡

动作说明：支撑腿屈膝半蹲，另一腿屈膝外展，脚尖绷平或勾起，踝关节紧扣于支撑腿的膝后腘窝处，挺胸塌腰。

要点：支撑腿站稳，扣腿的脚要扣住。

（六）盘腿平衡

动作说明：支撑腿屈膝半蹲，另一腿屈膝外展，小腿收提，脚面绷平或脚尖勾起，踝关节盘放在支撑腿的大腿上，挺胸塌腰。

要点：支撑腿站稳立牢，盘放腿的膝关节要外展。

八、跌扑滚翻

（一）抢背

动作说明：左脚在前，右脚在后，两脚交错站立。右脚从后向上摆起，左脚蹬地跳起，团身向前滚翻，两腿屈膝。

要点：肩、背、腰、臀要依次着地，滚翻要圆、快，立身要迅速。

（二）鲤鱼打挺

动作说明：仰卧，屈体使两腿上摆，两手扶按两膝。两腿下打，挺腹，振摆而起。

要点：身体须折叠，打腿振摆要快速，两脚落地时不得超过两肩宽。

（三）乌龙绞柱

动作说明：侧卧，左腿略屈贴地，右腿伸直。绞柱时，右腿由左向右贴身平扫，身体随之翻仰，两腿上举相绞。

（四）侧空翻

动作说明：左脚蹬地，右腿从后向上摆起，身体前屈，在空中做向左侧翻动作。右脚先落地，左脚随之落地。

要点：翻转要快，两腿要直。

（五）旋子

动作说明：开步站立，身体右转，左脚跟离地，左臂前平举，右臂后下举。左脚前脚掌踏地，身体平俯向左甩腰摆动，同时两臂伸直随身体向左摆动。紧接着左腿屈膝蹬地，身体悬空，两腿随身向左平旋，然后右脚先落地，左脚随之落地。

要点：挺胸、抬头，身体成水平旋转，两腿分开，高过水平。

九、初级长拳（第三路）

（一）预备势

两脚并步站立，两臂垂于身体两侧，五指并拢贴靠腿外侧，眼平视前方，如图 9-1 所示。

图 9-1

要点：头要端正，下颌微收，挺胸、塌腰、收腹。

1. 虚步亮掌

（1）右脚向右后方撤步成左弓步。右掌向右、向上、向前画弧，掌心向上；左臂屈肘，左掌提至腰侧，掌心向上；眼看右掌，如图 9-2 所示。

图 9-2

（2）右腿微屈，重心后移；左掌经胸前从右臂上向前穿出伸直；右臂屈肘，右掌收至腰侧，掌心向上；眼看左掌，如图 9-3 所示。

图 9-3

（3）重心继续后移，左脚稍向右移，脚尖点地，成左虚步；左臂内旋向左、向后画弧成勾手，勾尖向上；右手继续向后、向右、向前上画弧，屈肘抖腕，在头前上方成亮掌（即横掌），掌心向前，掌指向左；目视左方，如图 9-4 所示。

图 9-4

要点：三个动作必须连贯完成。

2. 并步对拳

（1）右腿蹬直，左腿提膝，脚尖里扣，上肢姿势不变，如图 9-5 所示。

图 9-5

（2）左脚向前落步，重心前移；左臂屈肘，左勾手变掌经左肋前伸；右臂外旋向前下落于左掌右侧，两掌同高，掌心均向上；目视前方，如图 9-6 所示。

图 9-6

（3）右脚向前上一步，两臂下垂后摆，如图 9-7 所示。

图 9-7

（4）左脚向右脚并步，两臂向外、向上经胸前屈肘下按，两掌变拳，拳心向下，停于小腹前；目视左侧，如图 9-8 所示。

图 9-8

要点：并步后挺胸、塌腰，对拳、并步、转头要同时完成。

（二）第一段

1. 弓步冲拳

（1）左脚向左上一步，脚尖向斜前方；右腿微屈，成半马步；左臂向上、向左格打，拳眼向后，拳与肩同高；右拳收至腰侧，拳心向上；目视左拳，如图 9-9 所示。

图 9-9

（2）右腿蹬直成左弓步。左拳收至腰侧，拳心向上；右拳向前冲出，高与肩平，拳眼向上；目视右拳，如图 9-10 所示。

图 9-10

要点：成弓步时，右腿充分蹬直，脚跟不要离地；冲拳时，尽量转腰顺肩。

2. 弹腿冲拳

重心前移至左腿，右腿屈膝提起，脚面绷直，猛力向前弹出伸直，高与腰平；右拳收至腰侧，左拳向前冲出；目视前方，如图 9-11 所示。

图 9-11

要点：支撑腿可微屈，弹出的腿要用寸劲儿，力达脚尖。

3. 马步冲拳

右脚向前落步，脚尖里扣，上体左转；左拳收至腰侧，两腿下蹲成马步；右拳向前冲出；目视右拳，如图 9-12 所示。

要点：成马步时，大腿要平，两脚平行，脚跟外蹬，挺胸、塌腰。

图 9-12

4. 弓步冲拳

（1）上体右转 90°，右脚尖外撇向斜前方，成半马步；右臂屈肘向右格打，拳眼向后；目视右拳，如图 9-13 所示。

图 9-13

（2）左腿蹬直成右弓步；右拳收至腰侧；左拳向前冲出；目视左拳，如图 9-14 所示。

图 9-14

要点：与本段的弓步冲拳相同，唯左右相反。

5. 弹腿冲拳

重心前移至右脚，左腿屈膝提起，脚面绷直，猛力向前弹出伸直，高与腰平；左拳收至腰侧，右拳向前冲出；目视前方，如图 9-15 所示。

图 9-15

要点：与本段的弹腿冲拳相同。

6. 大跃步前穿

（1）左腿屈膝；右拳变掌内旋，以手背向下挂至左膝外侧，上体前倾；目视右手，如图9-16所示。

图 9-16

（2）左脚向前落步，两腿微屈；右掌继续向后挂；左拳变掌，向后、向下伸直；目视右掌，如图9-17所示。

图 9-17

（3）右腿屈膝向前提起，左腿立即猛力蹬地向前跃出；两掌向前、向上画弧摆起；目视左掌，如图9-18所示。

图 9-18

（4）右腿落地全蹲，左腿随即落地向前铲出成仆步；右掌变拳抱于腰侧；左掌由上向右、向下画弧成立掌，停于右胸前；目视左脚，如图9-19所示。

要点：跃步要远，落地要轻，落地后立即接做下一个动作。

图 9-19

7. 弓步击掌

右腿猛力蹬直成左弓步；左掌经左脚面向后画弧至身后成勾手，左臂伸直，勾尖向上；右拳由腰侧变掌向前推出，掌指向上，掌外侧向前；目视右掌，如图 9-20 所示。

图 9-20

8. 马步架掌

（1）重心移至两腿中间，左脚脚尖里扣成马步，上体右转；右臂向左侧平摆，稍屈肘；同时左勾手变掌由后经左腰侧从右臂内向前上穿出，掌心均朝上；目视左手，如图 9-21 所示。

图 9-21

（2）右掌立于左胸前；左臂向左上屈肘，抖腕亮掌于头部左上方；掌心向前；眼向右转视，如图 9-22 所示。

图 9-22

要点：马步同前。

（三）第二段

1. 虚步栽拳

（1）右脚蹬地，屈膝提起；左腿伸直，以前脚掌为轴向右后转体180°；右掌由左胸前向下经右腿外侧向后画弧成勾手；左臂随身体转动并外旋，使掌心朝右；目视右手，如图9-23所示。

图 9-23

（2）右脚向右落地，重心移至右腿上，下蹲成左虚步；左掌变拳下落于左膝上，拳眼向里，拳心向后；右勾手变拳，屈肘向上架于头右上方，拳心向前；目视左方，如图9-24所示。

图 9-24

要点：栽拳、转头与虚步须同时完成。

2. 提膝穿掌

（1）右腿稍伸直；右拳变掌收至腰侧，掌心向上；左拳变掌，由下向左、向上画弧盖压于头上方，掌心向前，如图9-25所示。

图 9-25

（2）右腿蹬直，左腿屈膝提起，脚尖内扣；右掌从腰侧经左臂内向右前上方穿出，掌心向上；左掌收至右胸前呈立掌；目视右掌，如图9-26所示。

图 9-26

要点：支撑腿与右臂充分伸直。

3. 仆步穿掌

右腿全蹲，左腿向左后方铲出成左仆步；右臂不动，左掌由左胸前向下经左腿内侧，向左脚面穿出；眼随左掌转视，如图9-27所示。

图 9-27

4. 虚步挑掌

（1）右腿蹬直，重心前移至左腿，成左弓步；右掌稍下降，左掌随重心前移向前挑起，如图9-28所示。

图 9-28

（2）右脚向左前方上步，左腿半蹲，成右虚步；身体随上步左转180°，在右脚上步的同时，左掌由前向上、向后画弧成立掌；右掌由后向下、向前上挑起成立掌，指尖与眼平；目视右掌，如图9-29所示。

要点：上步要快，虚步要稳。

图 9-29

5. 马步击掌

（1）右脚落实，脚尖外撇，重心稍升高并右移；左掌变拳收至腰侧，右掌俯掌向外捋手，如图 9-30 所示。

图 9-30

（2）左脚向前上一步，以右脚为轴向右后转体 180°，两腿下蹲成马步；左掌从右臂上呈立掌向左侧击出，右掌变拳收于腰侧；目视左掌，如图 9-31 所示。

图 9-31

要点：右手做捋手时，先使臂稍内旋，腕伸直，手掌向下、向外转，接着臂外旋，掌心经下向上翻转，同时抓握成拳。收拳和击掌动作要同时进行。

6. 叉步双摆掌

（1）重心稍右移，同时两掌向下、向右摆，掌指均向上；目视右掌，如图 9-32 所示。

图 9-32

（2）右脚向左腿后插步，前脚掌着地；两臂继续由右向上、向左摆，停于身体左侧，均成立掌，右掌停于左肘窝处；眼随双掌转视，如图 9-33 所示。

图 9-33

要点：两臂要画立圆，幅度要大，摆掌与后插步配合一致。

7. 弓步击掌

（1）两腿不动，左掌收至腰侧，掌心向上；右掌向上、向右画弧，掌心向下，如图 9-34 所示。

图 9-34

（2）左腿后撤一步，成右弓步，右掌向下、向后伸直摆动，成勾手，勾尖向上；左掌成立掌向前推出；目视左掌，如图 9-35 所示。

图 9-35

8. 转身踢腿马步盘肘

（1）两脚以前脚掌为轴向左后转体 180°；在转体的同时，左臂向上、向前画半立圆，右臂向下、向后画半立圆，如图 9-36 所示。

图 9-36

（2）上动不停，两脚不动，右臂由后向上、向前画半立圆，左臂由前向下、向后画半立圆，如图 9-37 所示。

图 9-37

（3）上动不停，右臂向下成反臂勾手，勾尖向上；左臂向上呈亮掌，掌心向前上方；右腿伸直，脚尖勾起，向额前踢，如图 9-38 所示。

图 9-38

（4）右脚向前落地，脚尖里扣；右手不动，左臂屈肘，下落至胸前，左掌心向下；目视左掌，如图 9-39 所示。

图 9-39

（5）上体左转 90°，两腿下蹲成马步；同时左掌向前、向左平捋，变拳收至腰侧；右勾手变拳，右臂伸直，由体后向右、向前平摆，至体前时屈肘，肘尖向前，高与肩平，拳心向下；目视肘尖，如图 9-40 所示。

图 9-40

要点：两臂抡动时，要画立圆，动作连贯；盘肘时，要快速有力，右肩前顺。

（四）第三段

1. 歇步抡砸拳

（1）重心稍升高，右脚尖外撇；右臂由胸前向上、向右抡直；左拳向下、向左使臂抡直；目视右拳，如图 9-41 所示。

图 9-41

（2）上动不停，两脚以前脚掌为轴，向右后转体 180°；右臂向下、向后抡摆，左臂向上、向前随身体转动，如图 9-42 所示。

图 9-42

（3）上动不停，两腿全蹲成歇步；左臂随身体下蹲向下平砸，拳心向上，臂部微屈；右臂伸直向上举起；目视左拳，如图 9-43 所示。

图 9-43

要点：抡臂动作要连贯完成，画成立圆；歇步要两脚交叉下蹲，左腿大、小腿靠紧，臀部贴于左小腿外侧，膝关节在右小腿外侧，脚跟提起；右脚尖外撇，全脚着地。

2. 仆步亮掌

（1）左脚由右腿后抽出前上一步，左腿蹬直，右腿半蹲，成右弓步；上体微向右转；左拳收至腰侧，右拳变掌向下经胸前向右横击掌；目视右掌，如图 9-44 所示。

图 9-44

（2）右脚蹬地屈膝提起，上体右转；左拳变掌从右掌上向前穿出，掌心向上；右掌平收至左肘下，如图 9-45 所示。

图 9-45

（3）右脚向右落步，屈膝全蹲；左腿伸直，成仆步；左掌向下、向后画弧成勾手，勾尖向上；右掌向右、向上画弧微屈，抖腕成亮掌，掌心向前；头随右手转动，至亮掌时，目视左方，如图 9-46 所示。

要点：仆步时，左腿充分伸直，脚尖里扣，右腿全蹲，两脚脚掌全部着地；上体挺胸塌腰，稍左转。

图 9-46

3. 弓步劈拳

（1）右腿蹬地立起，左腿收回并向左前方上步；右掌变拳收至腰侧，左勾手变掌，由下向前上经胸前向左做捋手，如图 9-47 所示。

图 9-47

（2）右腿经左腿前方向左绕上步，左腿蹬直成右弓步；左手向左平捋后再向前挥摆，虎口朝前，如图 9-48 所示。

图 9-48

（3）左手平捋的同时，右拳向后平摆，然后再向前、向上做抡劈拳，拳高与耳平，拳心向上，左掌外旋接扶右前臂；目视右拳，如图 9-49 所示。

图 9-49

要点：左右脚上步稍带弧形。

4. 换跳步弓步冲拳

（1）重心后移，右脚稍向后移动；右拳变掌臂内旋以掌背向下画弧挂至右膝内侧；左掌背贴靠右肘外侧，掌指向前；目视右掌，如图 9-50 所示。

图 9-50

（2）右腿自然上抬，上体稍向左扭转；右掌挂至体左侧，左掌伸向右腋下；眼随右掌转视，如图 9-51 所示。

图 9-51

（3）右脚以全脚掌用力向下震踩，与此同时左脚急速离地抬起；右手由左向上、向前捋盖而后变拳收至腰侧；左掌伸直向下、向上、向前屈肘下按，掌心向下；上体右转，目视左掌，如图 9-52 所示。

图 9-52

（4）左脚向前落步，右腿蹬直成左弓步；右拳向前冲出，拳高与肩平；左掌藏于右腋下，掌背贴靠腋窝；目视右拳，如图 9-53 所示。

要点：换跳步动作要连贯、协调。震脚时，腿要弯曲，全脚掌着地，左脚离地不要高。

图 9-53

5. 马步冲拳

上体右转 90°，重心移至两腿中间呈马步；右拳收至腰侧；左掌变拳向左冲出，拳眼向上；目视左拳，如图 9-54 所示。

图 9-54

6. 弓步下冲拳

右脚蹬直，左腿弯曲，上体稍向左转，成左弓步；左拳变掌向下，经体前向上架于头左上方，掌心向上；右拳自腰侧向左前斜下方冲出；目视右拳，如图 9-55 所示。

图 9-55

7. 叉步亮掌侧踹腿

（1）上体稍右转；左掌由头上下落于右手腕上，右拳变掌，两手交叉成十字手；目视双手，如图 9-56 所示。

图 9-56

（2）右脚蹬地并向左腿后插步，以前脚掌着地；左掌由体前向下、向后画弧成勾手，勾尖向上；右掌由前向右、向上画弧抖腕亮掌，掌心向前；目视左侧，如图9-57所示。

图 9-57

（3）重心移至右腿，左腿屈膝提起，向左上方猛力蹬出；上肢姿势不变；目视左侧，如图9-58所示。

图 9-58

要点：插步时，上体稍向右倾斜，腿、臂的动作要一致。侧踹的高度不能低于腰，大腿内旋，着力点在脚跟。

8. 虚步挑拳

（1）左脚在左侧落地；右掌变拳稍后移；左勾手变拳由体后向左上挑，拳背向上，如图9-59所示。

图 9-59

（2）上体左转 180°，微含胸前俯；左拳继续向前、向上画弧上挑，右拳向下、向前画弧挂至右膝外侧，同时右膝提起；目视右拳，如图 9-60 所示。

图 9-60

（3）右脚向左前方上步，脚尖点地；重心落于左脚，左腿下蹲成右虚步；左拳向后画弧收至腰侧，拳心向上；右拳向前屈臂挑出，拳眼斜向上，拳与肩同高；目视右拳，如图 9-61 所示。

图 9-61

（五）第四段

1. 弓步顶肘

（1）重心升高，右脚踏实；右臂内旋向下直臂画弧，以拳背下挂至右膝内侧，左拳不变；目视前下方，如图 9-62 所示。

图 9-62

（2）左腿蹬直，右腿屈膝上抬；左拳变掌，右拳不变，两臂向前、向上画弧摆起；眼随右拳转视，如图 9-63 所示。

图 9-63

（3）左脚蹬地起跳，身体腾空，两臂继续画弧至头上方，如图 9-64 所示。

图 9-64

（4）右脚先落地，右腿屈膝；左脚向前落步，以前脚掌着地；同时两臂向右、向下屈肘停于右胸前，右拳变掌，左掌变拳；右掌心贴靠左拳面，如图 9-65 所示。

图 9-65

（5）左脚向左上一步，左腿屈膝，右腿蹬直成左弓步；右掌推左拳，以左肘尖向左顶出，高与肩平；目视前方，如图 9-66 所示。

图 9-66

要点：交换步时不要过高，但要快；两臂抢摆时要成弧形。

2. 转身左拍脚

（1）以两脚前脚掌为轴向右后转体 180°；随着转体，右臂向上、向右、向下画弧抢摆，同时左拳变掌向下、向后、向前上抢摆，如图 9-67 所示。

图 9-67

（2）左腿伸直向前上踢起，脚面绷平；左掌变拳收至腰侧，右掌由体后向上、向前拍击左脚面，如图 9-68 所示。

图 9-68

要点：右掌拍脚时手掌稍横过来，拍脚要准而响亮。

3. 右拍脚

（1）左脚向前落地，左拳变掌向下、向后摆，右掌变拳收至腰侧，如图 9-69 所示。

图 9-69

（2）右腿伸直向前上踢起，脚面绷平；左拳变掌由后向上、向前拍击右脚面，如图9-70所示。

图 9-70

要点：与左拍脚相同。

4. 腾空飞脚

（1）右脚落地，如图9-71所示。

图 9-71

（2）左脚向前摆起，右脚猛力蹬地跳起，左腿屈膝继续前上摆；同时右拳变掌向前、向上摆起，左掌先上摆再下降拍击右掌背，如图9-72所示。

图 9-72

（3）右腿继续上摆，脚面绷平；右手拍击右脚面，左掌由体前向后上举，如图9-73所示。

图 9-73

要点：蹬地后要向上，不要太向前冲，左膝尽量上提；击响要在腾空时完成，右臂伸直成水平。

5. 歇步下冲拳

（1）左、右脚先后相继落地；左掌变拳收至腰侧，如图9-74所示。

图 9-74

（2）身体右转90°，两腿全蹲成歇步；右掌抓握、外旋变拳收至腰侧；左拳由腰侧向前下方冲出，拳心向下；目视左拳，如图9-75所示。

图 9-75

要点：冲拳时，身体稍向前倾。

6. 仆步抡劈拳

（1）重心升高，右臂由腰侧向体后伸直，左臂随身体重心升高向上摆起，如图9-76所示。

图 9-76

（2）以右脚前脚掌为轴，左腿屈膝提起，上体左转270°；左拳由前向后、向下画立圆一周；右拳由后向下、向前画立圆一周，如图9-77所示。

图 9-77

（3）左腿向后落一步，屈膝全蹲；右腿伸直，脚尖里扣成右仆步；右拳由上向下抡劈，拳眼向上；左拳后上举，拳眼向上；目视右拳，如图 9-78 所示。

图 9-78

要点：抡臂时一定要画立圆。

7. 提膝挑掌

（1）重心前移成右弓步，同时右拳变掌由下向上抡摆，左拳变掌稍下落，右掌心向左，左掌心向后，如图 9-79 所示。

图 9-79

（2）左、右臂在垂直面上由前向后各画立圆一周；右臂伸直停于头上，掌心向左，掌指向上；左臂伸直停于身后成反勾手；同时右腿屈膝提起，左腿挺膝伸直独立；目视前方，如图 9-80 所示。

图 9-80

要点：抡臂时要画立圆。

8. 提膝劈掌弓步冲拳

（1）下肢不动；右掌由上向下猛劈伸直，停于右小腿内侧，用力点在小指一侧；左勾手变掌，屈臂向前停于右上臂内侧，掌心向右；目视右掌，如图 9-81 所示。

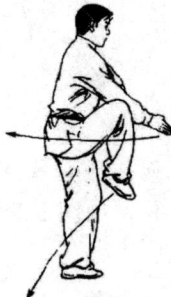

图 9-81

（2）右脚向右后落地，身体右转 90°；同时左掌变拳收至腰侧，右臂内旋向右画弧做劈掌，如图 9-82 所示。

图 9-82

（3）上动不停，左腿蹬直成右弓步；右手抓握变拳收至腰侧，左拳由腰侧向左前方冲出；目视左拳，如图 9-83 所示。

图 9-83

（六）结束动作

1. 虚步亮掌

（1）右脚扣于左膝后，两拳变掌，两臂右上左下屈肘交叉于体左前；目视右掌，如图 9-84 所示。

图 9-84

（2）右脚向右后落步，重心后移，右腿半蹲，上体稍右转；同时右掌向上、向右，向下画弧停于左腋下；左掌向左、向上画弧停于右臂上与右胸前，两掌心左下右上；目视左掌，如图 9-85 所示。

图 9-85

（3）左脚尖稍向右移，右腿下蹲成左虚步；左臂伸直向左、向后画弧成反勾手；右臂伸直向下、向右、向上画弧抖腕亮掌，掌心向前；目视左方，如图 9-86 所示。

图 9-86

2. 并步对拳

（1）左腿后撤一步，同时两掌从两侧向前穿出伸直，掌心向上，如图 9-87 所示。

图 9-87

（2）右腿后撤一步，同时两臂分别向体后下摆，如图 9-88 所示。

图 9-88

（3）左脚后退半步，向右脚并拢；两臂由后向上经体前屈臂下按，两掌变拳，停于腹前，拳心向下，拳面相对；目视左方，如图 9-89 所示。

图 9-89

（七）还原

两臂自然下垂，目视正前方，如图 9-90 所示。

图 9-90

第十章　高校传统武术之太极拳技术实践研究

第一节　太极拳运动基本理论诠释

一、太极拳的起源与发展

太极拳因为拳法变幻无穷，遂用我国古代的"阴阳""太极"这一哲学理论加以命名。

"太极"一词源出《周易·系辞》："易有太极，是生两仪。""太"就是大的意思，"极"就是开始或顶点的意思。宋朝周敦颐在《太极图说》中第一句话就是"无极而太极"，并非说太极从无极产生，而是"太极本无极"之意。太极图是我国古代人的一种最原始的世界观，拳术和太极说的结合，逐步形成了太极拳术。

关于太极拳的缘起，据考于明末清初逐渐形成。太极拳由河南温县陈家沟人氏陈王廷创编，并将此技艺传授给其子孙或弟子，在长期的演练过程中，逐渐演变形成了不同的流派，如杨氏（杨露禅）、吴式（吴鉴泉）、武式（武禹襄）、孙式（孙禄堂）。

新中国成立后，太极拳运动得到蓬勃发展。从 20 世纪 50 年代开始，国家体委组织专家陆续编写出版了 24 式、88 式、48 式太极拳，又将传统的陈、杨、吴、武、孙式太极拳整理出版。太极拳在国外也得到广泛的传播，受到各国人民的喜爱。1989 年，我国武术研究院编写了适应竞赛的陈、杨、吴、孙式太极拳和综合太极拳的套路，为太极拳进一步向世界推广，迈出了可喜的一步。

二、太极拳文化说

武术文化被认为是我国传统文化的重要组成部分，它以"贵自然，陶冶人的和谐观念；求虚静，培养人的最佳情感；重养气，融健身、修心于一体；尚直觉，体悟拳理与人生"的特点，被认为是一种不可多得的修身养性的体育形式。在东方体育文化与奥林匹克文化相融合的转型时代，要想更好地传播与发展太极拳这一我国优秀传统文化，就应该加强太极拳传统文化的发掘与传承，研究传统太极文化在现代社会中的人文内涵，以及与现代文化的交融发展，将太极拳传统文化发扬光大。

形、神一直是我国传统哲学、养生学和中医学讨论的重要命题，"形"是生命的物质基础，"神"是生命的动力和主宰，太极拳则继承了这一基本观点，用以指导自身的理论和实践。太极拳中的"形"不仅包括躯干、四肢、筋骨、皮毛，还包括动作的外在形架招式；"神"则包括精神、意识及精气等内在的生命动力。太极拳所追求的"内固精神，外示安逸""形神相生""形神统一"与世界卫生组织提出的健康新模式——"心理—生理—社会三者都处于健康状态才是真正意义上的健康"，实现了跨时代、跨地域的吻合，这也使得太极拳运动的传统文化焕发出无限的现代文化生机。

（一）太极拳健身文化的现代说——"形"说

"形者，生之具""习武先找形"，人的形体是太极拳运动的载体，太极拳的种种技击方法和技巧变化都是通过形来表现的。

首先，太极拳练习中对身体各部分姿势的要求，要"虚领顶劲"的同时"气沉丹田"，这样有利于身躯的放长，帮助产生弹性和韧性的绷劲，这种劲是一种内劲，它联络周身，通行血脉，使气血在经络中周流无息地运行，强调"行气运劲无微不到"，这些都可能对心血管系统产生有效的刺激。现代医学研究证实，坚持进行太极拳运动，可以改善血管壁的弹性，延缓血管壁的老化，使得安静状态下的收缩压、舒张压、平均动脉压都显著地下降，这种变化对于保证冠状动脉血流和心肌供血量具有重要意义。还有研究表明，中老年人长期进行太极拳运动后，安静状态心肌耗氧减少，心脏表现出"机能节省化"现象，这也说明了太极拳运动有利于提高中老年人心脏器官的代偿能力和储备能力，从而表现出心血管系统对运动负荷的适应能力提高。

其次，太极拳练习中对躯干部要求含胸拔背、松腰敛臀、尾闾中正，这样可以使脊背有拔长的感觉，使胸腔、横膈、腹腔等内脏器官得到舒展，有利于气血的流通，有助于提高脊椎骨、肩背部肌肉、胸腰腹部肌肉的弹性和韧性。另外，太极拳运动中的呼吸是一种"细、长、匀、缓、深"的腹式深呼吸，并且要配合劲力的发放，这种独特的由表及里的独特运动方式会对肺脏功能产生诸多的有益影响。现代医学研究指出，老年人随着年龄的增长，呼吸肌收缩力下降，呼吸道阻力增大，肺部的弹性回缩力降低，从而导致呼吸道黏膜和黏液系统功能退化，气体交换减少，最大通气量减少。而长期进行太极拳运动能显著改善肺部弹性回缩力，提高呼吸肌肌力，增加呼吸深度，提高摄氧量，保证机体对氧的需求，改善老年人呼吸系统的退行性变化。

最后，太极拳练习中要求下肢"屈膝""开胯""圆裆"，这样才有助于腿部的弧形运动，使内劲能由脚跟发于腿，上升到腰脊。对各关节而言，太极拳要求"周身节节贯串"，通过腰脊为中心将周身9个主要的运动关节：颈、脊、腰、胯、膝、踝、肩、肘、腕依次贯串起来。太极拳练习时，膝关节始终处于半屈位状态，非常有利于下肢各肌群的力量发展，从而对骨骼产生积极的影响。有研究已证实，坚持4个月的太极拳练习，骨密度基本维持在原有水平，但坚持练习6个月，实验人群的骨密度出现了显著升高。

（二）太极拳健心文化的现代说——"神"说

"神"是人体生命活动现象的总称，包括精神意识、思维情感、知觉运动等。我国传统养生理论认为，精、气、神为人之三宝，气既是形的本源，又是神的内质，气化而为神，聚而成形，是形和神运化的源泉，同时还是形与神之间相互沟通、相互影响的中介和传递信息的载体，三者相互作用，互为因果，贯穿于生命活动一切过程的始终。南北朝的著名养生家陶弘景指出："人只知养形，不知养神，只知爱身，不知爱神，殊不知形者，载神之车也，神去人即死，车败马即奔也。"

太极拳是一种"由内发于外，并由外敛于内，内外交修"的拳种，传统的练法要求"始以意动，继而内动，然后形动"，是内动导外形，外形合内动，由内及外，以外引内，最后做到内外合一，表里一致。练习太极拳只有做到形神统一、心静神宁、形神相依、以神领气、神到气到，才能"五脏坚固，血脉和调；肌肉解利，皮肤致密"，然后"尽终其天年，度百岁乃去"。正是因为"神"的重要，太极拳对"神"的要求非常精微，练习中"气须敛，神宜舒"、"神舒体静"、"气宜鼓荡，神宜内敛"、"神气收敛入骨"、"神不外散"。如果用现代生理学来解释"神"就是神经冲动，人体四肢接受外来刺激，产生神经冲动，传入中枢系统形成感觉，又以神经冲动到达人体四肢。武禹襄在《太极拳解》中说"心为令，气为旗；神为主帅，身为驱使"，其实也就是一种反馈调节的过程。人的一切行为活动都是由意识支配的，而且人的心理精神状态、喜怒情绪都会直接影响神经系统和内分泌系统的活动，如果没有正确的意识支配，就不能处理好各种复杂的关系，健康长寿就难以实现。

现代人社会生活节奏快，工作生活压力大，心情容易急躁，感情容易冲动，忧患、焦虑，精神高度紧张，经常感到身心疲惫。而柔和、缓慢、轻灵的太极拳，强调以"柔"为体，指出"柔则生，刚则损，天下知至柔，驰骋天下之至坚"，运动过程中始终贯穿静中求动、动中求静、动静结合、动静有度、以动养生又兼养神、以静养心又兼养身、形神共养的原则和方法。它通过意志、身体、气息三结合的运动，使人进入心静气和的状态，从而产生一种惬意的放松体验，达到释放心理压力的效果。这种状态对于神经紊乱和意识疲劳的消除有积极的作用，对于人的心理调节以及对人的精神的调控、熏陶，都有很好的影响。实验研究证实，长期进行太极拳运动后，中老年女性情绪指标发生了变化，其中状态焦虑、特质焦虑、心境分量表中紧张、愤怒、疲劳、抑郁、慌乱得分呈下降趋势；而代表积极情绪的精力和自尊感得分呈现上升趋势。另外，在心理健康的重要标志——幸福度测试上，长期进行太极拳运动后，正性情感、正性体验的得分显著升高。

（三）太极拳和谐文化的现代说

21世纪人类所共同面临的挑战和冲突，就是人与自然、人与人、人与自我之间的三大冲突，以及由此而引发的人类生态危机、人文危机和精神危机，这关系着人类的生存和发展。为了化解这些冲突，追求人类文化的出路和前景，东西方学者提出了各种理论、学说和设想。在这个过程中，越来越多的学者把视角投向博大深邃的中国文化，认为发掘中国传统文化的瑰宝，寻求可资借鉴的深刻启迪，对于解决人类面临的冲突和危机是十分有益的。

太极拳以"天人合一"为拳理理念，要求人与自然建立一种和谐统一的关系，从而保持一种良性的生态平衡。它对人与自然的关系进行反思和纠正，追求一种共同生存、共同发展的新型关系。这种追求生态和谐的自然观，能转化为追求社会和谐的人文观，促使人与人之间建立起一种友好亲善、和平共处、互帮互助的平等关系。这种和谐的思想为人们的健康提供了思想基础，通过积极调整自身的生命系统与周围环境的和谐，使人们获得一种精神上的自然陶冶、心理上的稳定平衡和生活的返璞归真。

文化是没有国界的。我国优秀传统文化的代表——太极拳文化，不仅是我国人民所拥有的文化宝藏，而且正在成为被世界人民所认识和追求的文化财富。它通过身体文化的传播形式，消除了在世界传播过程中存在的语言隔阂和交流障碍。伴随着在世界范围内的广泛传播与推广，太极拳越来越体现出运动与健身、科学与人文的统一和融合，也愈发显现出我国古老传统文化在现代社会中的人文内涵。

第二节 太极拳运动技法特征解析

太极拳的技法主要有掤、捋、挤、按、采、挒、肘、靠、分、云、推、搂等手法；栽、搬、拦、撇、打等拳法；蹬、分、拍、摆莲等腿法。其运动特点是心静体松、呼吸自然，轻灵沉着、圆活连贯，上下相随、虚实分明，柔中寓刚、以意导动。

一、虚灵顶劲

虚灵顶劲即"顶头悬"，练拳时讲究头部的头正、顶平、项直、颌收，要求头顶的百会穴处要向上轻轻顶起，同时又须保持头顶的平正。要使头正、顶平，就必须使颈项竖直，下颌里收。顶劲不可过分用力，要有自然虚灵之意，做到虚灵顶劲。只有这样，精神才提得起来，动作才能沉稳、扎实。

二、气沉丹田

气沉丹田，是身法端正，宽胸实腹，"意注丹田"，意识引导呼吸，将气徐徐送到腹部脐下。在进行太极拳运动时，一般都是采用腹式呼吸，同时"意注丹田"，这样才能达到太极拳"身动、心静、气敛、神舒"的境地。

用腹式呼吸来加深气息的深长，应自然、匀细、徐徐吞吐，要与动作自然配合，不能用强制的方法。要求整套动作都要与一呼一吸结合得非常密切，应根据动作的开合、屈伸、起落、进退、虚实等变化，自然地进行配合。一般来说，呼吸总是与胸廓的张缩、肩胛的活动自然结合。在一个动作中，往往就伴随着一呼一吸，而不是一个动作固定为一吸或一呼。这种与动作自然配合的方法运用得当，可以使动作更加协调、圆活、轻灵、沉稳。

三、含胸拔背

含胸是指胸廓略向内含虚，使胸部有舒宽的感觉。这样有利于做好腹式呼吸，能在肩锁关节放松、两肩微含、两肋微敛的姿势下，通过动作使胸腔上下径放长，横膈有下降舒展的机会。它既能使重心下降，又能使肺脏、横膈活动加强。

拔背与含胸是相互联系的，要含胸就势必拔背。拔背是指在胸略向内含时背部肌肉向下松沉，两肩中间颈下第三脊骨鼓起上提并略向后上方拉起，不能单纯地往后拉，这样背部肌肉就会有一定的张、弹力，皮肤有绷紧的感觉。

含胸拔背，胸背肌肉须松沉，不能故意做作。

四、松腰敛臀

太极拳要求含胸、沉气，因此在含胸时就必须松腰。松腰不仅可以帮助沉气和稳固下肢，更主要的是它对动作的进退旋转、用躯干带动四肢的活动及动作的完整性，起着主导作用。

敛臀则是在含胸拔背和松腰的基础上使臀部稍作内收。敛臀时，尽量放松臀、腰部肌肉，使臀肌向外下方舒展，然后轻轻向前、向里收敛，像用臀把小腹托起来似的。

五、圆裆松胯

裆即会阴部位。头顶百会穴的"虚灵顶劲"要与会阴穴上下相应，这是保持身法端正、气贯上下的锻炼方法。

裆要圆，又要实。胯撑开，两膝微向里扣，裆自圆。会阴处虚上提，裆自会实，加上腰的松沉、臀的收敛，自然产生裆劲。

太极拳讲究"迈步如猫行"，要求步法轻灵稳健，两腿弯曲轮换支持身体进行活动。因此髋部关节须放松，膝关节须灵活，才能保证上体旋转自如，踢腿、换步灵便。

六、沉肩坠肘

太极拳在松肩的情况下要求沉肩坠肘，两臂由于肩、肘的下坠会有一种沉重的内劲感觉，这就是上肢内在的遒劲。两肩除沉之外，还要有些微向内合抱的意思，这能使胸部完全含虚，使脊背团成圆形。两肘下坠之外，也要有一些微向里的裹劲。这样的沉肩坠肘，才能使劲力贯达上肢手臂。

七、舒指坐腕

舒指是掌指自然伸展，坐腕是腕关节向手背、虎口的一侧自然屈起。掌的动作是整体动作的一部分，许多掌法都是与全身动作连成一气的。因之舒指坐腕，实际是将周身劲力通过"其根在脚，发于腿，主宰于腰，形于手指"，完整一气。

八、尾闾中正

尾闾中正是关系身躯、动作姿势"中正安舒""支撑八面"的准星。因此，太极拳运动极重视尾闾中正，不论是直的或是斜的动作姿势，都必须保持尾闾与脊椎成直线，处于中正状态。更重要的是，尾闾中正影响着下盘的稳固，所以尾闾中正同样是和以上七点连贯统一的。能够统一地做到这八点，就可以使躯干、上肢、下肢的内在劲力达到完整如一的地步。

九、运动如抽丝，迈步如猫行

太极拳运动要像抽丝那样既缓又匀、既稳又静，迈步又要像猫那样轻起轻落，提步、落步都要有轻灵的感觉。静是太极拳的特点之一，练太极拳首要的条件就是要做到心里安静，排除杂念，使精神完全集中到运动上来。心静才能"用意不用力"，使运动像抽丝那样安静。太极拳讲究"用意识引导动作"，是一种"会意"的运动。"缓以会意"，只有徐缓的活动才能会意，因此它要求运动像抽丝那样徐缓不躁。太极拳讲究速度均匀，要求保持适当的等速运动，又需像抽丝那样均匀地抽拉，其步法必须相应地像猫迈步那样轻灵。

第三节　太极拳运动技术实践

一、太极拳的基本技术探析

各式太极拳虽各有其具体特征，但拳理相同，练习时身体各部位的姿势要求和运动特点基本一致。太极拳的基本技术主要包括：手型、手法、步型、步法、腿法、身型和身法等。

（一）太极拳手型

拳：五指卷曲，拇指压于食指、中指第二指节上。握拳不可太紧，拳面要平。

掌：五指自然舒展，掌心微含，虎口呈弧形。

勾：五指第一指节自然捏拢，屈腕。

（二）手法

手法包括冲拳、搬拳、贯拳、推掌、搂掌、拦掌、分掌、立云掌、穿掌、抱掌、挑掌、撑掌、按掌等十三种。

（三）步型和步法

步型有拗步、仆步、虚步、丁步、独立步等；步法有上、退、扣、跟、碾、摆六种步法。

（四）主要身型和身法

头：做到虚领顶劲，下颌微收。

肩：保持松沉。

肘：自然下垂。

胸：自然舒松，微内含。

脊：自然伸直，不可歪斜。

膝：伸屈要柔和自然，膝关节要与脚尖同向。

臀胯：下垂收敛，不可后凸，胯不可左右歪斜。

背：自然舒松，舒展拔伸。

二、二十四式太极拳技术探析

（一）起势

1. 两脚并拢，身体自然直立，头颈正直；两臂自然下垂，两手指尖轻贴大腿外侧；目视前方，如图 10-1 所示。

2. 左脚向左慢慢开步，与肩同宽，脚尖向前，如图10-2所示。

要点：头颈正直，下颌微收，身体放松，气沉丹田。

3. 两臂慢慢向前平举，两手高与肩平，与肩同宽，手心向下，如图10-3所示。

4. 上体保持正直，两腿屈膝下蹲；同时两掌轻轻下按至腹前，两肘下垂与膝相对。目视前方，如图10-4所示。

要点：两肩下沉，两肘松垂，手指自然微屈。屈膝松腰敛臀，两臂下落和两腿下蹲的动作要协调一致。

图10-1　　　　　　图10-2　　　　　　图10-3　　　　　　图10-4

（二）左右野马分鬃

1. 上体微向右转，身体重心移至右腿；同时右臂上提收至胸前平屈，手心向下；左手经体前向右下画弧至右手下，手心向上，两手心相对成抱球状；左脚随即收到右脚内侧，脚尖点地；目视右手，如图10-5、10-6所示。

2. 上体微向左转，左脚向左前方迈出，右脚跟后蹬，右腿自然伸直成左弓步；同时左右手随转体慢慢分别向左上、右下分开，左手高于眼平，手心斜向上，肘微屈；右手落于右胯旁，肘微屈，手心向下，指尖向前；目视左手，如图10-7、10-8、10-9所示。

3. 上体慢慢后坐，重心移至右腿，左脚尖翘起，微向外撇（45°～60°），脚掌慢慢踏实，左腿慢慢前弓，身体左转，重心移至左腿；同时左手翻转向下，左臂收至胸前平屈，右手向左上画弧至左手下，两手心相对成抱球状；右脚随即收到左脚内侧，脚尖点地；目视左手，如图10-10、10-11、10-12所示。

图10-5　　　　　　图10-6

图 10-7

图 10-8

图 10-9

图 10-10

图 10-11

图 10-12

4. 上体右转，右腿向右前方迈出，慢慢成右弓步；同时左右手随转体慢慢分别向左下、右上分开，右手高与眼平，手心斜向上，肘微屈；左手落于左胯旁，肘微屈，手心向下，指尖向前；目视右手，如图 10-13、10-14 所示。

5. 与 3 解同，唯左右相反，如图 10-15、10-16、10-17 所示。

6. 与 4 解同，唯左右相反，如图 10-18、10-19 所示。

要点：上体不可前俯后仰，胸部宽松舒展。两臂分开时要保持弧形。身体转动时要以腰为轴，弓步动作与分手的速度要均匀一致。做弓步时，迈出的脚先是脚跟着地，然后脚掌慢慢踏实。脚尖向前，膝不要超过脚尖；后腿自然伸直，脚跟向后蹬转，两脚之间的横向距离应保持在 10～30 厘米。

图 10-13

图 10-14

图 10-15 图 10-16 图 10-17

图 10-18 图 10-19

（三）白鹤亮翅

1. 上体微向左转，左手翻掌向下，左臂平屈胸前；右手向左上画弧，手心转向上，与左手相对成抱球状；目视左手，如图 10-20 所示。

2. 右脚跟进半步，上体后坐，重心后移至右腿；上体先向右转，两手随转体慢慢向右上、左下分开，右手上提于右额前，手心向左后方；同时上体再微向左转，面向前方，左脚尖点地，成左虚步，左手落于左胯前，手心向下，指尖向前；目视前方，如图 10-21、10-22 所示。

要点：两手抱球与右脚跟进半步要协调一致，重心后移与右手上提、左手下按要协调一致；转动动作要以腰带臂，虚步动作要收腹敛臀。

图 10-20 图 10-21 图 10-22

（四）左右搂膝拗步

1. 右手从体前下落，由下向后上方划弧至右肩外侧，肘微屈，手与耳同高，手心斜向上；左手由左下向上、向右下划弧至右胸前，手心斜向下；同时上体先微向左再向右转；左脚收至右脚内侧，脚尖点地；目视右手，如图 10-23、10-24、10-25 所示。

图 10-23   图 10-24   图 10-25

2. 上体左转，左脚向前（偏左）迈出成左弓步；同时右手屈回经耳侧向前推出，高与鼻尖平，左手向下由左膝前搂过落于左胯旁，指尖向前；目视右手，如图 10-26、10-27 所示。

图 10-26   图 10-27

3. 右腿慢慢屈膝，上体后坐，重心移至右腿，左脚尖翘起微向外撇，随后脚掌慢慢踏实，身体左转，重心移至左腿；右脚收到左脚内侧，脚尖点地；同时左手向外翻掌由左后向上划弧至左肩外侧，肘微屈，手与耳同高，手心斜向上；右手随转体向上、向左下划弧落于左胸前，手心斜向下；目视左手，如图 10-28、10-29、10-30 所示。

  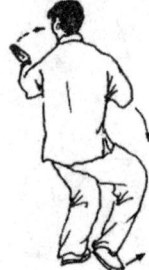

图 10-28   图 10-29   图 10-30

4. 与 2 解同，唯左右相反，如图 10-31、10-32 所示。

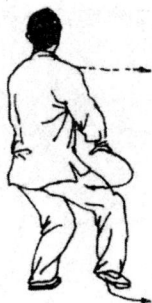 

图 10-31　　　　　　　　　　图 10-32

5. 与 3 解同，唯左右相反，如图 10-33、10-34、10-35 所示。

6. 与 2 解同，如图 10-36、10-37 所示。

图 10-33　　　　　　　图 10-34　　　　　　　图 10-35

图 10-36　　　　　　　　图 10-37

要点：手掌推出时，身体不可前俯后仰，要松腰松胯。推掌时要沉肩垂肘，坐腕舒掌，同时要与松腰、弓腿上下协调一致；弓步时，两脚跟的横向距离约 30 厘米。

（五）手挥琵琶

右脚跟进半步，上体后坐，重心移至右腿上，上体半面向右转；左脚略提起稍向前移，脚跟着地，脚尖翘起，膝部微屈成左虚步；同时左手由左下向上挑举，高与鼻尖平，掌心向右，臂微屈；右手收回放在左肘里侧，掌心向左，两手成侧立掌合于体前；目视左手食指，如图 10-38、10-39、10-40 所示。

要点：身体姿势要平稳自然、沉肩垂肘，胸部放松；左手上起时不要直向上挑，要由左向上、向前，微带弧形；右脚跟进时，脚掌先着地，再全脚踏实；身体重心后移和左手上起、右手回收要协调一致。

图 10-38　　　　　　　图 10-39　　　　　　　图 10-40

（六）左右倒卷肱

1. 上体右转，右手翻掌（手心向上）经腹前由下向后上方划弧平举，肘微屈；左手随即翻掌向上；眼随转体先右视，再转向前方，目视左手，如图 10-41、10-42 所示。

图 10-41　　　　　　　　　　图 10-42

2. 右臂屈肘向前，右手经耳侧向前推出，手心向前，左臂屈肘后撤，手心向上，撤至左肋外侧；同时左腿轻轻提起向后（偏左）退一步，脚掌先着地，然后全脚慢慢踏实，身体重心移到左腿上，成右虚步，右脚随转体以脚掌为轴扭正；目视右手，如图 10-43、10-44 所示。

3. 上体微向左转，同时左手随转体向后上方划弧平举，手心向上；右手随即翻掌，手心向上；眼随转体先左视，再转向前方视右手，如图 10-45 所示。

图 10-43　　　　　　　图 10-44　　　　　　　图 10-45

4. 与 2 解同，唯左右相反，如图 10-46、10-47 所示。

5. 与 3 解同，唯左右相反，如图 10-48 所示。

图 10-46　　　　　　　　图 10-47　　　　　　　　图 10-48

6. 与 2 解同，如图 10-49、10-50 所示。

7. 与 3 解同，如图 10-51 所示。

图 10-49　　　　　　　　图 10-50　　　　　　　　图 10-51

8. 与 3 解同，唯左右相反，如图 10-52、10-53 所示。

图 10-52　　　　　　　　图 10-53

　　要点：前推的手臂微屈，后撤的手随转体走弧线；前推时要转腰松胯，两手的速度要一致；退步时，脚掌先着地，再慢慢全脚踏实，同时前脚随转体以脚掌为轴扭正；退左脚略向左后斜，退右脚略向右后斜，避免两脚落在一条直线上。

（七）左揽雀尾

1. 上体微向右转，同时右手随转体向后上方划弧平举，手心向上，左手放松，手心向下；目视左手，如图 10-54 所示。

2. 身体继续向右转，左手自然下落，逐渐翻掌经腹前划弧至右肋前，手心向上；右臂屈肘，手心转向下，收至右胸前，两手相对成抱球状；同时身体重心落在右腿上，左脚收至右脚内侧，脚尖点地；目视右手，如图 10-55、10-56 所示。

3. 上体微向左转，左脚向左前方迈出，上体继续向左转，右腿自然蹬直，左腿屈膝成左弓步；同时左臂向左前方送出（即左臂平屈成弓形，用前臂外侧和手背向前方掤出），高与肩平，手心向后；右手向右下落放于右胯旁，手心向下，指尖向前；目视左前臂，如图 10-57、10-58 所示。

图 10-54　　　　　　　　　　图 10-55　　　　　　　　　图 10-56

图 10-57　　　　　　　　　　图 10-58

要点：两臂送出时，均保持弧形；分手、松腰、弓腿三者必须协调一致；揽雀尾弓步时，两脚跟横向距离不超过 10 厘米。

4. 身体微向左转，左手随即前伸翻掌向下，右手翻掌向上，经腹前向上、向前伸至左前臂下方，然后两手下捋，即上体向右转，两手经腹前向右后上方划弧，直至右手心向上，高与肩平，左臂平屈于胸前，手心向后；同时身体重心移至右腿；目视右手，如图 10-59、10-60 所示。

要点：下捋时，上体不可前倾，臀部不要凸出；要转腰带动两臂走弧线，左脚全脚掌着地。

图 10-59　　　　　　　　　　　图 10-60

5. 上体微向左转，右臂屈肘折回，右手附于左手腕里侧（相距约 5 厘米），上体继续向左转，双手同时向前慢慢挤出，左手心向后，右手心向前，左前臂要保持半圆；同时身体重心逐渐前移成左弓步；目视左手腕部，如图 10-61、10-62 所示。

要点：向前挤时，上体要正直；挤的动作要与转腰、弓腿相一致。

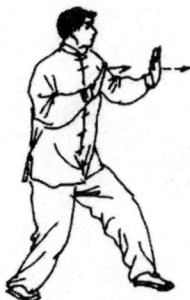 

图 10-61　　　　　　　　　　　图 10-62

6. 左手翻掌，手心向下，右手经左腕上方向前、向右伸出，高与左手齐，手心向下，两手左右分开，宽与肩同；然后右腿屈膝，上体慢慢后坐，身体重心移至右腿上，左脚尖翘起；同时两手臂屈肘回收至腹前，手心均向前下方；目视前下方，如图 10-63、10-64、10-65 所示。

7. 上势不停，身体重心慢慢前移，同时两手向前、向上按出，掌心向前；左腿前弓成左弓步；目视前方，如图 10-66 所示。

要点：重心右移时，要松腰、坐胯；两手向前按时，两手须走曲线，按掌与弓腿协调一致，手腕部高与肩平，两肘微屈下沉。

图 10-63　　　　　　图 10-64　　　　　　图 10-65　　　　　　图 10-66

（八）右揽雀尾

1. 上体后坐并向右转，身体重心移至右腿，左脚尖里扣；右手向右平行划弧至右侧，然后由右下经腹前向左上划弧至左肋前，手心向上；左臂平屈胸前，左手掌向下与右手成抱球状；同时身体重心再移到左腿上，右脚收到左脚内侧，脚尖点地；目视左手，如图 10-67、10-68、10-69、10-70 所示。

2. 同"左揽雀尾"3 解，唯左右相反，如图 10-71、10-72 所示。

3. 同"左揽雀尾"4 解，唯左右相反，如图 10-73、10-74 所示。

4. 同"左揽雀尾"5 解，唯左右相反，如图 10-75、10-76 所示。

5. 同"左揽雀尾"6 解，唯左右相反，如图 10-77、10-78、10-79 所示。

6. 同"左揽雀尾"7 解，唯左右相反，如图 10-80 所示。

要点：与"左揽雀尾"相同，唯左右相反。

图 10-67

图 10-68

图 10-69

图 10-70

图 10-71

图 10-72

图 10-73

图 10-74

图 10-75

图 10-76

图 10-77

图 10-78

图 10-79

图 10-80

（九）单鞭

1. 上体后坐，身体重心逐渐移至左腿，右脚尖里扣；同时上体左转，两手（左高右低）向左弧形运转；直至左臂平举，伸于身体左侧，手心向左，右手经腹前运至左肋前，手心向后上方；目视左手，如图 10-81、10-82 所示。

2. 身体重心再渐渐移至右腿上，上体右转，左脚右脚靠拢，脚尖点地；同时右手向右上方划弧（手心由里转向外），至右侧方时变勾手，臂于肩平；左手向下经腹前向右上划弧停于右肩前，手心向里；目视左手，如图 10-83、10-84 所示。

3. 上体微向左转，左脚向左前侧方迈出，右脚跟后蹬成左弓步；在身体重心移向左腿的同时，左掌随上体的继续左转慢慢翻转向前推出，手心向前，手指与眼齐平，肘微屈；目视左手，如图 10-85、10-86 所示。

要点：上体保持正直，松腰。定势时，右肘稍下垂，左肘与左膝上下相对，两肩下沉；左手向外翻掌前推时，要随转体边翻边推出，翻掌不要太快。

图 10-81   图 10-82   图 10-83

图 10-84   图 10-85   图 10-86

（十）云手

1. 身体重心移至右腿上，身体渐渐向右转，左脚尖里扣；左手经腹前向右上划弧至右肩前，手心斜向后，同时右手松勾变掌，手心向右前；目视左手，如图 10-87、10-88、10-89 所示。

2. 上体慢慢左转，重心随之逐渐左移；左手由脸前向左侧运转，手心渐渐转向左方；右手由右下经腹前向左上划弧至左肩前，手心斜向后；同时右脚靠近左脚，成小开立步（两脚距离10～20厘米）；目视右手，如图 10-90、10-91 所示。

图 10-87   图 10-88   图 10-89

图 10-90　　　　　　　　　　图 10-91

3. 上体再向右转，同时左手经腹前向右上划弧至右肩前，手心斜向后；右手向右侧运转，手心翻转向右；随之左腿向左横跨一步；目视左手，如图 10-92、10-93、10-94 所示。

4. 同 2 解，如图 10-95、10-96 所示。

图 10-92　　　　　　　　图 10-93　　　　　　　　图 10-94

图 10-95　　　　　　　　图 10-96

5. 同 3 解，如图 10-97、10-98、10-99 所示。

6. 同 2 解，如图 10-100、10-101 所示。

要点：身体转动要以腰脊为轴，松腰、松胯，不可忽高忽低。两臂随腰转动，要自然圆活，速度要缓慢均匀。下肢移动时，脚掌先着地再踏实，脚尖向前。目随云手而移动。做第三个"云手"，右脚最后跟步时，脚尖微向里扣，便于接"单鞭"动作。

图 10-97

图 10-98

图 10-99

图 10-100

图 10-101

（十一） 单鞭

1. 上体向右转，右手随之向右转至右侧方时变成勾手；左手经腹前向右上划弧至右肩前，手心向内；身体重心落在右腿上，左脚尖点地；目视左手，如图 10-102、10-103、10-104 所示。

2. 与前"单鞭"势 3 解相同，如图 10-105、10-106 所示。

要点：与前"单鞭"势相同。

图 10-102

图 10-103

图 10-104

图 10-105　　　　　　　　图 10-106

（十二）高探马

1. 右脚跟进半步，身体重心逐渐后移至右腿上；右勾手变掌，两手心翻转向上，两肘微屈；同时身体微向右转，左脚跟渐渐离地；目视左前方，如图 10-107 所示。

2. 上体微向左转，面向前方，右掌经右耳旁向前推出，手心向前，手指与眼同高；左手收至左侧腰前，手心向上；同时左脚微向前移，脚尖点地成左虚步；目视右手，如图 10-108 所示。

要点：上体左转与推右掌、收左掌协调一致；跟步转换重心时，上体保持自然正直，不要有起伏。

图 10-107　　　　　　　　图 10-108

（十三）右蹬脚

1. 左手手心向上，前伸至右手腕背面，两手背相对交叉，随即向两侧分开并向下划弧，手心斜向下；同时左脚提起向左前侧方进步（脚尖略外撇），身体重心前移，右腿自然蹬直，成左弓步；目视前方，如图 10-109、10-110、10-111 所示。

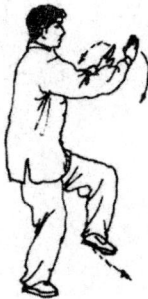

图 10-109　　　　　　图 10-110　　　　　　图 10-111

2. 两手继续向下，并由外向内划弧，交叉合抱于胸前，右手在外，两手心均向后；同时右脚向左脚靠拢，脚尖点地；目视右前方，如图 10-112 所示。

3. 两手臂左右划弧分开平举，肘微屈，手心均向外；同时右腿屈膝上提，右脚向右前方慢慢蹬出；目视右手，如图 10-113、10-114 所示。

要点：身体重心要稳定，上体不可前俯后仰；两手分开时，腕部与肩齐平；蹬脚时，左腿微屈，右脚尖回勾，力达脚跟。分手和蹬脚要协调一致，右臂与右腿上下相对。如面向南起势，蹬脚方向应为正东偏南约 30°。

图 10-112   图 10-113   图 10-114

（十四）双峰贯耳

1. 右腿收回，屈膝平举；左手由后向上、向前下落至体前，两手心均翻转向上，两手同时向下划弧分落于右膝两侧；目视前方，如图 10-115、10-116 所示。

2. 右脚向右前方落步，重心渐渐前移成右弓步，面向右前方，同时两手下落，慢慢变拳，分别从两侧向上、向前划弧贯拳至面部前方，两拳相对，高与耳齐，拳眼都斜向内下（两拳间距 10～20 厘米）；目视右拳，如图 10-117、10-118 所示。

要点：定势时，头颈正直，松腰松胯，两拳松握，沉肩垂肘，两臂均保持弧形。双峰贯耳式的弓步方向与右蹬脚方向相同。

图 10-115   图 10-116   图 10-117   图 10-118

（十五）转身左蹬脚

1. 左腿屈膝后坐，身体重心移至左腿，上体左转，右脚尖里扣。同时两拳变掌，由上分别向左右划弧分开平举，手心向前；目视左手，如图10-119、10-120所示。

2. 身体重心再移至右腿，左脚收到右脚内侧，脚尖点地；同时两手由外经下向里划弧合抱于胸前，左手在外，两手心均向后；目视左前方，如图10-121、10-122所示。

3. 两手臂左右划弧分开平举，肘部微屈，手心均向外；同时左腿屈膝上提，左脚向左前方慢慢蹬出；目视左手，如图10-123、10-124所示。

要点：与右蹬脚相同，唯左右相反。左蹬脚方向与右蹬脚方向成180°，即正西偏北约30°。

图 10-119

图 10-120

图 10-121

图 10-122

图 10-123

图 10-124

（十六）左下势独立

1. 左腿屈膝平举，上体右转；右掌变成勾手，左掌向上、向右划弧下落，立于右肩前，掌心斜向后；目视右手，如图10-125、10-126所示。

2. 右腿慢慢屈膝下蹲，左腿由内向左侧（偏后）伸出，成左仆步；左手下落（掌心向外）向左下沿左腿内侧向前穿出；目视左手，如图10-127、10-128所示。

要点：右腿全蹲时，上体不可过于前倾；左腿伸直，左脚尖须向里扣，两脚脚掌全部着地；左脚尖与右脚跟在一条直线上。

图 10-125

图 10-126

图 10-127

图 10-128

3. 身体重心前移，左脚跟为轴，脚尖外撇，左腿前弓，右腿后蹬，右脚尖里扣，上体微向左转并向前起身；同时左手臂向前立掌伸出，掌心向右，右勾手下落，勾尖向后；目视左手，如图 10-129 所示。

4. 右腿向前屈膝提起，成左独立式；同时右勾手变掌，并由后下方顺右腿外侧向前弧形起挑，屈臂立于右腿上方，肘与膝相对，手心向左；左手落于左胯旁，手心向下，指尖向前；目视右手，如图 10-130、10-131 所示。

要点：上体要正直，支撑腿微屈，提膝腿脚尖自然下垂。

图 10-129

图 10-130

图 10-131

（十七）右下势独立

1. 右脚下落于左脚前，脚尖着地，然后左脚前脚掌为轴，脚跟内转，上体随之左转；同时左手向后平举变成勾手，右掌随着转体向左侧划弧，立于左肩前，掌心斜向后；目视左手，如

图 10-132、10-133 所示。

2. 同"左下势独立"2 解，唯左右相反，如图 10-134、10-135 所示。

3. 同"左下势独立"3 解，唯左右相反，如图 10-136 所示。

4. 同"左下势独立"4 解，唯左右相反，如图 10-137、10-138 所示。

要点：右脚尖触地后，稍提起再向下仆腿，其他均与"左下势独立"相同，唯左右相反。

图 10-132

图 10-133

图 10-134

图 10-135

图 10-136

图 10-137

图 10-138

（十八）左右穿梭

1. 身体微向左转，左腿向前落地，脚尖外撇，右脚跟离地，两腿屈膝成半坐盘式；同时两手在左胸前成抱球状（左上右下）；然后右脚收到左脚内侧，脚尖点地；目视左手，如图 10-139、10-140、10-141 所示。

2. 身体右转，右脚向右前方迈出，屈膝弓腿成右弓步；同时右手由脸前向上举起内旋翻掌停架在右额前，手心斜向下；左手先向左下再经体前向前推出，高与鼻尖平，手心向前；目视左手，如图 10-142、10-143、10-144 所示。

3．身体重心略向后移，右脚尖稍向外撇，随即身体重心再移到右腿，左脚跟进，停于右脚内侧，脚尖点地；同时两手在右胸前成抱球状（右上左下）；目视右手，如图 10-145、10-146 所示。

4．同 2 解，唯左右相反，如图 10-147、10-148、10-149 所示。

要点：左右穿梭分别向左斜前方和右斜前方约 30°；手推出后，上体不可前俯；手上举时，不要耸肩；架推掌与前弓腿动作要协调一致。

图 10-139

图 10-140

图 10-141

图 10-142

图 10-143

图 10-144

图 10-145

图 10-146

图 10-147

图 10-148

图 10-149

（十九）海底针

右腿向前跟进半步，身体重心移至右腿，左脚稍向前移，脚尖点地成左虚步，同时身体稍向右转，右手下落经体前向后、向上提抽至肩上耳旁，再随身体左转，由右耳旁斜向前下方插出，掌心向左，指尖斜向下；与此同时，左手向前、向下划弧落于左胯旁，手心向下，指尖向前；目视前下方，如图 10-150、10-151 所示。

要点：身体要先向右转，再向左转；右手前下插掌时，手腕稍上提，上体稍前倾；不要低头，要收腹敛臀，左腿微屈。

图 10-150

图 10-151

（二十）闪通臂

上体稍向右转，左脚向前迈出，屈膝弓腿成左弓步。同时右手由体前上提，屈臂上举，停于右额前上方，掌心翻转斜向上，拇指朝下；左手上起经胸前向前推出，高与鼻尖平，手心向前；眼视左手，如图 10-152、10-153、10-154 所示。

要点：定势时，上体自然正直，不可过于侧倾，两臂均保持微屈；推掌、架掌和弓腿的动作要协调一致；弓步时两脚横向距离不超过 10 厘米。

图 10-152　　　　　　　　　图 10-153　　　　　　　　图 10-154

（二十一）转身搬拦捶

1. 上体后坐，身体重心移至右腿上，左脚尖里扣，身体向右后转，然后身体重心再移至左腿上；同时右手随转体向右、向下（变拳）经腹前划弧至左肋旁，拳心向下，左掌上举于头前，掌心斜向上；目视前方，如图 10-155、10-156、10-157 所示。

图 10-155　　　　　　　　　图 10-156　　　　　　　　图 10-157

2. 向右转体，右拳经胸前向前翻转撇出，拳心向上；左手落于左胯旁，掌心向下，指尖向前；同时右脚收回后再向前迈出，脚跟着地，脚尖外撇；目视右拳，如图 10-158、10-159、10-160所示。

图 10-158　　　　　　　　　图 10-159　　　　　　　　图 10-160

3. 身体重心移至右腿上，左脚向前迈出一步；同时左手上起经左侧向前划弧拦出，掌心向前下方，右拳内旋向右划弧收到右腰旁，拳心向上；目视左手，如图 10-161、10-162 所示。

4. 左腿前弓成左弓步，同时右拳向前打出，拳眼向上，高与胸平，左手附于右前臂内侧；目视右拳，如图 10-163 所示。

要点：右拳回收时，前臂要慢慢内旋划弧，然后再外旋停于右腰旁，拳心向上；向前冲拳时，右肩随拳略向前引伸，沉肩垂肘，右臂要微屈。

  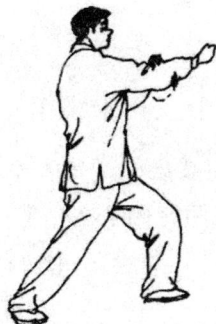

图 10-161　　　　　　　　　图 10-162　　　　　　　　　图 10-163

（二十二）　如封似闭

1. 左手由右腕下向前伸出，右拳变掌，两手手心逐渐翻转向上并慢慢分开回收；同时身体后坐，左脚尖翘起，重心移至右腿；目视前方，如图 10-164、10-165、10-166 所示。

图 10-164　　　　　　　　　图 10-165　　　　　　　　　图 10-166

2. 两手在胸前向内翻掌，向下经腹前再向上、向前推出；腕部与肩平，手心向前；同时左腿屈膝成左弓步；目视前方，如图 10-167、10-168、10-169 所示。

要点：身体后坐时，上体不要后仰，臀部不可凸出；两臂随身体回收时，肩、肘部略向外松开，不要直着抽回；两手推出时，间距不超过肩宽，上体不得前倾。

图 10-167　　　　　　　　图 10-168　　　　　　　　图 10-169

（二十三）十字手

1. 屈膝后坐，身体重心移向右腿，左脚尖里扣，向右转体；右手随着转体向右平摆划弧，与左手成两臂侧平举，掌心向前，肘部微屈；同时右脚尖随转体稍向外撇，成右侧弓步；目视右手，如图 10-170、10-171 所示。

图 10-170　　　　　　　　　　　　图 10-171

2. 身体重心慢慢移至左腿，右脚尖里扣，随即向左收回，两脚距离与肩同宽，两腿逐渐蹬直，成开立步；同时两手向下经腹前向上划弧交叉合抱于胸前，两臂撑圆，腕高与肩平，右手在外，成十字手，手心均向后；目视前方，如图 10-172、10-173 所示。

图 10-172　　　　　　　　　　　　图 10-173

要点：两手分开和合抱时，上体不要前俯；站起后，身体自然正直，头微向上顶，下颌稍后收；两臂环抱时要圆满舒适，沉肩垂肘。

（二十四）收势

1. 两手向外翻掌，手心向下，两臂慢慢下落，停于腹前；目视前方，如图 10-174、10-175 所示。

2. 两腿缓缓蹬直，同时两掌慢慢下落至大腿侧，然后收左脚成并步直立；目视前方，如图 10-176、10-177 所示。

要点：两手左右分开下落时，要全身放松，同时气徐徐下沉（呼气略加长）；呼吸平稳后，慢慢收左脚到右脚旁再走动。

图 10-174

图 10-175

图 10-176

图 10-177

第十一章　高校传统武术之形意拳技术实践研究

第一节　形意拳运动基本理论诠释

一、形意拳的起源与发展

形意拳始称心意六合拳，相传为明末清初山西蒲州诸冯里北义平村（今永济市尊村）人姬际可（字龙峰，1602—1683年）所创。姬际可能文善武，技勇绝伦，尤精枪法。据说他在终南山中见鹰熊相搏，心有所悟，于是变枪为拳，理会一本、形散万株的拳法。"一本"者，心之灵；"万株"者，形之变也。拳名六合，前后各六式，后人称之为"际可拳"。为增重其拳，遂说姬氏在山中得岳武穆十大要论，伪称其拳为岳飞所创，所以有些书中常以岳氏形意拳论之。后来经过历代拳家的继承与不断充实发展，逐步形成了风格独特、融技击与健身为一体、形式简朴、内容充实、理论严谨、拳道合一的优秀拳种。

形意拳在代代相传不断发展中，出现了许多流派，大体上以河南、山西、河北三大流派为主。姬氏传曹继武；曹又传山西戴龙邦、河南马学礼；戴再传河北李洛能；李又传刘奇兰、车毅斋、郭云深、宋世荣等，后各名家各有传人，使此拳得以广泛流传。

河南马学礼传下来的一支，以练十大真形（即龙、虎、鸡、鹰、蛇、马、熊、猴、鹞、燕十形）为主，其内容和形式与形意拳也不同，名为河南派心意拳。在山西祁县，由戴氏传下来的一支功法以站丹田为主，又称六合式、蹲猴式、不站三体式。形意拳中十形之外又有七小形一说，螳螂、猫等诸形俱在其中。杂式捶中有螳螂拳的手法，又叫螳螂闸式（相传是金世魁与戴氏合创之拳，此说因无确切之史料，还有待进一步考证）。此派拳式古朴，是较古老的一支，称之为戴氏心意拳。在山西太谷，有李洛能的高徒、形意名家车毅斋传下来的车氏心意六合拳。在山西太原，有形意名家宋世荣传下来的宋氏形意拳。以上三家统称为山西派形意拳。在河北，主要是以刘奇兰、郭云深为代表，以三体式为主要桩法，以五行拳、十二形拳为基本拳法，称为河北派形意拳。在各派形意拳的发展过程中，出现了许多名家巨手。由于他们的努力，使形意拳不断得到充实与完善，同时也为振奋民族精神、光大中华武术做出了贡献。

二、形意拳与传统文化

如果说传统武术是我国传统文化百花园中的一枝奇葩，那么形意拳就正是这朵娇艳花朵上的美丽花蕊。形意拳源远流长，内涵丰富，哲理深刻，效果显著。若一个练习者不能深入理解其中所包含的文化意蕴，不仅会给自己的习武历程带来困难和疑惑，更是小看了形意拳，无法领悟其中的三昧。

初习形意拳者都会有一种体验，就是老师不厌其烦地一遍遍讲拳理，讲拳史故事，这是形意拳的文化使然。形意拳是传统武术中最重视拳理的一种拳法。为什么如此？还是文化使然。有些老拳师讲，形意拳不是拳，是道，是体悟世间大道的手段。这话如果放到形意拳文化的角度看，真的没有错。因为从形意拳一出现，就始终浸润在传统文化这样一个大"池塘"中，它自然与我国传统文化一脉相承、息息相通，也就理所当然地成了传统文化核心之一的"道"的体悟手段。

关于形意拳的文化，我们可以从以下几个方面来认识：

（一）形意拳的哲学原理

形意拳，原名心意六合拳，以形为表，以意为本，一外一内，符合我国传统哲学中的阴阳太极理论。太极阴阳是我国传统哲学的核心之一，表现在世界现实中，为内外、动静、里表、正负等，简单地可理解为对立统一的矛盾双方。太极阴阳理论不是陈述矛盾的事实，而是研究这矛盾双方的相互转化、依存、斗争等变化规律，这是我国传统的辩证法。也正是这样，形意拳的形与意，以心意为根本，以形动为表现，两者相合，在技击上能增大攻击力，在修身上能内外兼顾，益寿延年。

形意拳中很重要的一部分功法称为五行拳，其名称及理论来源就是我国哲学中的五行说，"劈、崩、钻、炮、横"分别对应"金、水、木、火、土"。五行理论，是我国哲学中的又一个大分支。五行有相克相生，对应的五行拳也有相克相生。五行体现古人认为的世界五种基本元素的本质，五行拳亦以此为特点，故有"劈拳似斧属金、钻拳似闪属水、崩拳似箭属木、炮拳似炮属火、横拳似弹属土"的说法。练时也要求体会这五种属性的本义，这样才能练出拳的真谛。

形意拳的基础桩法为三体式，又名三才式，这又是从传统哲学的"阴阳两仪三才四象说"中衍化而出。三才天地人，形意拳的三体式站法正是象征这一内涵。头上顶为天，脚实踏为地，中间手前出为人。三才说讲究人为天地之灵，所以形意拳中间的手为技击打斗的主体。正如《阴符经》所言："天性，人也；人心，机也；立天之道以定人也。天发杀机，斗转星移；地发杀机，龙蛇起陆；人发杀机，天地反复；天人合发，万化定基。"三体式练的就是天地人的合。

说到合，这是形意拳中的另一个重要思想基础。心意六合，这个合字可不简单。我国传统哲学特别讲究"和"，这个"和"中有相融、一统、和谐之义。而心意六合的合，含义是要求身心内外、四肢百骸不论动与静中都要相呼应、相统属，和谐一致，形成一致的合力方向。从字面上看，合是要求动作的协调统一，而内里实质，此"合"恰恰是彼"和"，要求完全一致。

和的最高境界是天人合一，以己之身心应天道之变化，顺其自然，顺势而作，求得大自在、大圆满。练形意拳，防身自卫只是它的一个功能，通过练习体会这种传统哲学的精神，从而明悟世界，感知规律，求得天人合一，这也是它的一个功能。

（二）形意拳的审美观念

形意拳练起来不如其他拳法花巧好看，反倒具有一种质朴淳厚的感觉。这种不加文饰的审美观念实在独特，不求眩目，只讲实用，弃美观而就实战，形意拳这种独特的审美观念也是传统文化在它身上留下的烙印；大巧不工，古拙奇韵，反而给人一种自然的返璞归真之感。如果说少林拳刚健有力、节奏分明，是拳中的李白之诗；八卦掌流畅洒脱、风行水上，是拳里的少游之词；那么形意拳就以其雄浑气魄、简洁无华，成就了拳里的东坡之语，天然率性，由繁而简，上体天道，下健身心，演练起来别有一番风景，简则简矣，却绝不失拳舞之美。所以无数练习形意拳的习武者，越练越喜爱，越练越专心，一辈子沉浸于此的绝不是少数。

正是由于以上这些原因，使形意拳绝不如外表看来那么简单，单是它身上那么厚重的文化底蕴，就足以让它的芬芳享世永存了。

第二节　形意拳运动技法特征解析

一、头要上顶，项要竖直

形意拳语称："头为周身之主""头部正直，精气贯顶"，要求头部保持中正，颈项要有意识地竖直。尽管动作有起伏旋转，但头部始终要在自然竖直中含有轻微的顶劲。与此密切相关的还应做到嘴要自然闭合，牙齿要叩住，舌尖抵上腭，神态要自然，精神要集中，下颌要内收，呼吸要自然。

二、肩要松，肘要坠

形意拳对肩有松、沉、扣、按四法要求，松肩以通气，沉肩以贯劲，扣肩以坚膀，按肩以发力。要求肩关节松沉，两肩微内扣，肘关节要保持垂坠，松肩坠肘应与含胸拔背密切结合。这样，一来可使肩肘与胸背和谐相依，二来可使气沉丹田，有助于下肢稳固。此外，出拳、劈掌、打拳时，肘部也要略屈下坠，臂不可完全伸直。凡两臂收放，肘都要贴靠两肋，"出洞入洞紧随身"，使全身的力量贯注到上肢，周身完整一气。

三、腕要塌，掌要撑，拳要紧

形意拳中要求"手顶"，在一般情况下，出掌时要塌腕，掌心向前下方，五指微分，食指上挑，拇指外撑，虎口成半圆形，掌心内含，腕指部位不可松软懈劲，既要有向前的顶力，又要含有向下的按力。出拳时，则要求五指握紧，拇指压在食指和中指的第二节指骨上，食指突出，直腕，拳面如螺状，力量贯注拳的最前端。

四、背要拔，胸要含

形意拳中要求"背圆、胸圆"。含胸拔背不是静止的、孤立的，也不是一成不变的。所谓"不是静止的"是指由于头部上顶、颈项竖直、腰要下塌，使脊背自然产生上下拔伸的感觉；所谓"不是孤立的"是指由于两肩松沉、内扣，背阔肌尽力左右伸展而产生紧背、圆背的效果，两者合二为一，形成十字形的拔劲，做到了拔背，胸部也就自然内含了；所谓"不是一成不变的"是指行拳走势时，切不可机械运动，一味追求含胸拔背，而应随着动作的变化使胸背相应地有所变化。

五、腰要塌，脊要正

形意拳对腰的要求是沉塌、挺拔，即塌腰、正脊。形意拳十分注重周身的完整与协调，因此在所有动作的运动过程中，腰部都要始终塌住劲。腰为车轴膀为轮，腰似螺丝腿为钻，腰是枢纽足为基，起到连接上下肢动作的枢纽与主宰作用。切忌将塌腰理解为腰背僵直、紧张毫无弹性。要做到脊椎正直，就必须首先做到顶头、竖项与塌腰，然后在运动中随着动作的转换，脊椎也随之做出伸缩、转折等变化，以协助臂、腿、腰的蓄劲与发力，而不能任意扭曲和摇摆。"前俯后仰、其势不劲、左侧右斜皆身之病"，背不正则身不正，身不正则势不稳，势不稳则气难沉，气不沉则力不实。

六、臀要敛，肛要提

拳语说："提肛收臀，气贯四梢。"要求臀部有意识地向内收敛，肛门括约肌要稍加收缩，即"提肛裹臀，谷道内提"，以此来制约臀部外突，保证腰脊和尾骨的中正，促进含胸拔背和气沉丹田，增大下肢对上体的支撑力。

七、胯要收缩，膝要扣劲，脚要平稳

形意拳以"三体式"为其基本桩步，形成别具一格的前三后七"夹剪"劲的特殊步型。要求前腿如夹剪之前上刃，前膝顺，前足轻；后腿如夹剪的后下刃，后足重。胯要微向里，内含"缩劲"，膝要微向里，内含"扣劲"。两腿要适度弯曲，还要拧腰、顺后膝。在此基础上才能使步型稳健，进退和顺，胯、膝、脚紧密配合，以腰催胯、以胯催膝、以膝催脚，豁达顺畅。

八、姿势要正确，动作要整齐

拳语说："三尖相照""三节相随"，要求每个动作都要规范、正确。"三尖相照"指手尖、脚尖、鼻尖三者要相互照应，尽可能保持在一条垂线上。"三节"是根节、中节、梢节，上肢肩为根节、肘为中节、手为梢节；下肢胯为根节、膝为中节、脚为梢节。三节要相合，即上下肢动作要密切配合，要节节贯穿，动作要整齐和顺，手到步到，同起同落，做到拳语中的要求"心要正，眼要精，手足齐到定要赢""手到步不到，打人不为妙；手到步亦到，打人如薅草"，形象地道出了手足齐到的规范要求是技击实战的基础和制胜的法宝。

九、力量要充实，呼吸要自然

拳语中说"起势如崩墙倒，落地如树栽根"，要求力量充实，快捷有力，拳紧、步稳、脚实。凡下肢进步，都要前脚贴近地面，竭力向前；后脚全力向后蹬地，逢进必跟，做到"脚踩中门不落空，消息全凭后足蹬"。上肢动作则要做到两手争衡对拔，彼此呼应。如"横拳"，前手向前，前臂外旋；后手向后，前臂内旋，手如拧绳，融成一股合力整劲，以此充实周身之力。

呼吸自然是形意拳对气的要求。一般状态下，蓄劲时吸气，发力时呼气，以气助力，达到气力相合；同时要注意动作与呼吸的自然配合，呼吸自然才能使动作流畅，切忌挺胸、提腹、努气、拙力，此为形意拳的四大毛病。

十、气势要相连，内外要合一

形意拳十分强调内外六合与气势相连。气势相连指一招一式均须贯穿一气，做到势断劲不断，劲变意相连，既有铿锵鲜明的节奏，又有断后复连、连绵相属的气势。

内外合一是指心与意合、意与气合、气与力合，此为内三合；肩与胯合、肘与膝合、手与足合，此为外三合。外三合还表现在"以首领身""以腰催胯、以胯催膝""以膝催足、以肩催肘、以肘催手、以手催指"。正如拳语所言"心气一发，四肢皆动"，形与意、内与外、周身上下无处不合，达到"内外六合""形意合一"浑然一体的技法要求。

第三节　形意拳运动技术实践

一、形意拳的基本动作

（一）基本手型

1. 螺丝拳（凤眼拳）：小指、无名指、中指、食指依次向手心卷握，拇指屈扣于食指和中指的第二指节上，拳面略向下倾斜成螺旋形。

2. 圆形掌：五指自然分开，拇指外展，中指挑起，虎口撑圆，其余三指微屈，掌心内含，成圆球状。

3. 虎爪掌：五指用力分开，指骨略向内弯曲成爪形，有打击擒拿之用，力达五指。

4. 鹰爪掌：拇指外展弯曲，其余四指并拢，第二、第三指关节紧屈，各屈指尽力向手背方向展开，手背后张，形如鹰爪状。

5. 啄回指：食指分开，四指并拢向前伸出，略弯。

6. 鼍形掌（八字掌）：拇指、食指似直非直，圆弧撑开成八字形，掌心内含，其余三指半屈，有拨转、防护、刁拿、扣击之用。

7. 蛇形掌：食指分开，四指并拢伸直，略向内含，有分、拨、挑三功。

8. 瓦楞掌（平掌）：掌心内含，五指并拢，似直非直，力达指尖或掌根。

（二）基本步型

1. 三体式步：前脚脚尖向前，后脚脚尖外展 45°，两脚全脚掌着地，后脚跟与前脚在一条直线上，两腿微屈，大腿斜向下，两膝微内扣，两脚距离约一小腿长，重心偏于后腿。或前脚尖内扣，后脚尖正向前，两脚内侧在一条线上，全脚掌着地，前膝微屈，后膝尽力弯曲，两膝内扣，后大腿与地面成垂直状，两脚距离约一小腿长，重心偏于后腿。

2. 半马步：前脚微内扣，后脚横向外，两脚距离约三脚长，后腿屈蹲，大腿斜向下，前腿稍屈，重心略偏于后腿。

3. 仆步：一腿全蹲，大小腿靠紧，全脚掌着地，脚尖稍外展；另一腿伸直于体侧，接近地面铺平，全脚掌着地，脚尖内扣。

4. 歇步：两腿交叉屈蹲，前后相叠，后膝接近前膝膝窝，大腿斜向下，后脚前脚掌着地，脚尖向前，前脚全脚掌着地，脚尖外展。

5. 独立步：一腿支撑，微屈站稳直立；另一腿屈膝提于身前，脚尖自然下垂或勾起。

（三）基本步法

1. 跟步：前脚前进一步或半步，后脚随之跟进，落于前脚后侧，上步须快，提脚不可过高，上体不得起伏摇摆。

2. 摩胫步：前脚前进一步，后脚随之提收于支撑脚内侧踝关节处，脚掌离地，与地平行，两脚脚尖向前，两腿微屈。

3. 上步：后脚向前上一步，或前脚向前上半步。

二、三体式

1. 身体直立，两臂自然下垂，头要端正；两脚尖外展，脚跟靠拢呈立正姿势；眼向前平视。

2. 以右脚跟为轴，身体向右扭转45°。

3. 两腿慢慢弯曲，身体成半蹲势（体重偏于右腿），随即左前臂经体前向上提起，左手停于胸前（偏左），手心向下，手指向前；同时右前臂也向上提起，右手盖在左手背上（右手食指在左手中指之上），两肘微屈；眼仍平视前方。

4. 身体方向不变，左脚前进一步，左膝微屈，重心偏于右腿；同时左手前伸，肘部微屈，掌心向前下方，五指分开，掌心内含，高与胸齐，右手后撤落于腹前，拇指根节紧靠肚脐，手腕向下塌；目视左手食指。

三、五行拳

（一）劈拳

1. 预备姿势

劈拳动作是以左右手和左右步法交换进行的一种练习方法。劈拳预备姿势即三体式。

2. 劈拳左起式

由三体式开始，左手（即前手）下落变拳（随落随握拳），右手同时握拳，两手拳心翻转向上，靠在肚脐两旁，两前臂紧抱腹部的两侧；目视前方。

左脚向前垫步（长约一脚左右），脚尖外撇约45°，膝部微屈，重心移于左腿；右脚不动，右腿后蹬，成似直非直状；同时左拳经胸前由下颌处向前上方钻出，路线成弧形，拳心斜向上，并微向外倾斜，小指上翻转，肘尖下垂，这时整个伸出的左臂要适度弯曲成弧形，不要挺直，左拳高与鼻尖齐平，右拳不动；目视左拳。

3. 劈拳右落势

右脚尽力向前迈一步（抬脚不要过高），膝部微屈，左脚随之跟进半步，重心仍坐于左腿；同时右拳经胸前，由下颌处向前上方钻出，随即翻转变掌向前劈下，掌心向前下方，肘部微屈，左拳随之向内翻转，变掌下落于腹前，拇指紧靠肚脐部位（与前左势三体式相同，唯步子较小）；目视右手食指。

4. 劈拳右起势

（1）右手下落变拳（随落随握拳），左手同时握拳，两手拳心翻转向上，靠在肚脐两旁，两前臂紧抱于腹部两侧，目视前方。

（2）右脚向前垫步，脚尖稍外撇，膝部微屈，左脚不动，左腿后蹬，重心随即移于右腿；同时右拳经胸前由下颌处向前上方钻出，拳心斜向上方，并略向外倾，小指侧向上翻转，肘尖下垂，右臂不要伸直，右拳高与鼻尖平，左拳不动；目视右拳。

5. 劈拳左落势

动作与劈拳右起势说明相同，唯左右相反。如继续前进练习，则仍垫左脚，进右步，劈右掌，成劈拳右落势。如此可以反复交替进行练习。

6. 劈拳回身

左掌下落变拳，右掌也随之变拳，两拳心翻转向上，靠在腹部两旁；左脚随即以脚跟为轴里扣，身体也向右后转约 180°，右脚以脚尖为轴扭直，脚跟略提起成右虚步式；目视前方。

7. 劈拳右起势

右脚向前垫步，脚尖外撇（约 45°），膝部微屈，左脚不动，左腿向后蹬，重心移于右腿；同时右拳经胸前由下颌处向前上方钻出，拳心斜向上方，小指向上翻转，肘尖下垂，右臂不要伸直，右拳高与鼻尖齐平，左拳不动；目视右拳。

如此左右势交替练习到原来位置，等劈出左掌后再转身，转身动作与劈拳回身动作相同，唯方向相反。

8. 劈拳收势

（1）转身后，垫右脚，钻右拳，再进左步，劈出左掌，右脚跟进半步，成劈拳左落势姿势。

（2）左脚收回靠拢右脚跟，同时左臂屈回胸前，然后两臂轻缓垂于身体两侧，身体也随之轻缓站起，仍斜向前方；同时注意气向下沉，两肩放松；眼平视前方。

（二）崩拳

1. 预备势

预备姿势的方法完全与三体式动作相同。

2. 右崩拳

（1）由三体式姿势开始，先将两手变拳握紧，如螺旋状；随即将右拳拳心翻转向上，右肘紧靠右腰部，前臂贴于腹部右侧；目视左拳。

（2）左脚尽力向前迈进一步，右脚随即向前跟步，重心仍落于右腿，前脚跟与后脚踝骨相对，横向距离约 30 厘米；在进步的同时，右拳顺左臂向前打出，拳眼朝上，左拳收回停于腰部左侧（左肋下方），拳心向上，成右拳前伸、左腿在前的拗步姿势；目视右拳。

3. 左崩拳

左脚继续尽力向前进步，右脚向前跟步（步法与右崩拳势同）；同时左拳顺着右臂方向直向前打出，拳心向右，右拳收回停于腰部右侧，拳心向上，成左拳左腿在前的顺步姿势；目视左拳。

4. 右崩拳

动作与右崩拳说明相同。

5. 左崩拳

动作与左崩拳说明相同。

6. 崩拳回身

（1）打出右拳之后左脚尖内扣，右拳收回停于腹部右侧，左拳不动；右脚以脚跟为轴，脚尖随转体至正对前方，同时身体向右后转约180°；目视前方。

（2）右拳经胸前靠近下颌向前上方钻出，拳心斜向上，并略外倾，小指侧向上拧劲，右臂成弧形；同时右膝向上提起，脚尖向右、向上勾起，左腿微屈，成左独立姿势；目视右拳。

（3）上势不停，右脚尽量横摆向前落地，左脚随之向前跟步，脚跟离地，左膝抵住右膝窝，成交叉半坐盘姿势；左拳在落右脚时经胸前向上顺右臂向前方变掌劈下，掌心向前下方，右拳下落变掌收回腹前，拇指紧靠脐部，掌心向下；目视左掌食指。

7. 右崩拳

两掌变拳握紧，右脚向前垫步，左脚再尽力向前迈一步，右脚随之向前跟步，距离左脚20～30厘米；同时右拳直向前打出，左拳收回腰部左侧。动作与前右崩拳打法相同，可参阅前面的右崩拳讲解。

8. 崩拳收势

（1）向右回身，提右腿和劈掌等动作完全与"崩拳回身"和"右崩拳"相同。打成右崩拳势后身体不动，右脚向后撤回半步，左脚再撤到右脚后方，两腿交叉，左脚顺、右脚横，左脚跟微离地面，仍成交叉半坐盘势；左脚后撤时，左拳向前打出，右拳收回腰部右侧，拳心向上；目视左拳。

（2）左臂屈肘由上经胸前下落，两手垂于身体两侧；同时右脚收回靠拢左脚，身体轻缓起立，保持向右半斜方向两肩向下松沉；目视前方。

（三）钻拳

1. 预备姿势

起势方法完全同三体式动作。

2. 右钻拳

（1）由三体式预备姿势开始，左手握拳下落，经腹前翻转（拳心向上），再经胸前由下颌前向上钻出，右手同时变拳，转为拳心向下，紧靠脐部右侧；左脚在左手钻出的同时向前垫步，脚尖外撇，膝部略向前弓；目视左拳的小指。

（2）右脚向前迈一大步，左脚随之跟进半步，重心偏于左腿；同时右拳经胸部由下颌前顺着左拳上面钻出，高与鼻尖平，左拳向内翻转（腕部向里扣）撤回腹前，拳心向下，拇指紧靠脐部；目视右拳的小指。

3. 左钻拳

右脚向前垫步，脚尖外撇，然后左脚再向前迈一大步，右脚随之再跟进半步，重心偏于右腿；同时左拳翻转，经胸部由下颌前顺右拳上钻出（拳心向上），高与鼻平，右拳向内翻转（腕部向里扣），撤回腹前，拳心向下，拇指紧靠脐部；目视左拳的小指。

4. 钻拳回身

（1）钻出左拳之后（左拳左脚在前），以左脚跟为轴，脚尖里扣，身体随之向右后转；两臂保持原状随身体向右后转 180°，右脚以脚尖为轴转向前；然后，右脚垫步，脚尖外撇，右拳经胸部由下颌前顺左拳向上钻出（拳心向上），左拳向内翻转（腕部向里扣）撤回腹前，拳心向下，拇指紧靠脐部；目视右拳小指。

（2）此势不停，再进左脚钻出左拳。如此再向原来方向打回，往返趟数不限，要根据个人体力情况而定。

5. 钻拳收势

往返打到原来的位置时，做钻拳回身势，并打成左钻拳势停住；随后，左臂由上屈回经胸前下落，两手垂于身体两侧；同时左脚收回，靠拢右脚，身体站起，上体仍成向右半斜姿势，两肩向下松沉，呼吸平稳；目视前方。

（四）炮拳

1. 预备姿势

起势方法完全与三体式动作相同。

2. 右炮拳

（1）左脚向前直进半步；同时左臂微外旋，掌心斜向上方，手指向前，右臂微外旋，右掌前伸与左手心斜相对；随即右脚用力蹬地，尽力前进一步（身体不可高起），屈膝半蹲，左脚随之跟进，并提起靠在右脚踝关节内侧处；两掌在右脚进步的同时变拳撤回，靠紧腹部两侧，拳心均向上；目视左前方。

（2）左脚向左前方斜进一步，右脚随之跟进半步，重心偏右腿；同时左拳经胸前、面前向上翻转，拳心转向外，停于左额角旁，右拳由腰部顺左脚前进方向向前打出，拳眼朝上，肘部微屈，拳高与胸齐；目视右拳。

3. 左炮拳

（1）左脚向前半步，屈膝半蹲，右脚跟进，提起靠在左脚踝关节内侧处；同时，左拳由前向下落，与右拳相齐后同时撤回，紧靠腹部两旁，拳心均向上；目视右前方。

（2）右脚向右前方斜进一步，左脚随之跟进半步，重心偏于左腿；同时右拳经胸部、面部向上翻转，停于右额角旁（拳心向前），左拳由腰部顺右脚前进方向向前打出，拳眼向上，肘部微屈，拳高与胸齐；目视左拳。

4. 右炮拳

（1）右脚向前半步，屈膝半蹲，左脚再跟进提起，靠在右脚踝关节内侧处；同时右拳向下落，与左拳相齐后同时撤回，紧靠腹部两旁，拳心均向上；目视左前方。

（2）上左脚打右拳，如此反复左右势交替进行练习。

5. 炮拳回身

（1）打出左炮拳之后，以左脚掌为轴，身体速向左后转，右脚随着转体方向落在左脚旁边，左脚随即提起紧靠右脚踝关节内侧处；同时右拳由前落下，与左拳一齐撤到腹部两旁，拳心均向上；目视左前方。

（2）上势略停，向左前方进左脚打右拳，成右炮拳姿势；然后再垫左脚，进右脚打左拳，成左炮拳势。

6. 炮拳收势

还原到起势一端，打出左炮拳之后，做炮拳回身势（参见前回身势说明），再打出右炮拳势，稍停，两拳由胸前下落，垂于身体两侧；同时左脚撤回靠拢右脚，成立正姿势；目视前方。

（五）横拳

1. 预备姿势

起势方法完全同三体式。

2. 右横拳

两拳握紧，左脚向左前方斜进一步，右脚随之跟进半步，重心偏右腿；同时右拳经胸前由左肘下方随右前臂外旋向前拧转冲出，拳心转向上，高与口齐，肘部微屈成弧形，左拳随上体左转，撤至右肘下方，拳心向下；目视右拳。

3. 左横拳

左脚向前垫半步，右脚随之经左脚内侧向右前方迈一大步，左脚再跟进半步，重心偏于左腿；同时左拳拧着劲由右肘下向前冲出，拳心转向上，高与口齐，肘部微屈成弧形，右拳随上体右转撤至左肘下方，拳心向下；目视左拳。

4. 右横拳

右脚向前垫半步，左脚随之经右脚内侧向左前方迈一大步，右脚再向前跟半步，重心偏右腿；同时右拳经胸前拧着劲由左肘下向前冲出，拳心转向上，高与口齐，左拳撤到右肘下方。要求皆同前右横拳势，如此左右势反复交替练习。

5. 横拳回身

打出左横拳（右脚左拳在前）后，稍停，身体向左后转，右脚随转动方向向左脚内侧扣步落地；左脚随即提起向左前方进一大步，右脚随之跟进半步，重心偏右腿；同时右拳在身体转动时，由胸前经左肘下方向前冲出，左拳随上体左转撤到右肘下方，拳心向下；目视右拳。

6. 横拳收势

打到原来起势的一端，等打出左拳之后，做横拳回身势，再打出右横拳，稍停，两拳由胸前下落，垂于身体两侧；同时左脚撤回靠拢右脚，呈立正还原姿势；目视前方。

四、十二形拳

十二形是指"龙、虎、猴、马、鼍、鸡、鹞、燕、蛇、骀、鹰、熊"十二种动物，"以人之形为物之形，物之意以人意悟之"为立法之本，"象其形，取其意"，专取其搏杀技能之专长，以为技击之用。

（一）龙形

龙是神灵之物，身长气壮，曲折自如。取其伸缩自如、变化莫测、升降灵敏、搜骨吞吐之法来修炼此拳。

1. 预备势

以大三体式（抱枪式）为佳，面向东。

2. 龙形右落势（右青龙探爪）

双手握拳，右拳翻转向上钻拳而出，经左拳背相对接触后，两拳再迅速向内翻转变掌，右掌向前下方推按至地面约 20 厘米（或者采用劈拳方法亦可），左掌抽捋回带于左胯侧；同时身体略左转，右脚随之撤回半步并屈膝下蹲成右歇步，两掌心均朝下；目视右手，面向东。

要领：身体下蹲和两掌推按抽带要整齐合一，要腰塌头顶，肩顺手撑。向下推按时配合呼气。

3. 龙形右起势

（1）两掌随身体起立变拳，右拳由体前收回，贴腹、胸前侧经下颌处向上、向前拧转，打出右钻拳，拳心朝上，左拳仍在左胯侧；目视右手，面向东。

（2）上动不停。右脚向前上方用力蹬踹，脚尖外勾；同时左拳拧转置于右肘内侧；目视右手，面向东。

4. 龙形左落势（左青龙探爪）

上动不停；右脚尽力向前蹬踩落地，左脚随之跟进半步，两腿交叉落地，左拳随即顺着右臂内侧向上穿插，至两拳背相对交错时，两拳迅速翻转变掌，左掌向前下方推按，右掌向后抽捋回带于右胯侧；同时身体屈膝下蹲成左歇步，两掌心均朝下；目视左手，面向东。

要领：同龙形右落势，以上左右起落势可以反复交替训练，直至转身。

5. 龙形左起势

同龙形右起势，唯左右相反。

6. 龙形回身势（狸猫倒上树）

（1）起身右崩拳：身体起立，左脚尽力向前迈出一步，右脚跟进一步，收回于左脚内侧，屈膝蹲身；右掌握拳直向前崩拳，拳眼朝上，左掌握拳抽回于腰左侧；目视右手，面向东。其他要领与"崩拳"第一组右崩拳练习法相同。

（2）左崩拳：进左脚，左崩拳。其方法与要领同第一组左崩拳练习法相同。

（3）回身势（俗称"狸猫倒上树"），与第一组崩拳回身完全相同。

要领：回身时以打出右崩拳，再打出左崩拳来衔接。其要领与崩拳回身式相同。

7. 收势

与崩拳收势完全相同。

（二）虎形

虎为山中猛兽，取其虎性雄猛、伏身之势、扑食之勇、坐窝之威、跳跃之猛为技击法来修炼此拳。

1. 预备势

以三体式开始，面向东。

2. 虎形左式

（1）左脚向前略垫半步，右脚随之尽力迅速向前跨进一步，左脚随即跟进并提起靠于右脚内侧踝处，脚尖翘起，两腿屈膝半蹲成右独立步；同时，两掌略向前伸后握拳，再迅速合力搂回于腹前，两拳心均翻转朝上；目视左前方，面向东。

（2）上动不停。左脚向左前方斜进一大步，右脚也随之跟进半步，两脚跟前后相对约一步，重心偏于右腿；同时，两拳顺着胸部向上伸出，拳心向里，到嘴前猛烈翻转变掌向前按出，高与胸齐，掌心朝前下方，两掌虎口相对；目视两手，面向东北。

要领：进步搂掌务必协调一致，搂回后两前臂须紧贴两肋，不可外张。上步推按犹如猛虎扑食，快速猛烈。两掌须经胸前、嘴前向前弧形推按。按出后要沉肩垂肘，塌腰挺颈，双膝内合。

3. 虎形右式

（1）左脚向前略垫半步，右脚随即跟进并提起靠于左脚内侧踝处，脚尖翘起，两腿屈膝半蹲成左独立步；同时，两掌迅速合力搂回于腹前，两拳心均翻转朝上；目视右前方，面向东。

（2）上动不停。右脚向右前方斜进一大步，左脚也随之跟进半步，两脚跟前后相对约一步，重心偏于左腿；同时，两拳顺着胸部向上伸出，拳心向里，到嘴前猛烈翻转变掌向前按出，高与胸齐，掌心朝前下方，两掌虎口相对；目视两手，面向东南。

要领：同虎形左势，唯左右方向不同。以上左右式可以反复交替练习。

4. 回身势

（1）接右式，两掌迅速合力搂回于腹前，两拳心均翻转朝上；目视左前方，面向东。

（2）上动不停，身体向左转；同时左脚随着转体收回于右脚内侧，然后再以脚尖外展向左侧迈出一步，两手保持不动；目视左前方，面向西北。

（3）身体继续左转（面向西），同时右脚随转体收回扣于左脚内侧，两腿屈膝微蹲；目视前方，面向西。

5. 虎形左式

同前面"虎形左式"，面向西。

6. 虎形右式

同前面"虎形右式"，面向西。

7. 回身势

同前面"虎形回身势"，面向东。

8. 虎形收势

打出回身以后，先并步打出右钻拳，然后由钻拳收势结束。

（三）猴形

猴形似人，灵巧敏捷，故取其变化神速、进退有方、攀崖纵跳、趋避得机之法来修炼此拳。

1. 预备势

以大三体式（抱枪式）为佳，面向东。

2. 左转身右猿猴挂印势

（1）身体速向右微转，左掌向下、向里收回到胸前，掌心向上翻起；同时左脚随之收回至右脚内侧，微停后，身体又速向左转，左脚随转体速向左前方摆一步，脚尖外展；左掌同时由胸前向上、向外翻转推托而出，手略高于肩，掌心向外；目视左掌，面向东北。

（2）上动不停，身体继续左转，右脚随转体顺势向左脚内侧扣步，然后左脚再顺着右脚跟撤一大步；与此同时，右掌由左手臂上方前探插，高与眼平，左掌收回于腹前，两掌心均朝下；目视前方，面向西北。

要领：左脚收回再向外摆的动作，要与左掌收回向外翻转的动作协调一致；眼要随左手转动。扣脚时要尽力左转腰，掌劲后撤须与右掌前探动作一致；整体动作要灵活敏捷。

3. 右猿猴叨绳势

（1）右脚随之收回于左脚前侧，两膝微屈缩身下蹲；同时右掌向下劈掌，左掌护于右肩内侧；目视前方，面向西北。

（2）上动不停，左掌向前探插，右掌提于胸前，两掌心均朝下；目视前方，面向西北。

（3）上动不停，右掌向前探插，左掌提于胸前，两掌心均朝下；目视前方，面向西北。

要领：身体尽力向后缩身下蹲；两掌向前探插，须在相互交叉时，向前探插的掌心拍擦回抽的掌背，猛烈有声。

4. 右猿猴爬杆势

（1）右脚向前进一步，然后二起脚，即先提左脚，随之起右脚，身体迅速向空中跃起，向前、向上、向远方弹出；同时，两掌交替向前上方穿插，掌心均朝下；目视两掌穿插方向，面向西北。

（2）右脚尽力向前落地，左脚随即跟进并靠于右脚内侧，左脚尖虚点地，两腿屈膝微蹲，重心偏于右腿；同时，右掌直臂向前伸探，身体略向前伸；目视右手，面向西北。

要领：二起脚向前跃步时须与两掌穿插同步进行，跳跃要高远，落地须稳健；两掌穿插要疾速准确，眼神要紧随两手的伸缩交替。

5. 右转身左猿猴挂印势

动作与要领同"左转身右猿猴挂印势"，唯方向不同，面向东南。

6. 左猿猴叨绳势

动作与要领同"右猿猴叨绳势"，唯方向不同，面向东南。

7. 左猿猴爬杆势

动作与要领同"右猿猴爬杆势"，唯方向不同，面向东北。

说明：猴形的练习路线是走四隅方向，打四角，最后打回起始方向，然后收势。

8. 收势

（1）打完四隅方向后，打回到起始位置，然后落地成三体式。

（2）收左脚打右钻拳，以钻拳方法收势。

（四）马形

马体强壮，四蹄如铁，疾奔如飞，如遇劲敌时，鬃毛抖乍，踢闯踩挤，故取其冲障破坚之势、疾蹄奔闯之功来修炼此拳。

1. 预备势

以大三体式（抱枪式）为佳，面向东。

2. 马形左奔势

（1）左脚向前垫步，右脚尽力向前跨出一步，左脚随之跟进收回于右脚内侧虚点地，屈膝蹲身，重心偏于右腿；同时，两手握拳收回于腹前，拳心朝上；目视前方，面向东。

（2）上动不停。左脚尽力向前跨出一步，右脚随之跟进半步，重心偏于右腿；同时，双拳经胸前提起向前猛烈打出，高与鼻平，两拳心朝下，虎口相对，两拳相距略小于肩；目视双拳，面向东。

要领：出拳犹如快马奔跑，两拳打出，与出左脚踏地统一协调，沉肩塌腰，顺腕垂肘。

3. 马形右踏势

（1）左脚向前垫出半步，双拳快速向右肩抽回，手腕向里翻转，拳心朝下，两腿屈膝；目视前方，面向东。

（2）上动不停，右脚向前跟步收于左脚内侧，脚前掌虚点地；同时，双拳随身体前移猛烈向前打出，右拳在前，左拳随右拳护于右手腕处，两拳心均朝下；目视右拳，面向东。

要领：垫步收拳与进步击拳均须猛烈快速，整齐合一，劲力协调，犹如烈马奔腾之势。

4. 马形左踏势

（1）右脚尽力向前跨出一步，左脚随之跟进收于右脚内侧虚点地，屈膝蹲身，重心偏于右腿；同时，两手握拳，翻转收于左肩侧，拳心朝下；目视左前方，面向东。

（2）上动不停，左脚尽力向前跨出一步，右脚随之跟进半步，一重心偏于右腿；同时，双拳经胸前提起向前猛烈打出，高与鼻平，两拳心均朝下，虎口相对，两拳相距略小于肩；目视双拳，面向东。

要领：同前，可以左右式反复交替练习。

5. 马形回身势

（1）身体向右后转动180°，右脚随转体向后猛烈拖步扫腿，双拳同时回带于右侧，身体向后靠；目视前方，面向西。

（2）上动不停，左脚尽力向前一步，右脚随之跟进半步，重心偏于右腿；同时，双拳由右肩前向前猛烈打出，高与鼻平，两拳心均朝下，右拳在前，左拳随右拳护于右手腕处；目视右拳，面向西。

要领：拖步后扫腿要与双拳回带同时进行，此时肩须猛力后靠（野马后撞槽），动作要迅猛有力。

6. 马形收势

（1）右脚向前迈步，脚尖里扣，同时身体左转180°，随之左脚收回靠于右脚内侧，双拳翻腕收回于左肩前；目视前方，面向东。

（2）左脚向左前侧迈出一步，双拳变掌，左手劈掌、右手下按成三体式，面向东，然后收势。

（五）鼍形

鼍为两栖之物，鳄鱼之族，有浮水之精，侧袭之能，故取其侧身斜进、抖身斜发之技。

1. 预备势

以三体式开始，面向东。

2. 鼍形左式

身体略向右转，紧接着向左转身，左掌同时由前向下、向里、向上翻转裹劲，至嘴前以肘与前臂成弧形横着向左前方撑出，掌心斜向前下方，高与嘴平；左脚随着收回，即刻再向左前方迈出一步，右脚随之跟进，重心偏于右腿，右掌随着向左侧推挤，掌心朝左下方；目视左侧，面向东。

要领：左掌与左脚要同收同出，整齐合一。要以掌与前臂外侧用力，外撑时左手臂成弧形。

3. 鼍形右式

（1）左脚向前垫步，右脚随之跟进贴靠于左脚内侧，两膝微屈，脚尖虚点地；同时，双掌逆时针在胸前划弧一圈；目视前方，面向东。

（2）上动不停，右脚向前尽力跨一大步，左脚随之跟进半步，重心偏于左腿；两手臂成弧形，继续逆时针划弧横着向右前方撑出，右掌心斜向前下方，高与嘴平，左掌也随着向右侧推挤，掌心朝右下方；目视右侧，面向东。

要领：同上，左右式可以反复交替练习若干次。

4. 鼍形回身势

（1）打出右势以后动作不停，左脚贴地面收回，虚靠于右脚内侧成左侧虚步，重心偏于右脚；身体快速向左后转体，左掌由腹前随着转身动作向上、向左撑出，掌心斜向前下方，右掌同时下按，停于腹前，掌心朝上；目视左侧，面向西。

（2）上动不停。紧接着打出鼍形左式（同上面的鼍形左式，唯方向相反），面向西。

要领：向左后转身时速度要快。两臂划弧动作要连贯；转体要以腰带动，灵活敏捷。

5. 鼍形收势

打到起始位置后，仍先打出鼍形回身，再打一个鼍形左式，然后撤回左脚于右脚内侧；同时打出一个右钻拳，再打出左三体式，收势。

（六）鸡形

鸡有独立平衡之能，有争斗之勇、抖翎之威、啄米之准，飞速奔跑中均为提踩，故取其以上技能来修炼此拳。

1. 预备势

以大三体式（抱枪式）为佳，面向东。

2. 纵步右前穿掌（金鸡独立）

右掌从左掌下面向前穿出，高与胸齐，左掌抽回于左腰侧，两掌心均朝下；同时，左脚向前迈出半步，屈膝半蹲成左独立步，右脚随之跟进于左脚内侧，脚掌提起贴靠于左踝骨处，脚尖向上翘；目视右手，面向东。

3. 纵步左前穿掌（金鸡独立）

上动不停，右脚尽力向前纵步跃出，屈膝半蹲成右独立步，左脚随之跟进于右脚内侧，脚掌提起贴靠于右踝骨处，脚尖向上翘；同时，左掌从右掌下面向前穿出，高与胸齐，右掌抽回于右腰侧，两掌心均朝下；目视左手，面向东。

要领：纵步前穿时，身体可以略向前俯，纵步要远，要稳，要快；两个前穿掌动作要连贯紧密，身体高矮不变。独立时，须腰塌头顶，精神贯注。

4. 进步右崩拳（金鸡食米）

左脚向前纵步而出，落地时右脚随之跟进于左脚内侧（落后半脚），震地有声，两腿屈膝半蹲；同时，右手向左掌下方打出崩拳，拳眼朝上，左掌扣于右手腕部之上；目视右拳，面向东。

要领：右崩拳与落地震脚要整齐一致，速度要快，其余与崩拳要领相同。

5. 撤步左撑掌（金鸡抖翎）

（1）右手反缠丝拧腕，右拳变掌，掌心朝上，左掌逆缠丝翻腕，掌心朝前下方护于右前臂处；同时，右脚提起贴靠于左踝骨侧，脚尖翘起，左腿屈膝，身体略下蹲；目视右拳，面向东。

（2）上动不停，身体右转，右脚尽力向右后方落步，左脚也随之顺势稍向后蹬地而移，成右重左轻的半偏马步；同时，左掌尽力向左下方撑开，停于左膝上方，掌心朝下，左臂成弧形，右臂屈肘上顶，右掌置于头右侧，掌心朝前下方；目视左掌，面向南。

要领：左右缠丝手腕是一种擒拿术，双手须协调配合；意在腕部，左掌下撑与右肘上顶要形成对开之力，形整劲整；转体落步与左右撑掌要协调统一，两脚跟不可离地。

6. 跳步独立下插掌（金鸡上架）

身体右转，左脚向右前方跳出一步，右脚随之提起成左独立式，左腿微屈，右膝尽力向上提起；同时，右掌经胸前向左下方直臂下插，掌心朝左，左掌由左下方经胸前向右上方穿掌，停于右肩前侧，掌心朝右，指尖朝上；目视前方，面向西。

要领：右掌下插与左掌上穿要同时完成，两臂要贴身，两手小指须向里裹劲，手腕、手臂要平直。独立腰塌，头顶束膀，嗔目前视。

7. 进步右挑掌（金鸡报晓）

右脚向前一步，左脚也随之顺势稍向前蹬地而移，并屈膝成右重左轻的半右弓步；同时，两臂右上左下分开，右掌上挑，高与头平，指尖向上，臂微弯曲，左掌下划停于左胯侧，掌心朝下；目视右掌，面向西。

要领：右掌上挑要用力。整体动作要协调统一，干脆有力。

8. 进步左劈掌

左脚向前进一大步，右脚跟进半步；同时，左掌向前经右手上方穿出，翻掌前劈，右掌向下捋带于右胯侧；目视前方，面向西。

要领：同五行拳中的"左劈拳"要领完全相同。

9. 进步右崩拳（金鸡食米）

同"进步右崩拳（金鸡食米）"，面向西。

说明：可以反复做以上动作，形成循环。这就是著名的"鸡形四把"的主要练习法，可以单独作为一个套路来训练。

10. 金鸡抖翎

打出进步右崩拳（金鸡食米）后，要点如下：

（1）右手反缠丝拧腕，拳心朝上，左掌逆缠丝翻腕，掌心朝前下方护于右前臂处；同时，右脚提起贴靠于左踝骨侧，脚尖翘起，左腿屈膝，身体略下蹲；目视右拳，面向西。

（2）上动不停，右脚略向后落步震脚，左脚随之提起成右独立步，右腿屈膝微下蹲；同时，左掌尽力向左下方撑开，掌心朝下，左臂成弧形，右掌尽力屈肘向后撑拽于右胯侧，掌心朝上；目视左掌，面向西。

（3）再出"撤步左撑掌（金鸡抖翎）"，同前。

要领：落步震脚与两手撑拽要形成合力，整齐一致，其他与"撤步左撑掌（金鸡抖翎）"相同。

11. 鸡形收势

（1）先打出"进步右挑掌（金鸡报晓）"，方法同前，面向东。

（2）再打出"进步左劈掌"，成为三体式，方法同前。

（3）然后打右钻拳，与钻拳收势相同。

（七）鹞形

鹞为飞禽，其展翅侧身优于别鸟，更有束翅之法、穿林之巧、翻身之灵、钻天之疾，取其以上技能来修炼此拳。

1. 预备势

以大三体式（抱枪式）为佳，面向东。

2. 鹞子束身势

左脚向前垫半步，紧接着右脚向前大跨出一步，左脚随之跟于右脚内侧，提靠于右脚踝关节处，脚尖上翘，屈膝微蹲成右独立步；在右脚上步时，两掌变拳，右拳顺着左前臂下方向前、向上穿出，高与眼平，左拳同时抽回于腹前，两拳心均朝里；目视右拳，面向东。

要领：右拳打出与右脚落地要同时完成，动作须平稳顺畅，出拳时沉肩塌腰。

3. 鹞子入林势

上动不停，左脚向前直进一步，右脚随之跟进半步（也可以原地不动），重心仍然偏于右脚，右脚尖略向外展；同时，左拳直向前打出，高与肩平，拳眼向上，右前臂同时向外、向上翻转上架，使右拳置于头右侧，拳心向前下方，成左顺步炮拳式；目视左拳，面向东。

要领：同炮拳打法要领；要形整意合，三合对应。

4. 鹞子钻天势

上动不停，右前臂向下翻转，右拳变掌，由身体右下方向前、经左手腕上方向前、向上直臂穿掌，掌心朝上；同时，右脚向前一步，左脚尖外展，左拳变掌撤至右臂下方；目视右掌，面向东。

要领：右前臂下落须向里裹劲缠丝，右掌螺旋穿出；右脚上步要与穿掌协调统一；右臂穿出时要沉肩挺项。

5. 鹞子翻身势

右脚尖向里扣，身体左转180°；同时，右臂屈肘，右掌随身体转动向上、向左逆时针划弧，最后经胸前收回于右腰侧，左掌亦从右向上、向左逆时针划弧，最后随转身向左出左步劈掌，成大三体式，面向西。

要领：鹞子钻天与鹞子翻身有以拳出现的，但是以掌为佳；转体与穿掌要协调连贯；鹞子束身、鹞子入林、鹞子钻天、鹞子翻身这四个动作要连贯顺畅，整体反映出鹞子的精灵敏捷，不可停动。

到此，又可以从"鹞子束身势"开始，反复循环练习。

6. 收势

打到起始位置以后，仍以鹞子翻身回身，成三体式，面向原来起势方向，稍停，并步收势即可。

（八）燕形

燕子身轻灵巧，飞翔敏捷，抄水之精，闪身之法，以取其如上特长修炼此拳。

1. 预备势

以大三体式（抱枪式）为佳，面向东。

2. 燕子穿天势

（1）右掌向左前臂下方伸出，然后右前臂向外、向上、向后翻转，顺时针划弧至头右侧，掌心朝外，左掌同时顺时针屈肘由胸右侧向下反臂穿掌，掌心朝上；同时，重心向右腿偏移，成左仆步；目视左手，面向东。

（2）上动不停，右脚向左前上方提起，随之身体向上跃起；同时，两手臂仍沿着顺时针划弧，摔臂上扬，面向东。

（3）上动不停，两腿先后落地成左仆步；左掌顺势沿左腿上方反手直臂下穿掌，掌心朝上，右掌亦顺势落于身体右侧，直臂侧架；目视左手，面向东。

要领：跃步跳起与两臂上扬须协调一致，身体须轻灵；穿掌时要以腰为轴，眼随手转。

3. 燕子抄水势

上动略停，右脚尽力向左脚左前侧纵跳一步，左脚随之跟进，提脚紧靠于右脚踝骨关节处，脚尖翘起，两腿屈膝下蹲成半蹲右独立步；同时，两手握拳，在胸前以手腕交叉后再随身体落下展臂向左右分开，高与肩平，沉肩微屈肘，两拳心均朝上；目视左手，面向东。

要领：两拳分开与右脚前进动作要协调一致；纵跳要远，落地要稳而轻灵，要沉肩塌腰。

4. 进步右崩拳（燕子啄泥，又名金鸡食米）

左脚向前进一步，右脚随之跟进于左脚跟内后侧，两腿屈膝半蹲；同时，右臂屈肘，右拳经右腰侧向前崩拳，拳眼朝上，左拳变掌扣于右手腕部；目视前方，面向东。

要领：与"右崩拳"要领相同。

5. 左劈掌

右脚不动，左脚向前一步；同时，左掌从右拳上方打出劈掌，右拳变掌收回于腹前，成三体式。目视前方，面向东。

要领：与前面"左劈拳"要领相同。

6. 回身势

与前面劈拳的"回身势"完全相同。接下来可以从"燕子穿天势"开始，反复循环练习。

7. 收势

打回起始位置，以劈拳方法收势。

（九）蛇形

蛇性敏锐，其身体屈伸自如，刚柔兼备，有拔草之巧、乘隙之妙，取其特长修炼此拳。

1. 预备势

以大三体式（抱枪式）为佳，面向东。

2. 蛇形右式

（1）左脚向前垫步，右脚随之向前跟步，两腿屈膝下蹲成右歇步；同时，右掌由腹前向左下方直臂插掌，指尖朝下，掌心朝左，左臂也屈肘挂掌于右肩前，掌心朝右，指尖朝上；目视前方，面向东。

（2）上动略停，右脚向前方大跨一步，左脚随之跟进半步；同时，右掌由下向右上方猛力挑掌，高与腰齐，左掌下按于左胯侧；目视右掌，面向东。

要领：右下插掌与左上挑掌要紧贴身体，同时与屈膝下蹲动作一致；向前挑掌与上右步须劲力整齐合一。

3. 蛇形左式

同"蛇形右式"，唯左右方向相反，面向东。左右式可以反复交替练习。

4. 回身势

打出蛇形右式以后，身体左后转180°，两腿屈膝下蹲成右歇步；同时，左臂屈肘，左掌收回在右肩前，掌心朝右，指尖朝上，右掌直臂下插，指尖朝下；目视左前方，面向西。

要领：转身下势与下插掌须快捷灵敏，然后紧接着打出蛇形右式。

5. 收势

打回起始位置以后，打出回身式，返回起始方向后，打一个右式，再打一个左式，然后撤回左腿，收回双手，并步收势。

（十）鼍（鲐）形

鼍（鲐）性凶恶，有转折护尾之能、擒兔逐鸡之技，取其上法，以修此拳。

1. 预备势

以三体式开始，面向东。

2. 鼍形右式

（1）（鼍形展翅）左脚向前垫步，右脚向前跟步紧贴于左腿内侧，以脚尖虚点地，两腿屈膝微蹲；同时，左掌下落收回腹前，然后两掌由胸前展开向上、向外划弧，架于身体左右两侧，两掌略高于肩，掌心朝外；目视前方，面向东。

（2）（鼍形摆尾）上动不停，右脚迅速向前偏右进一大步，左脚随之跟进半步，重心偏于左腿；同时，两掌握拳，随进步由腰两侧向前方撞出，两拳心均朝上，拳眼相对，相距15厘米左右；目视前方，面向东。

要领：两臂划弧与进步同步完成；向外撞出拳时，左右肘要紧贴两肋，与身体形成一个整体；双拳的拳面位置不要超出右脚尖。

另外一种打法是：两臂划弧后收回于两腰侧，然后由腰部随进右步撞出，其余相同。

3. 鼍形左式

同前"鼍形右式"，唯左右方向相反，面向东。左右式可以反复交替练习。

4. 回身势

（1）打出鼍形左式以后，左脚向前垫步，随之右后转体180°，右脚随转体回撤半步，右脚尖虚点地成虚步；同时，两掌由胸前展开向上、向外划弧，架于身体左右两侧；面向东。

（2）然后再打出右式，方法同上。

要领：左脚垫步转身速度要快，随之回撤右脚；两臂展开转身的练习法和两臂收回转身的练习法效果各有不同，但鼍形展翅较佳。

5. 收势

打回起始位置以后，打出回身式，再打出右式，然后撤右脚，脚尖虚点地，并于左脚内侧，同时打出右钻拳，然后以钻拳收势。

（十一）鹰熊合演

鹰熊合演以合阴阳之法。鹰为猛禽，其爪如钩，其目敏锐，飞行疾速，抓捕凶狠，有分筋错骨之手；而熊有拙中藏巧之能、体钝形威之象、竖项肩靠之势。将鹰熊合演，可以起落有势，出手捉拿有方。

1. 预备势

以三体式开始，面向东。

2. 熊形左起势

左掌下搂握拳，经腹前、胸前从下颌处向上、向前翻转伸出，高与眼平，拳心朝里，右掌亦握拳，翻转上提于左肩内侧；同时左脚收回，脚尖虚点地，两腿微屈膝并靠；目视前方，面向东。

3. 鹰形右落抓势

右拳顺着左前臂内侧向前上方穿出，当两拳背接近时，双拳同时翻转变掌，右掌向前下方猛力探抓，高与腰平，五指撑开，掌心朝下，左掌向后捋带，停于腰左侧，掌心朝下；同时，左脚向左前方迈出一大步，右脚也随之跟进半步，重心在两腿之间，右脚跟微离地，两膝部弯曲；目视右掌，面向东。

要领：出左脚落地与右掌探抓要形整力合；两拳背须接触摩擦，并疾速翻转变掌，分开向下探抓和后捋。

4. 熊形右起势

左脚向前垫一步，右脚随之收回于左脚内侧，脚尖虚点地，两腿微屈膝并靠下蹲；同时，右掌向下抓回于腹前，随之握拳经胸前从下颌处向上、向前翻转伸出，高与眼平，拳心朝里，左掌亦握拳，翻转上提于右肩内侧；目视前方，面向东。

要领：同"熊形左起势"，唯左右相反。

5. 鹰形左落抓势

与"鹰形右落抓势"相同，唯左右相反，面向东。

要领：与"鹰形右落抓势"相同，唯左右相反。可以左右反复循环练习。

6. 回身势

打出鹰形左落抓势以后，右脚向前垫步，随之身体疾速向左后方旋转180°，左脚随转体抽回半步，以脚尖虚点地，重心偏于右腿；同时，左掌随转体向下抓回于腹前，再握拳经胸前从下颌处向上、向前翻转伸出，高与眼平，拳心朝里，右掌亦握拳，翻转上提于左肩内侧；目视前方，面向西。

要领：转身动作要快，要平稳，与手臂动作协调一致。

7. 鹰形右落抓势

打出回身势以后，稍停，紧接着打鹰形右落抓势，其动作方法与前面完全相同；目视右掌，面向西。

8. 收势

打到起始位置以后，打"回身势"，再打出一个"鹰形右落抓势"，然后收回左脚；同时打出右钻拳，再打出左劈拳成三体式，收势。

五、单练套路——"杂式捶"

顾名思义，既为"杂式"，必穷其行拳之精髓，混杂各式，行一拳而盖所有。形练于外，意修于内。其身法的纵横高低、刚柔收放，步法的腾挪闪转、起伏跌宕，手法的松紧快慢、形随意动，眼神的左右顾盼、神逼意摄，全要通过此拳的修炼来提升。

其主要的动作说明，如下所示：

（一）预备势

可以直接参考前面劈拳的预备势。

身体面南站立，两臂自然下垂，然后屈膝半蹲，腿不动；腰向左旋转，并步向前打出右崩拳，上左脚、出左掌打出左劈拳，最后成大三体式；目视前方，面向东。

要领：这与劈拳起势完全相同；是由预备势变为三体式的过程，其三体式要领与三体式桩功相同。

（二）并步右崩拳

右脚向前进步，贴靠于左脚内侧稍后半脚距离，两掌变拳，右拳由腰右侧顺着左臂下方向前打出崩拳，左拳收回于腰左侧；目视前方，面向东。

要领：进右脚要蹭地有声，与出拳形成合力；两腿须屈膝半蹲；其余要领参考"右崩拳"打法。

（三）进步左崩拳

右脚不动，左脚向前一步，膝微屈，重心仍偏于右腿；同时，左拳向前打出左崩拳，右拳撤回至腰右侧，两拳眼均朝上，身体略向前倾；目视前方，面向东。

要领：与"进步左崩拳"打法和要领完全相同。

（四）提步右崩拳（鹞子束身）

右脚向前跨出一大步，左脚在右脚将落未落之际迅即提起，跟于右脚内侧，提靠于右脚踝关节处，脚尖上翘，屈膝微蹲成右独立步（此步称为"摩胫步"）；在右脚上步同时，右拳顺着左前臂下方向前、向上穿出，高与胸平，左拳同时抽回于腹前，两拳心均朝上；目视右拳，面向东。

要领：右拳打出与右脚落地要整齐一致；迈右脚动作须迅速、平稳顺畅，出拳时沉肩塌腰；其余参考"鹞子束身势"。

（五）顺步炮拳（鹞子入林）

上动不停，左脚向前直进一步，右脚随之跟进半步，重心仍然偏于右脚，右脚尖略向外展；

同时，左拳直向前打出，高与肩平，拳眼向上，右前臂同时向外、向上翻转上架，使右拳置于头右侧，拳心向前下方，成左顺步炮拳势；目视左拳，面向东。

要领：左拳打出和右拳上架要与左脚逐步形成合力，整齐一致；两腿膝部微向里扣，并且要松肩塌腰。

（六）左退步劈拳（左退步鹰抓）

右拳由上向下截拦至腰右侧，微停，随即变掌由腰部向上、向前劈掌，掌心向左前方，左掌随之将带回腰左侧，掌心朝下；同时，左脚迅速后撤一步，重心立即移于左腿，成右虚步，上体略向前倾；目视右手，面向东。

要领：右劈掌与后撤左脚、下将左掌同步完成，整齐一致。也可以将右劈拳练成向左搂掌，要领相同。

（七）右退步劈拳（右退步鹰抓）

动作和要领同前一动作"左退步劈拳"，唯左右相反；目视左手，面向东。

（八）左钻拳

右掌向自己面部由右向左搂去，左掌向下搂手于腹前，然后握拳翻转经胸前、右手腕上方向前钻拳，拳心朝上，右掌握拳置于左肘下方，拳心朝下；步法不动，重心移于左腿成左弓步，身体微向左倾；目视左拳，面向东。

要领：左拳落下不停，立即向右拳上方钻出，速度要快。

（九）左压右架拳（乌龙取水）

上动不停，右拳由左臂下经左肘外侧向上架起，屈肘停于头部右上方，拳心向前，左拳屈肘下按于腹前，拳心朝下；同时，上体后移，重心偏移于右腿；目视前方，面向东。

要领：左右拳的穿架和重心后移要协调一致，同步完成。

以上从"左、右退步劈拳"到"乌龙取水"结束，其间不可有明显停顿现象，同时必须展现出节奏和每一式的着力点，招式的变化不可中断劲路的连贯。

（十）退步砸拳（飞燕展翅一）

左脚后撤一步，右脚随之撤至左脚前侧，以脚尖虚点地；同时，右拳迅速随右撤步下砸于左掌心，左右两前臂紧靠腹部，右拳拳心朝上；目视前方，面向东。

要领：右脚后撤要尽力向后缩，身体要微向前倾，并与右拳下砸同时完成；砸拳速度要快，眼神随右拳下落后，再速向前看；头顶缩胯，沉肩塌腰。

（十一）跷步左崩拳（飞燕展翅二）

上动不停，右脚掌触地向后猛力抽撤至左脚内侧，脚尖虚点地，重心偏于左脚，两腿屈膝微下蹲；同时，右拳向后抽回至腰右侧，拳心紧贴腰部，左拳猛力向前打出崩拳，拳与胸同高，拳眼朝上；目视前方，面向东。

要领：撤右步与左崩拳均须快速猛力；重心在左腿，身体略前倾，有箭在弦上待发之状。

（十二）顺步右崩拳（黑虎出洞）

上动不停，右脚向前一步，左脚随之跟进半步，两腿屈膝微下蹲成偏马步，重心偏于左脚；同时，右拳由腰部向前打出崩拳，拳眼朝上，左拳抽回至腰左侧；目视右拳，面向东。

要领：与"顺步右崩拳"动作和要领相同。

（十三）撤步砸拳（白鹤亮翅一）

右脚向左脚内侧撤回，两腿并步屈蹲；同时右拳迅速随右撤步下砸于左掌心，左右两前臂紧靠腹部，拳心朝上；目视右前方，面向东北。

要领：撤右脚与砸右拳均须快速猛力，整齐合一；右脚撤回时须震地有声。

（十四）马步撑掌（白鹤亮翅二）

左脚向左后大撤一步，屈膝蹲身成马步；同时，右拳变掌，两臂同时经胸前交叉向上划弧，并经头前上方向左右撑开；目视前方，面向北。

要领：两臂外撑要与前式保持劲含于内而不断、意行于形而不乱。

（十五）并步砸拳（白鹤亮翅三）

上动不停，两臂继续沿弧形下落划一立圆收回于腹前，右掌变拳砸于左掌心内，拳心朝上；同时，右脚收回于左脚内侧，并步屈膝下蹲；目视前方，面向北。

要领：右脚收回要震地有声，与右砸拳劲力合一；左右两前臂与手要紧靠腹部；要含胸裹腹，扣肩拔背。

（十六）进步炮拳

右脚向右前方迈出一步，左脚也略向前跟进一小步，成三体式步形；同时，左掌变拳向前打出，右拳经左胸前向上翻转，上架于头部右上侧，成拗步左炮拳；目视前方，面向东。

要领：右脚落地与左拳打出要整齐一致；右拳上起时，拳心要随身体右转由里向上翻转；其他同前面炮拳。

（十七）进步双按掌（饿虎扑食）

1. 右脚向前略垫半步，左脚随即跟进，并提起靠于右脚内侧脚踝处，脚尖翘起，两腿屈膝半蹲成右独立步；同时，两拳迅速合力搂回于腹前，两拳心均翻转朝上；目视左前方，面向东。

2. 上动不停，左脚向左前方斜进一大步，右脚随之跟进半步，两脚跟前后相对约一步，重心偏于右腿；同时，两拳顺着胸部向上伸出，拳心向里，到口前猛烈翻转变掌向前按出，高与胸齐，掌心均朝前下方，两掌虎口相对；目视两手，面向东北。

要领：此动作与"虎形左式"动作要领完全相同。上步推按犹如猛虎扑食，快速猛烈。按出后要沉肩垂肘，塌腰挺颈，双膝内合。

(十八) 退步左侧挤 (游鼍分水)

左脚前脚掌触地向后拖半步，重心偏于右腿，左脚尖点地成左虚步；同时，身体略向右转，紧接着向左转身，左掌同时由前向下、向里、向上翻转裹劲，至嘴前肘与前臂成弧形，横着向左前方挤出，掌心斜向前下方，高与嘴平，右掌随着向左侧推挤，掌心朝左下方；目视左侧，面向东。

要领：左掌与左脚要同收同出，整齐合一；要以掌与前臂外侧用力，外撑时左手臂成弧形；此动作与"鼍形左式"要领相同，唯将进步改为退步。

(十九) 退步右侧挤 (游鼍分水)

左脚向后退一步，右脚随之向后拖半步，右脚尖点地成右虚步，重心偏于左腿；右手臂顺时针划弧经胸左侧向上、向右至嘴前，肘与前臂成弧形，横着向右前方挤出，掌心斜向前下方，高与嘴平，左手臂成弧形逆时针划弧，横着向右侧方挤出，高与胸平；目视右侧，面向东。

要领：同上。以上鼍形摆尾左右各做两个。

(二十) 穿掌跳跃 (燕子穿天)

1. 右脚向后退步，左脚随之提起收回，并靠于右腿内侧，脚尖翘起，置于右踝骨上方，两腿屈膝微下蹲成右独立步状；同时，右手握拳外缠丝旋转，顺时针向右、向后再从右腰侧经胸前划弧一周向上穿出，置于头右上方，左手亦握拳内缠丝旋转，顺时针向外、向上再经胸前由左腰侧向下穿出，贴于左胯侧；目视左手，面向东。

2. 上动不停，左脚向左侧仆步下势，左拳变掌，反手直臂沿大腿外侧继续下穿，掌心朝上，虎口朝后，右拳变掌，直臂展于身体右侧；目视左手，面向东。

3. 上动不停，右脚向左前上方提起，随之身体向上跃起；同时，两手臂仍沿着顺时针划弧，摔臂上扬；面向东。

要领：两手臂缠绕须有大枪拧把的劲力，穿掌时要以腰为轴，眼随手转；跃步跳起与两臂上扬须协调一致，身体须轻灵；该动作同燕形中的"燕子穿天势"。

(二十一) 仆步穿掌势 (燕子抄水)

1. 上动不停，两脚先后落地成左仆步；左掌顺势沿左腿上方反手直臂下穿掌，掌心朝上，右掌亦顺势落于身体右侧，直臂侧架；目视左手，面向东。

2. (蜻蜓点水) 上动略停，右脚尽力向左脚左前侧纵跳一步，左脚随之跟进，提脚紧靠于右脚踝关节处，脚尖翘起，两腿屈膝下蹲成半蹲右独立步；同时，两手握拳，在胸前以手腕交叉后，再随身体落下展臂向左右分开，高与肩平，沉肩微屈肘，两拳心均朝上；目视左手，面向东。

要领：两拳分开与右脚前进动作要协调一致；纵跳要远，落地要稳而轻灵；要沉肩塌腰；该动作同燕形中的"燕子抄水势"。

（二十二）进步右崩拳（燕子啄泥，又名金鸡食米）

左脚向前进一步，右脚随之跟进于左脚跟内后侧，两腿屈膝半蹲；同时，右臂屈肘，右拳经右腰侧向前崩拳，拳眼朝上，左拳收于左侧腰部；目视前方，面向东。

要领：该动作同燕形中的"燕子啄泥势"。

（二十三）顺步炮拳（鹞子入林）

左脚向前直进一步，右脚随之跟进半步，重心仍然偏于右脚，右脚尖略向外展；同时，左拳直向前打出，高与肩平，拳眼向上，右前臂同时向外、向上翻转上架，使右拳置于头右侧，拳心向前下方，成左顺步炮拳式；目视左拳，面向东。

要领：该动作同"顺步炮拳（鹞子入林）"完全相同。

（二十四）退步穿掌（白蛇吐信、退步猴叨绳）

1. 两拳变掌，掌心均朝下，右掌先落于胸前，紧接着向左掌背上方直臂穿出，左掌同时回抽于腰左侧；同时，左脚前脚掌触地向后拖半步，置于右脚内侧虚点地，重心仍偏于右腿；目视右掌，面向东。

2. 上动不停，左脚继续向后撤一步，重心移到左腿，随之右脚亦以前脚掌触地向后拖半步，置于左脚内侧虚点地；同时，右掌抽回于右腰侧，左掌由下经右掌背上方直臂穿出，两掌心均朝下；目视左掌，面向东。

要领：两掌相互穿插时要快速敏捷，须在交叉处以穿出掌的掌心和回抽的掌背相互击响出声，后撤之腿要与穿掌相互协调配合；以上两动作须左右反复交替各做两次。

（二十五）独立前探掌（金鸡独立）

上动不停，右脚继续向后撤步，并屈膝下蹲成右独立步，左脚随之收回提起并贴靠于右腿内侧，脚尖上翘；同时，右掌随后撤步继续做前穿掌和回抽动作，左掌亦配合完成收回与快速穿掌，最后停于前方，掌与肩同高，两掌心均朝下，身体微向前倾；目视左掌，面向东。

（二十六）进步右崩拳（金鸡食米）

左脚上前一步，右脚随之向前跟进一步，贴靠于左脚内侧稍后半脚距离；右掌握拳，由腰右后侧以肘关节为轴，顺时针缠绕一周后，顺着左臂下方向前打出崩拳，左掌亦同时顺时针以肘关节为轴缠绕一周后扣于右手腕内侧；目视前方，面向东。

要领：进右脚要蹬地有声，与出拳形成合力；两腿须屈膝半蹲，两膝紧贴；其余要领参考"右崩拳"打法。

（二十七）撤步左劈掌

右脚向后撤一步，重心偏于右腿；同时，左掌向前劈掌，高与胸平，右拳变掌向下捋按，置于左肘下方，两掌心均朝下；目视前方，面向东。

要领：后撤步时右脚须蹬地有声，两掌交叉接触时须快速有力，全身动作整齐合一；其他要领与"左劈拳"相同。

（二十八）并步右钻拳（推窗望月一）

左掌向腹前搂回并握拳，拳心朝下，右手握拳，由左手背上方打出钻拳，拳心朝上；同时，左脚沿地面撤回，前脚掌触地并步于右脚内侧，两腿屈膝微蹲，重心偏于右腿；目视右手，面向东。

要领：撤左脚与右钻拳必须同时进行，同时完成，要快速干脆。

（二十九）进步左劈拳（掌）（推窗望月二）

上动不停，左拳变掌，迅速由胸前向上、经右手腕上方向前劈掌（拳），高与肩平；同时，左脚向前跨一大步，两腿屈膝下蹲成大三体式，右手变掌抽于右腰侧；目视前方，面向东。

要领："并步右钻拳"和"进步左劈拳（掌）"这两个动作属于"推窗望月"一个动作的连贯，必须连续一气完成；要快速有力，手脚协调一致，周身用力要完整，不可松懈。

（三十）马步双撑掌（三盘落地）

身体略向右转，两腿屈膝下蹲成马步；两掌同时向里翻转并分别向两侧分开外撑掌，两掌与两脚距离相当，两掌虎口朝里，掌心朝下，掌指朝前；目视左前方，面向东。

要领：两臂要向左右撑圆。腰要塌，胯要缩，沉肩突掌，力达两掌根。

（三十一）马步托掌（金鸡抖翎）

身腰猛向左拧，左掌随腰的拧转顺缠丝由下向左上方抖臂托掌发劲，高与肩平，掌心朝上，沉肩屈肘，右掌亦向右后方抖臂按掌发劲，高与胯齐；目视左前方，面向东。

要领：抖臂与托掌发力是一个动作，同拧腰转身同步完成，须猛烈干脆，定势准确。

（三十二）左歇步下插掌（懒龙卧道）

1. 右脚向左脚前盖步横进一步，两腿屈膝下蹲成左歇步；同时，右手向前下方插掌，掌心朝前，掌指朝下，置于右脚前侧，左掌上挑掌，置于右肩前侧；目视前方，面向东。

2. 两腿不动，左手直臂向前下方切掌，力达掌外沿，掌心朝下，掌指朝右，右掌向右后方抽带，掌心朝上；目视前方，面向东。

要领："懒龙卧道"分两个动作，前一动作是右手下插掌，须与身体下蹲、左掌上挑形成合力；后一动作需要左右两掌形成对开之力；无论插掌还是切掌均须猛烈，劲整合一；歇步下蹲时，左膝要抵住右膝腘窝处。

（三十三）进步右横拳（乌龙翻江）

左脚向前进一步，屈膝略蹲，重心偏于右腿；同时，右手握拳，由右腰侧经左肘下方向前翻转打出，拳心朝上，高与胸平，左手握拳抽回于腰左侧，拳心朝上；目视右拳，面向东。

要领：打右拳要缠丝拧劲，旋转向前。其余要领同"右横拳"。

(三十四) 左冲右蹬 (踢) (龙虎相交)

左脚独立，右脚由身体右后侧迅速向前蹬 (或者踢)，高与胯平，脚尖上翘，力达脚跟 (蹬踢时脚尖前伸，力达脚尖)；同时，左拳向前直臂打出，拳眼朝上，右拳撤回腰右侧，拳心朝上；目视前方，面向东。

要领：打左拳与踢右脚要同时进行，速度要快，身体要平稳。

(三十五) 顺步右崩拳

右脚尽力向前落地，左脚跟蹭地随动，两腿屈膝下蹲成偏马步，重心偏于左腿；同时，右拳直臂向前打出崩拳 (冲拳)，拳眼朝上，高与胸平，左拳收回腰左侧；目视右前方，面向东。

(三十六) 撤步砸拳 (白鹤亮翅一)

动作和要领与本套路第 (十三) 式完全相同，面向东。

(三十七) 马步撑掌 (白鹤亮翅二)

紧接上动不停。动作和要领与本套路第 (十四) 式完全相同，面向北。

(三十八) 并步砸拳 (白鹤亮翅三)

紧接着上动不停。动作和要领与本套路第 (十五) 式完全相同，面向东北。

(三十九) 进步炮拳

紧接着上动不停。动作和要领与本套路第 (十六) 式完全相同，面向东。

(四十) 上步双撞捶 (骀形摆尾)

左脚迅速向前进一大步，右脚随之跟进半步，重心偏于右腿；同时，两臂划弧后收回于两腰侧，两拳随进步由腰两侧向前方撞出，两拳心均朝上，两拳相距15厘米左右；目视前方，面向东。

要领：两臂划弧撞拳时与进步同步完成；左右两肘要紧贴两肋，与身体形成一个整体；双拳的拳面位置不要超出右脚尖。此动作与骀形中的"骀形左式"握拳相同。

(四十一) 马步前靠 (黑熊闪膀)

左脚向前垫半步，右脚随之跟进半步，重心偏于右腿；左拳随垫步向外、向上、向里、向下翻转，屈肘向左脚方向靠出，力达左肘，拳心朝左，右拳随之翻转变掌护于左手腕旁；目视左方，面向东。

要领：出左脚时要以肩、肘向外靠出；意念在肩、肘，要形整力足，浑厚有力。

(四十二) 上步贯拳 (野马践槽)

左脚向前垫一步，右脚随之跟进，右脚前脚掌触地，重心偏于左腿，两腿微屈膝；同时，右掌变拳由腰右侧向右前上方屈臂贯拳，高与眼平，左拳随右拳向前冲打，略低于右拳，两拳心均朝下；目视前方，面向东南。

要领：须迅猛，有闪转腾挪之势。其余动作要领同马形的"马形右踏势"。

（四十三）马步靠肘（灵蛇拔草）

右脚向前一大步，两腿屈膝下蹲成低马步；右拳由上向里、向下屈肘翻转下栽拳，并以肘部及前臂向右外侧靠击，拳与膝同高，拳心朝外，左拳随右拳下行，护于右手腕处；目视右拳，面向东北。

要领：栽拳要与马步靠肘同时完成，要刚中有柔。

（四十四）盖步双摆掌（风摆荷叶）

身体向左扭转，右脚向左脚左前侧屈腿盖步交叉成半歇步；两拳变掌同时下划，向左、向上、再向右顺时针划弧一周，摆于身体右侧，合力向右后方推出，高与肩平，掌心均朝右；目视右掌，面向北。

要领：两臂转动要顺时针划一立圆，推出时腰部要尽力向后扭转；右脚盖步要与向后双推掌整齐一致。该动作可以重复再做一次。

（四十五）拗步右钻拳（穿掌）（鹞子钻天）

紧接上动不停，身体向左旋转，随之右前臂向下翻转，右掌随身体转动由右腰侧经左手腕上方向前、向上直臂穿掌，掌心朝上；同时，左脚向前一步，左脚尖外展，左掌撤至右臂下方；目视右掌，面向西。

要领：右前臂下落须向里裹劲缠丝，右掌螺旋穿出；左脚上步要与穿掌协调统一，右臂穿出时要沉肩挺项。

（四十六）拗步左劈拳（掌）（顽猴叨绳）

紧接上动不停，右脚向前一步，重心偏于左腿；同时，左掌经由右手背上方向前劈掌，右掌收回于腰右侧，两掌心均朝下；目视前方，面向西。

要领：左掌要掌心朝上向前穿出，与右掌相交错时两掌同时翻转，穿掌要快速敏捷。

（四十七）转身独立上托掌（鹞子翻身）

1. 紧接上动不停，右脚尖向里扣，身体随之向左后转，左脚提起成右独立步；同时，右掌随转体向上托掌，掌心朝上，左掌随着转体向后背穿掌翻转；面向东。

2. 上动不停，身体继续左转，左脚随转体向右腿后侧落步；同时，右掌经胸前落下至腹前，左掌随转体向左上方屈肘上架；目视左掌，面向西北。

要领：此动作身体连续旋转360°，其间不可停顿断续。两手臂的缠绕与两腿的转换必须随着身体的转动协调统一、平滑顺畅，不可有僵硬呆板之状，整体反映出鹞子的精灵敏捷。

（四十八）跃步前穿掌（狸猫上树）

1. 右脚向前进一步，然后二起脚，即先提左脚，后起右脚，身体迅速向空中跃起，向前、向上、向远方跃出；同时，两掌交替向前上方穿插，掌心均朝下；目视两掌穿插方向，面向西北。

2. 右脚尽力向前落地，左脚在后，右脚在前；同时，右掌直臂向前伸探，身体略向前伸；目视右手，面向西北。

要领：二起脚向前跃步时须与两掌穿插同步进行，跳跃要高远，落地须稳健；两掌穿插要疾速准确；眼神要紧随两手的伸缩交替。

（四十九）马步靠（背熊走林）

上动不停，左脚外展，右脚尖里扣，身体随之左转，两腿屈膝下蹲成偏马步，重心偏于右腿；左掌握拳，屈肘翻转外拧，以左肩肘向左前方靠击，拳心朝后，右手握拳由上向内、向下翻转，置于右腰侧，拳心朝后；目视右侧，面向东南。

要领：转身与肩肘靠击要同时完成。

（五十）提步右崩拳（鹞子束身）

此动作同本套路第（四）式"提步右崩拳（鹞子束身）"完全相同，面向东。

（五十一）顺步炮拳（鹞子入林）

此动作同本套路第（五）式"顺步炮拳（鹞子入林）"完全相同，面向东。

（五十二）并步钻拳

右拳下落于胸前，随即向前上方钻拳，拳心朝上，左拳同时收回于腹前，拳心朝下；左脚收回，并步于右脚内侧，以前脚掌触地，两腿屈膝，重心偏于右腿；目视右拳，面向东。

要领：钻拳与撤步要同步进行。其余要领与"右钻拳"相同。

（五十三）进步劈拳

上动不停，左脚向前一步；同时左拳变掌向前劈掌，高与胸齐，右拳变掌抽回于腹前，两掌心均朝下；目视前方，面向东。

要领：上一动作"并步钻拳"要与"进步劈拳"紧密衔接，中间不可停顿。其余要领与"左劈拳"完全相同。

（五十四）收势

（1）下肢不动，两掌变拳收回于腹前；目视前方，面向东。

（2）收回右腿，并步站立；双手自然下垂于身体两侧，身体转到面南；目视前方。

第十二章　高校传统武术之器械技术实践研究

第一节　传统武术器械技法原理

武术器械多姿多态，有长、短、曲、直、软、硬之分，还有带刺、带刃、带钩或带锤等等区别。在武术理论中，不论如何奇形异状的器械，都被视为手臂的延长体。也就是说，持器械与徒手练习两者的主旨、静姿与动态规律、劲力规律，以及内外合一的整体规律等，都是一致的。从属于某种拳术的器械运动，还有着与该拳种一致的运动风格。徒手与持械运动的不同点，仅是因"臂"长不同而导致的差异。因此，器械技法除遵循武术技法原理外，其个性技法主要是通过持械手的支配和身步的配合，发挥出器械形态的攻防效用，展现出身械合一的特色。在各种不同形态器械的个性技法中，有着下述带普遍性的技法规律，构成了武术器械的基本技法原理。它们包括：形尽其能，扬长补短；换把变招，固把击发；缩轴留腕，过中发劲；顺领合击，反向对称。

形尽其能，扬长补短。这是发挥器械攻防作用的基本原理。"形尽其能"，指武术器械周身是法，任一部位都具有与其形态相应的攻防效用，运用过程中应使它们都得到发挥。例如长器械中的"枪"，枪尖用于点扎，枪头用于劈打，枪梢段用于拦拿圈转，枪中段用于架压推撑，枪把段用于挑盖绞击，枪把端还可戳打；又如短器械中的"剑"，剑尖用于扎刺，剑锋用于点崩啄击，剑身两刃用于砍削格洗，剑把还可砸打贴身之敌；再如小兵器中的"峨眉刺"，虽仅为两头带尖、略比掌长的一直条小械，但运用中除了抓握中间、交替用两端刺击外，还可放开手掌，用械身中段完成架压格拦等防守动作。总之，任何一种器械的技法，都发挥包括该器械各部位攻防作用的运用方法，即"器尽其用""形尽其能"。"扬长补短"，指任一器械形态，都有易于发挥攻防特长的一面，也有易于露隙或不利于发挥攻防作用的一面，应突出其长，补救其短。例如，长器械的"枪"，其形以尖锐、杆长为特长。因此，枪法中虽有运用其周身各部的技法，但也要突出发挥它直扎远取、御敌于枪尖之外的长击技法；同时，要看到长出则难回守，一旦短兵逼身贴近则难以应付的弱点，突出"穿缩似梭"的短用技法。又如短器械中的"刀"，其形以刀刃薄利、刀背厚重为特长。因此，刀法中虽有运用其周身各部的技法，但要突出发挥它贴身缠裹、逼近砍劈的近战特长。同时要看到刀短小，如被长器械逼离远开，则只有对方伤我、而无我击对手的可能，要突出"儸跳超距、步疾刀猛"的"短兵长用"技法。总之，注意"扬长补短"的技法，能使一种器械兼有长、短两用，长攻不失于近卫，近守不失于远击。

在器械的套路演练中，正是由于发挥器械"形尽其能，扬长补短"的技法，才丰富了各种器械的运用方法，使不同器械的演练，呈现出千姿百态的运动特色"换把变招，固把击发"，这是器械握持方法的技法原理。

"换把"，指变换握持器械柄的位置或变换握持的手法。任何器械都有多种握持器械的"把法"。例如，单手持握器械柄杆时，有满把、螺把、刁把、钳把、压把等握持方法。双手持握器械柄杆时，有双阴把、双阳把、阴阳把、交叉把等握持方法。柄杆较长的枪、棍等长器械和鞭、铜等短器械，不仅含有上述握持手法，还有着多处可供持握的"把位"。棍和鞭铜类杆状器械还具有械身处处可作把位的特点。所谓"换把变招"，指把法是招法的基础，欲变招法，先得换把。

在器械运用中，把法不同，完成的招法也不同。首先，握持把位不同，运用的械身不同，械法亦随之变化。例如，握持棍的把段，主要使用棍梢，兼用棍身；握持棍的梢段，主要使用棍把，兼用棍身；两手分开握持棍的中段，则棍的梢、把、身皆用。其次，采用不同的握持法，能完成的招法也不同。双阴把、双阳把多用于握中间用两梢；阴阳把多用于持一端使另一端；交叉把出现在器械花法动作中。此外，还有满把、螺把等等区别。满把可以完成上架、下压、平推、立撑等动作。螺把能完成刺、戳、点等动作。总之，要变换器械招法，必须先换把。把位和把法变了，招法才能随之变化。

由于把变能致招变，对搏中常通过观察对方把位的变换，来推测其招式变化。因此，要求"换把"时要隐蔽。长器械和杆状短器械隐蔽换把的方法有三。其一，以自己身体隐蔽，如"背后换把"；其二，两手相互隐蔽，如两手同握一把位进行换把"同位换把"；其三，以沿械杆滑动隐蔽，即两手在夹杆滑动中任意握住某处变招"滑动换把"。

刀、剑、钩等带刃或钩的短器械，因只有械柄一个把位，"换把"主要表现为握持手法的变换。不同的握持手法，完成的器械招法也不同。例如，刺剑须用螺把，崩剑须用满把，右挂剑应用压把，提剑应用刁把等等。这类握持法的变化仅在一手内完成，没有另一手的辅助。变化时，要求手腕要活，五指要扣拨相辅。其法有二：一种是拇指和中指成管状套住械柄，其余三指辅助拨把；另一种是拇指和食指扣成管状套住械柄，其余三指辅助拨把。械柄套于两指环扣形成的"管"内，既能灵活转动，又不虑其脱落；其余三指辅助拨把，既能保持把柄按一定轨迹运转，又能增添运转把柄的力量。

"固把"，指按一定的"把法"握紧器械柄杆。所谓"固把击发"，即器械招法经换把等过渡动作至接近攻击目标的瞬间，主要用力手要握固把位，以寸劲击发。单手持械时，握柄手就是主要用力手。两手握持枪、棍类轻长器械时，握于后端（后把）的手为主要用力手。两手握持大刀、大钯等长重器械时，握于前端（前把）的手为主要用力手。主要用力手"固把击发"，能保持器械按既定的攻防方法和运动轨迹完成动作；能保证全身的整劲经手传至械身，达于招法要求的着力部位；还能保证器械击中目标后，不致被反作用力震脱落地。

缩轴留腕，过中发劲。这是器械花法中的技法规律。械身循圆绕转称为"花"。如枪、棍等轻长器械的左右立舞花、提撩花、平舞花（云棍类）等，又如短器械的撩腕花、剪腕花、云转花等，再如长重器械的盘头花，软器械的各种舞花等等。遵循"缩轴留腕，过中发劲"的技法，就能做好这些花法。

"缩轴"，指缩小带动械梢绕转的"轴径"。舞花时，手握械的部位，即械梢绕圆环行的轴心。"轴径"的大小，包括握把间距和把位移动距。其中，握把间距，即两手握把时的两手间距，单手握把时的手握把部位的宽度；把位移动距，指握持"轴"上下左右移动的幅度。握把间距大，则轴心直径大，转动半径相对减短，旋转惯性也相对小些；而且两手间距大，还影响其合力集中，也影响两臂圆活转动。把位移动距大，械身绕成的圆就会上下起伏、左右摇摆，即使花法轨迹杂乱无章，又会损失循迹舞动的惯性，影响舞动速度。因此，做好舞花的第一关键是"缩轴"。

　　缩短握把间距的方法是两手尽量靠拢，以主要用力手为轴心中点，钳住械杆，另一手松握辅助用力。做左右连续的立舞花时，两手随势交替主次。如是单手握把舞花，则要活把，只用拇、食二指钳住把位作为轴心中点，其余三指辅助用力。缩小把位移动距的关键是相对稳定轴心转动的位置，在必须有所移动时，尽量控制轴心在尽可能小的范围内移动。以棍的左右立舞花为例，当棍要向左立舞至面前时，不是将把位左移转动，而是上体左转与右臂成一纵面，使棍贴身前舞形成左立舞花。当棍要向右立舞至身后时，不是将把位右移转动，而是上体右转成左臂在前的拗式，使棍贴身右侧舞形成右立舞花。这样做舞花，还有械贴近身体、易成立圆、身械顺遂、不易触身等优点。

　　"留腕"，指舞花过程中，在以腕加力催动械身加速舞转之前，腕部只随臂动而动，而保持住腕关节的夹角不变，即"走身臂不走腕"。这样，手腕在加速用力时，才有变化夹角以助加力的活动余地。例如，做左右立舞花时，在右手加速下压械把，或左手加速下压械梢之前，手腕应保持反翘向上（呈臂内旋，手心向外，手腕向小臂尺侧侧屈状）。又如，右手握剑做"右云剑"时，右手在加速云转之前，应保持手心向上、手腕向小臂尺侧侧屈。

　　"过中发劲"，指舞花过程中发劲加速舞转的时机。"中"，指立舞花时穿过器械"轴心"的垂直轴（与身体垂直轴平行），平舞花时穿过器械轴心的额状轴（与身体额状轴平行）。当立圆舞花时，械梢（把）由后向前环转至略微超越器械轴心的垂线（中）时，身臂加速用力，手腕由"留腕"保持的向尺侧侧屈状加速向桡侧侧屈，将力加于轴心，催动械身舞转。这时发力，手腕先向尺侧侧屈，预先拉长了向桡侧侧屈的肌群，有助于增强腕力。械端（梢或把）超过垂直位，呈斜倾状，自身含有向下转动的势能，也有利于加快舞花的速度。此时发劲后，参与收缩的肌肉转入舒松状，身体随械转动的惯性而动。如此，械花就能在人体内力和械身运转惯性力的共同作用下，保持或不断加快舞动速度。平圆舞花则是待械梢微微超过穿越器械"轴心"的额状轴（中）时发力。其主要机制是，以"留腕"预先拉长了收缩肌的初长度。例如"右云转剑"，右手留腕，向右上领起至前额与右眼之间时，突然加速用力，催促剑尖向右平云绕转。

　　顺领合击，反向对称。这是器械配手动作的技法原理。单手握持器械进行演练时，不持械的一手，称为"配手"。单手持械演练时，切忌配手僵滞不动。配手与械法的协调配合，能促进器械动作姿势端正，保持动作顺遂平稳，加强器械的击发力量。短器械技法尤重配手，视配手为保证身械协调的关键环节。

　　"顺领合击，反向对称"，包括配手与器械配合的三种方式。

　　"顺领"，指配手与器械在同一运动面内，向同一方向一领一随地配合运动。例如，做上右步顺势右撩刀（或撩剑）时，就是左手先领劲，由下向前上撩起，刀（或剑）才随之撩出。这是"以配手领械"。又如，后插左步反撩刀（或剑）时，则是刀（或剑）先由左经下，向右上反撩起，左手随着刀（或剑）向撩起方向配合运动。这是"以械领配手"。

　　"合击"，指配手与持械手合拢一处或扶于械体配合运动。例如，两手握刀（或剑、鞭等）柄向前直刺或向下劈砍。又如，左手扶刀背的推刀动作，左手扶鞭梢的撑鞭动作等。剑因两面有刃，故不能以配手扶按剑身。

　　"反向对称"，指配手与器械分别朝相反方向运行时，两者的运动路线、幅度和劲力相互对称的配合方法。例如"前刺"，右手握械前刺，配手后伸配合。又如"横斩"，右手握械向右侧平斩，配手向左侧平分配合。再如单刀的"缠头"，右手持刀上提转腕，使刀背贴身由左向后、向右缠绕，配手则由右向前、向左穿绕。有的单手持械的动作较为复杂，配手的动作也相应复杂。但从用力的配合来看，持械手与配手是一前一后、一上一下、一左一右地运劲。从运动路线的配合看，械走立圆，配手也走立圆；械走平圆，配手也走平圆；械走直线，配手也走直线。总之，以点（力点）、线、面的对称使身械合一，势正招圆。

一、刀术基本技法规律

刀术技法除遵循"武术器械技法原理"外，还强调下述基本技法规律，发挥刀形的攻防特长，形成其技法特色。它们包括：尖刃背把，配手合法；凭腰助劈，活把缠裹；遇轻击实，逢重寻虚；偬跳超距，步疾刀猛。

尖刃背把，配手合法。这是指刀术的技法要素包括用于攻防的刀尖、刀刃、刀背，支配刀动的把法，协调动作的配手和一定的击法等六法。明此六法，且六法相合，动作才算合规中矩。分而言之，刀尖锐利，主于扎刺；刀刃薄利，主于劈斩削撩；刀背厚钝，主于贴身近卫。完成"挽花"动作时，遵循"缩轴留腕，过中发劲"的原理；配手按"顺领合击，反向对称"的原理移动；击法应清晰明快。合而言之，做任一刀术动作时，都要以其"击法"要求的运动路线、攻防目标（运动方向）、器械着力点、姿势规格等作为标准，以适宜的"把法"运使刀尖、刀刃、刀背，"配手"亦按照击法要求进行配合运动。例如做右侧劈刀，击法要求刀在身体右侧，由上向下劈击，力达刀刃。与此相合的其他要素为以螺把握柄，刀尖向外，刀刃朝下，刀背朝上，配手在体左侧由下向上作"反向对称"的配合。

凭腰助劈，活把缠裹。这是依刀之形制，体现其攻防特点的重点技法。刀背厚重，刃轻利。以刀刃劈砍，则猛沉多力；刀背贴身，又不致伤及自身。因此，刀术中多以大劈大砍为攻，讲究快疾猛狠、干净利落；多以贴身缠裹为防，讲求刀光罩身、严密紧凑。

完成好"劈"法的关键，在于凭借活腰，加长劈的距离，加大劈的幅度和势能，凭借腰力加强劈的力度。即劈刀起势时，以腰的转拧和伸展带动手臂持刀上举；劈刀成势时，以腰的回拧和屈收带动手臂挥刀下劈。在此过程中，以腰发力，依次经肩、过臂、到手，直传至刀刃，是以腰背大肌群发力，依次带动肩、臂、腕部小肌群发力而形成的合力。

刀背贴身缠裹的关键是"活把"。"缠头刀"和"裹脑刀"是缠裹法的代表性动作。做缠裹类刀法时，切忌满把抓握刀柄，应放松手腕，以拇指与食指扣成环状，套住刀柄，其余三指松握辅助。如此腕活、指活乃至把活，才能保证刀背贴身，快速缠转，体现出"刀不离身左右前后"，"敛之可转舞于座间"的运动风格。

遇轻击实，逢重寻虚。这是刀术辩证应敌的技法规律。"遇轻击实"，指刀与剑、枪等轻器械格斗时，应避其虚击其实。因其械轻，易于变化，其虚处变幻莫测，如击其虚，易受其后发先至，而其实处一旦露形，则不易变化，易被刀猛劈力砍所制。吴殳《手臂录·单刀图说自序》举单刀对枪之例时说："枪之虚处，变幻百出，必非刀所能御，而实处唯有一杆，苟能制之，则无以用其虚矣。"又说："击实之法，则在砍其枪杆，枪杆被砍，不断折必粘住。杆被粘住，则不能闪赚颠提，刀更进步，必伤人矣。""逢重寻虚"，指刀与大棒、铁鞭、长斧、木锐等重器械格斗时，应避其实击其虚。因其械重，来势猛烈，如直挡其械，易为其折，应针对其此实彼虚、械重不易变化、势猛难以回守的弱点，寻其虚而制之。其法在于："斜步偏身，避其重器，去其身手。"

偬跳超距，步疾刀猛。这是刀术持短入长的技法规律，指以敏捷的远跃高跳和迅疾的步法配合猛勇的刀法。单刀属短兵，欲发挥短兵长用的作用，关键是步快身快。吴殳在《手臂录》中说："短兵进退须足利，足如冤兔身如风。"拳家强调以便捷的跳跃、快速的进退闪展，来配合刀法，发挥出单刀"舒之可刃人于数步之外"的功用。尤其是对付长兵，此法能穿阻越障，逼近对手，使其械挥舞不开，我可劈削砍斩，发挥近战之长。这一技法，使刀术套路运动展现出一往无前、勇猛剽悍的运动风格。

二、剑术基本技法规律

剑术技法除遵循"武术器械技法原理"外，还强调下述基本技法规律，发挥剑形的攻防特长，形成其技法特色。它们包括：尖锋刃把，配手合法；护中直刺，巧闪旁扼；疾步紧逼，持短入长；轻捷顺畅，示虚蕴实。

尖锋刃把，配手合法。这是指剑术的技法要素包括用于攻防的剑尖、剑锋、剑刃，支配剑动的把法，协调动作的配手和一定的击法六者。明此六法，且六法相合，动作才算合规中矩。分而言之，剑尖锐利，主于扎刺；两剑锋分呈斜形，主于点啄；两剑刃轻薄，主于劈斩削撩。完成"挽花"动作时，循"缩轴留腕，过中发劲"的原理；配手按"顺领合击，反向对称"的原理移动；击法应清晰准确。合而言之，做任一剑术动作时，都要以其击法要求的运动路线、攻防目标（运动方向）、器械着力点、姿势规格等作为标准，以适宜的把法，运使剑尖、剑锋、剑刃，配手亦按照击法要求配合运动。例如刺剑，应以螺把握柄，使剑直线出击，力达剑尖，配手以"合击"或"反向对称"法配合，同时要分清剑身呈剑刃分朝上下的"立剑"状，还是剑刃分向左右的"平剑"状。此外，应明确剑两面有刃，不能做贴身抽拉和缠头裹脑类动作。

护中直刺，巧闪旁扼。这是依剑之形制，发挥其攻防特点的重点技法。剑器以尖锋最利，用其尖应以"护中直刺"为主，使其锋应以"巧闪旁扼"为要。"护中直刺"，指剑沿体前正中向前直刺。这样刺，既是进攻对手的捷径，也保护住了自己的正中。这是持剑击人的主要方法，是剑术的主要进攻类动作。"巧闪旁扼"，指以剑防守时，应尽量不用剑去格架对方器械，要以闪让避开对方攻势，并趁闪势，以剑锋崩、点对方手腕，扼制其进攻。这样闪躲防守，即使对方进攻落空，又能避免轻薄的剑器被重硬器械击残。"护中直刺，巧闪旁扼"，使剑术动作形成了姿势严谨、闪展敏捷，攻中有防、防中有攻的运动特点。

疾步紧逼，持短入长。这是剑术短兵长用的技法规律。剑为短兵，欲胜长兵，必须拼命进逼，死中求生。其关键是"足如冤兔身如风"。通过步快、身快，逼近对手，以加长剑的攻击距离。此即"短兵长用"之法。在剑术套路中，剑随步动，一步一剑，甚至行数步只一剑的行步撩剑、穿剑等动作，都是这一技法规律的体现。

轻捷顺畅，示虚蕴实。这是指以轻快、敏捷、活顺、流畅的轻虚形态，蕴藏变幻莫测的技击招法和制敌意志。剑器轻利小巧，易于变化。练剑时，要顺应此特点，做到"只手独运捷于电""手眼清快身脚轻"（吴殳《手臂录》），使剑与手、眼、身、足，通体轻快敏捷；还要求动作与动作间衔接活顺，整套动作纵横逆顺，流畅不滞，并在圆活中伏下随时可直线出击的招法，而一旦直线出击又迅速转归圆活；在柔顺中伏下随处皆可发劲制敌的气势，而一旦发劲又迅速转入柔蓄。

三、棍术基本技法规律

棍术技法除遵循"武术器械技法原理"外，还强调下述基本技法规律，发挥棍形的攻防特长，形成其技法特色。它们包括：按法取把，浑身藏法；握端远击，兼枪带棒；握中近战，两端连环；乘势顺力，花点交融。

按法取把，浑身藏法。这是使用棍的基本技法。棍为圆柱形长木条，棍身无刃刺勾棱，轻便易握，由此形成了棍身处处可作为握持"把位"，也可作为攻防部位的特点。由于一定的把位、一定的握持手法，限制着棍的出击部位和击法。因此，应根据一定棍法的要求，采取相应的握持手法，握持适宜的把位，并按照棍法变化的需要，依"换把变招，固把击发"的原理运使棍法，才能发挥出棍械"浑身藏法"的独特功用。

握端远击，兼枪带棒。这是以棍远击的技法。握持棍的一端，能发挥另一端远击目标的作用。棍之把粗、梢细，即梢细似枪尖，把粗似棒头。两手握持棍的把段，此棍就可作"枪"使用。两手换握棍梢段，此棍就可作"棒"使用。作枪用时，能按长枪的技法完成扎戳、拦、拿、圈串和穿梭等各种枪法动作；作棒用时，能按棒的技法，完成大劈、大抡、大扫等各种棒法动作。由于棍梢亦非太细，棍把也不太粗，因此，也多以棍把扎戳，以棍梢劈扫，形成棍术"棍打一大片"的基本运动风格，兼有对准正中、往复一线等动作特色。

握中近战，两端连环。这是以棍近战的技法。握持棍的中段，能发挥两端各以约三尺长的部位进行近战的作用。握棍中段，手一动，两端齐动；手转幅为寸，两端动度可达尺余；手连动，两端即连环出击。或下劈上撩，或向左右挂拨，或向前后戳扎，或上架下压，或向外推撑。其棍点快密，攻防严谨。此即长兵短用之法。既可用此法对付以短兵贴近我身者，也可用此法连打急进，贴近使长兵的对手。现代棍术多用的立舞花、平舞花（云棍）等花法，属此法的衍生物。做好各种花法的技法关键是"缩轴留腕，过中发劲"。

乘势顺力。花点交融。这是棍术中棍法与内力、外力三者和谐配合的基本技法。棍形轻长，棍术多以幅度大而迅猛的劈、抡、扫、撩和连环密集的棍法，形成"棍打一大片，抡动赛旋风"的运动风格。由于棍的动作幅度大、速度快、惯性大，而起动、制动、运转等都不如短小器械轻便，因此，练棍既要注意发挥人体内力，又要善于乘棍运转之势，驾驭棍的惯性力、重力、击物（如击地）的反作用力、慢制动时产生的反弹力等外力。例如做左右立舞花时的"留腕"和"过中发劲"，就是利用"留腕"形成最佳发力状态之"内力"，与顺应棍势、借助棍之重力形成势能和惯性力之"外力"相合的用例。

"乘势顺力"不仅是棍术单个动作的技巧，也是棍术动作间衔接连贯的关键。这种衔接连贯突出地表现在"花点交融"方面，其中，"花"，指划圆类棍花；"点"，指击发棍点。在棍术的整套演练中，仅以走平圆和立圆的棍法一花到底，或仅以击发棍点一气连击，都有失棍术"远可击打一片，近能严遮周身，迅疾善变，浑身藏法"的风格特点。讲究"花点交融"，即是注意乘花法之势，顺力变换成击发点（如劈、撩、戳等）；乘棍的出击招式，顺力变为花法。例如，在做左右立舞花时，乘棍由上向下之势接做以棍点地或盖打；在舞花时乘棍由下向上之势，接做提撩棍；在做提撩舞花时，乘棍头向后下移动之势，接做转身盖打或戳棍等等。提撩棍接转身立舞花，盖把打接立舞花，左右拨棍接云棍花等等。

总之，在"乘势顺力"中求"花点交融"，能求得身械合一；在"花点交融"中求"乘势顺力"，能求得劲力顺达。

四、枪术基本技法规律

枪术技法除遵循"武术器械技法原理"外，还有着下述发挥枪形攻防特长的个性技法规律。它们包括：平正中直，前管后锁；攻宜直扎，防宜圈转；穿缩似梭，以杆当棍；手足相孚，身心相契。

平正中直，前管后锁。这是枪术静止姿势的基本技法。"平正中直"，指头顶平、两肩平、两脚平；立身端正，无左歪右斜与前俯后仰之态。端枪置于身体前方正中位置，枪尖直对前方，枪把贴腰，枪身与地面呈水平状。"前管后锁"，指端枪时，握于枪身中段的前手，要像"管"一样套住枪杆，作为枪身的支点、控制枪的高度，即所谓"前手如管"。握于枪把根部的后手要像"锁"一样，牢固地握住枪把，并将其贴靠腰部。通过手、把、腰三者锁连一体，使枪、臂、身串联一体，即所谓"后手如锁""枪是缠腰锁"。前手如管，既能套住枪身不使脱落，又能保证枪杆在其中自由出入；后手如锁，既能灵活地运转枪把、变化枪梢的位置，又能将腰力传达枪尖。

"平正中直，前管后锁"集于一体的枪式，其枪尖、前脚尖、鼻尖三者正好在一个纵面内，称为"三尖相照"；又因此式顶平、肩平、枪平、脚平，称为"四平势"；还因此式枪身中平，称为"中平枪"，此式四平中正，则动作沉稳；其三尖相照缩小了防守面，有利于遮护全身；其枪中平，"前管后锁"，有助于迅速有力地直扎对手，还有利于迅速灵活地变为或防上，或防下，或防左，或防右的动作。因此，此中平枪势，被视为枪术的基本姿势，其技法被作为枪术的基本技法。戚继光在《纪效新书·长兵短用说篇》中认为："中平枪法，为六合枪之主，作二十四势之元，妙变无穷。"吴殳《手臂录》也认为："以中平为枪中王，为诸艺皆从此出也。"

攻宜直扎，防宜圈转。这是发挥枪形杆长尖利特点的基本技法。枪之利在尖，而且杆柄轻长，便于远扎直取。因此，枪的进攻方法以扎为主，并要求按照"武术技法原理"中"梢领根定，中节顺随"的原理做"扎枪"，使枪直线扎出，即"直扎"。直扎的具体做法是，枪尖（梢）领先对准目标出击，右手握紧枪把，把底置于手心中使枪与右小臂对直（中节），顺随枪尖轨迹前出，两脚（根）蹬地，使全身之劲节节上传，直贯枪尖，催动枪尖以寸劲扎出。枪直线出入，攻击距离长，而且扎得疾，收得快，"去如箭，来如线"。

枪的主要防守方法是枪尖划弧或圈形成的圈转动作，主要技法有"拦枪""拿枪""圈枪""缠枪"等。其中，拦枪是枪尖经上向左划弧，拿枪是枪尖经上向右划弧；做拦、拿枪的关键是两手"阴阳要转"。拦枪时前手握枪身外旋至手心向上（阳手），同时后手握枪把内旋至手心向下（阴手）；拿枪时前手握枪身内旋至手心向下（阴手），同时后手握把外旋至手心向上（阳手）。圈枪是枪尖划一整圆圈的枪法，枪尖连续划圈称为"圈串"。枪尖划弧或圆的幅度，以既适于防守，又能迅速变为扎枪为标准。一般拦和拿枪之弧不得大于本人体侧的宽度，其小可与沿酒杯划弧一样。圈分大、中、小。大圈枪尖上不过头、低不触地；中圈枪尖上不过颚、下不过膝；小圈只在胸前绕环，直径不过 10 厘米。防守的目的是为了迅速转入进攻，因此要求圈转枪多与扎枪连用。"拦拿扎枪""拦扎枪""拿扎枪""圈扎枪""圈串扎枪"等，都是最基本而多见的用例。圈转枪法与直扎枪法交融运用，使枪法圆与直交替，圆中求直，圆劲中有直劲，防中含攻；直中求圆，直劲中有横力，攻中寓防。

穿缩似梭，以杆当棍。这是枪术中长兵短用的基本技法。枪一扎不中，当以"短用"法自卫，然后再伺机进攻。"穿缩似梭"指一扎不中，迅速缩手、缩步、缩身、缩枪，"我手中枪就退至一尺，尚可戳人，与短兵功用同矣"（戚继光《纪效新书·长兵短用说篇》）。一旦得机又迅疾滑把，使枪尖似穿梭般扎出。"以杆当棍"，指借助枪杆似棍，采用握把而用其中和梢；握梢而用其中和把；握中而用其梢、把，兼用中段的棍术技法。还可以用枪杆进行换把掉打、舞花撩提等护身严谨的棍法动作（参见本书"棍术基本技法规律"），也可做大封大劈等幅度较大的棍法动作。但是，必须明确，枪之利在尖，使用杆柄只是一种辅助性的技法。而且，不论挑把、戳把、绞把、压把，还是大封大劈之后，都要迅速向发挥枪尖直扎和圈转功用过渡，不能"喧宾夺主"，失去了枪主于扎、工于圈的特点。

手足相孚，身心相契。这是枪与手、足、身、心协调配合的基本技法。"手足相孚"，指动作外形的协调配合。吴殳在《手臂录》中列举了两种配合方法：其一，"沙家枪之用在两足，身随其足，臂随其身，腕随其臂，乃合而为一"；其二，"石家（枪）之用在两腕，臂以助腕，身以助臂，足以助身，乃合而为一"。总而言之，两手运枪非仅腕动，而须借助起于足，经身躯入臂，再传至手的劲力。在外形上，手欲使枪前出，足则前趋以助。手欲使枪缩回，足则退步以助。手的运枪动作也不能与身臂足相违拗，而应身随步动，臂随身转，腕随臂运，使全身节节贯穿，依次顺随，做到"手足相孚"。"身心相契"，指动作外形与内在意识要契合。使两者契合的方法有二：其一，由"手熟""心静"求身心契合。何良臣在《阵记·技用》一书中说："使手能熟，心能静，心手与枪法混而化溶，动则裕如（指动作宽缓自如），变不可测。"戚继光在《纪效新书·长兵短用说篇》中云："熟则心能忘手、手能忘枪，圆神而不滞。又贵于静也，静则心不妄动而处之裕如，变幻莫测，神化无穷。"这种方法，旨在静心专注，反复练习，随技法熟练程度的提高，逐步达到枪动则心动、心动则枪动，"心手与枪法混而化溶"；其二，由以意主导肢躯动作、肢躯主动按意向行动，达到身心契合。吴殳在《手臂录·峨眉枪法》中认为，"手足运用，莫不由心"，然而"身法不正，则心无主而手足失措"。因此，"身心手足，相应为佳"。"身心相契"的动作，表现为动作时，一动齐动；动作到位时，"身心手足俱到"。

第二节　刀术和剑术的实践研究

一、刀术

（一）概说

刀，由古代的生产工具演化为古兵器，再由古兵器演化为当今的武术器械。刀主要用于砍杀。据考证，旧石器晚期已出现了石刀。原始人通过打磨现成的锐利石片、蚌片、兽骨等方法制成刀，并通过割、削、刮、砍、划、击等方法用这些刀与禽兽搏斗，与其他部落争夺生存空间。因之，刀在当时既是生产工具，又是防御野兽袭击和杀敌护身的战斗武器。

夏商时期中国出现了青铜业，相应也出现了专门作为武器的青铜刀，尽管是仿照石刀、骨刀等，但在形与质的方面却有了很大改进。青铜刀大致有直脊、弯脊、直脊而首部有弯的三种形式，与石刀、骨刀、蚌刀等相比较，质地硬，刀刃锋利。

西周时期，刀的形制有了明显的变化，柄部增厚，而且近刃部已有圆圈穿孔，说明刀在形制技术方面已有了很大提高。春秋战国至东汉时期，步兵、骑兵在战争中兴起，刀在形制上要适应步兵、骑兵机动灵活的作战特点，就要具备格架防守、劈、刺、砍、斩的功能，这时已成为军事中的主要武器装备之一，加之铁的冶炼业发展，铁制刀日趋精良，不仅刀的质地发展迅猛，而且刀的长度也加长到 1 米以上（长沙出土的东汉墓中的铁刀，长度超过 1 米）。汉代的环首短柄长刀一侧有刃，另一侧是厚实的刀脊，刀柄较短，刀柄首端呈扁圆环状。

三国时期，刀成了当时军队装备的短兵器中最主要的武器。同时，刀的冶炼业有了进一步发展。两晋南北朝时期，由于在冶炼方面出现用生铁和熟铁合炼而成的灌钢刀等，这种钢制刀比铁制刀更加锋利。一般步兵的装备就是环柄的刀和长楯。

隋、唐、五代时期，军中标准装备唯有刀制。《唐六典·武库条令》中记载，只有刀制，而无剑制。唐代的刀，有仪刀（皇朝禁卫军使用的武器，有的用木或金银制成，仅用于仪式）、鄣刀（即鄣身之刀，是一般官吏佩带的）、横刀（即佩刀，用皮襻带之刀，横于腋下，一般士兵所佩）、陌刀等。唐代军中所用刀主要是横刀与陌刀，其中尤以横刀数量为最大。陌刀、长柄大刀是一类砍杀武器，由一面刃发展为两面刃，创制于隋而盛于唐。《手臂录》卷三《单刀图说序》中称："唐有陌刀，战阵称猛，其法不传。"刀，不仅是朝廷军队的主要武器，隋、唐起义的农民在战争中也多用刀。

宋代，刀的形制有了进一步改进，从狭长的长条形方刀头，改成刀头前锐后斜的形状，并有护手，去掉了扁圆大环和鸟兽饰物，出现了近似现代的刀。宋代长刀有笔刀、棹刀、屈刀、环耳刀、戟刀、眉尖刀、凤嘴刀、偃月刀、斩马刀等。

元明时期，火器的普遍使用，长柄刀在军中逐渐少用，用于作战的只有钩镰刀、短柄刀（短刀、腰刀）多见。明代虽有偃月刀，但只是"以之操习示雄，实不可施于阵地"，即作为教练用刀。这一时期，人们对刀术的探索、研究也进一步加深，出现了程宗猷的《耕余剩技·单刀法选》、戚继光的《辛酉刀法》等刀法专著。

清代，刀的形制有了很大发展，种类繁杂。军队中有长柄刀（绿营宽刃大刀、绿营虎牙刀、绿营片刀、绿营缭风刀、藤牌营挑刀等）、短柄刀（朴刀、腰刀、顺刀、船尾刀以及各种佩刀和窝刀）。同时，在民间也流行着各种各样的刀，如鬼头刀、朴刀等等。清代关于刀的代表作有《单刀谱》（清宫藏秋本，何端柱著）。

尽管刀的种类很多，但在构造上大体都有刀尖、刀刃、刀背、刀柄和刀盘（护手盘）五个部分，但有的刀也不完全如此。刀的形制、种类不同，但刀术在其漫长的发展历程中沿着两人"相击"和单人"舞练"两种形式发展。现代武术运动中，一般将刀术套路分为单刀类、双刀类、盾牌刀、单刀拐、单刀加鞭等套路。此外，还有空手夺刀、单刀进枪、双刀进双枪、对劈刀、单刀盾牌进枪等对练套路。武术的各种流派基本上都有各自的刀术，其风格、特点也都随着拳种、流派的不同而异，但刀术的技法一般是一致的。刀术中主要有缠头裹脑、劈、砍、斩、抹、挂、撩、刺、扫、搅、云等刀法。刀术的运动特点表现为：威猛剽悍、快速有力，犹如猛虎。

（二）技法特点

武术流派中，刀术套路的风格特点各有所长，虽殊途万变，但在技法特点上基本同归一致，而且可概括为以下几点。

1. 刀若猛虎，动势尚猛

刀的形制是刀背厚钝，刀刃薄利。所以，以劈、砍为主的刀法和快、疾、猛、狠的动势成为刀术的一大技法特点。拳谚有"短兵利在速进"之说。程宗猷《单刀法选》中云："刀不离身左右前后，手足肩与刀俱转，舒之可刃人于数步之外，敛之可转舞于座间。"因刀快步疾、缠裹绕身、倏忽纵横，因此，以猛虎之性比喻刀术的技法特点，以虎之凶猛比喻刀术的运动特点。

2. 刀法快捷，诡秘莫测

刀法有虚有实、有刚有柔、有奇有正，变化莫测。人们在实践中总结出的经验有"刀走黑"之说，是在阐明刀法的诡秘性。程宗猷《单刀法选》讲到"其用法，左右跳跃，奇诈诡秘，人莫能测，故长技每每常败于刀"，这说明刀术不仅尚猛，而且刀法快捷、奇诈诡秘、变化莫测。

3. 以腰助力，步疾刀猛

以劈砍斩削扫等为主要内容的刀法，在其用法上多以腰助力，加大攻击力度，身法活便，以腰助力而发挥其猛狠的动势。同时，以身法的闪展腾挪、俯仰扭转加大动势的幅度。所以拳谚有"其用法，唯以身法为要"。单刀属短兵，欲发挥短兵长用的作用，不仅要求身法的灵活快捷，而且步法的前后、左右移动迅疾也是关键。"短兵进退须足利，足如脱兔身如风"（《手臂录》）。所以敏捷快速的移动步法是达到"舒之可刃人于数步之外"的基本要求。

（三）基本动作及方法

1. 刀的各部位名称及图示

刀的各部位名称及图示如图 12-1。

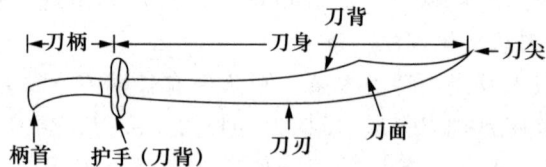

图 12-1

（1）刀身

护手（刀盘）至刀尖部分。

（2）刀尖

刀身梢端。

（3）刀刃

刀身锐利的一侧。

（4）刀背

刀身钝厚的一侧，也称刀脊。

（5）护手（刀盘）

装于刀身和刀柄间的铁盘，也称刀盘。

（6）刀柄

手握的部位，也称刀把。

（7）柄首

刀柄底端突起部分。

（8）刀鞘

装刀的硬套。

（9）刀彩

系于柄首的装饰彩绸（或彩布）。

2. 握刀方法

以虎口包绕刀把，并靠近护手盘，四指自然弯曲，拇指第一指节压在食指第二指节侧（图 12-2）。

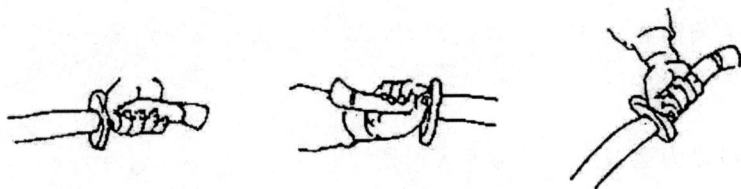

图 12-2

3. 抱刀礼节与抱刀方法

（1）抱刀礼

并步站立，左手抱刀，屈臂抬起使刀横于胸前，刀刃向上；右手成掌，以掌心附于左手拇指第一指节上，高与胸齐；两手与胸间距离为 20～30 厘米。

（2）抱刀方法

左手屈腕，食指与中指夹住刀柄，拇指压于护手盘之上；刀背贴于左臂内侧，刀尖朝上，刀刃朝前；抱刀一般用于预备姿势与收势。

4. 基本刀法

（1）劈刀

刀由上向下为劈，力从腰发，达于刀刃。

（2）砍刀

刀由上向左或右下方斜劈为砍。以腰助力，力达刀刃。

（3）撩刀

刀由下向前上为撩，力达刀刃前部。撩刀有正撩与反撩。反撩时前臂外旋，刀沿身体右侧撩出。正撩与反撩动作相同，方向相反。

（4）挂刀

刀尖由前向下、向左为挂，力达刀背前端。挂刀有上挂、下挂和抡挂之分。上挂向上、向后贴身挂出，下挂向下、向后贴身挂出，抡挂贴身立圆挂一周。

（5）斩刀

刀刃平行向左或向右横击为斩，以腰拧转助力，力达刀刃。

（6）截刀

刀刃斜向下或向上为截，力达刀刃前端。

（7）抹刀

刀刃朝右（左），由前向右（左）弧形抽回为抹，力达刀刃。

（8）扫刀

刀刃平行横击，与踝关节同高，力达刀刃。

（9）点刀

提腕，刀尖猛向前下点，力达刀尖。

（10）崩刀

沉腕，刀尖猛向前上崩，力达刀尖。

（11）扎刀

刀刃朝下，刀尖向前直刺为扎，力达刀尖，臂与刀成一直线。平扎刀，刀尖高与肩平；上扎刀，刀尖高与头平；下扎刀，刀尖高与膝平。

（12）挑刀

刀背由下向上挑，力达刀尖。臂与刀成一直线。

（13）按刀

左手扶于刀背或右腕，刀刃朝前，平向下按。高与腰平为平按刀，接近地面为低按刀。

（14）格刀

刀尖朝下，向左、右摆动格挡为格刀。

（15）缠头刀

刀尖下垂，刀背沿左肩贴背绕过右肩，头部正直。

（16）裹脑刀

刀尖下垂，刀背沿右肩贴背绕过左肩，头部正直。

（17）藏刀

刀身横平（刀尖朝后，刀刃朝外），藏于左腰后为拦腰藏刀。刀身平直（刀尖朝前，刀刃朝下），藏于右髋侧为平藏刀。

（18）背刀

右臂上举，刀背贴靠右臂或后背为背后背刀；左臂侧平举，刀背顺贴于左背为肩背刀。

（19）推刀

刀尖朝下，刀刃朝前，左手扶于刀背前部向前推出为立推刀，刀尖朝左，刀刃朝前为平推刀。

（20）架刀

刀刃朝上，由下横向上为架，刀高过头，力达刀身。

（21）错刀

手心朝上，刀刃朝左，刀尖朝右前方，平向后稍压再向前推出为正错刀。手心朝下，刀尖朝左前方为反错刀。

（22）分刀

刀尖朝左，左手扶于右腕或刀背，两手由上向左右分开为立分刀，由前向左右分开为平分刀。

（23）带刀

刀尖朝前，刀刃朝左（右），由前向侧后抽回为带刀。

（24）背花

以腕为轴，刀在身前、背后向下贴身立圆绕环，刃背分明，刀和腰部转动协调一致。

（四）基础练习

1. 单式刀法重复练习

（1）剪腕花

以腕为轴，刀在臂两侧向前下贴身立圆绕环，刃背分明。

（2）撩腕花

以腕为轴，刀在臂两侧向前上贴身立圆绕环，刃背分明。以上动作可重复练习。

（3）左右撩刀重复练习。

（4）挂刀重复练习。

（5）缠头裹脑刀法重复练习。

（6）背花刀法重复练习。

2. 刀术组合动作练习

马步藏刀——并步斩刀——缠头刀——剪腕花上扎刀——弓步崩刀。

（五）教学要点

1. 强调刀术的运动方法

教学过程中应强调刀术的运动方法：

（1）刃背分明

刀刃主攻，如劈、砍、斩、扫等，威猛快速。刀背主防，如缠头裹脑、贴身缠绕、紧凑灵活以助刀势。

（2）刀法清晰

刀行有路线，方法要清晰。

（3）刀手配合

拳谚有"单刀看闲手"，就是要求在教学中应不断提示学生注意另一手的配合。因为配合得好，动作就顺遂协调，劲力就顺达畅通。如果配合不好，不但会影响动作协调及劲力的顺达畅通，而且还有可能被刀刃所伤。又因为刀短，需以"长用"相辅，要求步快身灵、进退迅疾、绕身缠裹、远出长击，所以，使学生掌握并提升刀手配合协调的能力是练好刀术的基本要求之一。

2. 讲解刀法的攻防含义

一般情况下，武术动作多，变化快，记忆量大，学习过程中不仅负担重而且易忘，所以辅以阐明刀法的攻防含义和生动的形象比喻，对加深学生记忆，促进学习兴趣，加快教学进度，提高教学质量均有着不可忽视的重要意义。

二、剑术

（一）概说

剑，是由古代兵器演化而来的常用武术器械。剑双面开刃，顶端锐尖，能劈、刺、斩、截。剑体轻便，可随身佩戴，是一种防范非常的卫体武器。在古史传说中，有"蚩尤受而制之以为剑"的记述。据考古发掘所获得的实物资料，剑产生在商代。当时的剑制一般较短，约为20～40厘米，其特征是短茎无柄，商代晚期出土的人头纹铜剑全长25.3厘米。。

西周以前剑形短的原因是：第一，青铜质脆，剑身长则易折断；第二，战争以车战为主，所以剑在当时不是战争中的主要武器，主要用途是防身。

春秋时期，中国中原地区仍以车战为主，剑在战斗中不起大作用，然而在吴、越等地，由于山丘多、森林昌盛，战车难以驰骋，军队以步战为主，具有轻便锋利适于近战的剑，则成为军队的主要武器装备。因此，战争促进了吴、越剑技、剑论和剑的形制的发展。如湖北江陵望山楚一号墓出土的越王勾践剑，剑刃锋利，全剑长55.7厘米。当时，越王勾践根据范蠡建议，聘请了一位民间女击剑家教授剑术，这位女击剑家回答越王勾践提出的有关剑戟之道时讲："……凡手战之道，内实精神，外示安仪，见之似好妇，夺之似惧虎……"《吴越春秋》越女论剑之道反映了当时已在理论上对剑术进行了概括。同时击剑风靡朝野，社会上出现了许多轻生勇死、豪侠气度的职业剑士，也涌现出了如欧冶子、干将、莫邪等许多以铸剑、鉴剑闻名的能工巧匠。

战国秦汉时期，随着车战的衰落和步兵的兴起，加之冶炼技术、铸造技术的提高，尤其冶铁业的发展，剑在质、形、技等方面得到了很大发展。战国后期铁剑普遍出现。汉代，铁剑已全部取代青铜剑，剑的长度超过1米，最长的达1.4米。剑锋的夹角逐渐由锐加大，刃部也由原来的两度弧曲而成平直。淬火技术的发展，使剑身柔韧，刃口坚硬，剑技由立刺向刺、劈、抹、斩等方面转化。汉代佩剑之风甚盛，据《晋书·舆服志》载："自天子至于百官，无不佩剑。"文人学士把学剑与读书同等重视。随着剑的形制改变，使用剑的方法得到了明显提高，同时，剑术理论也有很大的发展，汉代有《剑道》38篇，总结了汉以前的剑术理论。剑术除了斗剑外，还出现了套路形式的"舞剑"。到了西汉晚期，骑兵大量涌上战场，环柄铁刀在骑兵中的普遍使用，剑在战场上逐渐为刀所代替，至唐代时军队武器装备中基本上没有剑。

两晋南北朝时期剑器成为道教的法器，一些道士在登上法坛请仙降妖、伏魔、收怪时，手执宝剑仗剑步罡，念咒作法，使剑成了战胜一切妖魔鬼怪的神物，于是人们往往家里悬剑，降魔为祥。隋唐时期佩剑成为时尚，"上至帝王将相，下至庶民百姓，概莫如此。"佩剑与封建的伦理道德、等级观念融为一体。如《隋书·礼仪志》所载对佩剑的规定："一品，玉器剑，佩山玄玉；二品，金装剑，佩水苍玉……"这些规定说明剑不但有防身、健身、娱乐作用，而且也成为地位尊严和超群脱俗的象征。同时，剑的形制到了唐代已基本定型，并延续至今。《中国兵器史稿》中考证："唐剑形制则完全变更，失去周制而独树一型，后人守之，数千百年，无所改变，此可谓剑至唐代即为后世统一模型矣。"

宋代，剑舞有了新的发展，《文献通考》记载："太宗（赵匡义）选军中勇士教以剑舞，皆能掷剑凌空，绕身承接，妙捷如神，每契丹使至赐宴乃出以示之。"说明剑术已出现了艺术舞的表现形式。宋代以后击剑之风渐为剑舞所代替。

明清至近代，剑术的发展迅猛，各种剑术套路层出不穷，剑术和善剑的名人辈出，不仅有皇家御用的各式宝剑，而且各种武术流派也创造了不少不同风格特点的剑术。剑术套路繁若星河，如长拳类型剑，太极剑，武当剑，少林武术的达摩剑、少林十三剑，峨眉山武术的峨眉剑，通备拳的通备剑、螳螂剑，八卦剑，三才剑，七星剑，八仙剑，青萍剑，六合剑，昆吾剑，青龙剑等等，使剑术演练成为套路运动体系中优美潇洒、颇具魅力的项目之一。

新中国成立后，剑术被列为武术竞赛项目之一。现代武术用剑的剑身变薄，不开刃。剑术中的主要剑法有刺、点、劈、崩、撩、挂、抹、穿、截、斩、云、绞等等，运动形式上有站剑、行剑、长穗剑、短穗剑及单剑、双剑。剑术的运动特点是轻快洒脱、身法矫捷、刚柔相兼、富有韵律。

（二）技法特点

剑术的技法特点是由剑的形制特征所决定的。在漫长的历史进程中，其形随时间变迁而变化，同时剑法技术也不断得到提高和发展，为了传承延续而模拟诸剑法构建了五彩缤纷、丰富多彩的剑术套路运动。尽管各门各派的剑术都有各自沿袭相传的技法内容，但一般技法特点可归纳为轻快敏捷、身活腕灵、刚柔兼备、气韵洒脱。

1. 轻快敏捷

剑器轻清两面刃，锋芒于尖，具有倏忽纵横、以短乘长的技击特点。剑术只有在轻快的行步、潇洒的腾跃中表现敏捷出击、纵横劈刺、锐利攻势、闪展避让，才能体现出"剑器轻清"的特点。剑法演练时不能触身，要敏捷、轻巧、准确，力点多在剑尖或剑前端。

2. 身活腕灵

各种剑法的轻快、准确及剑法的衔接变化，都与身姿手腕的劲力运使技巧相关联。身姿俯仰吞吐、手腕灵活，能使身剑如一；手指、掌虚实灵巧变化，手腕的扣、旋、展、转、收握，能使身法、劲力、协调地融入轻快、准确的剑法上。

3. 刚柔兼备

剑术劲力法则有柔有刚，具体表现在剑术运动及剑法的运使过程中，即柔中有刚、刚中有柔、刚柔互渗运用。

4. 气韵洒脱

气韵，指剑术运动中的节奏和气度。而剑的节奏指剑法的刚柔、张弛、轻重、伸缩、起落以及移步换形、招式迟速等等。韵律感是受剑法、战术、身法的制约与引动的。剑术气度，指剑术动作的起承转折、动静、疾缓等节奏变化的韵律感，受剑法、剑势、规格及手眼身法步、精神气力功的制约与引动。练剑时，要做到"单手独运捷于电""手眼清快身脚轻"（吴殳《手臂录》），使剑与手、眼、身、步通体轻快敏捷，同时还要做到内外贯通、身械和谐、气度宏大、洒脱自如。

（三）基本动作及方法

1. 剑的各部位名称及图示

剑的各部位名称及图示如图 12-3。

图 12-3

（1）剑身

剑有刃的部分。

（2）剑尖

剑身梢端尖锐之点。

（3）剑锋

剑身梢端与剑尖相连的菱形刃。

（4）剑脊

剑身中央凸起部位。

（5）剑刃锷

剑身锐利的两侧。

（6）剑格（护手）

剑身与握柄间的突出部分，也称、护手或剑盘。

（7）剑柄

手握部分，也称剑茎剑把。

（8）剑首

剑茎底端的突出部分。

（9）剑鞘

装剑的硬套。

（10）剑穗

系于剑首后的装饰品。

2. 握剑方法

虎口贴紧剑格，拇指与其余四指相对握拢剑柄。一般将握剑分为正握、反握、俯握和仰握。正握剑为立剑（剑刃朝上下为立剑），小指侧向下；反握剑为立剑，小指侧向上；俯握剑为平剑（剑刃朝两侧为平剑），手心向下；仰握剑为平剑，手心向上。

3. 持剑礼节与持剑方法

（1）持剑礼

并步站立，左手持剑，屈臂抬起，使剑身贴前臂外侧，斜横于胸前；右手成掌，以掌外沿附于左手食指根节，高与胸齐。两手与胸间距离为 20～30 厘米。

（2）持剑方法

常见于剑术套路的起收势。具体方法是：手心紧贴护手，食指扶于剑柄，拇指和其余手指分别紧扣于护手两侧，剑脊轻贴前臂后侧。

4. 基本剑法

（1）刺剑

立剑向前直出为刺，力达剑尖。

（2）劈剑

立剑，由上向下为劈，力达剑身。劈有里劈和外劈，劈的目标是攻击对方头部或肩部。

（3）撩剑

立剑，由下向前上方为撩，力达剑身前部。撩有里撩和外撩，撩的目标是利用剑刃撩割对方的腕部。

（4）挂剑

立剑，手臂内旋，使剑尖由前向下、向后或向上、向后为挂，力达剑身前部。挂有左挂和右挂，是防守对方用剑刺喉或面部的剑法。

（5）云剑

举剑过顶（剑刃朝上横拉，称之为"云"，因其如天空浮云之状得名），用剑下刃从对方右臂的下方向上云割对方持剑的手腕。

（6）抹剑

平剑，用剑身中部由前向左（右）弧形抽回为抹，高度在胸腹之间，力达剑身。旋转抹剑要求旋转一周或一周以上。

（7）点剑

立剑，提腕，使剑尖猛向前下为点，力达剑锋。目标是点击对方的头部或腕部。

（8）绞剑

平剑，剑尖向左（右）小立圆绕环为绞，力达剑身前部。主要用于圈割对方手腕。

（9）挑剑

立剑，由下向上为挑，力达剑锋。主要使用剑的上刃向前自下而上挑对方持剑的手腕。挑有里挑和外挑。

（10）崩剑

立剑，沉腕使剑尖猛向前上为崩，力达剑身前端和剑尖。主要用剑前端崩开袭来之剑或用剑尖崩击对方的腕部。

（11）截剑

剑身斜向上或斜向下为截，力达剑身前部。上截剑斜向上，下截剑斜向下，后截剑斜向右后下方。主要使用剑下刃截击对方持剑攻击的手臂。

（12）斩剑

平剑向右（左）横出，力达剑身。主要使用剑的下刃，平斩对方。目标是攻击对方的颈部或腰部。

（13）带剑

平剑或立剑，由前向侧后或侧后上方抽回为带，力达剑身。属防守性剑法，即带开对方的攻势随之还击对方。

（14）剪剑

立剑，自上向下剪，力达剑锋。目标是剪对方持剑的手腕。"剪如镗锉，意在下刃"，通常在对方用剑攻击时，使用剑的下刃迅速接触其持剑的手腕，如切肉状，将其腕切伤或切断。剪力是向下、向前，犹如镗锉。

（15）提剑

剑尖垂直朝下为倒提剑。提是提起剑柄，上举护头，剑身斜向下，使对方劈或抹来之剑循剑脊滑脱。

（16）扫剑

平剑，向左（右）横击，力达剑身。主要攻击对方的踝关节和小腿部位。

中指与食指伸直并拢，其余三指弯曲，拇指压在无名指与小指第一指节上。

（四）基础练习

1. 单式剑法重复练习

（1）剪腕花

以腕为轴，立剑在臂两侧向前下贴身立圆绕环，力达剑尖。

（2）撩腕花

以腕为轴，立剑在臂两侧向前上贴身立圆绕环，力达剑尖。以上动作可连续做，重复练习，以锻炼腕关节的灵活性。

（3）左右撩剑，重复练习。

（4）左右挂剑，重复练习。

（5）结合步法的点剑练习。

（6）结合步法的崩剑练习。

2. 剑术组合动作练习

盘腿平衡截剑——上步撩剑——提膝抱剑——行步带剑——上步撩剑——扣步点剑——插步腕花——弓步刺剑。

（1）盘腿平衡截剑

（2）上步撩剑

（3）提膝抱剑

（4）行步带剑

（5）上步撩剑

（6）扣步点剑

（7）插步腕花

（8）弓步刺剑

（五）教学要点

1. 加强基本动作与方法的教学与训练

加强基本动作与方法的教学与训练，是提高教学质量的一个重要环节。

剑术基本动作，是指具有剑形制特点的攻防技术动作，即基本剑法。剑术的基本技术往往是通过一些基本动作来体现的。所以，教学过程中使学生能够娴熟地掌握各种剑法的运行路线及使用方法，不仅能够促进学生的记忆和提高学习兴趣，而且对掌握动作规格、正确运用剑法和提高教学质量，都是一个不可忽视的教学环节。

2. 把握好完整示范教学的时机

教师把握好完整示范教学的时机，是提高教学质量的一个重要手段。

在剑术教学过程中，使学生初步掌握一个组合动作的基本技术后，教师应及时地进行完整动作的示范，不仅要将剑法的轻巧、敏捷、力点准确及方法正确地表现出来，而且还应将动作的劲力、节奏、风格特点起伏转折及神形合一的气势完整而直观地展示给学生，在学生头脑中建立一个完整的动作形象，这对提高教学质量而言是一个重要的教学手段。

3. 搞好形象教学

形象教学是提高套路演练技巧的重要手段之一。

因剑势轻灵、剑法变化多端，演练时要求气势贯穿，神形合一。教学过程中，可以采取形象的比喻方法，例如说剑术的演练应像飞凤一样潇洒、像浮云一样飘逸、像脱兔一样敏捷轻灵等等。通过形象比喻的教学法，增强学生的想象能力，这对学生尽快掌握剑术的演练技巧有着重要的意义。

4. 进行组合动作的练习

进行组合动作的练习，是提高教学质量不可缺少的环节之一。

剑术组合动作，是将若干剑法根据不同对象并遵循由浅入深和由简到繁的原则，按照一定的劲力规律编排的若干动作组合。通过组合动作的练习，可以进一步提高各种剑法的技术水平，加快学生掌握身械协调的能力、劲力顺达以及动作间的衔接要领。所以，教学中进行组合动作的练习，不仅是学习套路的基础，而且是提高套路演练水平的有效手段。

第三节　棍术和枪术的实践研究

一、棍术

（一）概说

棍，武术长器械的一种。古称"殳""棒""梃""桔""杵"等。由于棍取材方便，制作简单，原始人类在狩猎过程中已使用天然的棍棒，如《商君书》记载：人们"伐木杀兽"。《周礼·夏官·司兵》载："五兵者：戈、殳、戟、酋矛、夷柔"。"五兵"之一的"殳"，为西周时期兵器之一。《诗经·伯兮》："伯也执殳，为王前驱。"《释名》："殳，殊也。长一丈二尺而无刃，有所撞桎于车上使殊离也。"战国之后的《六韬·军用篇》有"方首铁桔"的记载。可见商周战国时期的军事战争已大量使殳，且有木制或铁制的形制。据《抱朴子》记载：三国时期吴国在征战丹阳"山贼"时，有三千名手持白桔（殳）的精兵"击杀者万计"。南北朝时期，有人认为"人马逼战，刀不如棒"，故常用棒施于战斗。《新唐志·仪卫志》记载，唐代每逢元旦、冬至的大朝会时，仪仗队列中有约千人的殳仗队。宋代《武经总要》载："取坚木为之，长四五尺，异名有四，曰棒、曰杵、曰轮、曰杆。"且列有诃藜棒、钩棒、杵棒等。有的用铁包裹头尾，有的装钩，有的头部周围植钉，如狼牙棒。

在明代以前的史料文献中，关于各家棍法的记载寥若晨星，到了明代，白军旅至民间，棍术流派丛生，棍技、棍论大为发展。当时名棍有"赵（宋）太祖（匡胤）之腾蛇棒"、俞大猷棍、少林棍等。当时武术家程宗猷所著的《少林棍法阐宗》一书中称"棍为艺中之魁首"。戚继光在《纪效新书》卷十二《短兵长用说篇》载："用棍如读四书，钩、刀、枪、钯如各习一经，四书既明，六经之理亦明矣。若能棍，则各利器之法从此得矣。"程宗猷《少林棍法阐宗》云："凡武备众器，非无妙用，但身手足法，多不能外乎棍……。"何良臣在《阵纪》中记载：棍法之妙亦尽俞大猷《剑经》，他主张"学艺先学拳，次学棍，拳棍法明，则刀、枪诸技特易之耳。所以拳棍为诸技之本源也。"明代时期，各家棍法自成体系而风格独特。虽传承密授，但久传而讹，侧重套路的发展，逐渐成为一种趋势。因此，花棍花法充斥其间，从而引起了一些武术家对棍法技击的研究。其中有代表性的当属俞大猷棍法。程宗猷称俞所言为"千古不发之秘"。戚继光曰："向见总戎俞公，以棍示余，其妙处已备载《剑经》内，……"。所以，俞大猷棍法是当时军中推崇的棍法且《纪效新书》有关棍法的阐述多以俞大猷《剑经》理论为据。

清代、民国至现代，棍在武术器械中仍然占有重要地位，全国各地都流传着不同的棍法与棍术套路。新中国成立以后，棍术被列为全国武术竞赛项目长器械之一，根据《武术竞赛规则》规定，其长度最短必须等于本人身高，并对成年组男女、少年组男女及儿童用棍的粗细各有具体的要求。另外，棍的形制还有狼牙棒、护手棒、大杆子（有8尺大棍、8尺以上的大棍）、短棍、拐棍、鞭杆、流星棍、五花棍、二节棍、三节棍、大梢子棍、短梢子棍等等。一般棍多由坚韧的白蜡杆制成，还有木铁相连组成的。演练形式有单人练习、两人或三人对练、集体表演。棍术的套路很多，一般都是根据拳种的风格特点、劲力规律并按照一定的棍法而编成的套路运动。棍法主要有劈、抡、戳、崩、扫、点、撩、挂、拨、云、挑、绞等，其运动特点为梢把并用、勇猛泼辣、横打一片、密集如雨、巧狠结合、气势磅礴。

（二）技法特点

在众多的武术流派中，棍术的演练技巧和方法虽然各有所异，但由于棍形制的特点使其在技法特点上大同小异，基本可概括为以下四点。

1. 换把变招，固把击发

由于棍形制特点，棍身处处可作为握持把位，因而形成了棍械浑身藏法的特点。所以，换把应有招、固把便击发是棍术技法所遵循的基本原理。

2. 兼枪带棒，梢把并用

棍的形制一般是把粗、梢细。棍梢可按照长枪技法中的拦、拿、扎、点、崩、圈、穿、戳和穿梭等枪法运使；棍把可按照棒的技法，完成大劈、大抡、大扫等各种棒法动作。但以枪棒兼用的棍术，在运动结构上往往不如梢把兼用的棍术密集紧凑。所以，两者相融，是棍术技法特点的具体表现之一。

3. 棍如旋风，纵横打一片

棍的形制特点是：梢锐不及枪、把粗不如棒，因此，多以棍把戳、扎，以棍梢抡、劈、扫，运使时快速勇猛，抡动赛旋风，上揭下打，纵横抡劈，能远能近，长短兼施．虽四面受敌而八方可兼顾，形成了棍打一大片的技法特点和运动风格。棍论"打必及地，揭必过胸"，精辟地总结了"棍打一大片"的技法要领。

4. 把法多变，长短兼施

棍的技法很多，关键在于把法。握持把的一端，可以利用棍梢抡、劈、扫进行远击；握持棍的中段，可以把、梢兼用，一攻一防，上挑下撩，左拨右打。在运使时，一般都是棍梢、棍身、棍把交互使用，变化莫测。所以，有"枪怕摇头，棍怕换把"的精辟棍论。另外，抡、劈、扫、撩的长击远打的棍法和戳、扎、格、压的近身攻守棍法，都充分体现了长短兼施的棍术技法特点。

（三）基本动作及方法

1. 棍的各部位名称及图示

棍的各部位名称及图示如图 12-4。

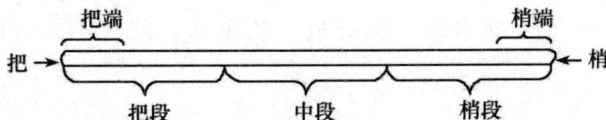

图 12-4

（1）棍梢

棍的细端尖部。

（2）棍把

棍的粗端底部。

（3）梢段

从梢至棍身三分之一处。

（4）梢端

从梢至梢段三分之一处。

（5）中段

棍身正中三分之一的棍段。

（6）把段

从把至棍身三分之一处。

（7）把端

从把至把段三分之一处。

2. 持棍礼节

持棍礼为并步站立，右手持棍把段（靠把端三分之一处），屈臂置于胸前，棍身直立；左手成掌，掌外侧扶于右手腕部，两手与胸间距离为 20～30 厘米。

3. 基本棍法

（1）立举

右手握棍把，将棍竖直举于体前或体侧。

（2）斜举

一手握棍把，另一手握棍身，将棍举于斜上方。

（3）肩上背棍

单手或双手握把端，将棍身平置于肩上。

（4）背后背棍

单手握棍，将棍置于背后，棍身紧贴背部。

（5）抱棍

两手开握（一手握棍把，一手握棍身前段），并握（左手上右手下握棍把）或两臂交叉握棍（两手开握或并握棍，两臂交叉叠起），将棍抱于体前或体侧。

（6）夹棍

一手握棍，将棍夹于腋下。一般用于棍术套路中其他棍法的起始或结束姿势。

（7）劈棍

棍由上向下猛力劈出。力达棍前端。斜劈棍：动作基本同上，惟劈棍方向是由右上向左下或由左上向右下。

（8）扫棍

棍梢在腰以下平扫或以棍梢贴地、棍身倾斜迅猛扫出，力达棍前端。

（9）平抡棍

棍梢在胸以上向左或向右迅猛有力地做半周以上平抡。力达棍前端。

（10）挂棍

用棍梢或棍把由前向侧后上方或侧后下方贴身拨摆，快速有力。

（11）云棍

棍在头前上方或上方向右（左）平圆绕环一周。快速有力，力达棍前端。

（12）撩棍

前撩棍为棍沿身体左侧或右侧画立圆向前快速撩出，力达棍前端；后撩棍为棍沿身体左侧向后快速撩出，力达棍前端。

（13）架棍

右手握棍把，左手握棍身前段，由下向头上举起，棍身横平为平架棍，棍身斜平举为斜架棍，力达棍身中段。

（14）格棍

将棍身竖举于身前向左（右）格挡，动作要快速有力。

（15）压棍

将棍横举后向下按压，力达棍身中段。

（16）点棍

棍梢向下方短促点击，力达棍梢。

（17）崩棍

棍梢由下向上或向左右短促崩击，力达棍梢。

（18）挑棍

一手握棍把，另一手握棍身中段，使棍的一端由下向前上方快速挑起，力达棍梢端。

（19）戳棍

双手握棍，使棍梢或棍把直线向前、向侧或向后戳击，力达棍梢或棍把顶端。

（20）托棍

右手握棍把，左手握棍身中段，将棍身平直由下向上平托，力达棍身中段。

（21）绞棍

将棍身横置于身前，棍梢或棍把向内或向外绕立圆，动作快速柔和，力达棍梢端或棍把端，立圆不宜太大。

（22）穿梭棍

主要方法有绕喉穿棍、绕腰穿棍、背后穿棍。动作方法是棍直线贴喉或腰部向一侧穿出。棍身要平，动作要快速连贯。

（23）立舞花棍

棍在身体两侧立圆绕行。动作要快速连续。立舞花棍可在原地和行进间进行。

（24）左右提撩舞花

棍法同撩棍，使棍梢在身体两侧连续地顺时针画立圆转动。要求动作快速连贯，不得触及身体。

（25）体前体后单手舞花

右手握棍身中段或把段，先在身后舞转一立圆，再转向身前舞一立圆。如此依次连续舞转。

（26）插步提撩转身舞花

长兵械花法。是一种在立舞花过程中，经插步提撩花左转360°后，仍向先前立舞花方向继续做立舞花的连续舞花法。

做法：

①立舞花舞至棍置身体左侧梢头朝前时，左脚向右脚倒插一步成交叉步；身体左后转90°，同时使梢头顺势向下、向前上撩起。

②身体继续左转90°，同时梢头继续向上、向前、向下、向后绕转成把端在前。

③然后接做立舞花，参见"左右立舞花、提撩花"。

（四）基础练习

1. 单式棍法重复练习

（1）左右提撩舞花棍可在原地和行进间重复练习。

（2）立舞花棍，可在原地和行进间重复练习。

（3）插步提撩转身舞花棍。

（4）体前体后单手舞花棍。

（5）穿梭棍。

2. 棍术组合动作练习

丁字步抱棍——平抡棍仆步抱棍——歇步绞棍——抡扫腾空举棍——仆步摔棍——抡棍弓步背棍。

（五）教学要点

教学过程中使学生掌握把法熟顺、身械协调、力点准确的基本技能是提高教学质量的关键所在。

1. 把法熟顺

把法是用棍械进行攻防的一种技术方法，一般包括把位、持握法、换把法和把击法，统称为把法。

把位：指棍的持握部位，如前把、后把等。

持握法：指握棍的方法，如满把、半把等。

换把法：指变换握棍的位置，即由左手握的位置改变为右手握的方法，如滑把等。

把击法：指使用棍的把端进行攻防的方法，如挑把、绞把等。

使学生熟练地掌握把法对学习棍法以及正确地运用棍法都是有必要的。

2. 身械协调

长器械的一般运动路线是横平、竖直。使械杆在平行于地面的水平面运动为横平，如平抡、云、扫等走平圆的动作；在身法和步法的配合下，使械杆贴近身体垂直于地面的矢状面运动为竖直，如劈、撩、舞花等走立圆的动作。如果步法、身法与棍法不能协调配合，尤其是腰部僵死、手腕不灵活、械杆做不到横平竖直，就会导致器械碰身、劲力不畅顺，这是身械不协调的具体表现。所以，只要配合械行路线，随势转腰顺肩，手腕随势用力，就会使棍械按照自己的意念准确地乃至劲力畅达地运使各种棍法。

3. 力点准确

使学生清晰地掌握每一种棍法的攻防路线，以及发力方法和劲力所达点，是做到力点准确的重要保证。例如劈棍、进攻性棍法，动作为：前手握棍身中段将棍梢上举后摆，后手握棍把随之上抬；随即后手下拉，前手活把向前推压，使棍身前段由上向下猛力劈出，力达棍前端，劈棍时力由腰发。

二、枪术

（一）概说

枪，古兵器之一，武术长器械，是由棍与矛演化而来。历史上也有把枪称为槊等。

枪与矛的区别在于矛头较重，形制较宽厚，而枪头较小，比矛锋利，是较为轻利的刺兵。原始的长枪仅仅将木棒头削尖就是了。《通俗文》载："剡木伤盗曰枪"。后来发展到在竹木杆上绑着形似矛头的石块、骨角锥刺猎物。到了商代出现了青铜矛，形体宽大，刃部具有双锋，不少矛銎部的两侧有环或孔，用以系缨。冶铁业发展以后，铁制矛头锐长，近似于枪；枪的特点：制造简单，直线攻击，攻击距离远，回抽快、杀伤力大。如商、周至秦、汉时期，矛作为当时重要兵器，被列为五兵内容。如周代车之五兵为"戈、戟、殳、矛、夷矛"，汉书注五兵则为"矛、戟、弓、剑、戈"。《耕余剩技·长枪法选》载："器名枪者，即古之丈八矛也。"

晋代枪头短而尖，比矛轻便锋利，自晋以后枪兴矛衰。《隋书·经籍志》中收有南北朝流传枪法书《马槊谱》，谈的是马上用枪。赵武灵王的"胡服骑射"象征着中国军事由车战向骑战的重大改革，魏晋南北朝民族大融合，促进了中国马上枪术的发展。

枪在隋、唐、五代已成为战阵主要兵器。无论步兵、骑兵都以用枪为主。唐代的枪分为漆枪、木枪、白头枪和朴头枪。白头枪、朴头枪为皇朝禁卫军所用，木枪比漆枪长，多用于步战，骑兵多使用漆枪。古代作战兵器以轻利为上乘，武器笨重不利于武艺发挥，所以矛为枪逐渐取代有一定道理。宋代长兵沿袭隋唐遗制，军中以枪为主。形制也比较复杂。步骑兵用的有捣马突枪、槌枪、抓枪、单钩枪、双钩枪、素木枪、环子枪、太宁笔枪、短刃枪、梭枪、鸦项枪、拐枪等，尤其宋代李全之妻杨妙真所创梨花枪（是长矛和火器的结合型兵器），世称她"二十年梨花枪，天下无敌手"。宋代时期枪的形制种类不仅多于害代，而且用法也随着不同的形制变化而呈多样化，但在军队中，枪仍然是近战的主要武器。

明代枪无论作为作战利器，还是作为习武健身活动的器械，都得到了重视和发展。如民族英雄戚继光重视杨氏梨花枪，并在《纪效新书·长兵短用说篇》卷十中写道："夫长枪之法始于杨氏，谓之'梨花'，天下咸尚之。其妙在于熟之而已。熟则心能忘手，手能忘枪，圆神而不滞。又贵于静也，静则心不妄动而处之裕如，变化莫测，神化无穷。后世鲜有得其奥者，盖有之矣，或秘焉而不传，传之而失其真。"他对倭作战时，运用战无不胜的鸳鸯阵，每阵十二人，其中枪手就有四人。《武备志》赞道："阵所实用者，莫若枪也。"明代战事用枪极普及，使枪技得以发展，理论更为完善。程宗猷在《长枪法选》中说："中平枪、枪中王，高低远近都不防；高不拦、低不孥，当中一点难遮架；去如箭、来如线，指人头……"戚继光的《纪效新书》、何良臣的《阵纪》和茅元仪的《武备志》都有枪术的记载。这些枪术理论多为枪术演练经验，为步战所采纳。

清代枪的种类繁多，有军中普遍使用的枪、战船上使用的钉枪，还有铁枪、线枪、虎牙枪、三眼枪、火焰枪、雁翎枪、大枪、双头枪、双头钩镰枪等等，这些枪主要是清朝八旗军和绿营军的常规武器。清代学、练、研究枪法者很多，《手臂录》《万宝书》《阴符枪谱》和《苌氏武技书》等书都记载了枪术理论。

火药武器在战争中普遍使用以后，枪在军事上逐渐被淘汰，但作为武术器械却得到了发展，如今套路演练形式有单头枪、双头枪、双头双枪、单头双枪等。枪被列为武术竞赛项目以后，竞赛规则规定枪的长度不得短于本人直立直臂上举后的高度，枪杆的粗细视演练者的年龄、性别不同而异。

枪法主要是以拦、拿、扎为主，同时还有点、崩、劈、穿、挑、拨、圈枪等。其运动特点是力注枪尖、走势开展、上下翻飞、变化莫测。

（二）技法特点

枪术在众多武术流派中，虽然演练风格各异，但其技法特点基本相同。

1. 枪扎一条线

枪法注重直扎，以扎发挥枪尖的技击功效，直扎远取发挥枪的优势和特长。扎不仅是术的主要方法，而且也是枪术最主要的进攻技法特点。扎枪时要求沿枪身纵轴用力，使枪身直线扎出，力达枪尖，暴发寸劲，同时要求出枪快、准、狠，即出枪快，路线短，有力量，去如箭，来如线。方法上要使枪尖、鼻尖、脚尖在同一纵面内，通过伸后腿、蹬后脚、拧腰、顺肩、挺腕在一条直线上向前用力。用力时要柔、快且有加速，力点准确清晰。枪扎出后要迅速收枪。扎枪时，大多采用连扎几枪的衔接方法，故说"枪扎一条线"。

2. 持枪贵四平

"四平"指顶平、肩平、枪平、脚平，即持枪的基本姿势应做到头正、颈直、下颌微收、两眼平视而炯炯有神。两肩松沉，上体正直，才能势稳法活。两手与枪尖三点在一水平线上，枪才可以攻守活便，出枪快而有力。两膝坐屈两脚踏平，重心自然下降，身姿才能更加稳固。"四平"又称"中平枪"，《纪效新书·长兵短用说篇》卷十记载：中平枪法，"为六合枪之主，作二十四势之元，妙变无穷。"《手臂录》中也认为："以中平枪为枪中王，为诸艺皆从此出也。"可见"中平枪"在格斗中不仅被视为不易变换的基本实战姿势，而且其技法也被作为枪术的基本技法。

3. 前管后锁

指在枪术运用过程中，两手控制枪身的基本手法。即握于枪身中段的前手要像"管"一样套住枪身不使脱落，又能保证枪杆在其中自由出入，而且还能灵活自如地控制枪的运动路线及运动方向，即所谓"前手如管"；"后手如锁"，即后手握于枪把根部要像"锁"一样牢固地握住枪把，推动枪身运动，不仅能灵活地运转枪把、变化枪梢的位置，而且又能使腰部力量传达于枪尖。

4. 艺工于一圈

《手臂录》记载："枪，总用之则为一圈，剖此圈而分之，或左或右，或上或下，或斜或正；或单或复，或取多分，或取少分，以为行著、诸、巧法，而后枪道大备。是以练枪者，惟下久苦之工手一圈，熟而更熟，精而益精。"实战时两枪较技彼来我往，枪的防守在于与来枪相交，如拦、拿、缠等；枪的进攻要避开对方之枪，如拦扎、拿扎、缠扎枪等，不外乎平枪走弧线，或整圈或半圈或大半圈或小半圈等，关键在于圈的熟练程度。

拦拿圈转是枪术中的基本防守技法，圈转与直扎交融运用，圈中化直、直中化圈，防中含攻、攻中寓防是枪法中的一大技法特点。

（三）基本动作及方法

1. 枪的各部位名称及图示

枪的各部位名称及图示如图 12-5。

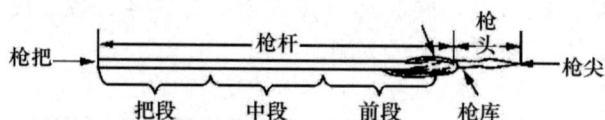

图 12-5

（1）枪杆

枪的木杆部分。

（2）枪头

安装在枪杆上带尖刃的金属。

（3）枪尖

枪头尖锐部。

（4）枪库

枪头尾段锥形圆管。

（5）枪缨

系于枪头尾端的红缨。

（6）前段

枪杆靠近枪头的三分之一段。

（7）中段

枪杆正中三分之一部分。

（8）把段

枪杆靠近枪把的三分之一段。

（9）枪把

枪杆的底端。

（10）把端

枪杆把段靠近枪把的三分之一部分。

2. 持枪礼节与持枪方法

（1）持枪礼

与持棍礼方法相同。

（2）持枪方法

右手全把握于枪把末端，使枪直立于身体右侧。

3. 基本枪法

（1）背枪

枪身与身体贴紧背稳。

（2）扎枪

必须使枪直出，劲达于枪尖，使枪颤动，后手必须触及前手。平枪必须成水平；上枪高不过头，低不过肩；下枪高不过膝，低不触地。上平枪枪杆高与胸齐，中平枪枪杆在胸腰之间，下平枪枪杆与腰相齐，低平枪离地20厘米。

（3）反把上扎枪

后手的摆动不得超过头部10厘米，后手接近前手，枪要直扎，力量不要太大。

（4）拿枪

枪尖向内画弧，高不过头，低不过胯。

（5）拦枪

枪尖向外画弧，要求同拿枪。

（6）里外缠枪

枪尖绕立圆，高不过眼，低不过胯。动作要协调，力达枪杆前端。

（7）摆枪

枪尖摆成弧形，用力要柔和。

（8）平抡枪

枪向右或左平抡，要迅猛有力，力达枪杆前端。

（9）前劈枪

双手握枪，由上而下，用力快猛，力达于枪尖。

（10）斜劈枪

先将枪上摆头左侧上方，而后向右下方斜劈。动作基本同前劈枪。

（11）抡劈枪

抡枪要成立圆，速度要快，抡转与劈枪的动作要连贯协调。

（12）崩枪

枪尖向上或向左右短用力崩弹，力达枪尖，使枪杆颤动。上崩枪枪尖高不过头；平崩枪枪尖高不过胸，低不过腰；下崩枪枪尖高不过膝，低不触地。

（13）上挑枪

枪杆用力上挑。

（14）拨枪

枪身左右拨动，用力要轻快平衡，幅度不要过大。上拨枪枪尖稍高过头部；平拨枪枪尖高不过胸，低不过腰：下拨枪枪尖高不过膝，低不触地。

（15）扫枪

枪接近地面平摆，不可触地，动作要快。

（16）带枪

枪走直线，枪杆贴身，枪尖不超过身体的宽度。

（17）拉枪

枪向身后下伸的斜度不要太大，枪尖不可触及地面，枪杆要贴身，拉的动作不能过大。

（18）拖枪

单手握把，枪尖贴地随身体移动。

（19）托枪

枪杆要平，前手手心向上，用力要大，使枪尖向上颤动。平托枪高不过胸，低不过腰，上托枪高与肩平。

（20）架枪

枪身横平或倾斜举过头。

（21）扑枪

枪身接近地面，但不触及地面。

（22）摔枪

枪杆平摔落地。要求快速有力。

（23）点枪

枪尖由上向下短促用力，力达于枪尖：上点高不过头，低不过肩；平点高不过肩，低不过胯；下点高不过膝，低不着地。

（24）撩枪

枪要贴近身体。

（25）斜立枪

枪斜下扎，用力柔和。

（26）穿枪

穿枪指一手手心向上虚持枪的一端，另一手向前手推送，使枪杆在前手中穿滑至另一端的动作。以枪头前穿的称穿枪，以枪把前穿的称穿把。常见的穿枪动作有绕喉（脖）穿枪、绕臂穿枪、绕腰穿枪和背后穿枪。

（27）绕喉穿枪

右手阴把滑握枪缨部，左手阳把松握枪后段预备。右手握枪左送至贴近左手时，臂外旋使枪头在上，上体后仰并微右转。同时右手回拉，使枪尖贴近喉部向右平穿，左手滑握把段。遇喉时，右手换握成阴把松持枪杆；左手向右推送后撒把，使枪杆在右手中穿滑，至把触右手时及时抓住。

（28）绕臂穿枪

动作同绕喉穿枪，唯枪尖贴臂穿出。

（29）绕腰穿枪

错步站立，双手左前右后握枪缨处，枪把朝前预备。右手握枪回拉，使枪尖沿右胸侧后穿；左手松握滑握把段。过腰时，右手换握成阳把松持枪杆；左手向右推送后撒把，使枪在右手中穿滑，至把触右手时及时抓住。

（30）背后穿枪

右手握把端底部贴手心，前臂内旋反握枪把；左手外旋成手心向上，松握托枪杆前段，将枪托举过头置于背后，枪杆中段顺贴左臂，前段伸出手外，枪尖朝向左斜上方，高与头齐；右手用力推送撒把，使枪从左手上穿出，然后再以右手抢接枪把。

无论做何种穿枪动作，均要求枪贴身呈水平穿动。绕喉时，仰身转头，使枪头贴颈喉穿出；绕臂时，以转腰使枪头贴左前臂穿出；绕腰时，仍要转腰使枪身贴腰穿出；背穿时，背和左肩要稳定，以保证枪穿的路线成直线。在枪把刚穿离左手时，右脚要迅速向前抢步，右手迅速由下向前上追抓枪把。

（31）立舞花枪

枪要贴近身体，立圆绕行，速度要快，动作要连续。

（32）劈把

枪把由上向下劈，用力迅猛，力达把端。

（33）挑把

枪把由下向上挑，力达把端。

（34）绞把

将枪把绞成立圆，高不过肩，低不过胯。

（35）戳把

枪把伸出，用力要迅疾，力达把端。

（36）扫把

枪把贴近地面平扫，高不过膝，低不触地。

（37）单手抛换把

枪棍换把方法的一种。右手握把端，梢端在前，右手向上提拉抛起，器械离手后，把端向上、向前翻转，至梢端换至下方，以右手抓住梢端。

（四）基础练习

1. 单式枪法重复练习

（1）拦拿扎枪法重复练习。

（2）里外缠枪重复练习。

（3）立舞花枪法重复练习。

（4）穿枪法重复练习（绕喉穿枪、绕臂穿枪、绕腰穿枪、背后穿枪）。

（5）基本换把法重复练习。

2. 枪术组合动作练习

弓步拦拿扎枪——横裆步托枪——转身劈枪——高虚步抱枪。

（五）教学要点

1. 枪扎一条线

枪法注重直扎，以扎发挥枪尖的技击功用。扎枪时，要求前手松握如管，控制枪尖出击的高度和对目标的准确度，后手尽量向前推送枪械直至靠近前手。扎枪时，须以腰发力，将全身之劲，由蹬腿、转胯、拧腰，经肩、臂、手贯达至枪尖。教学时，应提示学生在扎枪前略向右拧腰（幅度须小），然后蹬腿转胯，使腰回拧至顺向刺击方向，带臂伸肘击刺。动作结束时，枪械与手臂呈直线状，体现出加速爆发的寸劲。

2. 枪怕摇头

从实战方面讲，枪的基本技法集中于枪头。摇动枪头能完成拦、拿、缠、绞、圈枪等枪法。这类枪法主要是格防动作，同时也是防攻的连续动作，对方不易对付，所以有"枪怕摇头"之说。教学中要使学生掌握这类枪法的要点，应强调练习时将拦、拿、扎连续为一个单招重复练习。圈枪可对准一个点，由大圈到小圈做连续重复练习。

3. 枪似游龙

枪术的运动特点是忽长似矛，忽短似匕；尖扎把打，首尾相兼，故有"枪似游龙"之喻。枪在兵械中最难练，不仅由于枪械较长，增加了身械协调的难度，还因为枪法主要集中在"枪头"和枪头段，技法较为复杂、多样。因此，教学中应始终把握枪术的运动特点，学生不但要掌握每一枪法的动作规格，还要提示他们持械不可僵滞，应似梭在手，穿梭自如。

第四节　双器械和软器械的实践研究

一、双器械

（一）概说

双器械是武术器械练习方法的一类。一般指双手均持器械进行操练的练法。在武术兵器发展历史上，大部分双兵器都是由原来的单兵器演化而来。唐代著名剑术家裴曼的舞剑、李白的诗歌和张旭的草书当时被誉为"三绝"；而裴曼的舞剑则包括单、双剑；诗人苏涣在诗中曾写道："忽如裴曼舞双剑，七星错落缠蛟龙。"这说明双器械在唐代已经在民间流行。在历史上有很多人物使用双器械，如宋代的岳云用双锤、小说《水浒》中的李逵使用双斧等。

双器械可分为双手握持同种器械和握持不同种器械两类。前者如双刀、双剑、双枪、双钩、双鞭、双匕首等，后者如盾牌刀、刀加鞭等。双器械的主要技术方法有劈、刺、扎、抹等。其运动特点是左右兼顾、配合严密、身法敏捷、刚柔相济。按照双器械本身的长短大小又可分为长双械类、短双械类和小双械类三大类别。现就主要双器械按种类介绍如下：

1. 长双械类

由于此类器械的长度比较长，故在双器械种类归属时单独划分为一类。长双器械主要有双棍、双头枪等。其中双头枪又分为单头双枪和双头双枪。

双棍：两棍长度一样，一般与持棍者身高差不多。双棍与单棍材料一拦．多以木蜡杆为主，但棍根与棍梢粗细不能相差太大。其技法特点有扫、戳、云、舞花等。

2. 短双械类

短双械类器械是相对于长双械类而言的。此类双器械不仅在长度上和长双类器械不同，而且在技法运用上也另具特色。根据此类器械在外形和技法上的不同，可大致分为刀类、剑类、双鞭类、双锏类、双斧类、双戟类、双钩类、双锤类、双拐类。下面就现代武术运动中较为常见的短双器械加以介绍。

（1）刀类

刀是一种平直、细长、带尖，一面有刃的器械。武术中的双刀是在单刀的基础上发展起来的。双刀的样式和重量较单刀小，便于双手灵活运用。按照刀的外形和所配合的器械可分为双刀、蝴蝶刀、鸳鸯刀、盾牌刀和单刀加鞭等。

双刀：是刀术运动形式的一种。泛指左右手各持一刀进行演练的刀术套路。双刀以刀术中的基本动作"缠头裹脑"为主要练习方式。演练时，双手各持一刀，互相配合。要求刀法熟练，配合协调，刀裹全身，连绵不断。其基本技法有劈、砍、扎、挽花等。

（2）剑类

剑是一种平直、细长、带尖、两面有刃的短器械。双剑是剑术运动形式的一种，泛指左右手各持一剑进行演练的剑术套路。主要剑类双短器械有双剑、少林子母鸳鸯剑、龙凤双剑等。

双剑：根据剑身所佩剑穗长度，可分为短穗双剑和长穗双剑两种。短穗双剑突出剑法的迅速连贯和变化多端；长穗双剑则突出双穗随剑抡舞摆动，剑与穗浑然一体。双剑的演练要求左右协调配合，既不可散乱无章，又不能叠合碰撞，其动作以立圆挂穿和挽花、平圆上云剑为主，也有撩、架、劈、刺等剑法。

（3）双鞭、双锏、双戟类

此三类器械在形态结构和技法上有相同之处，故归为一类。

双鞭：铜或铁制成，竹节形，故又称"竹节双鞭"，使用时双手各持一把。鞭长一般为1米，也有长至 1.4 米者。其技法主要有摔、点、截、挡、盘、扫等。

双锏：为近代铜或铁制成的短器械之一。锏的四面向内凹陷，故有凹面锏的别称。锏的大小因人而定，一般长度在 65~80 厘米之间。其技术方法和双鞭相似。

双戟：属双短器械。戟两端带尖，戟头形似枪头，其中一端戟头一侧由横梗连接一有刃的月牙刀。戟上悬有彩绸。双戟长 3～4 尺不等，视用者体力而定。演练时两手各持一戟。保持月牙锋口始终朝外，其技法有点、刺、扫等。

（4）双斧类

双斧：斧是一种以劈砍为主的器械。起源于原始社会的石斧，随着生产力的发展，先后改用铜、铁制成。斧口一般呈半月形（也有呈正方形的），宽薄而锋利，向后逐渐窄而加厚，最后端呈方锥形，称为斧脑。长柄斧长近 3 米，短柄斧多为双器械，如双斧。练习时，两手各持一斧，所使用基本技术动作以劈、砍、扫、架等为主。

（5）双钩类

双钩：双钩是一种多刃带钩的器械，两手各持一钩进行演练。双钩套路以护手双钩流传较广。护手钩的前端有钩，中段两边有刃，手柄外侧有月牙，柄尾有攒。双钩演练与双刀十分相似。但钩法比刀法要丰富，有刺、挑、撩、钩、挂、抹、带、拉、割、拿、劈等。双钩根据钩头形状的异同，又分为虎头钩、凤头钩、镰钩、梅花钩、鹿角钩等。

（6）双锤类

双锤：锤是由铁或木制成大头，装以木柄，主要用于砸击的重型器械。锤源于原始人的生产工具石锤头，以后逐渐出现了青铜锤、木头锤、铁锤。锤的形状很多，有方头形、长圆形、蒜头形、瓜形、八棱形，还有锤头带刺的"蒺藜"。锤的重量不一，轻者数斤，重者达数十斤。锤柄长短也不同，可大略分为长柄、短柄两类：练习长柄锤，一般是双手持一锤，称为长柄单锤；练习短柄锤，一般是两手各持一锤，称为短柄双锤或双锤。锤以硬架、硬砸为主，常用方法有涮、曳、卦、擂、云、盖、卫等。

（7）双拐类

双拐：拐是以坚重硬木制成的器械，由长短不等的两根圆棍制成。按其长度可分为长拐和短拐两类，长拐长约 130 厘米，长、短两棍皆可为握柄，可两手握持长柄使用，也可单手握长柄或短柄。练习时，各种握法交替使用。短拐长约 60～100 厘米。演练时两手各持一械，虎口向内握持短柄，长柄贴靠臂外侧。主要方法有劈、撩、拨、扫、架、缠头花。主要技巧在于手握短柄摇转，或转长柄向前撩、劈，或转长柄护贴臂侧以架、格敌械。拐，还可与其他器械配合使用。根据拐的形状异同，又可分为丁字拐、牛心拐、牛角双拐、鸭子拐、浮萍拐、八角拐等。

3. 小双械类

小双械类器械在长度、形状以及重量上较小于短双械类器械。此类器械由于体积和重量小，所以演练动作以手腕和上肢为主，宜于灵活运用。比较常见的小双械类器械有双匕首、峨眉刺、子午鸳鸯钺和乾坤圈等。

双匕首：匕首是一种以刺为主、兼能砍击的短小器械。其形似剑，由尖刀、握把、尾环组成。长不超过 30 厘米。前端有锐尖，两侧为利刃，后端为握柄。双匕首是匕首运动形式的一种，泛指两手各持一匕首进行练习。在演练中，练习者一般两手反握匕首进行。要求两手配合紧密，攻其不意。其中主要有刺、扎、挑、抹、击等技法。还有一种匕首是用石做成，称为"石匕首"。除此外，根据历史的人名，又分化出徐氏匕首、徐夫人匕首等。

峨眉刺：峨眉刺也称峨眉针，是武术小双器械的一种，两手各持一刺进行演练。刺端头大多带刃或钩刺等。此械短小，纯用铁制，长约 30 厘米。两端细而扁平，呈菱形尖刃；中间粗，正中有一圆孔，串联一圆环。练习时两手各持一个，将医环套于中指上，张开手掌，运用手腕的抖劲和手指的拨动使针刺转动。屈指握住刺体可做穿、刺、挑、扎等动作。另外，和峨眉刺较为相近的还有月牙刺、鸡爪阴阳锐等。

子午鸳鸯钺：子午鸳鸯钺是一种多尖、多刃的小器械，属八卦掌系，也叫日月乾坤剑，又名鹿角刀。此械双钺互抱，形似阴阳鱼，故名冠子午、鸳鸯或乾坤。子午鸳鸯钺的招法由八卦掌法衍化而成。练习时，双手各持一械。其运动特点表现为旋转连环、舒展翻绕、灵闪巧变。其基本技法讲究钩挂擒拿、拉割挑扎、削攒劈剁、抹撩带化十六字。其技击精要在于以短取长。对练套路有鸳鸯钺对剑、鸳鸯钺擒枪。

（二）技法特点

1. 长双械类和短双械类

（1）双手配合，攻防兼顾

双器械最明显的特点就是双手持械同时练习。这就决定了这类器械在技击中具有攻防合一的技术功能。在演练中，持械者往往一手持械做各种技击动作，另一手持械防守，从而具有攻防兼备的特点。如双刀，持刀者既可以同时用双刀进攻，又可攻守兼顾，从而具有特殊功能的器械效用。但是攻防兼顾的效果好坏是由持械者的运用熟练程度而决定的。因此，双器械非常强调两手的协调配合，因为双手配合的协调程度直接影响着发挥此类器械的效用。像双钩，其平抹、点、钩等技击用法完全依靠双手的紧密配合来完成。特别是在套路的练习中，对这种手法运用的要求就尤为显著。

（2）把位多变，技法多样

对于长双械和短双械类器械，另一个比较突出的技术特点是器械把位的变化。把位的变化是运用这一种类器械技法多样的重要条件。如双枪，在演练中，为了完成不同的技术动作，就要求器械的位置和方向随时根据动作本身的需要做及时地调整，这就需要持械人对器械的握把的位置和方向有一个较好地掌握和运用，双枪中的换把变长攻击为短攻击、双拐中的前后把位变化等都说明了把位变化为器械技击方法的多样性奠定了基础。

2. 小双械类

（1）轻快敏捷，出其不意

小双械类器械和长双械类器械在运用和技法上有不同之处。此类器械一个显著的技法特点就是技击具有很强的隐蔽性和在较近距离的情况下出奇制胜。小双器械体积一般非常小，并常常有环套于手指上或握于手中，这为进攻的出其不意和隐蔽性提供了条件，而轻快敏捷则是做到出其不意的先决条件。因为小双械类器械本身所固有的特点，所以其各种技术动作必须靠步法与身法的高度灵活敏捷来完成，如步法的蹿、蹦、跳、跃等。同时，此类器械虽然在攻防意识上没有长双器械和短双器械的刚猛特点，但是其携带方便和隐蔽性的功能为其提供了一定的发展空间。

（2）手腕多变，以快制慢

小双器械没有把位的变化调整，但是手腕的灵活多变为此类器械技法的多样性提供了条件，如峨眉刺很多技术动作都是依靠手掌的突然张开和手腕的猛然抖动完成的。因此，手腕和器械结合运用的熟练程度直接关系到各种技击方法能否得到充分的发挥。在此类器械套路的演练中，器械往往通过持械者的突然手法的变化和手腕的配合来表现出奇不意的演练技术风格。同时，正因为此类器械具有上述这些特点，所以使小双器械得以发挥以快制慢、以短制长的功能。

（三）基本动作及方法

双器械是双手同时进行操练的一类武术器械，在演练时双手各持一械左右配合同时练习。因此，双器械不同于单器械的操练，它注重于双手的紧密配合。要求不经常用于进行操练器械的左手与右手具有同等程度灵活的操练技巧和功能。所以，在学习双器械的初级阶段必须对此类器械的基本动作和方法有一个基本的认识和掌握，以便更好地掌握双器械的演练技巧和方法，从而在相对较短的时间内熟练地掌握此类器械。根据双器械的形态物质结构和器械本身的技击特点，可将其基本动作分类如下。

1. 双棍类

（1）左右背花

技巧性棍法。单手背花是右手握棍身中段，先在身后舞转一立圆，再转身向前舞一立圆。双手的左右背花和单手的左右背花相似，只是两手同时进行，一只手在体前舞花，另一只手在背后舞花。

（2）立舞花

技巧性棍法。两脚前后错步站立，单手或双手靠近并握棍身中段偏后，在身体两侧做连续立圆旋绕运动。可在原地和行进间进行。棍的抡转要快，注意两手的配合，立圆抡转要尽量靠近身体。

（3）戳棍

进攻性棍法。根据方位和力点的不同，可分为前戳棍和后戳棍。

①前戳棍：双手分别持棍身中段偏后，屈肘握棍把，使棍梢水平向前方直戳，力达棍梢。

②后戳棍：双手分别握棍身，使棍梢由前向下摆至身后，随即双手分别握棍把屈肘内旋，经腋下向后直伸，使棍向后直戳，力达棍梢。

2. 双刀类

以双刀为代表器械。

（1）缠裹花

双刀刀花。为双手握刀柄连续缠头裹脑形成的花法动作。双手握刀开步预备，然后做左手缠头（刀尖下垂，刀背沿右肩贴背向左肩缠绕为缠头刀。做缠头刀时，头部要正直，握刀要松活，虎口朝下，使刀背紧贴肩背缠绕，动作速度要快），右手裹脑（裹脑刀与缠头刀运行路线相反）。此为左势，右势做法相同，左右相反。左右交替练习。

（2）裹脑缠脖花

两手握刀柄连续交替裹脑绕脖形成的花法动作。两手握刀开步预备，然后做右裹脑、左缠脖。此为右裹脑左缠脖，可连续进行练习。左裹脑右缠脖，动作和右裹脑左缠脖相同，左右相反。

（3）双背花

两手握刀柄连续同时做背花形成的挽花动作。两手握刀开步预备，右刀先向前、左刀先向后同时做背花。

（4）双提撩花

两手握刀柄连续交替撩刀形成的刀法动作。两手握刀并步预备，右手提撩花和左手提撩花交替进行。

3. 双剑类

以双剑为代表器械。

（1）挂剑

是一种防守性剑法。可分为上挂剑、下挂剑、抢挂剑三类。沿身体两侧向后贴身插挂（可分左右两侧不同方位的上挂剑）为上挂剑，沿两腿外侧向后贴身插挂为下挂剑，沿贴身体绕立圆挂一周为抢挂剑。挂剑要求腰部配合运动，做到立圆、贴身、力达剑尖。

（2）撩剑

撩剑分为正撩剑和反撩剑。正撩剑时前臂外旋，手心朝上，贴身弧形撩出，力达剑身前部。反撩剑时前臂内旋，其余同正撩。

（3）云剑

以腕关节为轴，剑在头顶或面前平圆环绕，既可用于横削对方头部或颈部，也可用来避护对方兵刃的攻击。云剑时，可平剑也可立剑，剑身在转的过程中一定要平，剑尖画平圆，手持剑要活、要松，快速发力。

4. 双鞭、双锏、双戟类

双鞭、双锏和双戟这三类器械在形态结构和技法上有相同之处，故归为一类。基本动作以双鞭为例。

（1）扫

手持鞭、锏、戟把，器械横平，由身体一侧向前以弧形运动向另一侧横扫，力达器械前部。左右手皆可做此动作。

（2）劈

手持器械后部向前、向下做弧线运动，力达器械前部，主要进攻目标为对方头、胸等部位。

（3）砸

进攻性方法。双手或单手屈臂持器械中部或后部，由上至下做弧线运动，力达器械前部，一般攻击对方的头部等。

5. 双斧类

（1）剁劈

属攻击性动作。双手持斧由上至下做弧线下落运动，力达斧口。一般攻击对象为对方的头部、肩部和胸部等位置。

（2）横扫

属攻击动作。手持斧把，斧刃向外，由身体一侧向前弧形向另一侧横扫，力达斧口。

6. 双锤类

（1）冲

属进攻性动作。两手屈臂持锤把，由胸前向前方做直线运动，力达锤头。

（2）砸（老虎座窝）

进攻性动作。双手或单手屈臂持锤把，由上至下做弧线运动，力达器械前部。一般攻击对象为对方头部等。和双鞭、双锏、双戟类的砸法有相似之处。

7. 双钩类

（1）撩钩

属进攻性钩法。双手或单手持钩，由后向下沿身体左（右）侧向前撩出。钩在身体左侧撩时为左撩钩，两手左撩钩时，右手须先运行；反之为右撩钩。左撩时要求身体随之向右拧转，右撩时则向左拧转，身械合一，力达钩刃。

（2）挑钩

属进攻性钩法。两手持钩，钩身直立于身体一侧，两手各持一钩由侧向下经腿前向另一侧上方弧形挑举。钩顶向上，钩月向另一侧，力达钩前刃。双钩由右向左为左挑钩，由左向右为右挑钩。

8. 双拐类

（1）盖

手持拐把，手腕向内旋转，使拐身向前、下弧线运动，力达拐梢。

（2）转

手持拐短柄，以拐把为轴，使长柄做顺时针或逆时针平圆运动，力达长柄的前部。

9. 小双械类

以子午鸳鸯钺为例。

（1）劈

进攻性动作。手持器械由下向上在身体两侧环弧抡劈。钺刃朝外，力达钺刃。

（2）抹

双手或单手持器械，器械横平，由身体一侧向前弧形向另一侧横扫，力达器械前部。根据器械的方向分左平抹和右平抹。

（3）撩

属进攻性钩法。两手持器械，由后向下沿身体两侧向前撩出。两手在由下向上运动时抖腕配合发力。要求身械合一，力达械刃。

（四）基础练习

1. 长双械类

（1）舞花练习

长双器械中的交叉舞花是此类器械的一项基本练习。在练习时，双手各持一器械，同时进行交叉左右顺时针或逆时针舞花练习。由于长双械类器械受长度因素限制，故在练习舞花时比练习短双类器械难度大。因此，在练习前应进行单长器械的有关基本动作练习，以加强身体部位，特别是手腕对器械变化灵活的高度应变性和适应性。除此之外，在练习立舞花的同时应注意器械运行的路线。应使器械在身体两侧做立圆运动，以免器械接触身体下肢，影响舞花动作的连续进行。常用练习如棍和枪的立舞花、平舞花、提撩舞花等基本动作练习。

（2）步法结合

练习长双器械类时，对步法应有严格要求，一般要求在演练过程中步走直线，这样不仅能提高动作完成的质量，而且可避免身体与器械的碰撞。所以，在学习的初级阶段应加强对步法的练习，使下肢在两手持器械的同时能够保持一定的运动路线。当然，在练习的初级阶段可先采用单器械的各种步法结合练习，为以后快速适应和掌握手持双器械奠定良好的基础。同时，在练习各种基本动作时要注意步法与身体的协调配合，防止顾此失彼的现象产生。

2. 短双械类

（1）挽花练习

挽花也称腕花，是短器械的基本花法。主要挽花有剪腕花、撩腕花和云转花。由于短双器械类在双器械中种类繁多，形状结构也各不相同，所以决定了此类器械挽花练习方法的多样性和相异性，例如双刀中的背腕花、提撩花和缠头裹脑花，双剑的剪腕花，双钩的云转花（如云钩动作）等等。因此，不同短双器械的挽花方法练习也不尽相同。同时，由于在学习短双器械类的初级阶段很多此类器械的套路都是由各种挽花动作和一些攻防性技击动作组成的，所以应以各种短双器械的挽花动作为主要基本练习，以加强对此类动作的娴熟性和动作的规范性，以及提高学习套路组合动作的质量。

（2）组织练习

组合练习是检验掌握短双器械熟练程度的一个标准。大多数套路的完成都是由不同组的组合构成的，因此，在基本掌握和练习基本单个动作基础上进行必要的组合练习，有利于更快和更好地掌握此类器械和提高学习套路的高效性及兴趣性，以加快对套路练习的掌握。要在套路中完成对组合的练习，在组合的练习中完成对单个动作的训练任务，如各种舞花动作的相互结合，剪腕花接背腕花、左右缠头裹脑舞化、撩腕花接缠头裹脑等。

3. 小双械类

（1）手腕练习

小双器械类器械由于体积小、重量轻，故常常套在手指上或握于手中。因此，很多基本动作的完成是靠手腕的快速抖动和手腕与前臂的相互配合共同完成的。小双类器械套路的连接主要由许多单独技术动作完成，如峨眉刺的抹扎等动作和双匕首的各种技法动作，都是依靠上述作用机制完成的。因此，在学习的初级阶段，尤其在学习单个动作时，要注意对手腕劲力的练习，在学习技术动作的同时要加强对手腕的锻炼。

（2）步法练习

小双械类的步法比较灵活多变，它主要是根据在实战中攻防技术动作的需要而随机应变。其基本动作一般由蹲、蹦、跳、跃等步法结合上肢运用器械挑、扎、撩等动作构成。因此，步法其实是作为上肢演练器械的辅助性技术动作。步法的灵活多变为此类器械技术方法运用的多样性提供了广阔空间，如前跳步下扎、击步接弓步直刺等。因此，在学习过程中要注意步法运用的灵巧性和多变性，把各种步法作为学习此类器械的一个有效的基本辅助练习，从而快速提高对此类器械技法特点的掌握和技术风格的要求。

（五）教学要点

1. 双手配合要严密

双器械和其他种类器械的区别之处在于使用双手同时练习，因此，双手互相配合得好坏是衡量技术动作的一个明显标志。如双刀中的缠头裹脑技术动作，如果双手没有很好的配合，那么，所完成的动作质量就可想而知了。因此，在学习双器械的初级阶段，对于双器械的基本技术动作如各种舞花的练习应加以重视以便逐步地提高完成各种复杂的组合技术动作的质量。

2. 把位变化要灵活

在学习双器械时，把位的灵活变化是衡量是否真正熟练掌握双器械的标志之一。在掌握了双器械的基本技术后，把位的运用就显得特别重要。因为很多技术动作的完成需要把位及时灵活地变化才能顺利进行，例如双棍中就有正把、反把、阴阳把等，双拐、双钩中的把位也是非常灵活的。所以，把位调整得不当和延时，就会造成动作之间的不连贯和技击方法运用的失败。因此，在学习和演练此类动作或套路时，应注意在基本技术练习的基础上加强把位变化的操练。

3. 身体与器械要协调

双器械需要身体与器械的高度统一。双器械由于动用了一般人不经常使用的左手，因此，在演练过程中，不但是双手的简单配合，而且是身体本身和神经系统与常规思维的矛盾运动。例如双刀的缠头裹脑动作，如果两只手臂与身体配合得不协调，那么不但会影响动作的正确完成，而且会出现意外受伤。这就要求演练者应使两手臂的运动通过身体自身的惯性运动而作用于器械本身，从而使身法的运动和器械的运动合为一体。因此，在学生进行练习时，应多注意其肢体的协调，避免身体僵硬的动作定型。

二、软器械

（一）概说

软器械是武术器械中的一个分类，泛指以各种环、链、绳为中间环节串联而成的器械，如三节棍、九节鞭、绳镖、飞爪等。软兵器在武术兵器发展历史上出现得比较晚一些。从史料中看，北宋时期，在军队中逐渐出现了类似软器械的武器装备。自唐、五代以来，吸收不少居住在我国北部和西北部各少数民族的优秀器械。在宋代出现了关于"十八般武艺"的记载，但无具体内容，在明代的典籍中则有了具体记载。明代谢肇制所著《五杂俎》中有"十八般：一弓，二弩，三枪，四刀，五剑，六矛，七盾，八斧，九钺，十戟，十一鞭，十二铜，十三镐，十四殳，十五杈，十六钯头，十七绳线套索，十八白打"，说明软器械已经正式流传于民间。同时，在器械的不断发展过程中，软器械日趋完善。特别是在明清时期，软器械以携带方便、出其不意、功能多样而受到武术人士的青睐。而且在武术门派繁多的发展阶段，不同流派所用的软器械也是各不相同的。在历史上曾经出现过许多种软器械，例如有九节鞭、三节棍、绳镖等。但随着社会的发展，一些软器械由于不同的原因而逐渐被淘汰。软器械主要技术方法有扫、挂、劈、穿、腕花、背花等。其运动特点是身法灵活，刚柔相兼，紧密缠身，动作连环，可放可收。

根据器械的连接方式和材料的不同，软器械大致可以分为以下几类。

1. 软械类

泛指以环串数节金属短棒而制成的一类器械。主要代表器械是软鞭。软鞭包括三节鞭、七节鞭、九节鞭、十三节鞭、皮鞭等多种。现代武术运动则以九节鞭为软鞭的代表器械。

2. 棍棒软械类

以铁环或铁链连接不同长度的棒棍制成的软器械。主要有三节棍、梢子棍、铁链夹棒等。现以三节棍和梢子棍练习者居多。

3. 绳索类软器械

（1）镖类软器械

镖是一种将金属镖头系于长绳一端制成的器械，也称甩头一子，属索系暗器，现为武术软器械的一种。主要代表为绳镖。

（2）锤类软器械

是一种将金属锤头系于长绳一端或两端而制成的器械，也称飞锤、走线锤，属索系暗器，现为武术软器械的一种。主要有流星锤、链子锤等。

（3）其他类软器械

软器械的种类很多，有些现在已经很难见到，如双头链子枪、少林蒙仙网、蚰蜒镗等。

（二）技法特点

1. 手腕灵活

软器械由于本身的特有结构，所以运用起来和普通的武术器械相比有着鲜明的风格。软器械一般都是由材料比较有弹性和韧性的链环或绳等中介物连接，这就决定了手腕操作要灵活，使身体的劲力通过手臂和手腕而作用到所练器械上。如比较具有代表性的软器械九节鞭，其鞭体是以铁环串联九节金属材料而制成的软鞭，所以在演练时手腕运用的劲力必须灵活而合乎器械本身的力学原理，内外运用要巧妙，不论是发鞭、背鞭、接鞭等，都需要手腕劲力的旋转灵活。否则，不但无法发挥器械本身的技法特点，而且容易误伤自己。

2. 乘势顺力

软器械由于本身所特有的结构，所以注重乘其势而发力、顺其力而变势的技法原则。运动中，软器械多以扫、抡等运动幅度较大为练习动作。动作幅度大、速度快，惯性也大。所以，软器械动作的起动、制动、运转均不如轻小器械便利。因此，软器械练习中既要注意发挥人体腰臂的力量，又要善于驾驭器械的惯性力、重力、离心力等外力。而乘势顺力不但是运用上述外力的技巧与方法，而且也是软器械动作间衔接连贯的关键。例如三节棍在做舞花时，乘棍由上向下之势做下点棍或盖把等；舞花时，也可乘由下向上之势接转身提撩花；在做点棍时，借地面的夏作用力，顺势转身舞花；总之，乘势顺力、借劲换势贯穿于软器械的演练始终。

3. 柔中寓刚

软器械从结构和运用方法上看似乎注重于柔和，而不像其他武术器械如双刀、长刀、大枪等刚猛。但实际上软器械是具有刚柔合一的特征。软器械利用本身的材料性质和人体作用于器械，以及器械本身共同产生的巨大惯性，从而在运动中使器械具有相当大的打击力度。因此，软器械演练具有快慢相兼、刚柔相寓等技法特点，其中流星锤就是比较典型的一种。流星锤是一种将金属锤头系于长绳一端或两端而制成的器械，也称飞锤、走线锤。在演练中，练习者往往将锤通过长绳沿身体某一部位缠绕后将其灵活猛然地投出，击向某一目标，然后以柔和动作将器械收回或使其力向减弱、改变。

4. 身械合一

武术器械讲究人和器械要两者互相结合，从而充分发挥器械的优势。而对于软器械这一特殊的武术器械来说，人械合一更是其技术运用的关键。比如绳镖由圆周的缠身动作变为直线运动这一典型动作就充分说明了人械合一的重要。也可以说它是使用软器械的精要所在和核心。

无论演练哪一种软器械，都必须做到通其理、练其身、运用得法，敏到器械与身体的真正紧密配合，使身体与器械本身的劲力融为一体，从而使练习者更好地体会和发挥软器械的本身特点及演练技术风格。

（三）基本动作及方法

软器械是一种比较特殊的武术器械，因此，在使用和操作上存在一定的难度。所以，要想较快地掌握和运用此类器械，就必须认真学习其基本动作，掌握使用器械的方法，通过基本功和基本动作的学习，可促使身体各部位得到全面的训练和体验技术与器械本身的统一性，从而提高学习的质量。软器械在使用上虽有所不同，但是作为软器械本身的物质结构特点和运用的力学原理是相同的。其基本动作按种类可分为以下几种。

1. 软械类

以九节鞭为主要代表器械，其基本动作有：

（1）鞭的握把

分为正握把和反握把两种（图 12-6、12-7）。

图 12-6　　　　　　　　图 12-7

（2）缠鞭

鞭术中常用的擒敌技法。在走舞花中寻机顺鞭缠身体某一部位接甩身倒鞭回旋舞花。主要缠鞭有缠脖鞭、缠肘鞭等。现以左盘肘缠鞭为例做一示范，其动作为：

①两脚右前左后错步站立，左脚跟提起，右手握鞭把屈肘于身体右侧，逆时针方向贴身立圆抡鞭。

②鞭头抡至前上方时，左脚向前上步，身体右转 90°，右手握鞭把于体前逆时针方向立圆抡鞭。

③鞭头抡至左侧方时，左臂屈肘上抬，肘尖朝前；右手握鞭把顺势抡至左肘上侧，将鞭体向下缠绕，鞭头继续顺惯性经两腿前向右侧运行。

④鞭头运行至右侧上方时，身体左转 180°。左肘随转体向左后方拐带鞭体，鞭头由右上方顺转体之势朝左下方运行，右脚则顺势提起。

⑤右脚顺势向身体右侧落步，两脚左右开立，略比肩宽，同时右手屈肘于体前贴身立圆抡鞭。

（3）扫鞭

进攻性动作。用鞭向下扫缠对方膝以下部位。现以仰身滚动扫鞭为例，其动作为：

①右手持鞭成坐势，左臂向左伸直，鞭头一端搭于左臂上，右手持握鞭把置于左腹前，左腿伸直，右腿弯曲，身体略向左拧转。

②左臂将鞭向右前送，上体略含胸后仰；右手趁前送惯力向后于体下反抡鞭一周，当鞭体扫至接近腰部时，收腹抬腿，右脚蹬地，身体腾起，使鞭在身下扫过，右手握鞭把置于右腰侧。

③右手持鞭把沿顺时针方向连续抡扫，身体依次前后滚动若干次。随身体滚动，以臂部为轴，身体逐渐沿逆时针方向向右转动。

（4）舞花（抡鞭法）

九节鞭的舞花是练习器械的基本技法，也是鞭法中护身的重要动作，自起势出鞭到套路结束，舞花贯穿始终。舞花分正舞花、反舞花、交叉舞花。其动作为：

①正舞花。两脚右前左后错步站立，左脚跟提起。右手握鞭逆时针方向于身体右侧立圆抡动。

②反舞花。反舞花抡鞭动作和正舞花抡鞭相同，唯抡鞭方向相反。

③交叉舞花。交叉舞花是正舞花和反舞花的组合练习，如左右正舞花或反舞花等组合动作。

（5）背鞭

九节鞭基本技法。其动作为：身体顺势舞鞭向后，使鞭尖由身后下斜，左臂向外斜展下垂，右手握鞭位于右臂上端外侧，将鞭尽量拉直。

（6）收鞭

收势时所用的方法。当练完最后一个动作时，收鞭归把使鞭体合拢归于手中钳握。其动作为：右手持握鞭把逆时针方向抡动九节鞭于身体右侧做立圆运动，当鞭头抡至身体前下方时，右手持鞭把内旋，虎口朝前，拳心朝左，右臂伸直前送，微微上挑鞭把。然后右手外旋回带九节鞭，并用右手的无名指与小指将鞭把扣握于手掌上，其余三指伸开，掌心朝上，回收九节鞭。回带鞭体时应顺势屈臂，将力点由鞭把缓慢地贯于鞭头上，使九节鞭从鞭把段开始，一节一节依次由上而下将鞭体收揽于手中。

2. 棍棒软械类

以三节棍为主要代表器械，其基本动作有：

（1）三节棍的握把

根据握把的不同位置可分为三种，即把握中间、把握一端（可握相连的两节或握一节）、把握两端。

（2）舞花

类似九节鞭的舞花动作，分为舞花叠棍、左右叠舞花、单手舞花和倒叠舞花等。现以左右叠花为例做示范，其动作为：两脚前后站立（右脚在前），双手握棍，由上向前再向左下后侧环弧抡转，两手成十字，交叉于身左侧。目视前方。动作不停，双手继续向上环弧抡转。动作不停，左脚上一步，双手握棍继续抡，两手成十字夹叠于左腋下。目视前方。动作不停，右脚尖外旋。同时双手握棍，绕右侧向前环弧抡转，两手成十字叠于右侧方，目视右前方。

（3）云顶插花

双手持三节棍中间一节，左右手连续交换在头顶上方或在背上做平圆运动。其动作为：两脚平行站立，身体前倾，弯腰，两手在背部上方或头顶上方握持三节棍中间一节，两手手腕用力顺时针或逆时针方向旋转，连续舞动器械。

（4）收棍（仙人收宝）

一般是三节棍套路的收势动作。左手向里甩棍收回一节，右手握棍，两手握棍在身前。动作不停，右手棍向内叠，收回后双手托棍。

3. 绳索类软器械

以绳镖为代表，其相同的基本动作有：

（1）抛击

直线运动的攻击性动作。常常在缠绕后做抛击动作。经缠绕的绳镖可以从颈、肘、腿、脚等部位打出，也可以从手中直接发出，如魁星踢斗。其动作为：

①两脚右前左后开步站立，两手握绳镖，使之落于身体前下方，右手将绳镖稍拉直。

②右脚前伸至绳镖前，而后向下、向后点踏绳镖，将镖头回弹至右脚背上。

③借镖头向右脚背上回弹的劲力迅速将右脚向前弹踢，脚尖内扣，脚面绷平，将镖发出打平，左脚支撑身体重心。

连接金属的长绳围绕躯干或某一部位（例如头部、躯干、四肢）缠绕几周后所做的圆周运动。在缠绕过程中，无论往身体的哪个部位缠绕，都要求立抡成圆，绳镖贴身，准确到位。同时，缠绕必须是活扣，否则将无法连接下一动作。如金丝缠臂，其动作为：

①两脚左前右后错步站立，右脚跟微提起，身体重心略前移至两脚间。右手正握镖绳，于身体右侧逆时针方向立圆垂直抡绳。

②镖头行至体前上方时，上体微向左拧转，右脚遂前上一步。右手持绳镖由身体右侧顺势移向左侧逆时针方向立圆抡动一周。

③镖头行至身体左侧上方时，左臂外展，左手内扣于左胸前，手心朝下，虎口侧朝胸，镖绳由左肘关节处逆时针方向缠绕两周。绳镖缠绕近两周时，镖头朝向发镖方向，接做发镖动作。

（2）收接

抛击动作后需要将器械快速收回，由直线运动变为缠绕的圆周运动，这一过程称为收接动作。它既是前一个完整动作的结束，又是下一个新动作或重复动作的开始。具体要求是：当镖头打到顶点时会受到制动，此时应立即收镖。同时应注意右手发镖时不要撒手离开绳镖，须将拇指和食指、中指对撑成筒状，绳镖在其间可任意滑动。这样在收镖时，可顺势将绳镖在手中迅速滑落到固定位置，做到快放巧收。

（四）基础练习

由于软器械具有相对特殊的结构特点，所以在学习此类器械时，必须进行基础练习，从而在掌握基本动作的基础上进一步学习软器械组合动作或套路。由于软器械不同种类器械之间的演练方法和手段不尽相同，所以仍将此类器械分为三类来叙述其基础练习方法。

1. 软械类

（1）舞花组合练习

由于软器械许多技术动作都是在各种舞花中完成的，因此，在学习的初级阶段，必须手持器械做单个舞花的练习，如正舞花或反舞花和交叉舞花。演练时，一定要注意脚走直线和使器械走立圆的运动。同时身体要保持平衡，避免随器械出现多余的晃动和摆动。这是掌握此类器械的第一步，也是非常重要的一步。在上述演练基本舞花动作熟练后，可以进行一些简单的组合练习，如左右骗马（鞭从腿下经过）、背鞭接转身舞花、左右玉带缠腰等。

（2）左手动态配合

由于此类软器械的结构方式和材料具有特殊性（如九节鞭），故在练习以舞花为基础的各种组合动作时，左手和器械动态运动的灵活配合就尤为重要。例如缠鞭中缠腕舞花接转身回旋立舞花动作，缠腕时左手须顺右手持器械运行中的惯性力，双手配合完成。同时，应注意左手腕的搭鞭动作不能影响器械本身运行的速度，要借器械惯性力和手腕劲力共同来改变器械运行方向而完成转身动作。所以，在练习此类器械的基本动作时，应加强左手与器械运动时的动态配合，提高各种组合动作完成的质量和整体配合的演练风格。类似的组合动作还有左右玉带缠腰、虚步背鞭接转身舞化等。

2. 棍棒软械类

（1）舞花练习

舞花练习对于棍棒类软器械来说，仍是其主要的基础练习动作。其舞花除了正舞花、反舞花和交叉舞花外，还有左右叠花、单手舞花和背舞花等。因此，舞花练习在此类器械套路的演练中占有相当大的比重，同时也说明学习任务的艰巨性和复杂性。在练习上述各种舞花的同时，要注意身体与器械本身的配合。如三节棍的背舞花，要求弯腰、低头，使身体上部呈水平，两手交叉在背上做平圆的舞花动作。这就要求身体与器械在时间和空间上做到默契的配合才能顺利完成。

（2）把位练习

正是由于棍棒类软器械的舞花种类较多，所以决定了各种技术动作运转的核心在于对器械把位的灵活运用。例如三节棍，其握把位置就有三种。在练习中，通过演练者灵活地变换双手持把的位置而完成各种复杂的技术动作，如单手舞花演练中的脱手和交替握棍、舞花接收棍时的把位变换等。所以，把位的灵活运用是练好此类器械的基础和保障。同时，正确地掌握此类器械的握法及其变化，不仅对快速地掌握此类器械有较好的帮助，而且对练习者自身也能起到一定的保护作用。

3. 绳索类软器械

（1）单个动作

绳索类软器械的套路多由一些单个动作组成，因此，在学习此类软器械时，其基本练习大多以单个的动作练习为主，如绳镖的招式朝天一炷香、胸前挂印、青龙出水、张飞骗马、黑狗钻裆等。所以，在学习此类器械时，应以单个动作为主要练习内容，加强对单个动作的掌握，为进一步学习套路奠定基础。

（2）缠绕抡抛

在软器械类中，绳索类软器械是难度比较大的一类器械，因此，在演练此类器械时（例如绳镖），身体要与器械充分接触。连接金属镖头的长绳往往围绕身体躯干或身体某一部位（例如头部、四肢）缠绕几周后将镖头抛出去，故器械与身体的缠绕是学习此类器械的常用基本练习。另外，此类软器械套路中的衔接动作以各种舞花为主。舞花技术动作要求和软械类基本相同，如正舞花、反舞花等。除此之外，在初练阶段应该注意安全，如镖头可采用其他替代物，像沙袋、布袋等。

（五）教学要点

1. 感知器械

软器械力点复杂多变，力度、动作很不容易控制。因此，对器械本身的物质结构和力学特点应明其理，知其法。如九节鞭的"背鞭"动作，演练者必须知道鞭身在相对时间内所处的空间位置和方向，再如绳镖的抛击动作和三节棍的空中抛接棍等。因此，要多注重基本动作的练习，加深对器械本身的感知能力，才能快速而正确地掌握此类器械的用法，加快对此类器械套路的学习进度。

2. 循序渐进

"千里之行，始于足下"。正因为软器械的特殊属性，才说明了掌握软器械需要按部就班，一步一步来，急于求成只能是揠苗助长。如九节鞭的缠脖动作，要求鞭在人体颈部缠绕一周后再连接舞花，对于初学者来说这是比较困难的。因此，必须遵循人们认识和掌握事物的规律办事，由易到难，循序渐进。先反复练习一些简单易做的抡绕动作，然后过渡到复杂多变的技术动作。对此，要注重练习的连贯性，注意分阶段按不同难度和组合等训练方法来进行，尤其重要的是要持之以恒，这样才能有所成功。

3. 及时纠正

在学习动作的初级阶段，一定要做到有错误动作及时纠正，防止错误动作定型的出现。如在练习九节鞭时，许多人脚部运动路线易走曲线，对于这种错误动作就要及时纠正，加强步法的练习，否则就会严重影响以后正确动作的形成。这就要求教师在教学时认真负责，一丝不苟。同时也要求学生在学习时具备实事求是的态度和不耻下问的专学精神。比较常用的教学方法有个体比较法（不同个体之间的动作正误差异对照）、动作示范法（教师或学生的正确动作示范）、自我纠正法（采用镜子等辅助物来对照本身动作正误）等。

参 考 文 献

［1］张茂林，邱丽．学校武术课程改革的困境与出路［J］．山东体育学院学报，2019，35（5）．

［2］王柏利．武术教学中文化教育性的缺失及重塑［J］．沈阳体育学院学报，2009，28（6）．

［3］张峰．学校武化教育的实施策略［J］．西安体育学院学报，2017，34（5）．

［4］张峰．学校武术教学改革实施策路［J］．上海体育学院学报，2016，40（6）．

［5］赵蕾．民族传统体育在大学体育课程改革中的发展研究［J］．教育现代化，2017（25）．

［6］马威，刘素静．高校武术教学的多维度思考研究［M］．北京：中国纺织出版社，2019.

［7］顾齐洲．中国武术文化与学校武术教育探索［M］．哈尔滨：东北林业大学出版社，2019.

［8］董英辉．高校武术文化教育的思考与探索［M］．青岛：中国海洋大学出版社，2018.

［9］王晓晨．学校武术教育百年变迁研究［M］．北京：人民体育出版社，2018

［10］贾俊刚．传统武术教育与项目开展管理研究［M］．北京：中国商务出版社，2018.

［11］王继全．高校传统武术教学的发展与实践研究［M］．北京：中国纺织出版社，2018.

［12］刘晓梅．传统武术教学与训练的创新研究［M］．北京：九州出版社，2018.

［13］杨新．素质教育引领下的武术教学设计与应用研究［M］．长春：吉林人民出版社，2018.

［14］申亮，等．传统武术与健体防身［M］．上海：上海大学出版社，2018.

［15］冯文杰．中华武术的现代传承与发展［M］．北京：中国商务出版社，2018.

［16］李娅楠．中国武术文化传承与多元发展的研究［M］．北京：中国商务出版社，2018.

［17］李岩．困惑与抉择这个传统武术变革之路［M］．北京：九州出版社，2018.

［18］刘海科．武术教育与发展通论［M］．武汉：湖北科学技术出版社，2017.

［19］汪珂永．中国传统武术文化与传承［M］．北京：光明日报出版社，2017.

［20］薛文忠．当代武术与民族传统体育专业人才培养模式［M］．长春：东北师范大学出版社，2017.

［21］彭志辉，高红斌，何亚丽．文化全球化背景下的武术教育传承发展［M］．长春：吉林大学出版社，2017.

［22］杜晓红．学校武术论基于课程理论的学校武术教育教学研究［M］．北京：北京体育大学出版社，2017.

［23］李文鸿，吕思泓．中国传统武术的近代建构与当代启示［M］．北京：人民体育出版社，2017.

［24］王国成．传统武术文化传承与发展研究［M］．北京：华文出版社，2017.

［25］方国清，黄晓．中国传统武术健身学导读［M］．杭州：浙江工商大学出版社，2016.

［26］蔡利敏．传统武术文化透视与传承发展研究［M］．北京：中国商务出版社，2016.

［27］司红玉．武术［M］．重庆：重庆大学出版社，2017.

[28] 周争蔚，范占江，刘旭东．中华武术发展传播及其新视角研究［M］．武汉：武汉大学出版社，2016．

[29] 马文友．中国武术的审美文化［M］．北京：中国大百科全书出版社，2016．

[30] 范海彪．大学生武术教程［M］．上海：上海交通大学出版社，2017．

[31] 郝凤霞，侯圣苍，刘铮．重庆市传统体育文化产业研究［M］．长春：吉林大学出版社，2017．

[32] 方方，谭炳春．武术教育［M］．长春：吉林大学出版社，2012．

[33] 赵海涛．中国武术文化丛书理论与实践传统体育养生的学理阐释［M］．北京：北京体育大学出版社，2017．

[34] 刘凤虎．中国传统民族武术文化国际化道路探析［M］．北京：九州出版社，2016．

[35] 吴应广，马光，张锋亮．武术发展科学理论与项目学练研究［M］．北京：九州出版社，2017．

[36] 李龙．历史学视野下的中国武术教育［M］．北京：北京体育大学出版社，2011．

[37] 张继东．武术当代功能研究与实用技法实践［M］．北京：当代中国出版社，2011．

[38] 邱丕相．武术文化传承与教育研究［M］．北京：高等教育出版社，2011．

[39] 吕艾文．从国学视角论中国武术教育的发展与可行性研究［D］．厦门：集美大学，2018．

[40] 王晓晨．学校武术教育百年变迁研究（1915—2015）［D］．上海：上海体育学院，2017．

[41] 宿继光．学校武术教育的当代困境与出路［D］．太原：山西大学，2016．

[42] 胡平清．武术教育在学校体育中的功能研究［D］．北京：北京体育大学，2013．

[43] 向玮．以武术教育为载体的大学生民族精神培育现状与对策研究［D］．西安：西安科技大学，2012．

[44] 王琼，吴强，薛宇．非物质文化遗产视域下传统武术的现代化发展［M］．北京：中国纺织出版社，2019．

[45] 时保平．健康、传承、弘扬大学体育武术教育教学模式多元化构建研究［M］．成都：四川大学出版社，2019．

[46] 吴圣正．中国传统文化概说［M］．北京：人民出版社，2019．

[47] 温力．中国武术概论［M］．北京：人民体育出版社，2019．

[48] 杨明．高校武术教学与传统文化的传承［J］．学术论坛，2010（9）．

[49] 胡平清．武术教育的当代价值研究［M］．北京：北京体育大学出版社，2016．

[50] 艾志教．传统武术的可持续发展体系与科学习练探索［M］．长春：东北师范大学出版社，2016．

[51] 安忠，张继生，黄步高．武术［M］．长沙：湖南教育出版社，2016．

[52] 周辉．大众健身文化的发展与运动实践研究［M］．北京：九州出版社，2016．

[53] 陈姗．传统武术文化传承与发展研究［M］．北京：人民日报出版社，2016．

[54] 叶伟，李蕾，崔建功，丁传伟．武术［M］．北京：北京体育大学出版社，2016．